山东省东营市中级人民法院机关刊
山东省东营市法官协会会刊

黄河口司法

赵有明 主编

JUDICATURE OF HUANGHEKOU

中国石油大学出版社
CHINA UNIVERSITY OF PETROLEUM PRESS

山东·青岛

图书在版编目（CIP）数据

黄河口司法. 2024年. 第1辑/赵有明主编.

青岛：中国石油大学出版社，2024. 6. —ISBN 978-7

-5636-4648-7

Ⅰ．D927. 523. 6

中国国家版本馆 CIP 数据核字第 2024P6W383 号

书　　　名：黄河口司法 2024 年·第 1 辑（总第 73 辑）
　　　　　　Huanghekou Sifa 2024 Nian·Di 1 Ji（Zong Di 73 Ji）
主　　　编：赵有明

责 任 编 辑：曹秀丽（电话 0532—86981532）
责 任 校 对：朱纪寒（电话 0532—86981529）
封 面 设 计：王凌波

出　版　者：中国石油大学出版社
　　　　　　（地址：山东省青岛市黄岛区长江西路 66 号　邮编：266580）
网　　　址：http://cbs.upc.edu.cn
电 子 邮 箱：shiyoujiaoyu@126.com
排　版　者：青岛汇英栋梁文化传媒有限公司
印　刷　者：青岛国彩印刷股份有限公司
发　行　者：中国石油大学出版社（电话 0532—86983437）
开　　　本：710 mm×1 000 mm　1/16
印　　　张：20. 5
字　　　数：420 千字
版 印　次：2024 年 6 月第 1 版　2024 年 6 月第 1 次印刷
书　　　号：ISBN 978-7-5636-4648-7
印　　　数：1—2 000 册
定　　　价：55. 00 元

前　言

　　建院之初，东营市中级人民法院就提出要实现法院工作的可持续发展，造就后发优势，全面提升核心竞争力，要坚持"以人为本"的思想，从提高队伍素质入手，大力加强法院管理和文化建设，鼓励广大法官开展法学理论与实务研究活动。经过较长时间的酝酿，于2000年12月决定出版《黄河口司法》系列图书，并于2001年4月顺利出版发行第1辑。出版《黄河口司法》的初衷是发挥其四个作用：一是平台作用，为广大干警提供一个学术交流、审判研讨、观点争辩的阵地；二是载体作用，为法官在学习研究、审判实践中思考的成果提供一个发表的载体，使广大干警共享成果，互相促进，共同提高；三是导向作用，通过发表优秀的文章、弘扬先进的理念、宣传前沿的观点，形成一种示范、带动作用，营造浓厚的学习氛围，倡导积极探索的良好风气；四是窗口作用，展示东营中院和黄河口法官的形象，加强与兄弟法院的交流。经过多年积累和共同努力，形成了一批名牌板块："司法大讲坛""名人访谈""法学论坛""调查研究"等具有学术性的理论板块，通过不断交流提高了广大干警的理论水平；"红色感悟""法官手记""书香法院"等板块，通过讲述历史和榜样的故事，收到了良好的示范效果；突出法律实用研究的"法律适用""案例解析""裁判文书""统计分析"等板块，通过展示真实案例，引导法官扬长避短、注重研究实际问题，形成的成果不但成为图书的亮点之一，而且在公开出版和东营中院网站上公布后引起了较大反响。

　　从2001年4月第1辑出版至今，《黄河口司法》已经出版73辑，每辑收录40多篇文章，约30万字，累计发行14余万册。每年向全国法院系统、部分高校和各级党政机关赠阅,与国内 50 余家法院建立了长期交流关系,被国家图书馆、清华大学图书馆、中国石油大学(华东)图书馆等 10 多家图书馆收藏,得到了社会各界的认可和好评。

2018 年《黄河口司法》系列图书被最高人民法院评选为全国法院优秀出版物。在此向多年来关注和支持《黄河口司法》的各位领导致以崇高的敬意,向热情投稿的法院同仁致以诚挚的感谢。

由于时间仓促,书中难免存在疏漏之处,敬请广大读者批评指正。

编 者
2024 年 6 月

目　录

法官手记

案例解析

裁判文书

红色感悟

书香法院

婚姻失调背景下诉讼主体社会行为的现实趋向及影响

——以利津法院1 740件离婚诉讼案件为实证分析样本

◇ 高 鑫

审判实践中,离婚案件是一种发生率高、存在面广、恶劣性质转化快、连带问题多的特殊民事纠纷。离婚案件能否妥善处理,关系到双方的权益能否得到公正公平的保障及可否避免纠纷的恶性发展。本文以利津县人民法院受理的离婚案件为例,分析婚姻失调背景下诉讼主体社会行为的现实趋向及影响。

高鑫,东营市利津县人民法院民事审判庭法官助理。

一、概述:离婚案件的基本情况

(一)离婚案件的基本数据

2018—2023年8月,利津法院离婚纠纷案件的具体受理、审结情况如下:

如图1所示,2018年法院受理离婚案件367件,约占家事纠纷(包含离婚、继承、抚养费、抚养权、离婚后财产、同居关系、子女抚养、赡养等)案件总数的88.65%;2019年受理310件,占比82.22%;2020年受理325件,占比85.30%;2021年受理298件,占比86.13%;2022年受理256件,占比78.52%;2023年前8个月受理179件,占比79.56%。

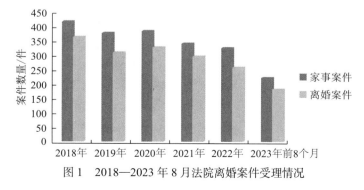

图1 2018—2023年8月法院离婚案件受理情况

离婚案件是最典型、最传统的家事案件。人民法院受理离婚案件的数量整体呈稳中有降趋势,但离婚案件在全部家事案件中稳定地占有较大比重。

如图2所示,法院共计审结离婚案件1 725件,其中,以判决方式结案802件,约占46.49%;以调撤方式结案899件,约占52.12%;以驳回起诉、移送管辖等其他方式结案24件,约占1.39%。可见,调撤是法院离婚案件的主要结案方式。说明离婚案件的审理较好地贯彻了调解优先的原则,实现了法律效果和社会效果的统一。

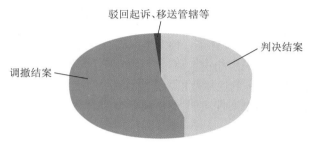

图2　2018—2023年8月法院离婚案件结案方式分布图

(二)审理质效及走势研析

1.审理结果。如图3所示,2018—2023年8月,在法院审结的一审离婚案件中经判决、调解离婚的案件共计772件,约占44.75%;判决不准离婚的案件共计567件,约占32.87%;撤诉、调解和好的案件共计362件,约占20.98%;还有以驳回起诉、移送管辖等其他方式结案的案件24件,约占1.39%。

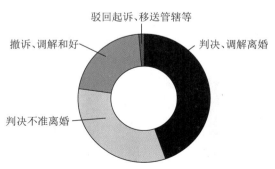

图3　离婚案件婚姻解除情况分布图

2. 起诉离婚的原告情况分析。

（1）年龄比例。统计显示，离婚案件中原告年龄处于 25～35 岁的占比最高，达到 45.38%；其次是 35～45 岁，占比 35.72%。两者合计为 81.1%，表明 25～45 岁夫妻已成离婚案件的最主要群体。占比最少的是 75 岁以上，占比仅为 0.13%，其次是 65～75 岁（占比 0.26%），两者合计为 0.39%。25 岁以下年龄区间占比 5.36%。

（2）性别比例。从 35 岁以下、35～45 岁、45 岁以上三个年龄段对原告起诉离婚的性别比例进行统计，情况见表 1。

表 1　各年龄段性别比例

年龄段	男性作为原告起诉数及占比	女性作为原告起诉数及占比
35 岁以下	472，29.76%	1 114，70.24%
35～45 岁	398，31.99%	846，68.01%
45 岁以上	192，29.54%	458，70.46%

可见，三个不同的年龄段均是女性作为原告起诉离婚的案件数远高于男性原告。

3. 离婚案件当事人的生活区域、文化程度、是否初婚情况统计。统计发现，当事人居住在城区（县城）的 1 356 人，生活在周边乡镇（主要包括北宋镇、盐窝镇、陈庄镇、汀罗镇、明集乡、刁口乡）的 2 124 人；本科以上文化程度的 14 人，专科文化程度的 463 人，高中文化程度的 1 218 人，初中文化程度的 1 096 人，其余为小学文化程度；原告为初婚的离婚案件 1 029 件，再婚的离婚案件 711 件。值得注意的是，再婚家庭离婚数量较多，原因是再婚家庭的结构缺少稳定性，在家庭方面，要面对配偶前面婚姻子女的接受问题；在心理方面，失去了对婚姻的信念，有积累的焦虑感和恐惧感。这些问题往往较为复杂，处理不当易引发家庭矛盾甚至影响社会和谐，需要家庭成员有更理性和成熟的心态。

二、归纳：离婚案件呈现的特征和态势分析

社会的转型、环境的变化、观念的分化，让传统婚姻家庭受到不小冲击。离婚案件呈现出多样化的特征和态势。

（一）年龄特征

年轻人占比大，25～35 岁的离婚当事人达到 45.38%，35～45 岁的

占比 35.72%。究其原因,一是观念更迭。社会的变化带来了更多的生活、工作选择,婚姻不再是生活中的唯一目标。社会的加速变革也使得婚姻关系复杂多变,情感消费和快餐文化的盛行导致人们对婚姻的期待值变高。二是辖区为典型农业县,经济社会的加速发展让越来越多的居村青壮年外出务工,夫妻双方长年分居,难以培养、巩固感情,婚姻逐步走向解体。现代自由的婚恋观念和年轻人低成本、轻责任的现状,是成诉案件中难以调和的症结。因此,可以说从结婚到 35 岁这一阶段是一个家庭的多事之秋,也是个危险期。

35～45 岁占比较高,这一结果在一定程度上印证了"中年婚姻危机"的客观现象,中年人家庭经济负担重,矛盾多,造成家庭不够稳固。45 岁之后年龄越大,诉请离婚的比例越低。一方面,由于随着共同生活时间的增加,夫妻感情加深,经济基础更为牢固,夫妻二人形成的价值观更为一致;另一方面,年龄越大使得离婚的机会成本越大,导致中老年人的离婚率明显低于青年人。

(二)婚龄特征

离婚案件当事人平均年龄逐年降低,婚龄逐年缩短。随着婚姻关系存续期及年龄的增长,起诉离婚的数量显著下降。如图 4 所示,结婚未满 1 年离婚的占 11%,结婚 1～3 年离婚的占 19%,结婚 3～10 年离婚的占 43%,结婚 10～20 年离婚的占 25%,结婚 20 年以上离婚的占 2%。

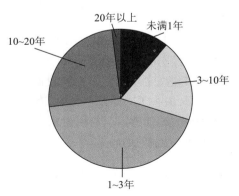

图 4　离婚案件中当事人婚龄分布情况

分析得出,婚龄在三年内离婚的夫妻容易闪婚闪离。青年人的行为突出表现为经济自由、个人意志自由、生活方式自由等。多元化的价值观念使其有着开阔的视野和开放的观念,敢于大胆、直接表达和追求爱情,但同时多半又是物质和生活的享乐主义者，自我的个性化表达让婚后的朝夕相处充斥争执，彼此的缺点逐步显现，相互间难以包容。

婚龄在10年内的离婚夫妻较多尚为年轻，夫妻之间的感情还比较薄弱，相互的信任和依赖尚未完全建立，加之婚后矛盾冲突、孩子抚养等现实问题容易让婚姻走向破裂。婚龄在10年以上离婚案件仍有不小比重，从审判实践来看，此阶段夫妻工作和生活压力大，尤其是在子女高考结束后，夫妻双方再无其他顾虑，更愿意选择结束婚姻关系。婚龄在20年以上夫妻的离婚率明显下降，因为夫妻双方在多年相处后感情稳定，一旦出现矛盾比较容易理解和谅解。

（三）性别特征

从性别分布情况看，在1 740件离婚案件中，1 209件案件的原告为女性，占比69.48%，是男性的2.28倍。

社会经济的迅速发展对我国传统婚姻观念产生了强烈的冲击，妇女的社会地位、经济独立性、自我维权意识均得到大幅提高。当婚姻出现严重问题时越来越多的女性能够勇敢地面对，积极运用法律手段维护自身的合法权益，争取婚姻的主动权。

（四）起诉次数特征

据统计，2018—2023年8月的离婚案件中，第一次到法院起诉离婚的案件占比最大，第二次及第三次以上到法院起诉离婚的案件逐渐减少。原因一：部分当事人第一次起诉离婚后，经调解或判决就解除了婚姻关系；原因二：未解除离婚关系的，经过调撤或者判决不准离婚之后，当事人通过冷静思考，调整夫妻之间的相处模式，改善了夫妻关系；原因三：民法典对经过法院判决不准离婚后双方又分居满一年后再起诉的离婚案件应判决离婚进行了明确规定，这对以往出现极端事件导致法院无法判决离婚的多次离婚诉讼现象有明显改善，法院判决离婚的法律依据更加充分。但同时也要指出，在判决结案的离婚诉讼中，仍有较大比重经判决不准离婚，原因在于，家事审判改革后，法院更加审慎地把握离婚原则，判决离婚的依据除"夫妻感情确已破裂"外，还有以下条件：① 未成年人的抚养问题必须得到妥善解决，否则法院一般不判决离婚，即应充分保障未成年人权益；② 处理婚姻关系时老年人的合法权益也要放到重要位置，即老年人的赡养还是要以家庭赡养为主；③ 判决或调解离婚比维持婚姻更有利于保障妇女的合法权益，即案件处理上应充分照顾妇女的权益。

三、挖潜:诉讼离婚案件成因探析

离婚理由整体复杂多元,涉及家庭生活的方方面面,而女性所持理由更为多元。在查阅案卷的基础上,笔者将女性的理由归为 6 项,将男性的理由归为 5 项。如图 5、图 6 所示,就单个案件起诉时平均所持理由而言,大多数男性持较为单一理由,而大多数女性却列出更多理由。

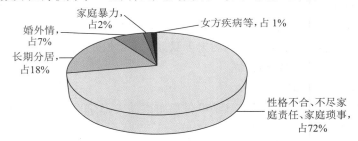

图 5　法院离婚案件中男性离婚理由统计表

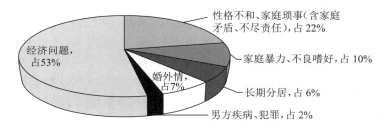

图 6　法院离婚案件中女性离婚理由统计表

(一)对"性格不合"的普遍主张

离婚案件中双方当事人最多的理由是性格不合。无论是婚前缺乏了解,还是婚后感情被消磨殆尽,当夫妻二人的生活习惯、消费理念、兴趣爱好、思想观念等差异逐渐显露后,矛盾不断出现,感情逐步破裂。同时相对于其他离婚理由,性格不合更为概括和抽象,可以囊括其他离婚理由。但性格不合的衡量和评价标准比较模糊,会给法官评价感情是否确已破裂带来一定的困难。

(二)对"长期分居"的现实主张

在离婚案件中,两地分居导致感情慢慢疏远的情况不在少数,主要表现有三种:第一种,夫妻发生矛盾后,女方回娘家居住生活且长期不回;第二种,一方外出务工,长期分居导致夫妻之间缺少及时沟通和交流的机

会,思想意识难以做到同步,对伴侣的期待感和依赖感逐渐减少,夫妻感情慢慢转淡,不可避免地导致婚姻破裂,此种现象比较普遍;第三种,一方犯罪且被判较长刑期。夫妻二人长期无法共同生活会导致感情越来越淡,不同的生活经历也使得双方的价值观、生活需求等差异越来越大。

(三)女性对家庭暴力的主张

婚姻法司法解释将"家庭暴力"明确界定为行为人以殴打、捆绑、残害、强行限制人身自由或者其他手段,给其他家庭成员身体、精神等方面造成一定伤害后果的行为。现实中,家庭暴力已经成为危害婚姻稳定的杀手,而且绝大多数受害者是女性,从诉请离婚的理由来看,家庭暴力成了"刷屏式"的存在。

客观分析,一方面,家庭暴力在婚姻家庭关系中确实存在,而且女性由于其性格及体能方面的原因,往往成为家庭暴力的受害者。随着社会对家庭暴力关注度的增加以及女性自身法律意识的提高,越来越多的女性对于丈夫的暴力行为不再隐忍,而是选择拿起法律的武器寻求权益的救济。另一方面,还应看到,冷暴力在悄然蔓延,它表现为通过暗示威胁、语言攻击、精神控制等方式伤害对方,这对夫妻双方的精神和心灵来说都是极度痛苦的。

此类案件中,施暴方往往长期无视受害方的尊严和人格,经常性、习惯性地对受害方实施家庭暴力,导致受害方长期受到精神和肉体的双重折磨,以至忍无可忍,提出离婚。因此除关注对施暴者予以惩戒及防范外,也应重视受害者的心理健康。

(四)对一方有不良嗜好的主张

根据所查阅卷宗,赌博、酗酒、好吃懒做、打赏主播、买游戏装备是女方请求离婚的常见理由。很多女性都是在经人介绍之后草率地结婚,婚前对丈夫的行为习惯没有了解清楚,甚至毫无了解,直到婚后共同生活时才发现其种种不良嗜好,并且屡教不能改,导致家中负债累累,夫妻感情无法维系,引发婚姻危机。

(五)对婚外情的主张

婚外情如今已成为婚姻解体的重要原因。婚外情的发生一方面与当事人道德观念、家庭责任意识的欠缺有关,另一方面也受到社会不良风气和价值观的影响。在农村地区,随着家庭生活水平的提高,一部分人(尤其是掌握家庭主要经济来源的男性)的心态和价值观开始发生变化;另外,部分当事人外出打工后有了各自独立的生活空间,收入的提高使得他

们对精神生活、婚姻伴侣的要求也随之提高。但诉讼离婚中,因为当事人证据意识较弱,或者为保留各自的颜面不愿过多强调婚外情,故统计数据占比较少。

四、刺破面纱:成诉离婚案件背后的隐患

(一)情绪婚姻成为浮躁心态的显象

相对于其他法律关系,家事关系中的身份、伦理、情感属性表现得更为突出。由情绪表达冲突引发的情绪抑制或激化较多地在社会婚姻关系中呈现,我们称之为情绪婚姻。主要有以下三种类型:一是消极迎合,其婚姻本质是没有实质意义的空壳,实践中多为因经济窘迫而相互结合或后期演化为由经济的暴富带来的双方现实差距。此种类型为随遇而安的婚姻关系,夫妻关系得以维系仅因惰性、孩子、经济等多方因素。二是习惯冲突,以不断出现争吵和分歧为其特征,通常建立在相互挑衅的基础上,"大吵三六九,小吵天天有",实践中多为现阶段下独生子女家庭之间的结合。这类婚姻因夫妻双方有自己独特的风格,加之各自家庭有着自己独立、完整的价值观念系统,使二人变得难以融合。三是失去活力,随着岁月流逝和生活的改变,夫妻间情感麻木,关系陷入泥淖,婚姻变得单调乏味和公式化,时间的推移让婚姻变得格外脆弱,外来冲击很容易导致解体。实践中多见有二、三胎家庭,夫妻双方的情感需求得不到用心回应,缺失沟通而让感情朝着破裂方向发展。

(二)抚养权与财产归属之争

近年来,"非你不可""难舍难分"的诉讼离婚越来越少,夫妻间相互依赖明显减少,离婚争议的焦点转向孩子的抚养权及夫妻共同财产的分割。

从一审法院诉讼来看,在夫妻矛盾没有激化到无法调和的尖锐阶段,孩子往往对夫妻双方的矛盾起到了一定的缓冲和润滑作用,也有利于夫妻情感的维系。然而,当矛盾激化至诉讼离婚,抚养权则成为最激烈的争夺目标,甚至存在双方家庭恶意抢夺、隐匿孩子的做法。同时也不排除部分人自私自利,生而不养,公然背离作为父母应承担的道义责任和法律义务,这更会导致双方矛盾的升级。

如今物质生活水平不断提高,财产分割成为离婚案件的主流。在涉及夫妻共同财产分割的离婚案件中,财产类型主要有房产、车辆、拆迁安置款、住房公积金、保险权益、存款、家用电器等。双方在法庭上你争我夺、互不相让,甚至提出损害赔偿请求。

在审结的 1 725 件案件中上诉 44 件,上诉率较低。在上诉案件中,绝大多数上诉原因为孩子抚养权及财产分割。可见从诉前到一审,再到二审,矛盾的持续和升级始终伴随着抚养权与财产的争夺。

(三)离婚的负面心理情绪需要疏导

现实中通常是以上多种情况的交织杂糅,因上述类型婚姻中夫妻间的内在需要没有得到满足或者在其受到创伤性事件刺激表现出失落、悔恨、愤怒等感受后建立了不当的主观认知,而形成心智障碍。心智障碍会导致个体的情绪化,从而给社会安定增添某些不确定性因素。

这里引入一个情绪暴力化的一般原理。社会情绪暴力化原理是指:社会内潜在风险在社会突发事件刺激下产生社会情绪危机,在社会情绪危机与社会个体或社会群体相互作用下,当超过社会个体或社会群体心理承受能力时,即产生社会情绪暴力行为。由此,当心智障碍建立,其对周围人、事、物形成错误认知和看法,在社会情绪危机(诸如经济等因素)的催化下,容易导致矛盾化、情绪化的反应和行动,需要引起重视和及时疏导。

五、影响:从成诉案件析社会风险

(一)家庭情感受挫

一方面,离婚产生的纠纷影响夫妻之间的感情,造成双方情感交流的障碍与隔阂,缺失的情感交流消磨双方的感情,婚姻生活的本质发生了质的变化,冷漠、自私、无情充斥家庭生活,压抑的环境让人的心理发生扭曲,"民转刑"事件易发;另一方面,离婚中常见的家暴不仅让情感走向破裂,还因侵害行为的长期性、隐蔽性、持续性,给遭受家庭暴力的妇女带来严重的心理创伤甚至引发精神疾病,导致"以暴抗暴"刑事案件发生。

(二)子女人格成患

一方面,"闪婚闪离"背景下,单亲现象增多,这容易让生活在单亲家庭中的下一代缺少完整的爱,再加上教育方式的不妥,容易造成孩子的心理问题,或致使孩子与社会不良青年混同;另一方面,婚姻中的家暴行为会给未成年子女内心造成极大伤害,目睹家暴的未成年人实际上也是家暴的受害人,其成长人格的构建易被摧毁,在成年后的婚姻生活中容易效仿幼年的遭遇,发展为人格缺陷障碍。"北大学子吴某宇弒母案""清华学子刘某洋硫酸泼熊案""重庆大学生虐猫案"……他们的成长经历和家庭

环境都是其作出极端行为的重要因素。

（三）养老扶助成忧

一方面，随着我国人口老龄化程度的加深，空巢、孤寡老人的养老问题已日益凸显，子女"破裂＋极不稳定"的婚姻家庭结构让双方父母倍感疲惫，年事已高的父母对子女的婚姻无能为力，给"老有所养"的社会目标增加了阻力因素；另一方面，实践中的离婚纠纷大多伴有生活的负重和艰辛。现实中，当婚姻走向瓦解，夫或妻一方往往会将孩子安置在父母家生活，或者心理上的不负责、不成熟让他们将孩子丢弃在父母家，增加了老年人的生活负担，因离婚衍生的"留守儿童""留守老人"也成为新的社会问题。

（四）社会安定难控

离婚的增多加剧了社会的不稳定，导致家庭结构的变化和功能的缺失。首先，易发生彩礼的争夺。一般来说，彩礼往往是男方家庭多年的积蓄，甚至是借贷。大多数男性家庭会因为高额彩礼而无力再娶。因彩礼大打出手的事并不鲜见，导致很多社会问题发生。其次，"闪婚闪离"为非法分子提供便利，给违法行为披上合法外衣。闪婚闪离最大的特点就是迅速，虽然感情基础并不扎实，却也在法律范围之内，这就为骗婚者提供了利润空间。再次，近年来，因家暴发生的社会热点新闻频发，引发极大社会公愤，自媒体加快了此类新闻的传播速度，处理不当易引发社会舆情的偏离，极大冲击了本就迟疑在婚姻边缘的青年人，影响他们构建正确的婚恋观，不利于社会良性循环。最后，妥善处理离婚纠纷不仅关系到具体法律走向，更关系到防止从婚姻纠纷转化为刑事案件或社会问题的大问题，如"某男子反复碾压妻子致死案""某男子当街追砍妻子案"等。由此可以看出，因当事人心理扭曲、变态而产生的暴力加害行为具有不可控性、不稳定性，如得不到有效化解，可快速演变为社会极端行为，挑战社会底线，引发社会舆情。

六、思考：法院处理离婚纠纷案件存在的问题

（一）审理程序上的部分局限性

缘于家庭暴力等事实发生在较为隐秘的私人空间，受"家丑不可外扬"传统观念影响，受害人通常会委曲求全、息事宁人，轻微暴力及"家丑"容易被忽略，社会力量也难以介入。只有到了暴力难以忍受的严重程度，当事人才会通过报警、就医等外部求助方式来保护自己，直至诉至

法院。这样一来,诉至法院的案件在审查中,因当事人举证能力有限,通常只能提供录音、就诊证明或报警记录等单一证据,难以形成完整的证据链,所以事实认定较为困难。

（二）诉讼观念难转变

此类案件因情感、财产纠葛导致矛盾复杂,部分离婚被告人拒不到庭的情况时有发生,造成审理难。一是鉴于原、被告之间存在矛盾,被告往往以拒不到庭方式消极应对,给法院判断双方感情是否破裂造成困难。二是有些当事人认为被起诉离婚有损颜面,不愿意离婚,更不愿意出庭应诉,甚至连传票等相关应诉材料都拒绝签收,也拒绝接听法官的电话。这种做法增大了办案难度,延长了案件审理时间。由于缺少当面调解的过程,法官无法了解被告的意图,被告自己的权益和主张就很难得到保障,部分当事人甚至采取对抗、缠诉态度,不理解法官拯救危机婚姻的做法,甚至出现过激行为。

（三）案件执行有难度

离婚案件具有普通财产性民事纠纷所没有的亲缘性、人身性特点,执行标的较为独特。例如,关于探视子女问题,调解书或判决书中对探视权行使的时间、地点、方式作出了明确规定,但可行性才是关键,而且每个案件的具体情况不同,没有统一的标准可供参考,只能根据现实情况,采取合理的执行方式。由于涉及对未成年人利益的保护,多数情况靠当事人自觉履行,法院很难采取强制措施。从社会面来说,化解离婚纠纷不能只靠法院"单打独斗",还要依赖各行业及社会组织的协作合力。

七、多措并举:妥善处理离婚案件意见建议

（一）聚焦前端预防,合力维护家庭稳定

一是加强组织领导。坚持党委领导、政府主导,发挥人民法院、检察院、公安、民政等部门职能作用,完善衔接联动机制,加强对家庭教育和婚姻关系的指导和服务,提供更多的法律、心理、社会等方面的帮助和资源。二是狠抓力量前移。加强组织建设,通过设综治宣传员、纠纷调解员、案件协助员等,形成"层层有人抓综治"的稳定网格,保证纠纷苗头化解,基层稳定可控。三是倡树正确的家庭婚姻观,宣传教育靠前。积极开展法治宣传活动,走进社区、农村等重点区域,有针对性地宣传民法典婚姻家庭编和相关司法解释的内容,以及妇女权益保障法、反家庭暴力法等法律法规,让广大人民群众树立正确的婚姻、家庭观念,正确处理好恋爱、婚

姻和家庭的关系,积极倡导树立优良家风,增强家庭责任感,维护平等、和睦、文明的家庭关系,营造安定的社会环境。

(二)聚焦家事审判,构建全链条服务

1. "法院＋妇联＋心理咨询师",推进家事纠纷源头化解。第一,主动将心理疏导融入家事审判,设立心理咨询室,聘请具备资质的心理咨询师提供心理咨询,积极对当事人进行诉前疏导。第二,建立妇联干部全流程陪审机制,打造一支妇女工作经验丰富、群众基础扎实、素质高能力强的人民陪审员队伍,实行家事案件专业参审模式。第三,将群众工作经验丰富且掌握一定法律知识的妇女干部聘为家事调解员,切实将矛盾纠纷化解在诉前。

2. 诉中调解,耐心细致解开家事心结。庭前通过认真阅卷吃透案情,准确把握当事人的诉求和心理症结点。庭审注重耐心倾听和疏解家事案件当事人的诉求,与其建立信任关系,搭建有效沟通的桥梁。

3. 案后回访,判后服务修复家事关系。推出家事回访制度,针对涉及未成年人、老年人、妇女等弱势群体的家事案件,承办法官主动延伸司法服务,通过电话联系、实地走访等形式开展释法明理、精准普法,做好矛盾化解,全力消除隐患,营造平安稳定和谐的社会环境。

(三)聚焦多元解纷,实行社会化治理

1. 立足"枫桥经验"。乡镇(街道)、村(社区),选聘专兼职调解员,配备婚姻家庭纠纷调解工作力量,加强对人民调解员的专业指导,把婚姻家庭纠纷调解员纳入司法行政系统培训计划,立足抓早、抓小、抓苗头,及时就地化解婚姻家庭纠纷。同时,推动基层组织健全完善帮扶体系,重点关注有两地分居、独居老人、婚姻关系变化等情况的家庭,对家庭关系不和的主动上门做工作、给予重点帮扶,做到底数清、情况明、措施实,有效预防矛盾纠纷的发生、激化。

2. 保持高压态势。充分发挥公安机关的工作优势。公安机关要积极参与矛盾纠纷多元化解机制建设,进一步强化矛盾纠纷排查工作。发挥派出所基层治安防控管理优势,坚持预防为主的原则,走进社会、深入家庭,及时排查发现离婚纠纷民转刑隐患案件的苗头和线索,会同有关部门做好化解稳控工作,最大限度预防一般性婚姻家庭纠纷转化为治安案件、刑事案件。同时,公安、法院、检察院等司法机关应建立互通的信息共享机制,以家庭平安提升县域治理水平。

3. 维权帮扶同频。妇联发挥组织和人才优势,做好矛盾排查、心理疏导、纠纷调解、法律帮助等工作,畅通妇女维权服务渠道,及时受理婚姻家庭纠纷投诉,积极参与婚姻家庭纠纷的人民调解、司法调解工作。学校建立健全学生心理问题排查机制,关注重点学生档案记录,完善心理危机突发事件干预机制,力争做到全过程管控,责任到人。在乡镇(街道)、村居、社区等基层探索设立"家事司法救助站",主动筛查救助线索,建立联动机制,加大对特殊人群救助力度,为守护家庭带去司法温度。

企业破产府院联动机制的探索与改进

◇ 韩丰收

韩丰收，东营市广饶县人民法院民事第三团队二级法官。

破产案件处置不仅是法律事务，也是社会工作，涉及多元化的利益主体和大量的协调事项。在企业破产法配套立法和制度尚不健全的背景下，破产审判府院联动机制依然是由法院主导破产工作，由政府提供社会管理公共服务，让司法权监督行政权运作，从而优化社会资源配置，平衡相关各方利益，维护社会和谐稳定，加快"僵尸"企业处置，实现市场出清，推动地方经济高质量发展。

当前中国经济新常态迈向新阶段，在深化供给侧结构性改革的浪潮中，如何积极适应和把握经济发展需要，有针对性地处置好由经济结构性调整引发的一系列破产案件，建立常态化的破产审判府院联动机制显得尤为必要。

一、府院联动机制的内涵和延伸

府院联动机制中的"府"指政府，"院"即法院。府院联动机制是在破产企业审判和处置工作中解决企业破产衍生社会问题的一种新生机制。

虽然现行的企业破产法明确了在破产程序中各相关主体的职责与路径，但缺失对政府协调配合职责的规定，使得许多地方政府在介入破产案件时，找不到依据，而构建府院联动机制就为政府介入破产案件提供了合法合理的方式及途径。政府各职能部门和人民法院通过设立联席会议办公室等机构，建立有效的联动机制，相互协调、信息互通，对企业做到提前预防、及时救助、有序退市，以最高的效率、最低的成本、最合理的方式、最合法的程序推动供给侧结构性改革，处置"僵尸"企业，有利于政府履行规范经济秩序、促进经济转型升级的行政职能。广饶县法院于2020年建立了破产审判府院联动机制，事实证明，府院联动机制在招募投资人、资产过户、职工保护、维护稳定等方面发挥了重要作用。

为什么处置僵尸企业必须大力推行府院联动机制？道理其实很简

单,企业自设立开始,直至最终注销并退出市场,一直都在和政府职能部门打交道。刚开始设立时,需要先到工商部门核准名称、办理设立登记,然后办理税务登记,若需要其他行政许可,还要和消防、环保、食品卫生等部门打交道。当然,在企业运营过程中,上述职能部门更是如影相随,时刻相伴企业左右。如果企业需要进出口货物,还要和海关、商务、发改、经信等部门有联系;若需特殊项目资金,还要到专门的职能部门办理。企业解散注销,还要最终办理税务注销、工商注销。在我国企业法定的体系中,企业的一生都有政府各项管理职能部门在其左右。所以,处置破产企业的过程不可能离开政府职能部门,若职能部门各自为政,或政府采取消极放任态度,处置的效果肯定会大打折扣,最终可能会引发更大的社会危机,影响社会稳定。

政府职能部门参加破产案件的协调工作,可以发挥维稳、公共管理和市场监管职能,利用其协调能力和资源配置能力,弥补市场经济运行的弊端,综合运用行政监管机制、经济手段、法律措施等减少破产给社会带来的震荡,以最低的成本、最高的效率,合理、合法、快速处置破产企业及其衍生的一系列社会问题。

二、府院联动机制的功能

自 2007 年 6 月企业破产法实施以来,最高人民法院先后出台了三个企业破产法方面的司法解释。各地对企业破产的认识非常不均衡,沿海经济较发达地区法院破产案件数量大幅增长,在破产审判中作出了许多有益的探索,但仍有很多法院不愿意办理破产案件。一方面是因为审理周期长,另一方面破产过程中会有很多难点,如职工保护问题、担保圈问题、非法吸收公众存款问题等,而产生难点的一个重要原因就是政府职能缺位。。因此,府院联动机制的建立实现了政府职能部门在破产处置的全程参与,从事前、事中、事后三个阶段发挥其功能作用。

1. 提前预防功能。

府院联动机制一旦形成成熟稳定的制度,它所起的作用就不仅是对破产企业的最终处置,还会显现出提前预防的重要作用。因为任何事情的产生都会有其征兆,企业从正常向破产转化也不例外,如企业税收减少、劳动争议增多、偿债能力降低、合同纠纷量上升、股东纠纷长期不能解决、管理陷入僵局、重要项目投资失败等。这些征兆都预示着企业可能会陷入经济困境,如果不及时处理,小问题积累起来就会成为大问题,从而

导致企业最终无法挽救。在良性的府院联动机制运行基础上,政府职能部门及时介入,了解企业的实际困难,在不违背市场机制的前提下,为企业提供帮助,帮企业筑起一道防火墙,让其能够继续健康存续。法院对破产企业进行精准判断和识别,通过评估涉困企业欠薪、欠税、欠息、涉诉、对外担保等风险情况,实时研判、甄别,将无产可破的僵尸企业及时纳入破产清算程序;对于尚有救助价值,暂时处于困境的企业,及时启动"执转破"程序,通过重整或和解,维持营运和转型,使危困企业涅槃重生。

2. 事中救助功能。

这主要是针对已经陷入困境中,但还不至于被破产清算、要求退出市场的企业。很多陷入困境的企业僵而不死,尚有优质资产、不错的产能以及相当规模的市场网络,只是由于企业缺乏合理配置各项资源的必要措施,无法依靠自身力量重新调动企业的生命活力。针对上述情况,政府可以适度参与,协助企业来完成资源的合理配置,如引入新的投资人、重新融资、减免税负和财政资金支持等。在法院裁定重整后,对于陷入经营困难的企业,政府各职能部门应本着救助企业的目的,建立一整套企业救助制度体系,如企业信用恢复、经营行为恢复、税费优惠、资产有效组合、土地增容变性、企业股权调整、融资渠道的构建等。人民法院在此过程中并非只是审理案件,必要时还要与政府职能部门合作,使对企业的救助更加合理、合法、高效。

3. 解决破产衍生问题。

企业破产法是一个社会外部性极强的实践性法律,在企业破产程序中除了要解决债务清偿、财产分配、企业挽救等法律问题外,还会产生一系列需要政府履行职责解决的与破产相关的社会衍生问题,如职工的救济安置、企业信用修复、破产的税费缴纳与工商注销登记问题等。在此过程中,政府起到的维护社会稳定的职能是必不可少的。这就决定了破产审判工作(尤其是重大破产案件的审判工作)往往离不开外部支持,尤其是地方党委与政府的支持。

在我国目前强调的深化供给侧结构性改革、优胜劣汰、处置僵尸企业等大背景下,地方各级政府还要在其权限范围内主动承担起必要的建章立制责任,以解决破产衍生问题的常态化、规范化调整。例如,建立保障无产可破案件破产费用与管理人报酬的破产基金、保障职工债权清偿的工资保障基金、挽救破产企业的税收优惠、重整企业信用修复等制度。

三、府院联动机制的构建

建立府院联动机制,需要准确界定破产程序中政府与法院的各自职能,坚持政府牵头、部门联动、法院主导、属地管理的原则,设立常态化的企业破产工作协调机构,全面落实政府应当提供的公共服务和社会管理职能,建立由政府主导风险管控与事务协调、法院主导司法程序的一体化处理模式。

1. 组织协调机制。

要充分发挥政府、法院和各相关部门的职能作用,建立由府院相关领导和相关部门组成的企业破产处置府院联动机制领导小组,由政府、法院、公安、司法、信访、自然资源和规划、人社、税务、市场管理、招商、地方投融资平台公司、属地镇或街道等为成员,加强府院协同联动,形成企业破产审判合力,统筹解决企业破产重整盘活工作中存在的问题。

2. 工作联动机制。

破产案件的审理中经常涉及众多关系,政府、法院、管理人之间,以及债务人、债权人、战略投资人和相关政府部门之间均需要进行积极沟通,解决政策研究、涉税财物、涉罪当事人、保全解除、股权变更等众多问题,妥善化解社会矛盾,及时处置突发事件,积极协调各方利益诉求。建立案件受理前相互通报预警、受理后设立联络员机制,保持双方渠道畅通,实现破产日常事务定期互通,重大信息及时通报。法院在审理破产案件中遇到困难和问题,需特定成员单位协调、解决时,由法院、破产管理人与该成员单位进行个别协调。

3. 企业风险评估甄别机制。

设立破产案件受理预警机制。各行业主管部门要定期评估涉困企业欠薪、欠税、欠息、涉诉、对外担保等风险情况,加强企业运行监测和预警,及时掌握企业动态信息,开展综合分析研判。对可能发生的风险事件或出现的突发情况,要及时向企业破产处置府院联动机制领导小组及其办公室报送相关信息,确保渠道畅通、信息共享,并得到及时处置。精准识别、分类处置,对陷入困境的企业,综合考虑产业政策、市场前景、危机原因等,按可以挽救、不能挽救分类施策,差异化处置。对企业系因资金等问题引发的可以挽救类危机,启动帮扶程序,通过政策支持、协调解决资金困难、建议企业处置盘活闲置资产等方式进行救助;对符合破产条件的困难企业,由政府协助进行破产重整。

4. 破产经费保障和援助机制。

通过由财政拨款、破产管理人报酬按比例提取注入等方式，落实破产审判专项经费，用于援助或垫付破产企业维稳和破产案件的费用，其管理和使用应遵循公开透明、专款专用、滚动补偿和严格监管的原则，并实行单独核算，专门管理。设立专门的破产费用援助资金，用于补贴或垫付管理人依法履职所必需的破产费用，以及发放"无产可破"企业的破产费用和管理人报酬。

5. 破产企业职工权益保障机制。

由人社部门会同属地乡镇或街道梳理破产企业职工工资、社保情况，及时进行政策咨询和法律援助，帮助申报和确认职工债权；多途径做好破产企业的职工裁撤、分流、安置工作，预防群体性事件发生，维护社会稳定。

6. 破产企业资产处置协调机制。

拓宽破产财产处置途径，对于政府产业规划及征迁范围内的企业，协调出台政府回购及征迁方案，加快盘活僵化低效资产；对于破产企业审批、登记手续不全的房地产项目和生产经营项目，自然资源和规划、环保、住建、应急管理等部门应依法依规补办相关手续，提升破产企业资产价值；对财产处置中涉及土地、房产、排污权分割处置、转让，符合条件的，有关部门根据政策予以支持，对不动产拍卖、过户的转移登记，抵押权注销登记，排污权转让，政府回购等事项，凭法院生效裁判文书和协助执行通知书办理。

7. 破产企业信用修复和政策支持机制。

企业重整后需要对其信用记录进行修复的，管理人可以分别向人民银行或者涉及债权债务关系的商业银行提出申请，人民银行及相关商业银行应及时凭管理人申请和法院出具的函件予以办理，对信用记录予以修复。

8. 为破产处置提供全方位政策支持。

加大政策支持的力度，协调简化行政审批程序，加快破产企业处置速度，提供宽松的外部环境。在办理破产企业的工商注销登记、营业执照被吊销后恢复、车辆违法记录消除和过户、抵押注销登记等方面简化相关手续。

融"情"于"法" 家事审判情系民心

◇ 刘 双

刘双，东营经济技术开发区人民法院综合审判庭四级法官。

自我国民法典实施以来,东营经济技术开发区人民法院充分发挥民法典维护和谐家庭关系的功能,将民法典所倡导的平等、和谐、文明家风家德融入家事审判工作,探索创新家事审判模式,整合审判资源,推行专业化、社会化、人性化的家事纠纷解决方式,不断提高家事审判工作水平。本文在全面总结2023年度东营经济技术开发区人民法院家事案件审理的基础上,探析家事案件审理工作中面临的困难及其解决措施,以期对进一步深化家事审判改革、提高东营经济技术开发区人民法院家事案件审理水平有所裨益。

一、2023年家事案件审理情况

东营经济技术开发区人民法院2023年共审结家事纠纷案件645件,约占民事案件总数的24.51%,其中调解结案257件,撤诉92件,调撤率约占家事案件总数的54.11%。

二、家事纠纷案件的特点

整理2023年的数据发现,东营经济技术开发区人民法院审理的家事案件主要有以下几个方面的特征:

1.案件数量增速快,占民事案件总数的比重较大。

在东营经济技术开发区人民法院2023年审理的民事案件中,家事纠纷案件占比达到了28.42%且呈现出逐年增长的态势,年平均增长幅度达到了约12%。随着社会经济的快速发展,家庭财产的类型及数量越来越多,通过诉讼方式分割财产的案件增多,加之部分群众婚姻观念的变化,离婚案件的数量逐年增长,造成了家事纠纷案件增速快、总量大的现象。

2.案件类型多样,案由多元化。

家事案件主要分为婚姻家庭纠纷和继承纠纷。东营经济技术开发区人民法院近年来审理的家事案件呈现出案件类型多样,案由多元化的特

①《中华人民共和国民法典》第一千零七十六条："夫妻双方自愿离婚的，应当签订书面离婚协议，并亲自到婚姻登记机关申请离婚登记。离婚协议应当载明双方自愿离婚的意思表示和对子女抚养、财产以及债务处理等事项协商一致的意见。"

点，其中离婚纠纷，婚约财产纠纷，赡养、抚养、扶养、收养纠纷，继承纠纷等数量居多，其中离婚纠纷在家事纠纷案件中占比高达74.6％。因解除婚约、解除同居关系而返还彩礼的案件体现出了家事案件类型多样化的特点。因离婚后子女抚养问题引发的争夺、变更抚养权纠纷，请求支付、增加抚养费，实现探望权纠纷等，皆体现了家事案件案由多元化的特点。

3. 离婚诉讼首次起诉被驳回后，多次起诉要求判处离婚的情况较多。

随着民法典引入离婚冷静期制度①，协议离婚的周期变长，当事人双方在民政部门登记离婚后，经过一个月的冷静期，之后任何一方反悔不同意离婚，则无法通过协议的方式达到离婚的目的。因此，当事人选择诉讼方式离婚的案件数量也相应增多。在离婚诉讼中，人民法院往往以挽救家庭、化解矛盾为出发点，对于感情尚未完全破裂的当事人判决驳回诉讼请求的较多。在第一次起诉法院判决不准离婚的情况下，当事人往往间隔一段时间后，通过分居等方式再次提起诉讼，因而通过多次诉讼的方式要求离婚的情况较多。

4. 家事纠纷案件举证较难，案件复杂程度越来越高。

家事纠纷案件不只是对身份关系的裁决，也是对家庭财产的处分。如离婚时会涉及夫妻双方的不动产、征地补偿、农村小产权房、社保发放及股权、股票、债券、保险等财产及财产权益的分割。在继承案件中也需要对被继承人遗产范围进行查明，而涉案财产往往会出现产权不明、债权债务关系不明确等情况，导致涉案财产构成复杂，案件审理难度较大。现阶段审理的家事案件中，大多数案件涉案财产多，债权债务关系复杂，而当事人证据意识较弱，导致离婚案件中对夫妻共同财产认定困难、案件基本事实较难查清，尤其因受传统习俗影响，给付彩礼时往往不会留存证据，导致法院难以查清彩礼数额。在抚养权纠纷案件中，给付抚养费的一方也很少留存证据证明其给付孩子抚养费的事实，导致发生纠纷时无法证明。证据的缺失和举证能力的不足给抚养权归属、离婚时财产分割、彩礼返还、抚养费支付等案件的裁判增加了难度。

5. 家事案件重视调解，取证调证相对耗时较多，审理期限相对较长。

针对家事案件特殊的司法审判规律和我国固有的家庭伦理观念使得在家事案件审理中，法院非常重视调解工作，法官在审理家事纠纷时往往把重点放在为当事人消除对立情绪、修复感情、实现和解上。一个案件在立案时要进行诉前调解，在诉讼中要进行庭前调解，在审理过程中穿插进行调解，部分案件庭后还会进行多次调解。在离婚案件中，对于夫妻共同财产的范围,比如夫妻名下的存款、公积金、股票基金等,当事人往往需要申请法院调取证据;在继承纠纷中,对于部分遗产也需要法院调取证据予以查明,涉及房产等的需要评估财产的还需要进行评估程序,查询不动产登记情况等。因此,家事案件审理期限相对较长。

三、家事案件审理中存在的问题和面临的困难

1. 反家暴工作落实不够到位,人身安全保护令难以得到有效执行。

笔者在家事案件审理中发现,大多数受害人反家暴意识淡薄,不能较好地运用法律武器维护自身的合法权益。如在遭遇家庭暴力侵害时,不知道如何留取证据,不敢向公安机关报案或主动到妇联等部门求助,对涉及家暴的事实在举证、救助、协调、执行等环节缺乏有效解决措施,造成家暴行为无法被及时制止,难以收集固定必要的家暴证据。在一些农村地区,对妇女儿童保护力度仍需加强,大部分受家暴困扰的人甚至不知道人身安全保护令的存在。自 2016 年反家庭暴力法规定人身安全保护令制度以来,东营经济技术开发区人民法院发出人身安全保护令数量不多,存在人身安全保护令制度实际适用及执行力度不够等问题。根据反家庭暴力法的规定,人身安全保护令由人民法院执行,公安机关及居民委员会、村民委员会等应当协助执行。在实际执行中存在参与执行部门的意识不强、重视不够、配合不到位的问题,导致人民法院即使作出人身安全保护令,也难以得到有效执行。

2. 家事案件执行难,容易引发缠讼缠访。

家事案件的执行主要包括离婚财产分割、赡养费、扶养费、抚育费、探视权、移交子女、遗产继承等情形。在执行过程中,不仅需要处理财产或财产利益,还需要顾及当事人的情感和关系维持,以及全方位考虑家庭的和睦幸福、社会的和谐稳定等。在财产分割方面,往往存在因情感纠葛导致不主动履行、转移财产、消极对抗法院执行等行为。

对于子女抚养权及探视权,如果有一方不配合,就会造成判决难以执行的情况;对于抚养费,如果当事人不主动给付,子女就需要多次申请法院执行,也让当事人陷入诉累之中。同时,家事案件的当事人面对法院的裁判及执行,往往仅考虑自身诉求,不能客观冷静地处理矛盾,或者因对法院裁判的夫妻共同财产分割、子女抚养、探视问题不服,就将矛盾转嫁到法院及办案法官身上,引发申诉及信访风险。

3. 家事案件调解难度较大，多元解纷机制尚需完善。

近年来，婚姻观念转变叠加工作压力增大等社会因素，导致家庭成员间包容度下降。部分当事人产生非传统婚姻认知，视离婚为摆脱束缚、追求自由的途径，忽视感情基础存续价值与子女成长环境保障。诉讼中常因财产分割、子女抚养等问题激烈争议，难以达成合意。虽然民法典已设立离婚冷静期，但诉讼案例显示，多数纠纷并非重大过错导致，而是源于家庭地位认知偏差、生活习惯冲突或价值观念分歧，当事人对配偶的包容度显著降低，且离婚群体年轻化趋势明显。此类案件涉及身份关系复杂，标的构成多样，因此财产分割难度较高。此外，未成年子女抚养权争夺、探视权行使争议及再婚家庭矛盾频发，纠纷易从夫妻矛盾演变为家族对抗，导致调解难度陡增，对家事审判工作提出新挑战。

4. 高价彩礼引发的婚约财产纠纷及离婚案件占比显著。

东营经济技术开发区人民法院受理的婚约财产纠纷案件逐年递增，其中彩礼返还案件占婚姻家庭案件的比例持续扩大。此类纠纷直接涉及当事人核心利益，易激化矛盾，成为农村潜在不稳定因素，阻碍乡村振兴、移风易俗及精神文明建设进程。经分析，大量案件源于婚前高额彩礼给付导致婚后生活拮据，进而引发家庭矛盾、离婚诉求及彩礼返还争议。法律虽明令禁止借婚姻索取财物，并规范彩礼返还情形，以遏制天价彩礼现象，但受传统习俗惯性、攀比心理及部分地区适婚男女比例失衡影响，仍出现越贫困的地方彩礼越高，彩礼名目越繁多的情况。这不仅加重了群众的经济负担，增加了乡村治理难度，也对社会风气产生了负面影响，为婚姻家庭埋下了矛盾隐患。

四、民法典视角下家事案件审理思路、对策及建议

1. 增强民间善良风俗在家事案件审理中的运用，妥善化解矛盾纠纷。

家事案件的权利义务争议不同于一般个体间的纠纷，其特殊性体现在两方面：一是当事人及利害关系人多具有紧密复杂的亲缘血缘关系，权利义务以特殊身份伦理为基础；二是案件涉及隐私性强，当事人既盼查明真相求得公平，又不愿过度公开家庭隐私。此时，民间善良风俗、乡规民约等老百姓习以为常的规约就在化解矛盾中具有独特优势。法院运用调解、撤诉等方式结案，将风俗习惯融入审判，既能实现案结事了、和谐司法，又找到一条多元化解矛盾的有效途径。

2. 将社会主义核心价值观融入裁判文书,在家事案件审理中强化裁判论理,恪守司法边界。

社会主义核心价值观作为精神文明建设基石,是群众公认的价值准则,既能补充法律强制力,又是依法治国与以德治国相结合的关键举措。家庭以婚姻、血缘和共同经济生活为纽带,其稳定和睦是社会经济繁荣的根基。我国婚姻法彰显并维护中华民族传统家庭美德,以构建平等、和睦、文明的婚姻家庭关系为宗旨。家事审判须创新方式化解矛盾,既保障合法权益,又维护公序良俗,倡导文明进步的伦理观念[①]。为发挥司法裁判的社会价值导向功能,东营经济技术开发区人民法院在家事案件审理中注重将社会主义核心价值观融入裁判文书,从而提升法律、情理、社会三重认同,实现服判息诉。司法裁判职能具有天然的示范效应:每一起案件都是一个引领社会风尚的指向标,每一次庭审都是一堂法治公开课,每一份判决都是一张法治宣传单。具体而言:一方面,应探索社会主义核心价值观融入裁判文书,通过增强说理深度,使群众在个案中感受到公平正义;另一方面,须综合运用法理、情理、事理进行论证,弘扬社会主义核心价值观,但须厘清法律与道德的边界,避免不当道德评价,确保司法裁判的权威性与中立性。

3. 构建多元化矛盾化解机制,推行人身安全保护令联动执行,协同解决家事纠纷。

家事审判需强化政府部门协同参与,充分发挥社会组织的调节作用。社会组织处理纠纷虽具有非正式性,在程序正义保障上弱于诉讼,但其优势在于兼顾当事人对实质情理公平的需求,尤其在亲属关系及熟人社会纠纷中,情理公平观往往是当事人的首要考量[②]。应建立特邀调解员和家事调查员制度,整合多方资源形成化解合力。针对易激化、疑难复杂案件及家庭暴力风险案件,须联动基层组织、司法所、派出所、社区、人民调解员等力量,利用其了解民情、体察民意的优势,构建矛盾预防网络。在效能提升上,既要化解显性纠纷,也要关注当事人的情感需求,同步开展心理评估疏导,防范因离婚引发的极端行为,切实维护妇女儿童权益,促进家庭和谐与社会稳定。

4. 构建家事案件财产申报制度,强化文书提出命令效力,破解举证难题。

针对离婚诉讼中当事人恶意虚报、瞒报、转移财产或虚构债务以侵害对方权益的现象,人民法院应探索建立财产申报制度,要求当事人如实申

① 寇秉辉.家事审判中伦理与法理的统一[J].人民司法(案例),2022(5):18-19.

② 陈宝军.社会组织解决家事纠纷的理念革新与进路[J].南海法学,2023,7(2):50-58.

报婚姻关系存续期间财产状况。在诉讼程序中,须充分发挥文书提出命令功能,对涉及案件关键事实的证据,法院可依法裁定要求持有一方限期提交,从程序上遏制财产隐匿、证据造假等妨碍司法的行为。为应对家事案件举证难问题,法院应主动作为,将当事人举证责任与法院依职权调查取证相结合,形成证据核查合力,有效查明事实真相,实现裁判定分止争的司法功能。

5. 强化民法典普法宣传,建立家事纠纷回访机制,体现家事审判的司法温度。

重点推进民法典进机关、进社区、进校园、进企业,通过常态化宣传使民法典精神深入人心。积极推广家事审判典型案例,深化群众对家事审判工作的认知,培育社会法治信仰,形成制度化宣传体系,为家事审判营造良好的法治氛围。家事案件处理不应止步于纠纷解决,更要传递国家和社会对个人与家庭的温情关怀。为践行"案结事了人和"的司法理念,应对离婚、抚养权及涉妇女儿童权益的案件建立定期回访机制,通过跟踪帮扶减少纠纷遗留的对立情绪,修复亲情关系,维护婚姻家庭稳定,实现法律效果与社会效果的有机统一。

关于非法集资案件审理情况的调研报告

◇ 刘毓筱

一、河口法院 2023 年度审理的非法集资案件

据统计,河口法院 2023 年度受理非法集资案件 1 件 2 人、审结 1 件 26 人,涉案金额共 10 443.468 万元。河口法院 2023 年度受理的非法集资案件系李某良、秦某华 2 人被诉非法吸收公众存款案,基本案情为:2014 年 1 月 20 日,王某(已判刑)为帮助山东 AR 投资集团有限公司在东营地区拓展集资业务,与他人共同注册成立了东营圣安投资咨询有限公司,后又在东营地区成立东城本部管理中心和城区管理中心,并在东城本部管理中心下设河口诚慧体验中心。2018 年 4 月—2020 年 7 月,被告人李某良、秦某华在担任河口诚慧体验中心负责人期间,通过发放宣传单、播放 PPT 宣传片等方式,公开宣传山东 AR 投资集团有限公司的"诚助贷""华然保理"等投资项目,向不特定社会公众非法吸收资金,并承诺到期还本付息。截至案发,被告人李某良、秦某华非法吸收程某华等 59 名集资参与人的资金共计 981.76 万元,造成实际损失共计 803.929 667 万元。河口法院于 2024 年 2 月 5 日对该案作出宣判,以非法吸收公众存款罪分别判处二被告人二年零六个月,并处罚金人民币三万元。

河口法院 2023 年审结的非法集资案件系被告人张某甲集资诈骗,被告人张某乙等 25 人集资诈骗、非法吸收公众存款一案,该案由河口区人民检察院于 2022 年 6 月 21 日诉至河口法院,后于 2022 年 9 月 2 日补充起诉、2023 年 3 月 3 日追加起诉。河口法院于 2022 年 8 月 23 日、24 日、26 日、30 日及 2023 年 4 月 6 日公开开庭审理了本案。该案涉案金额共 9 461.708 万元,在该案审理过程中,各被告人共退赃 341 万余元,最终造成直接经济损失 7 881.991 139 万元。河口法院于 2023 年 7 月 28 日作出一审判决,结合各被告人犯罪的具体情节、危害后果及认罪态度,分别以集资诈骗罪判处张某甲有期徒刑十四年,并处罚金九十万元;以非法吸

收公众存款罪分别判处张某乙等25名被告人一年至八年不等的有期徒刑,并处罚金。一审宣判后,公诉机关未抗诉,被告人张某甲等7人提出上诉。东营市中级人民法院经审理,于2023年12月4日裁定维持张某甲等25人的定罪量刑;将上诉人张某丙所涉嫌犯罪发回山东省东营市河口区人民法院重新审判。

二、非法集资案审理特点

非法集资严重扰乱民间投融资秩序,损害群众财产安全。因此有必要结合河口法院审理的两起案件的特点,深挖非法集资案件涉稳风险,借助审判职能助力金融机构摸查整改和清理管理漏洞,铁拳出击,严厉打击以投资理财、民间借贷为由实施非法集资的违法行为。现将两起案件中体现的非法集资案件涉稳风险特点梳理如下。

1. 受害群体广,社会不稳定因素多。

在张某甲等26人非法集资案中,涉案集资参与人达900余名,均为老年群体,覆盖河口区、东营区、孤岛镇、仙河镇等多地;李某良等2人非法吸收公众存款案集资参与人也多达50余名。此类案件受害人规模少则数十,多则成百上千,年龄普遍偏大,涵盖离退休人员、个体经营者、农民、公务员等。受害人多有一定积蓄,急于通过理财实现资产增值,易轻信不法分子"拉人头返点"等诱饵,形成亲友联动式参与网络。部分受害人缺乏理性维权意识,例如张某甲案中出现了数十人围堵公检法机关、频繁越级上访现象,既冲击社会秩序,又增加案件审理难度,使维稳工作成为审理的重点和难点。

2. 涉案金额大,追赃挽损难。张某甲案中冻结涉案资金300余万元,查封房产估值约1 000万元,但追赃挽损仍困难重重。一方面,涉案公司实际控制人、法定代表人等核心人员退缴责任明确,但业务员等辅助人员是否需对参与吸收金额承担连带退缴责任,需重点审查其主观明知程度。另一方面,非法集资所得常被用于偿还债务、支付贷款、支付利息(占比极低)、发放工资及再投资,加之被告人多被列为失信主体,存在隐匿转移财产行为,导致追赃率远低于实际损失。巨额损失难以挽回,极易激化受害人情绪,诱发社会恶性事件。

3. 集资手段翻新,防范预警难。在信息化飞速发展的时代,非法集资不断出现新变种,传统传单模式已被新型话术取代。

在张某甲案中,以公司名义通过组织客户听课、旅游等方式对四个

涉案公司进行虚假宣传,以高额利率为诱饵向社会公众吸收存款,公司间亦层级分明、分工明确。有些公司与集资参与人签订借款合同,有些公司与借款双方签订信息咨询协议,而有些公司作为保证人担保。在李某良案中,被告人李某良、秦某华在担任河口诚慧体验中心负责人期间,通过发放宣传单、播放 PPT 宣传片等方式,公开宣传山东安瑞投资集团有限公司的"诚助贷""华然保理"等投资项目,向不特定社会公众非法吸收资金,并承诺到期还本付息。可以看出,非法集资案件的犯罪形式已经有了较大的变化,受市场结构转变的影响,群众正在从传统的养殖合作、项目开发等实体经济中脱离出来,转而投资更新颖的入股加盟、P2P 借贷等项目。很多人相信,受科技发展的有利影响,足不出户赚大钱已经不是梦想。这就给犯罪分子带来更多可乘之机,其非法集资行为也在逐步从"落地"过渡为"上网","到期给付本息""网络操作无需实体""海外融资上市""云计算互联网金融"等诸多托词让群众更易掉入非法集资的陷阱中,而反诈骗宣传科普的滞后也让这些金融理财手段变得"真假难辨,扑朔迷离"。

三、维稳工作建议

1. 严打重判,强化震慑。

非法集资严重破坏金融秩序、侵害群众权益,因此法院应坚持罪责刑相适应原则,对主犯从严惩处、慎用缓刑,对从犯和初犯依法轻判。

河口法院将构建"预防为先、防治结合"的审判体系,强化重大案件层级审批,提升审判团队担当意识,确保质量与效率并重。同时加大裁判文书公开力度,通过典型案例教育群众识别理财风险。

2. 加大宣传,源头治理。

对于基层法院而言,一审案件审结不是终点,想要做好溯源防控和源头治理,就应加强宣传教育力度,写好判决的"后半篇文章"。许多集资参与人之所以落入不法分子陷阱,是因为其辨别能力缺失和法律知识缺位。一些集资参与人只看到眼前的蝇头小利,急于用低投入获得高回报,缺少对市场中现存的理财产品的识别和筛选;一些集资参与人则是出于对推荐人的盲目信任,从而放心地将资金投入他人推荐的产品项目中。对于法院而言,加强对基层群众的宣传教育工作,是快速帮助群众提高防范意识的有效途径。2023 年以来,河口法院开展了河口区"金融卫士,护网之约"金融网格员聘任暨 2023 年"守住钱袋子,护好幸福家"防范非法集资

宣传月等活动。法院干警在院领导、庭室长的带领下到河口区鸣翠湖畔、辖区内各社区普及非法集资有关法律知识，用发放传单、现场宣讲等多种宣传形式，向群众讲解非法集资犯罪行为的特点和法律后果、如何对非法集资行为提高警惕及被骗后如何拿起法律武器维护自己的合法权益等知识。

3. 健全机制，打早打小。

非法集资案件有一个由慢向快的逐步发展过程。例如，在张某甲案中，几名被告人注册成立多家集资诈骗公司就用了 2 年有余的时间，整个非法集资的时间横跨了 3 年之久。这说明集资诈骗行为若能做到早发现、早惩治，就能有效降低集资数额，减少群众损失。然而，建立完备的监测预警机制需借助多部门的资源力量，建立长效机制，确保实现全方位、全过程、全方面的金融市场监管。要切实开通非法集资线索收集整合渠道，拓宽线上与线下相结合的线索收集渠道，具体做法有：线下要发挥法院的公益服务和信访接待职能，及时接收群众投递的各类非法集资线索；线上则要借助 12345 市长热线、12368 全国法院系统公益服务电话，以及法院门户网站、"三微一端" 等平台，进行案件线索摸排。收集到的相关线索应及时转交有关庭室办理，并规定办理时限、办理责任单位、具体承办人等，要及时对群众反映的问题进行真实性排查并将排查结果反馈至举报人。积极鼓励群众参与防范化解非法集资案件重大风险，压减不法分子的活动空间，从源头上遏制非法集资行为的蔓延，在全社会形成群防群治、综合治理的良好局面，从而做到源头治理、标本兼治。

"双高"视角下行政案件事实认定的困境与续造

——以 350 件行政年度案例及指导案例为研究样本

◇ 韩　坤

韩坤,东营经济技术开发区人民法院研究室法官助理。

行政诉讼"双高"现象指涉行政案件上诉率高与申诉率高并存的司法困境,其本质是服判息诉率低。2023 年最高人民法院提出的行政审判理念现代化转型要求中,特别强调将实质争议化解作为核心指标。作为行政审判高质量发展的掣肘,"双高"现象实质是司法解纷效能不足的显性表征。现有文献多将研究视角聚焦于"双高"现象与争议化解的关联维度,主张构建"裁判 + 协调"双轨并行的解决机制。本文基于既有研究成果,采用实证分析方法,从法院裁判规则的内生逻辑切入,以事实认定规则为核心,追根溯源,提出续造路径建议,以期达到行政审判现代化畛域的理想司法效果。

一、行政案件事实认定问题的实证考察

为考察行政诉讼"双高"态势现状,笔者从宏观指标对比分析、裁判文书数据统计及文本分析等多角度进行挖掘,以展现司法实践中行政诉讼"双高"的具象。

(一)行政诉讼"双高"态势实然样态

相比民事案件、刑事案件,行政案件上诉率高、申诉率高的问题长期持续存在,近年来还有上升态势[①]。根据《全国法院司法统计公报》2018—2022 年的数据,行政案件与同期民事案件、刑事案件的上诉率、申诉率指标对比如图 1、图 2 所示。

1. 三大诉讼领域上诉率、申诉率比较。

通过数据比较可见,行政案件上诉率、申诉率远远高于民事案件和刑事案件,以超出当事人正常上诉权行使的样态呈现,其中上诉率更是在50% 上下浮动。行政诉讼"上诉率高""申诉率高"的"双高"态势表现突出,一审服判息诉工作在行政审判中面临巨大挑战。

① 最高人民法院行政审判庭.行政案件上诉率高、申诉率高问题的调研报告[N].人民法院报,2023-08-23(4).

图1 民事、刑事、行政案件上诉率折线图

图2 民事、刑事、行政案件申诉率折线图

2. 上诉、申诉结果样本统计分析。

笔者选取2018—2022年间最高人民法院公布的行政纠纷年度案例和指导性案例作为基础样本进行统计分析。其间最高人民法院共发布行政纠纷年度案例340件，其中经二审257件，经再审4件，上诉率为75.58%，申诉率为1.18%；行政纠纷指导性案例共计10件，其中经二审4件，经再审1件，上诉率40%，申诉率10%。

在上述上（申）诉的267件行政案件中，经二审（再审）程序后维持一审（原审）裁判的占比81.27%，是被改判、发回等情形案件数量的4倍有余。上（申）诉的绝大多数案件经过两级法院审理后得出了统一的结论，可以说这些裁判在当前的司法审判层面没有原则性问题，但当事人上诉率、申诉率依然畸高，由此可以想见，若非二审终审限制，其中很多当事人对二审裁判结果依然是"不服气"的。其中反映出的经过全部行政审判程序,依然无法与当事人达成价值取向一致的困境,应是我们要探寻查找的"双高"态势根源所在。

3.上(申)诉事由占比统计分析。

根据行政诉讼法有关第二审程序及审判监督程序的相关规定及审判实践,当事人上诉理由主要有4种:(1)事实认定不清;(2)法律、法规适用错误;(3)严重违反法定程序;(4)存在其他影响公正审判的情形等。在上述267件行政案件中,认为一审(原审)法院事实认定不清的有214件,占全部上(申)诉案件的80.15%。可以说,对一审裁判事实认定不满是当事人对法院裁判不能服判息诉并导致上诉率高、申诉率高的最重要原因。

(二)对"事实认定不清"的实证情况探察

经对前述以"事实认定不清"为由提起上(申)诉的文书案例进行梳理,管窥行政诉讼上(申)诉案件基本现状。

1.提起角色情况。

在前述267件案件中的214件[①]样本中,有行政相对人上(申)诉的148件,行政机关上(申)诉的50件,行政机关和行政相对人都上(申)诉的10件,第三人上(申)诉的6件。由此可见:① 行政相对人仍然是服判息诉工作的重点对象;② 司法对行政的监督作用正逐步提升。

2.案件分布领域情况。

各行政领域案件在"事实认定不清"案件中的占比见表1。经分析可知:① 损益性行政行为的上诉、申诉案件数多,在事实认定方面争议最大,主要原因是损益性行政行为直接处分行政相对人的人身或财产权益,与群众切身利益密切相关,当事人对事实的认定更加看重;② 行政相对人对行政机关工作作风提出更高要求,对不作为、慢作为的容忍度更小。

调查研究

① 214件案件包括行政年度案例209件、指导性案例5件。

表1 "事实认定不清"案件的领域分布

案件领域	行政处罚	行政不作为	行政确认	行政赔偿	政府信息公开	行政许可	行政强制	行政征收	其他
数量	50	24	22	18	16	15	11	13	45
占比	23.365%	11.210%	10.280%	8.410%	7.480%	7.010%	5.140%	6.075%	21.030%
位次	1	3	4	5	6	7	9	8	2

3.一审、二审(原审、再审)法院事实认定情况。

在214件样本中,经二审(再审)后,与一审(原审)事实认定一致的有

175 件,主要事实认定不一致的有 39 件。由此可见:法院系统内部对事实认定的争议远远小于法院与当事人对事实认定的差异,因此法院对事实认定的释法说理工作仍有待提升。

(三)事实认定现实问题的表现样态

为更直观反映行政案件一审事实认定中存在的现实问题,本文选取因事实认定问题提起上(申)诉的 214 件法律文书作为分析样本,以行政司法事实认定过程(图 3)为逻辑线条,归纳出案件当事人与法院间、一审(原审)法院与二审(再审)法院间主要存在的五类现实问题①。

图 3　行政司法事实认定过程

1.履职尽责认定标准存在差异。

行政机关本应积极履行法定职责,若消极未履职或履职不当,侵害行政相对人权益,则相对人可提起行政诉讼,通过司法程序矫正行政机关不履责或履责不当行为,恢复被侵害权益。在行政许可、行政登记、政府信息公开等行政案件中,认定行政机关是否依法、全面、适当履责是法院审查的重点。

从实务看,两级法院对行政机关履职尽责的评价标准不同。一审法院多采用较宽松的"形式标准",上级法院则采用更严格的"实质标准"。如曹某琴诉马某镇政府不履行监督村务公开法定职责案②,一审法院仅依据行政机关外部形态积极作为就认定其履责正确,却忽视未实现原告实质诉求,导致法律与社会效果脱节。二审法院综合分析行政机关法定职责及履责应达成的社会和法律效果,对行政机关走过场式(出具告知书—送达—机械回访)履责行为予以否定评价。

当事人与法院对行政机关履职尽责的评价标准也有差异。公民、法人或其他组织作为原告,提出诉求是为通过行政机关履责获得有效的权利保护。行政机关通常认为,只要依法行使行政权,就不应被随意否定。

① 因实证案件所展现的现实问题不具有单一性,通常是多个问题的综合表现,如行政行为审查的局限会导致法院对举证责任分配的不同,举证责任分配错位又直接影响法官对证据证明标准的认定,故难以就各类现实问题所占案件数予以明确。笔者所举案例只展现最具代表性的现实问题。

② 2018 年度案例 5 号。

在二者天然对立的情况下,即便法院裁判准确,也可能无法获得某一方的心理认同。如陈某君诉某市公安局某区分局注销户籍决定案①,公安机关对申报人提交虚假材料申报入户登记的行为,按相关法律规定作出处罚决定合法。但结合实际情况,公安机关时隔十几年才发现问题,其工作失误是否应作为案件事实纳入法院最终裁判考量,值得进一步探讨。

2. 行政行为审查困于局限性。

"案结事未了"是当前行政审判饱受诟病的一大原因,行政强制、行政处罚、行政征收等类型案件尤为突出。实践中,诸多行政争议背后都有民事争议的影子,或是基础性民事纠纷,或是关联紧密的民事争端。法院严格审查行政行为合法性的传统办案思路已难以契合当下的诉讼环境。以沃某建筑公司诉厦门市某区城市管理行政执法局行政强制案②为例,针对行政机关的停水行为,一审法院认为与水务部门签订合同的是案外人而非原告,原告因与案外人的租赁合同而关联停水行为,但此关联仅为事实关联,非公法利害关系,遂以原告无行政案件主体资格驳回,二审维持原判。此处理虽合法合规,却未实质化解当事人困境。按常理,原告需民事起诉案外人,案外人再与水务部门解决纠纷,这不仅耗费时间,也给原告企业造成难以估量的经济损失。又如周甲诉某镇人民政府不履行法定职责案③,周甲多次请求政府拆除违章建筑,法院一审、二审均以案涉围墙非违章建筑且符合农村习惯为由驳回诉求。但深入剖析,周甲关注的是与邻居周乙的矛盾,围墙系周乙所建,若不解决二人的真实矛盾,民事或行政争议仍将不断。

3. 举证责任适用呈现错位性。

我国行政诉讼法第34条规定,被告对作出的行政行为负举证责任,应当提供作出该行为的证据及依据的规范性文件;若不提供或无正当理由逾期提供,视为无证据……此规定与民事诉讼"谁主张,谁举证"的举证责任分配原则存在本质差异,旨在弥补行政机关与行政相对人在地位、资源等方面的不平等。然而,审判实践中,仍有法院举证责任分配随意。如高某荣诉淄博市某区人力资源和社会保障局工伤行政确认案④,行政机关以交警部门出具的无法查清事故原因说明作为不予认定工伤的主要依据并举证,一审法院庭审中支持行政机关,以劳动者未提交事故原因证据为由驳回诉求,实则将行政诉讼举证责任分配与民事诉讼举证责任分配混为一谈。

① 2019 年度案例 79 号。

② 2021 年度案例 37 号。

③ 2022 年度案例 48 号。

④ 2019 年度案例 16 号。

4.证据证明标准缺乏一致性。

关于证据的证明标准,在现阶段各诉讼领域中,民事、刑事都有相对明晰的法律和理论支持,审判实践中也已形成较为统一的适用标准。但因行政诉讼特殊性与复杂性,证明标准在行政诉讼领域尚无明确的法律、法规规定,学术界也未有大部分人认可的通说性结论。故而实务中,相较于刑事诉讼的"排除合理怀疑证明标准"和民事诉讼"优势证明标准",法院对行政诉讼证据证明标准的认定,多介于前述二者之间,并与行政案件具体性质和对行政相对人权益损害严重程度成比例关系。如某燃料有限公司诉北京市工商行政管理局某分局案①,该案系行政处罚。一审在审理时,采用通常性认定标准,仅对行政机关作出调查核实证据整体性确认,并以此驳回原告诉求。二审法院在进行案件审查时,以行政行为对当事人影响程度为界限,有意识提高行政机关证据的证明标准,对有存疑且明显矛盾证据采用了"排除合理怀疑"标准,更为审慎地进行处理。

通常而言,由于行政案件当事人自身在行政行为中所处位置及利益保护角度存在差异,当事人与法院对被诉行政行为合法性的认知往往不一致,甚至相悖。换言之,人民法院依据庭审阶段获取的证据所还原的案件事实,有时难以契合当事人的预期。以毕某菊诉平阴县某街道办事处等房屋征收协议案②为例,法院依据行政机关提交的证据,认定对毕某菊房屋的补偿安置是按照平阴县征地地面附着物补偿标准的有关规定进行的,并无不妥。然而,对于毕某菊来说,行政机关在双方协商过程中,从未向她说明案涉补偿安置协议适用的标准。后来,她从其他途径得知自己与其他村民领取的补偿款存在巨大差异,这才引发了她的不满并导致诉讼。尽管本案并不存在否定行政协议效力的法定事由,但此类情况可能会成为民众信任行政公权的重大阻碍。

二、事实认定争议困境探源

"以事实为依据"是涵盖行政诉讼在内的各类诉讼领域所遵循的基本原则,亦是法院实现实质化解行政争议这一目标的关键所在。然而,在司法实践进程中,诸多因素制约着法院难以真正将客观事实与法律事实有机整合、统一起来,进而难以达成案结事了、一体解决争议的理想状态。

(一)规则效果未达预期:司法评价与社会评价脱节

履职尽责认定标准的差异深刻反映出旧的合理性审查标准与新时代人民所期望的服务型政府建设新要求之间存在着矛盾冲突。我国行政诉

① 2020年度案例34号。

② 2018年度案例27号。

讼法第6条确立了行政行为合法性审查原则,第70～75条则详细列明了行政行为违法的具体情形及相应的处理方式。其中,"滥用职权""明显不当"两项因具备"实质违法性"特质而被纳入违法情形范畴,但在通常实践中,这两项往往被归为对行政自由裁量合理性的审查范畴。在理论界与实践中,对于"滥用职权""明显不当"的具体表现形式尚未达成完全共识,列举内容不同、表述方式各异,未能形成固定且统一的子标准群,甚至对于已达成的一些有限共识,也未能严格坚守[①]。在实际操作中,多依赖于法官在个案审理中进行自由裁量评价,这不可避免地带有较强烈的法官个人主观色彩。部分法官秉持"形式合法性"审查原则,而部分法官虽开展"实质合法性"审查,却仍采用较为宽松的标准。随着市场经济的发展,广大人民群众在自身具体事务中对行政机关的要求大幅提高。然而,部分行政部门的工作标准以及司法机关对行政行为合理性的审查标准,已滞后于时代发展和人民的要求。目前,在行政案件事实认定过程中,合理性审查标准正处于宽松与严格的交叉阶段。下一步,亟待人民法院充分发挥行政审判职能,适度拓展"合理性"的内涵,通过裁判回应群众的诉求。

① 余凌云. 论行政诉讼上的合理性审查 [J]. 比较法研究,2022(1):145-161.

(二)制度功能期望落差:分诉审理与现实需求相抵牾

旧的行民交叉案件处理方式与新时代人民对"公平与效率"的根本要求之间存在的矛盾冲突。我国行政诉讼法第61条规定:"在涉及行政许可、登记、征收、征用和行政机关对民事争议所作的裁决的行政诉讼中,当事人申请一并解决相关民事争议的,人民法院可以一并审理。在行政诉讼中,人民法院认为行政案件的审理需以民事诉讼的裁判为依据的,可以裁定中止行政诉讼。"有学者对该条款提出批评:将行民交叉一并审理的案件范围限定在五类案件之中,范围过于狭窄,无法涵盖所有可能的情况,给法院一并审理其他类型案件在适用法律上带来了一定的困难。加之该规定过于原则化,对于提出一并审理的时间、管辖、立案、法律适用、能否适用调解以及如何裁判等诸多问题,均未作出具体规定[②]。一并解决民事争议制度遭遇"冷遇",法官群体持观望态度较为明显,当事人愿望也不强烈[③]。因此,无论是采用"先行后民"还是"先民后行"的方式,都使得当事人需要另案起诉,拉长了诉讼战线,浪费了司法资源和行政资源,增加了当事人的诉累。随着行政案件与民事案件交叉的问题日益凸显,群众对简化诉讼程序、提高诉讼效率的要求日益迫切。这一矛盾集中体现在行政案件庭审事实调查环节,亟待建立民行交叉案件一并审理

② 蔡小雪. 行民交叉案件的处理 [Z/OL]. 行政法实务微信公众号,2023-08-04.

③ 程琥,等. 新行政诉讼法疑难问题解析与实务指引 [M]. 北京:中国法治出版社,2019:371-375.

机制。

（三）实操层面应对两难：司法谦抑与司法监督失衡

旧的简单化司法谦抑取向与新时代高质量司法服务大局的新要求之间存在矛盾冲突。司法谦抑原则要求，行政诉讼中人民法院必须认识到行政审判和行政管理的根本目标具有一致性；必须坚守司法审查的范围和法定起诉条件，不得越权审判；必须尊重行政机关对事实和法律问题的初次判断以及对技术问题的专业判断①。然而，"行政诉讼成为一个独立的诉讼制度，其核心在于肩负着监督行政机关依法行政的重任"②。在当前的司法实践中，司法权突破谦抑原则过分干预行政权的情况较少，更多的是司法过分谦抑，对行政权监督制约力不足的现象，这在群众眼中成了"官官相护"，成为原告（行政相对人）难以服判息诉的心理动因。要正确处理司法谦抑与实质化解行政争议的关系，就是要全面审查被诉行政行为的合法性和合理性，在事实查明认定环节改变"和稀泥"的刻板印象，摒弃庸俗化的"维护大局"借口，树立真正的"服务大局"理念，在依法审判的大前提下，实现司法与行政的共同目标。

（四）上下贯通成效不足：机制体制与探索实践错位

前述现实问题的出现，反映到当前审判体制机制中，在于顶层设计的目标要求与实践落地的上下贯通之间存在矛盾冲突。囿于法院内部指标考核、群众对司法权过度扩张的投诉监督等现实性考量因素，立案登记制在基层法院的宣传解读一度被扩大化，部分法院甚至完全摒弃立案审查，以实现"有案必立"的考核目的。反映到行政诉讼领域，这与行政诉讼特殊且专业的特性相悖，因此"使得较大数量不符合起诉条件的行政争议进入诉讼程序"③，导致产生大量裁定驳回起诉的案件，成为行政诉讼程序空转的标志而被诟病。另外，基于当前民众的法治意识与朴素感知，立案即代表被调查审理，法院因立案审查缺失作出的大量裁驳案件，在公众认知中极易被认定为法院"未审查事实"或"事实认定不清"，导致裁驳案件上（申）诉数量居高不下。

当前司法改革已步入纵深阶段，加强专门人民法院和专业化审判机构建设是2023年最高人民法院的工作要点之一，其中专业化审判机制建设涵盖金融、破产、劳动争议、知识产权、环境资源等多个领域。基于此，有人或许认为行政诉讼作为三大诉讼之一，无须再单独划列专业审判机制范围。然而，正如最高人民法院行政审判庭近期专项调研所指出的，"部分法院行政庭被撤并，行政审判骨干流失，专业性退化明显"已成为导致行政诉讼

① 黄永维，郭修江.司法谦抑原则在行政诉讼中的适用[J].法律适用，2021，221(2):68-75.

② 郭修江.监督权力 保护权利 实质化解行政争议——以行政诉讼法立法目的为导向的行政案件审判思路[J].法律适用，2017(23):8-16.

③ 最高人民法院行政审判庭.行政案件上诉率高、申诉率高问题的调研报告[N].人民法院报，2023-08-23(4).

"双高"的重要原因。进一步而言,行政诉讼领域专业性的退化,必然导致庭审驾驭能力不足以及案件审查水平低下。

三、续造事实认定规则的逻辑基础

如前所述,现阶段事实查明认定在理论和实践层面均面临亟待破解的困局。因此,续造事实认定规则,充分发挥行政审判在当前行政争议实质性解决中的特殊功能和比较优势,具有现实必要性和战略性意义。

(一)体制改革的需求:契合法院职能分层的审级职能定位需要

四级审级职能定位改革的重点任务之一是厘清四级法院的职能分层,旨在形成金字塔形结构,使处于塔基的较低层级法院主要负责案件事实认定与纠纷解决,而趋近于塔顶的较高层级法院则侧重于司法政策的制定修改和法律适用的统一解释。针对行政案件,改革试点方案还将以县级、地市级人民政府为被告的四类案件调整为由基层人民法院管辖。这就要求一审法院将纠纷事实查明认定置于更加突出的位置,着力探索行政诉讼事实调查的制度性突破,破除行政诉讼制度"程序空转"的桎梏,为实质化解纠纷奠定坚实基础。

(二)社会价值的期待:激活行政审判实体裁判价值引领效能

司法权作为一种公权力,是一种"权威"而非"威权"。这表明司法权不能仅以强制力为后盾,更应建立在民众自愿服从基础之上,形成一种理性的说服力量①。其一,依据马克思主义世界观,内因是决定事物性质的根本原因。行政审判事实认定失当,即事实认定在某种程度上遮蔽或损害了行政诉讼当事人(无论是行政相对人还是行政机关)的期待利益,当事人需通过要求更高级别的审判机关介入,以期改变既有的裁判结果,实现自我利益的保护。其二,无论行政诉讼当事人因何目的提出上诉、申诉,其不满和攻击的根本都是一审法院的实体裁判。实体裁判是承载一切与其利益相悖要点的核心,离开实体裁判,上诉、申诉即是无本之木。而事实认定是构成实体裁判的关键因素之一,也是当事人与法院或不同层级法院之间最易产生分歧的焦点所在。其三,实体裁判是司法回应社会的重要方式,通过事实认定、法律适用及整体价值评判,引领法治社会共同价值的塑造,对能否说服行政诉讼当事人,达到案件"不上诉""不申诉""不信访"的实质认可起到关键作用。案件事实作为司法证明逻辑起点与裁判结果论证终点,承前启后,关系着行政审判能否真正发挥"抑恶扬善"、维护公平正义的社会效能。

① 徐文星.判决制度与司法公信力之研究——以行政诉讼为中心[J].法学杂志,2010(9):98-100.

① 王万华."实质性解决行政争议"的两种模式及其应用[J].苏州大学学报(哲学社会科学版),2022,43(6):84-94.

② 章志远.行政诉讼实质性解决行政争议之实践检视——以上海法院32个典型行政案件为分析样本[J].苏州大学学报(哲学社会科学版),2022,43(6):74-83.

③ 章志远.行政争议实质性解决的法理解读[J].中国法学,2020(6):122-141.

④ 孔繁华.行政诉讼实质解决争议的反思与修正[J].法治社会,2022(1):33-46.

(三)审判理念的变更:打造衡量行政审判现代化的法治标尺

有学者通过分析近年来最高人民法院、最高人民检察院和各地方高级人民法院、人民检察院公布的"实质性化解行政争议"典型案例发现,这些案例"以解决原告的真实诉求为中心开展争议化解工作,实现路径并不强调经由人民法院积极行使裁判权作出实体裁判,而是更依赖协调、调解(包括诉前调解)、和解等非裁判方式,辅之灵活应用司法建议等多种机制,以促成原告与行政机关之间达成合意的方式,实现起诉人的真实利益诉求,确保案件处理让当事人息诉罢访,实现'案结事了'的良好社会效果"①。这揭示了一个尴尬的现象,即现有的行政诉讼制度无法回应原告的真实诉求。个案调解方案的不同给权益保护带来不确定性,并给行政机关和司法部门的公信力和权威带来消解和伤害。裁判方式的日益边缘化②也必然动摇行政审判根基。法院是拘泥于形式追求"结案了事",还是尊重客观事实果断下判追求"案结事了",已成为衡量司法化解行政争议能力高下的重要分水岭③。以重塑事实认定规则为突破口,建立回应行政相对人真实诉求的行政诉讼制度,通过高质量的行政审判对疑难复杂行政纠纷进行法治示范,这将是行政审判理念现代化取得成果的关键标志,也将对推进行政法治化进程发挥重要作用。

(四)司法本位的回归:展现法院参与基层社会治理的核心价值④

近年来,随着行政争议化解与基层社会治理的紧密关联,行政复议和行政诉讼在行政争议化解中的定位发生变化。行政复议被确定为化解行政争议的主渠道,便于充分发挥行政机关内部层级领导和资源协调优势。同时,行政机关主动采用协商和解方式化解争议,有利于充分保障复议申请人的权益,提高争议化解效率,彻底实现矛盾化解。与此同时,行政诉讼应通过对个案争议作出公正实体裁判,面向未来确立行政权合法与合理行使的基本规则,不断完善行政法基本原则和基本制度,进而推动行政法治的发展。行政复议和行政诉讼这一分工目标的实现有赖于人民法院将更多的精力和资源投入提供更高质量的行政审判"产品"(行政实体裁判)上,改变过度谦抑的司法倾向,在人民群众心目中树立起敢于裁判、中立裁判的形象,提升司法公信力,对遏制"两高"态势起到重要作用。

另外,随着司法建议制度被越来越多地作为行政争议诉源治理的重要方式,司法建议的内容应然以行政审判下的实体裁判为依据,尤其是"裁判引导型""裁判补充型"的司法建议,在某些时候能够弥补行政裁判功能的不足。一方面,行政案件事实查明是法律裁判实践的重要组成部分，通过对案件事实的深入调查与分析，淡化法官个人主观体验色彩，为行政执法提供经验教训，使司法建议内容更具客观性、严谨性和权威性。另一方面，基于行政案件双方当事人都接受服判的案件审办和裁判文书而成的司法建议才能获得行政机关的认可并进而推动整改。因此，可以说，提供优良的、集定分止争与引领示范作用于一体的行政实体裁判依据是人民法院参与基层社会治理的核心价值[①]，有利于厘清行政纠纷综治体系下各制度的职责定位，真正形成化解合力。

四、续造事实认定规则的司法进路

现阶段行政审判运行态势下的事实查明认定规则，已难以达到其作为解决行政争议"事实根据"的预期目标，亟须反思重塑。本文拟从行政行为的合理性审查、行民交叉案件审理、举证期限与证明标准及行政审判体制机制等方面探寻续造事实认定规则的司法进路，以充分发挥司法的积极性、能动性与回应力。

（一）从模糊到昭彰：明确合理性审查的规则标准

"滥用职权""明显不当"均是行政机关在职权范围内不正当行使行政权力，形式上虽不违法，但实质上构成违法[②]。我国行政诉讼法第70条以列举方式提出这两个概括性词语，相对隐晦地界定法院的合理性审查边界。其中，"滥用职权"内涵的模糊性带来诸多问题与分歧，学界观点众多，却未形成相对统一的通说，难以给审判实践提供可供参考的适用标准或可行路径。"滥用职权"涉及"度"的界定，法官在个案中运用该审查标准时，势必涉及对行政机关作出行政行为的主观动机是否正当的审查。无论是限于自身能力不足的内因，还是不愿将如此"重"的行政违法评价标准加之于行政机关、引发行政机关不满等现实因素，导致"滥用职权"虽具有一定的兜底性质，能实质涵盖诸多行政违法问题，却也不受法官青睐，常常被搁置。

"明显不当"在实务中的应用恰与"滥用职权"相反，呈现出泛用化风险。因"明显不当"这一词语本身表达的违法程度轻微倾向，使其在实践中有时被等同于"不合适"的官方表达，并用于二审法院对一审法院的事实认定评价，脱离其作为司法审查标准的功能。而当其作为司法审查标准时，又因其"同僚"的缺失与本身法律领域概念的不明晰，往往被法官依据个人赋予不同的评价标准，从而当作纠正行政裁量瑕疵的兜底条款，造成司法适用上的不统一。实践中"明显不当"的适用典型事例如刘

① 袁岸乔.人民法院实质性化解行政争议的困与纾[J].法治研究，2023，145（1）64-73.

② 余凌云.制定有关行政诉讼合理性审查的司法解释[Z/OL].行政执法与行政审判微信公众号，2023-02-17.

某诉北京市某区城市管理综合行政执法监察局、某区人民政府行政强制、行政复议案[1]，一审法院撤销被诉限期拆除决定的理由主要是未考虑房屋系行政相对人唯一住房，未充分考虑行政执法手段与后果的关系，未遵循正当程序等。

在一个以成文法为主的国家，法院通常适用含义明确的法条规定来审理相应案件，而不愿适用一些含义模糊不清的法条[2]。随着行政机关法治素养和法治能力日益提升，形式上的违法性现象越来越少，亟待进一步明确当前政治语境下实质违法性的内涵和外延，以统一指导实践。笔者建议，采用司法解释对"滥用职权""明显不当"的表现进行"列举式＋兜底式"规定。

1. 建议从以下角度框定"滥用职权"具体表现：

（1）与作出该行政行为依据的立法目的相悖；

（2）要求行政相对人履行客观上无法履行的义务；

（3）经人民法院认定的其他情形。

2. 建议从以下角度定义"明显不当"的具体表现：

（1）行政处罚等损益性行政行为违反比例原则，畸轻或畸重，过罚明显失当；

（2）居间裁决的处理结果违反形式公正，显失公平；

（3）行政行为的作出与惯例、先例相悖，且行政机关无法就相悖做法作出合理性说明；

（4）未考虑相关因素[3]或考虑了不相关因素；

（5）与公序良俗相悖；

（6）经人民法院认定的其他情形。

（二）从含混到明晰：调适诉讼交叉状态下的合并审理规则

狭隘的行政诉讼标的理论将司法事实审查局限于行政行为启动后的过程，已远远不能满足当事人的司法期待，亟待厘清民行交叉、刑行交叉情形下的审理规则，正面回应当事人实质诉求。

1. 明确解决民事争议规则的阶段性适用。

我国行政诉讼法第 61 条确立了一并解决民事争议的规则，却未在实践中被充分应用。为更好激活该制度在司法实务中的作用，应从不同阶段对该规则予以具体明确。

在起诉阶段，加强法院释明权。在案件进入法院时，即要通过识别前提性问题，分清是否为行政／民事法律关系交叉的诉讼。若是，则需主动

① 2020 年度案例 39 号。

② 沈岿．行政诉讼确立"裁量明显不当"标准之议 [J]．法商研究，2004（4）：27–37．

③ 周佑勇．司法审查中的滥用职权标准——以最高人民法院公报案例为观察对象 [J]．法学研究，2020，42（1）：52–66．

提示当事人进行选择,以便在案件正式进入审理前更改为更契合实际与当事人需求的诉讼程序。同时,加强法院内部协调,搭建行民交叉信息交流平台,对此类案件的审理程序、判决方式、判决结果等进行协商。不论是单独审理、一并判决,还是一并审理、一并判决,都要保证事实认定的一致性。

在裁判阶段,区分不同情况进行处理:

(1)若将行政争议关联事实纳入考量范围后能够得出行政行为虽然形式上具备"合法性",但实质上造成了"不公平",则应当将关联事实纳入裁判文书事实查明部分,并在说理时阐述。

(2)若行政争议关联事实经分析后对行政案件本身裁判结果不产生影响,对行政争议关联事实争议的解决宜采用民事诉讼等其他程序予以解决,则应在裁判文书中阐明不纳入考量的具体原因,并释明不同司法程序间区别的必要性,对当事人的诉求予以直接回应。

(3)若法院纳入考量并直接改变行政机关行政行为内容属于超越职权,但行政行为本身尚未达到不合法的程度,在当事人缺少其他救济途径或当事人选择司法途径进行救济时,则法院可选择从行政行为合理性审查方面进行纠偏或采用司法建议方式解决。

2. 个案中的应用步骤。

行民交叉案件中的实体要素与程序要素具有"牵连"关系,且必须在"时间维度"中按照先后顺序展开,而不能同时既使用行政诉讼程序又使用民事诉讼程序。个案中,应分三个步骤推进:第一步,明确争议焦点;第二步,将各争议焦点归入各自对应的诉讼程序;第三步,判断程序应用的先后顺序。在当前行政相对人普遍对法院和行政机关存在天然不信任的情况下,庭审阶段应充分保障行政相对人的诉讼表达权,给予其充分的时间和空间阐述自身对事实的认知和立场,而不能简单以非行政案件审理范围内事项为由,不予调查。

(三)从教条到灵活:力促举证责任与证明标准贴合行政特性

举证责任分配和证明标准认定对案件事实认定具有实质性影响,是续造事实认定规则不可或缺的重要部分。举证责任分配不合理、证明标准不一致、完全依靠法官自由裁量容易带来同案不同判的显性不公平,亟待建立更完善的证据条款。

1. 推进举证责任多元分担模式。

应改变行政诉讼领域原有的"原告主张,被告举证"固化模式,力促

行政诉讼框架内的各方合理化、多元化分担举证责任，在相互冲突的价值趋向中寻求最大程度的共识和认可。

（1）优化被告举证责任。一是坚持行政机关作为证明被诉行政行为合法性的主体，且该证明责任的范围应明确为作为行为，也包括明确的拒绝行为。二是放宽被告举证期限。对于部分程序性证据，如原告对复议前置案件直接提起行政诉讼的，该类证据实际与被告作出的具体行政行为关联性不大，被告多数需另行搜集整理，因此将被告对此的举证期限设定在开庭审理前或证据交换之日更为合理。三是嵌入提醒举证规则，举证期限到达之日的3日前，对仍不提交证据或提交的证据经庭前审查不足以查清案件事实的情形予以提醒，避免因逾期举证影响案件事实的认定。

（2）扩大原告举证责任。随着行政机关与原告地位由偏向转为正向，二者之间的举证差异在某些领域日益缩减，如在适用行政调解的行政赔偿、补偿案件中，原、被告均有必要提供调解时双方持有促成自身诉求或目的的证据材料，此时原告除了证明损害事实，亦应提供初步证据或说明（解释）以证明其损害与行政行为具有合理相关性。在行政确权、行政合同类纠纷中，因被告掌握的基本事实实际远不如原告，法院亦应对原告课以更重的举证义务。

（3）肯定第三人在被告证据失权下的举证效力。我国行政诉讼法第34条第2款规定了第三人的举证责任（更准确来说应是权利），实质是对被告证据失权制度的弥补，但该条过于笼统，缺乏具体规则。在行政登记、行政确权、行政确认（认定工伤居多）等案件中，第三人利益与被告一致。在被告不举证对第三人或公共利益有所损害时，应允许并肯定第三人提交能够证明被告行政行为合法性的证据。在第三人利益与原告一致时，被告的举证对其利益无影响，第三人举证或不举证的权利及证据采纳由法院综合考量决定。

（4）强化法院调取证据。强化的方向应为："围绕法官自由心证的主观需要和均衡调整当事人举证负担的客观必要，准许法官根据案件的具体情况，灵活地调整调查的范围和程度[①]。"此时强调除法律以明文规定的取证范围外，在被告怠于举证时，法院应视情况而定，是否主动调取与行政行为合法性或合理性相关的证据，以期增强证据规则的实用性，有助于发现客观事实。

2.建立"阶梯式"行政证据证明标准。

（1）对当事人课以限制人身自由行政拘留的案件，对企业处以吊销

① 高家伟.公正高效权威视野下的行政司法制度研究[M].北京:中国人民公安大学出版社,2013:301.

营业执照、责令停产停业和较大数额罚款的行政处罚类的案件,与当事人切身利益关联重大的认定工伤案件及法院考量将作出变更和履行判决的案件等,建议适用与"排除合理怀疑"相当的证明标准,以保证证据证成下的法律事实与客观事实利益保护更为贴合。

（2）高度盖然性证明标准（明显优势证明标准），该标准系在现阶段行政诉讼领域应用最为广泛,也最为法院和当事人接受的证明标准,能够适用大部分的行政案件。

（3）囿于举证责任限制,优势证明标准的采用应限于行政登记、行政确权及行政调解等原、被告双方地位偏民事性质的案件,行政机关经由简易程序作出的行政案件及行政裁决案件。

（四）从设计到落地：优化行政审判体制机制契合实践需要

行政审判体制作为我国上层建筑中的法律制度设计,是中国特色法治建设的重要体现,也是一项里程碑式的法治成就,在过去的三十多年里发挥着监督行政机关行使职权,保障公民、法人和其他组织合法权益的积极作用。随着时代变革和社会转型,行政审判面临着新形势新任务,需进一步优化其体制机制构建以契合实践需要。

1. 探索建立行政立案与审判耦合机制。

规范化保障民众行使行政诉权是避免案件事实认定受到偏颇性立案规则影响的有利之举。

（1）把握立案登记制的核心要义。《关于人民法院推行立案登记制改革的意见》第2条第2项实际明确,行政诉讼"有案必立"的基本要求是符合法定起诉条件,而非一概立案或一概不立。因此,实践中,法院尤其是基层法院立案庭应把握意见实质精神,摒弃机械立案思维。上级法院考核指标亦应有的放矢,为基层法院解决立案阶段的后顾之忧。

（2）构建行政法官有限参与立案机制。有别于民事完全由立案庭主导立案和刑事单独立案模式,行政立案实行行政法官有限参与制度,整合行政立案过程中立案庭主导性意见与行政庭指导性建议,从源头阻却无事实审查必要的案件进入诉讼。

（3）加强立案阶段释明引导。现阶段立案释明基本针对行政相对人提交的诉状必备要素进行提示、引导,对诉讼主体资格、诉讼请求范围、管辖范围等极少给予告知或释明。实务中应加强上述范围的告知提示,对于漏列必要当事人的,予以告知;对诉讼类型或诉讼请求不明确的,应结合案件情况主动释明。以此将不符合行政争议起诉条件的案件剔除出案

件实质审理,减少"裁驳"案件,重新为民众构筑行政审判审查内容的清晰脉络。

2.探索强化行政审判专审性。

行政审判作为我国三大基本诉讼制度之一,有其自身的特殊性与专业性,要真正实现行政诉讼法律事实和客观事实的无限一致性,达到司法公正,还应从行政审判全局和专业角度出发,进行深入探索和强化。

(1)回归行政庭专审属性。"案多人少"的矛盾是法院无法回避的困扰,为极致发挥法官效用,各地法院不同程度地存在占用行政庭整体资源的情形。笔者认为,基于权益保护的根本角度与法院整体发展的协调性,应摒弃"以案件数量论英雄"的传统观念,给予行政审判必要的尊重,不再将行政庭与再审案件、司法救助及国家赔偿等部门合并,而是将行政审判资源完全用于行政审判,由内及外构筑包括事实认定规则在内的行政审判规则体系。

(2)依托专业法官会议制度,培养行政专业法官。全能型人才的培养固然符合时代快速发展的要求,但高素质专业性素养在司法审判中更为难能可贵。因此,需要通过制度设计关注、领导层面重视、考核指标调整,采取多元培育手段,转变审判理念和思路,从法官能力内生角度提高行政审判效能,这也是解决因事实认定不当引发上(申)诉问题的关键环节。

(3)将事实认定规则明确为行政裁判规则。实务中,审判一般分为两个阶段:一是事实认定阶段,二是法律适用阶段。因此,明确事实认定规则,以相对统一的标准来厘清行政诉讼事实查明认定的内容和范畴,对于改变行政裁判不一致的弊端至关重要。这不仅能引导全社会形成正确的行政诉讼价值观,还能显著增强行政审判的司法公信力。

举一纲而万目张,解一卷而众篇明。在行政诉讼中,事实认定是剖析起诉人真实意图与利益诉求的核心所在,它不仅是行政裁判最终结果的唯一依据,更是推动法律事实不断接近客观事实的关键力量。通过事实正义的实现,我们能够进一步推动司法正义,确保行政裁判在政治、社会与法律层面达到和谐统一。本文深入剖析了事实认定规则面临的现实问题及其根源,并在此基础上论证了续造事实认定规则的逻辑基础,提出了一系列司法改进建议,包括明确合理性审查的规则标准、调整诉讼交叉状态下的合并审理规则,以促使举证责任与证明标准更加贴合实践需求。笔者的探索尚处于初步阶段,期望这些努力能够推动行政审判向更具能动性和回应性的司法模式转变。

涉未成年人刑事案件裁判文书
治疗性叙事的完善

——以情感功能和法律功能的双重互动为目的

◇ 姜有慧　左香婷

　　少年是祖国和民族的未来,承载着无限的希望与梦想,其健康成长与发展历来受到党和国家的高度重视。为了进一步强化未成年人保护工作,2021年,最高人民法院少年法庭工作室的正式揭牌,如同一座灯塔,照亮了未成年人司法保护的新征程。这一举措不仅彰显了国家对于未成年人案件审判工作的深切关怀,更旨在通过审判职能与社会治理的深度融合,以及教育挽救与司法保护的有机统一,为未成年人筑起一道坚不可摧的司法保护屏障。因此,深入探究未成年人审判工作,不仅是一项紧迫的任务,更是对国家和民族未来的庄严承诺。涉未成年人案件的审判理念从根本上区别于普通案件,它秉持着"教育为主、惩罚为辅"的核心原则。一份优秀的涉未成年人裁判文书,应当是"严父"与"慈母"智慧的结晶。它既要体现法律的威严与公正,如同严父般给予必要的教导与警示;又要蕴含母爱的温暖与关怀,为迷途少年点亮回归正轨的明灯。然而,令人遗憾的是,一些裁判文书在撰写过程中忽视了情感教育的重要性,过于注重法律的条文与逻辑,忽略了对于未成年人心灵的抚慰与引导,这使得司法的保护功能在未成年人身上未能得到充分的体现。还有部分裁判文书在说理中尝试融入情感教育功能,却往往未能将其与法律功能紧密结合。总之,情感教育与法律逻辑之间缺乏有效的互动与融合,导致裁判文书的说理显得生硬且缺乏说服力。通过将治疗性叙事理论巧妙地贯穿于涉未成年人案件的说理过程中,我们可以增强心理学在裁判文书撰写中的作用,使裁判文书更加贴近未成年人的心理需求与成长规律,真正实现对未成年人的特殊保护与关怀。

姜有慧,东营市中级人民法院研究室法官助理。

左香婷,东营市东营区人民法院审管办(研究室)法官助理。

一、涉未成年人刑事案件裁判文书治疗性叙事的提出

本文深入统计分析了 D 市 D 区近三年来涉未成年人刑事案件的裁判文书,并根据案件性质及未成年人在其中的角色将其划分为两大类:一类是未成年人作为加害方(即被告)的案件,这类案件主要涉及寻衅滋事、盗窃以及强奸罪等;另一类是未成年人作为受害方的案件,他们在案件中处于被害人身份,遭受着猥亵儿童、强奸等犯罪的侵害。本文精心挑选了几个具有代表性的典型案例,分析目前涉未成年人的判决书叙事说理存在的问题。

(一)涉未成年人刑事案件裁判文书审理查明部分实证分析

在未成年人解某某犯寻衅滋事罪案件(案例一)中,裁判文书中的问题是审理查明部分过于简洁,仅概述案件发生的全过程,对于影响定罪量刑的诸多重要问题却没有提及,如被告人解某某在本案中到场前后的表现、具体实施的行为、与其他被告人的关系、与被害人的关系等。这些问题不仅能够体现出被告人的主观态度,也能够反映出被告人的个体特质。

> 案例一:×年×月×日凌晨×时许,魏某某(另案处理)与被害人李某某因琐事发生争执,后陈某某(已判刑)伙同周某某、郭某某、韩某某、刘某某(以上四人已判刑)、解某某等人到某酒吧门口对被害人李某某、左某某进行殴打。经鉴定,被害人左某某的损伤程度为轻伤二级,被害人李某某的损伤程度为轻微伤。

在王某甲和王某乙犯帮助信息网络犯罪活动罪的案件(案例二)中,两名未成年被告人是双胞胎兄妹,这对其实施共同犯罪来说有特殊性,但审理查明中并未提及这一事实,也并未说明二人是如何接触到上游犯罪联络人的,以及在实施犯罪过程中的主观认知如何[①]。

> 案例二:×年×月×日至××日期间,被告人王某甲、王某乙明知他人利用信息网络实施犯罪,仍然为其犯罪提供支付结算帮助,先后在某小区×号楼×室为王某、李某团伙"跑分",其中董某某(另案处理)的中国工商银行卡(卡号:略)为罗某被诈骗案中的一级嫌疑账户,目前查证该账户向外支付资金×元。

① 周维平,邵新.论刑事裁判文书事实说理"三步九环法"[J].中国应用法学,2021(6):62-77.

（二）涉未成年人刑事案件裁判文书定罪量刑说理实证分析

在王某甲和王某乙两名未成年人实施帮助信息网络犯罪活动罪的案件（案例三）中，裁判文书的说理仅将"犯罪时系未成年人"作为从轻处罚的量刑情节，并未根据被告人的心理特点来进行有针对性的说理。尤其是近年来，落入帮助信息网络犯罪"陷阱"的未成年人及大学生越来越多[①]。在此类案件中，涉罪未成年人主观恶性较小，许多人可能仅仅是因为生活困难、对法律无知、被他人引诱等原因，不慎踏入了帮助信息网络犯罪的"雷区"。针对这种犯罪，裁判者更应该对涉罪未成年人的犯罪背景、成因进行分析。在量刑上，本案中两名未成年人都被判处缓刑，但判处时间有区别。针对这一点，裁判文书仅用"根据二被告人参与的时间、在犯罪中所起的作用在量刑时予以区分"一笔带过，并未进行充分说理。这样的判决结果不仅缺乏说服力，也难以让公众信服。

① 张磊,张萌.帮助信息网络犯罪活动罪司法适用问题研究——以131份判决书为视角[J].青少年犯罪问题,2021(4):42-55.

> 案例三：本院认为，被告人王某甲、王某乙明知他人利用信息网络实施犯罪，仍为其提供支付结算帮助，情节严重，其行为均构成帮助信息网络犯罪活动罪。公诉机关提供的证据确实充分、指控的罪名成立，量刑建议适当。本案系共同犯罪，被告人王某甲、王某乙均积极实施了犯罪行为，故不区分主从犯，但根据二被告人参与的时间、在犯罪中所起的作用在量刑时予以区分。被告人王某甲、王某乙的辩护人提出"被告人系从犯"的辩护观点不能成立，本院不予采纳。被告人王某甲、王某乙犯罪时系未成年人，应从轻处罚。二被告人归案后如实供述了主要犯罪事实，自愿认罪认罚，依法从轻处罚。被告人王某甲、王某乙均为可能判处罚金的执行提供财产保证，量刑时酌情考虑。辩护人的相关辩护观点成立，本院予以采纳。

在吉某某、刘某某犯利用邪教破坏法律实施罪案件（案例四）中，吉某某系成年人，刘某某犯罪时系未成年人。同样在本案定罪量刑说理部分，裁判文书仅将"犯罪时系未成年人"作为被告人刘某某从轻处罚的量刑情节[②]。但本案的特殊性在于，裁判文书在说理部分仅表述了刘某某犯罪行为的危害性，忽略了刘某某也是邪教组织的受害者，因此不应仅对其行为进行消极性否定评价，还应对刘某某本人在案中身心所受负面影响进行分析说理，有针对性地开展"情感挽救"。但裁判文书仅将这些情节进行了简单罗列，既忽视了未成年人的身心特点，也忽视了本案的特殊之处。

② 张吉喜.量刑事实的证明与认定[J].证据科学,2015(23):283-295.

　　案例四:本院认为,被告人吉某某、刘某某以传播邪教宣传品的方式宣扬邪教,破坏国家法律、行政法规的实施,其行为构成利用邪教组织破坏法律实施罪。公诉机关提供的证据确实、充分,指控的罪名成立,量刑建议适当。被告人刘某某犯罪时系未成年人,应从轻处罚。被告人吉某某、刘某某归案后如实供述犯罪事实,庭审中自愿认罪认罚,可从轻处罚。被告人吉某某、刘某某庭审中自愿认罪悔罪,均明确表示退出邪教组织,不再从事邪教活动,可以认定为情节较轻,并且均为可能判处的罚金执行提供了财产保证,量刑时酌情考虑。辩护人的相关辩护观点成立,本院予以采纳。

　　在胡某某猥亵儿童案件(案例五)中,胡某某作为幼儿园看护人员,其身份具有特殊性。尽管裁判文书在说理部分强调了被害人负有特殊职责,应从重处罚,但是由于此种行为给被害儿童及其监护人带来了极为恶劣的身心伤害,同时造成了负面社会影响,因此说理部分看起来仍较单薄,既没有对其行为的性质进行深入评价,也没有对受害方进行语言上的抚慰。

　　案例五:本院认为,被告人胡某某在公共场所当众猥亵儿童,行为构成猥亵儿童罪。公诉机关提供的证据确实充分,指控的罪名成立。被告人胡某某作为对被害人负有特殊职责的人员,进入学生宿舍实施猥亵犯罪,且被害人为儿童,均应从重处罚。依照《中华人民共和国刑法》第×××条之规定,判决如下:被告人胡某某犯猥亵儿童罪,判处有期徒刑八年。

　　在董某实施猥亵儿童行为的案件(案例六)中,董某利用网络实施猥亵行为,与普通猥亵儿童案件存在许多差异[1]。例如,在普通猥亵儿童案件中,猥亵行为往往明显违背未成年人的意志,给未成年人造成直接的身心伤害;但是在网络猥亵案件中,未成年人可能是因为心智不成熟、被诱骗威胁"网恋"进而被猥亵。在本案说理部分,裁判文书虽然写明了猥亵手段是通过网络进行的,但是并没有说明两种猥亵行为的区别,以及此种猥亵带来的恶劣影响与潜在的传播风险,极容易给未成年人带来二次伤害。因此在本案中,判决书的说理部分仍较单薄。

　　[1] 赵俊甫.猥亵犯罪审判实践中若干争议问题探究——兼论《刑法修正案·(九)》对猥亵犯罪的修改[J].法律适用,2016(7):79-87.

案例六：本院认为，被告人董某以寻求性刺激为目的，编造事实，通过网络引诱、强迫不满十四周岁的女童拍摄裸体、敏感部位照片和视频供其观看，其行为构成猥亵儿童罪。公诉机关提供的证据确实充分，指控的罪名成立，量刑建议适当。被告人董某猥亵二名不满十四周岁的儿童，应从重处罚。被告人董某归案后如实供述犯罪事实，加之本案适用认罪认罚从宽制度，可依法从轻处罚。

（三）涉未成年人刑事案件裁判文书叙事说理部分不足

在对 D 市涉未成年人刑事案件裁判文书进行分析后，可以总结出审理查明叙事部分和量刑说理部分存在许多不足，总体来说根本问题在于叙事说理语言僵硬、内容单薄、深度不够、情感缺乏。

1. 审理查明叙事部分不足。

在叙事方面，多数裁判文书中的法院审理查明部分直接沿用公诉机关指控内容，或仅对指控内容做细微补充，总体叙事仍较为传统。尤其在未成年人犯罪案件中，叙事集中于未成年人行为的"恶"，却未深入剖析其行为背后的动机。

尽管刑事裁判文书审理查明的事实需满足真实性、客观性和连贯性，但对于涉未成年人案件，仅达到这些标准尚显不足。应通过词语选择、联结与修饰，将未成年人犯罪过程的片段式事实组织成完整故事，并挑选有利于未成年人改造的事件进行阐释，凸显这些事件的价值，以贴合未成年人的认知结构和心理需求，从而提升裁判文书的可接受性。

2. 定罪量刑说理部分不足。

当前涉罪未成年人裁判文书说理中，常将未成年人与成年人置于同等心理地位，语言冰冷僵硬，格式化明显。定罪量刑部分与普通成年人犯罪案件无异，仅罗列"是否自首坦白、是否认罪认罚、是否缴纳罚金保证"等情节，导致涉罪未成年人难以感受到司法的特别关怀。尤其对于心智不成熟的未成年人，部分专业法律术语难以完全理解，判决书难以发挥情感上的感化作用。

而在未成年人受害案件中，法官往往仅关注对被告人的惩戒，即便有情感表达，也仅限于对被告人的愤怒与谴责，却忽视了对受害未成年人及其家庭的抚慰与鼓励，使其所受伤害未能在文书中得到体现，这也是文书说理的一大短板。

（四）引入治疗性叙事方式弥补裁判文书叙事说理短板

目前,涉未成年人刑事案件裁判文书叙事说理的不足源于部分法官忽视了未成年人犯罪与成年人犯罪的本质区别。未成年人利益最大化的理念尚未深入人心。由于两类案件审理思路和目的的根本差异,涉未成年人刑事案件裁判文书应体现其独特性,突出对未成年人保护的重视,而非简单套用成年人案件的审判思路和文书撰写模式。在涉未成年人案件审理和文书撰写中,应充分考虑未成年人的身心特点,以符合其生理认知水平和心理认知能力的方式撰写裁判文书。

从生理学角度,未成年人大脑前额叶皮质成熟度较低,抑制冲动能力不足,易追求冒险刺激。从心理学角度,未成年人认知能力发展不全,思想意识易波动,情绪不稳定,行为易冲动盲目,且具有跟随性和模仿性,易被引诱犯罪[1]。因此,在未成年人犯罪案件裁判文书中,除提高当事人对裁判结果的接受性,使其感受到裁判的合法性与合理性外,还需贯彻对未成年人最小伤害原则,以及最大社会化、去污名化原则,坚持惩罚与保护并重,以教育、感化、挽救涉罪未成年人。

在未成年人受害案件中,因未成年人心智不成熟,自我修复创伤能力较弱,身心发展可能受严重影响,故应在情感上予以抚慰,运用心理学技巧助其在心理上脱离"受害阴影"。

因此,未成年人案件裁判文书的撰写需注重叙事说理方式,采用适合未成年人身心特点的叙事模式,既有利于涉罪未成年人的教育改造,也有利于被害未成年人的创伤修复。实践中已有案件尝试将心理学中的叙事治疗理论引入涉未成年人案件审判及判后改造。例如,判决书后附加"法官寄语"对未成年人进行安慰鼓励,打造温情判决[2],这是对治疗性叙事理念的创新探索;亦有在涉罪未成年人社区矫正和观护帮教中,由社工或心理咨询师进行叙事治疗[3],助其顺利改造。

叙事治疗作为心理咨询技巧,其原始形态为心理咨询师与当事人的对话方式。将其应用于涉未成年人刑事案件裁判文书撰写时,需结合治疗理念、叙事说理结构及语言修辞技巧的创新,以治疗性叙事模式呈现于裁判文书中,从而发挥裁判文书的法律教育与情感教育功能。

二、涉未成年人治疗性叙事的正当性分析

叙事即讲述故事,是按时间顺序组织已发生的事。判决书实质上是在讲述一个故事,依据公诉机关指控、证据材料及被告人供述辩解,将事

① 王广聪.论罪有利于未成年人原则的司法适用[J].政治法律,2022(3):134-147.

② 王玉敏.从"法官寄语"到"判决附函":社会治理视域下家事裁判文书的辅助载体创设[J].山东法官培训学院学报,2020(3):144.

③ 张京文,汪耕云.涉罪未成年人观护帮教新模式[J].中国检察官,2015(21):36-39.

件按时间顺序组织成完整故事。叙事心理学关注人类行为如何通过故事被组织并赋予意义。叙事治疗认为,人是人,问题是问题,问题无法界定人的全部存在。此观点与涉未成年人刑事案件的审判思路不谋而合,即要求法官以发展眼光看待未成年人,关注其可塑性,以更有利于未成年人教育改造为目的,进行案件审理及文书撰写。

(一)治疗性叙事理论解构

社会建构论产生于知识社会学,探讨语言作为符号系统如何影响实在和意义的社会建构,并重视语言的修辞和反应特性。叙事治疗以此为基础,将语言对人的塑造纳入心理咨询范畴,形成新型心理咨询实践模式。该模式不再聚焦于解剖当事人既往的负面事件,而是挖掘其忽略的积极事件,重新构建当事人的人生。其核心思想在于将人与问题分离,认为问题无法界定人的全部存在。

涉未成年人刑事案件的审判原则与这些理论思想相契合,即以发展眼光看待未成年人,关注其可塑性和成长性。因此,将治疗性思想运用于裁判文书的叙事说理中,采用治疗性叙事方式加强裁判文书的法律功能与情感功能的双重互动,有利于涉罪未成年人的进一步教育改造。

治疗性叙事的具体模式可大致分解为三步:故事叙说、问题外化、由薄到厚[1]。

1."故事叙说"——挖掘被忽略的故事。

在治疗性叙事中,当事人讲述的故事是后续重塑的源泉。心理咨询师应避免指教式语气,以尊重的态度扮演好倾听者和引导者,让当事人讲述更多细节[2]。当事人讲述时,可能根据社会传统认知对经历进行消极或积极评价,并往往聚焦于消极经历。因此,咨询师需从当事人讲述中挖掘被忽略的故事。这些故事可能藏于生活边缘,却对当事人具有独特且重要的意义,是其获取积极力量的源泉。

2."问题外化"——剥离已存在的问题。

在当事人讲述的故事中,必然包含许多负面经历,这些经历成为困扰其生活的问题。治疗性叙事强调问题并非存在于当事人个体内部,不再将问题视为当事人的标签和固有性质。通过将问题拟人化,研究问题对当事人生活的影响,强化问题与自身分离的观念,使其直面自身与问题的关系,而非沉溺于自我负面评价。

3."由薄到厚"——重塑崭新自我认知。

在将问题剥离当事人自身后,需挖掘其讲述的积极事件,将被问题定

① 迈克尔·怀特.叙事疗法实践地图[M].重庆:重庆大学出版社,2019:58.

② 李昀鋆.中国社会工作情境下叙事治疗的理论技术应用及其可推广性研究[J].社会工作,2014(4):93-99.

义压缩的生活重新还原和丰富。这些积极事件可能隐匿于消极经历中，或被社会传统认知忽视。因此，应在意识层面加深当事人对自我的觉察，重新建立积极有力的自我认知。丰富这些例外事件，从支线故事中寻找当事人被自己和周围忽略的积极特质，与旧有故事整合，发展为新故事，为当事人构建饱满丰富的人生。

（二）治疗性叙事与实现未成年人案件审判目的相契合

治疗性叙事之所以能适用于未成年人案件裁判文书的叙事说理，根本在于其立足于对人的情感关怀。法官审理涉未成年人刑事案件，尤其是未成年人犯罪案件，除审理犯罪事实外，还需审理涉罪未成年人的人格及环境等问题，如身心状况、家庭背景、社会关系等。因此，引入治疗性叙事方法，结合惩罚性法律功能与关怀性情感功能，方能在司法过程中实现未成年人利益最大化[①]。

1. 心理学要素贯穿文书说理全过程。

目前，我国许多法院在审理涉未成年人案件时引入了心理资源，如配置心理咨询室、沙盘室，并聘请专业心理咨询师或社工团队对未成年人进行心理疏导。但从实际效果看，心理学要素在涉未成年人案件中并未充分发挥作用。因许多法官对心理学的治疗作用理解不足，未将心理学要素贯穿审判始终。

引入治疗性叙事方法，可将心理学要素贯穿文书说理全过程。治疗性叙事源于心理咨询实践，将其转化为书面写作叙事技巧，与文书说理相结合，对涉未成年人案件进行差异化审理，关注未成年人不同的个人特质与成长环境，这样才可以避免"模板式"裁判文书，真正将司法对未成年人的心理关怀体现在文书中。

2. 转换叙事主体的角色。

在传统对抗式司法审判中，检察官代表国家公诉，旨在惩处犯罪；被告人及其辩护人则形成对抗，力求减轻罪责；法官保持中立，理性客观判决，避免个人情感影响公正。传统模式彰显法律权威，对犯罪分子起震慑作用。但在未成年人犯罪案件中，虽采用"圆桌审判"模式拉近心理距离，但实践中法官审判仍常呈家长教导式风格，庭审氛围不够包容平和[②]。法官、检察官及辩护人角色未真正转换，庭审思路及文书撰写模式也未改变，难以在裁判文书中体现"圆桌审判"效果。

因此，要想实现未成年人利益最大化，就要转换叙事主体角色，使法官、检察官和辩护人成为具有相同目标的合作体，遵循治疗性叙事原则及

① 李帅，黄颖.情理在法律裁判中的运用——以家事裁判为例[J].法律方法，2017,22(2):304-318.

② 汪健成.论未成年人犯罪诉讼程序的建立和完善[J].法学，2012(1):133-138.

过程展开庭审。治疗性叙事原则为尊重、倾听当事人,引导其讲述更多细节。庭审中,法官作为引导人,需营造包容、平和的氛围,减少未成年人的对抗心理。庭审三方主体应从实现未成年人利益最大化角度出发通力合作,为其创造安全心理环境,保护其隐私权和心理安宁,践行去污名化标准。①

3. 增加叙事正评价改变未成年人狭隘定位。

目前,未成年人涉罪刑事判决书中叙事说理模式单一,仍采取主流模式,即根据公诉机关指控的犯罪行为对未成年人定性,进行负面评价后,依据法条定罪量刑。此模式易使未成年人及其周围人对其贴上"犯罪分子""不良少年"等负面标签,加大未成年人对判决结果的抵抗,不利于情感感化和教育,也不利于后续教育改造。治疗性叙事可改善上述不足,其原则是通过问题外化,放大未成年人闪光点来对其进行重塑。在未成年人涉罪案件中,除采用否定态度和负面语言撰写定罪量刑部分外,还应遵循治疗性叙事原则,捕捉庭审叙事中积极元素及社会调查报告中未成年人的优点,通过正向语言模式,将其融入判决书说理教育中,改变"标签化"审判,将未成年人视为可塑造和可发展的个体,消除其自我污名化。

(三)治疗性叙事与现有未成年人刑事判决书格式结构相契合

2009年10月,最高人民法院办公厅制定下发了《一审未成年人刑事公诉案件适用普通程序的刑事判决书样式》,这一样式是未成年人刑事审判改革成果的重要载体,体现出了少年法庭围绕教育、矫治未成年罪犯开展的特色工作。这一样式虽然是对未成年人案件判决书的格式作出了要求,但其内核思想仍然是教育、感化、挽救未成年人,体现出对涉罪未成年人的人文关怀。通过分析现有未成年人刑事判决书格式与治疗性叙事的步骤后可以发现,二者的理念相契合,存在诸多相通之处。

1. 倾听查明成长轨迹发掘遗漏片段。

现有未成年人刑事判决书格式要求事实部分需撰写未成年人情况调查报告,此为最高人民法院办理未成年人刑事案件的明确要求,体现了司法工作对未成年人成长环境及其影响因素的重视。公诉机关对未成年人犯罪事实的指控仅是其生活轨迹的片段,若仅据此审理判决,可能遗漏影响其犯罪的重要因素,不利于全面了解其特点及后续改造。

此外,当前对未成年人的审判模式仍多局限于"加害人—被害人"的二元对立框架,生硬且绝对化地划分这两种身份,未关注角色的复杂性。事实上,在犯罪事实中及成长环境中,许多未成年人本身也是其他犯罪行

① 朱萍.合适成年人参与未成年人刑事诉讼的问题及完善建议[J].犯罪研究,2012(2):103-105.

为或恶意行为的受害者,加害人与被害人角色可能在未成年人身上同时呈现①。因此,仅审判其加害人角色而忽视其所受伤害,可能使未成年人心理创伤进一步恶化,成为下次犯罪的源头。

故需通过走访未成年人的家庭、学校、社区,从侧面了解涉案未成年人,形成全面且完善的调查报告,并在庭审中通过未成年人自我供述和辩解,引导其讲述更多成长故事②。这些恰为治疗性叙事的第一个环节——"故事叙说",在此过程中发掘不被他人注意的细节。这些细节可能微不足道,却反映着未成年人的闪光特质。

2. 剖析犯罪原因减少对抗逃避。

现有未成年人刑事判决书格式还要求在说理中写明未成年人犯罪的原因,通过分析其主观和客观影响因素来剖析其走上犯罪道路的原因,撰写时应反映未成年被告人的个人特点,避免公式化,力求客观准确。此点与治疗性叙事中的"问题外化"相似,深入剖析犯罪成因,引导未成年人意识到问题与个人是分离的,影响其犯罪的因素不能影响其一生。此举也是为了避免直接给未成年人贴上"罪犯"标签,同时尽量减少未成年人的逆反和对抗心理。

3. 反映个人特点帮助少年最大社会化。

现有未成年人刑事判决书格式要求立足于案件事实、调查报告、庭审过程等多因素撰写文书。尽管不同案件中罪名罪行相似,但涉罪未成年人成长轨迹各异,背后故事也有区别,文书叙事说理时应体现个人特点,探求其独特成长经历及可能引发犯罪的社会原因。同时,应重点突出未成年人罪行下的积极特质,通过裁判文书向其自身及周围人传达其并非永远是对社会存在威胁的犯罪分子,而是能够重新回归善良人性的好少年。因此,法官需在现有未成年人刑事判决书格式基础上,加入治疗性叙事说理模式,帮助未成年人扭转自我认知,使其积极展开自我疗愈,重新融入社会。

三、完善治疗性叙事在裁判文书中的适用路径

针对目前涉未成年人刑事案件裁判文书叙事说理存在的短板,应创新此类裁判文书的撰写思路,将治疗性叙事融入其中,以加强法律功能和情感功能的共同发挥。具体应从以下方面予以加强:

(一)遵循现有未成年人刑事判决书格式扩展叙事说理框架

目前涉未成年人刑事裁判文书的叙事和说理部分仍受限于普通裁判

① 虞浔.家庭暴力受害经历与青少年犯罪之间的因果关系研究[J].行政与法,2004(6):117-119.

② 张静,景孝杰.未成年人社会调查报告的定位与审查[J].华东政法大学学报,2011(5):102-105.

文书的框架,法官叙事说理时仍有"被束缚住手脚"之感,不敢或不知如何创新。因此,应先改进叙事说理的框架,使法官在创新写作思路时有章可循。应按照现有未成年人刑事判决书格式对审理查明部分、定罪量刑说理部分进行框架扩展。

1. 审理查明事实部分结构优化。

在审理查明事实部分,必须写明案件发生的原因、时间、地点,被告人的动机、目的、手段、犯罪行为过程和结果,以及其在案发后的表现和行为造成的影响。裁判文书中应注重叙述案件发生的原因和未成年被告人的动机,体现被告人的主观心态,便于后续对其进行说理教育。

以解某某犯寻衅滋事罪一案为例,原判决对解某某参与寻衅滋事的过程叙述过于简单,未体现其在案件中的主观心态和作用。因此,应按照表1的样式补充案件起因和其动机,详细叙说解某某实施的具体行为,避免用"对被害人进行殴打"简单概括。同时,应重视解某某案发后的表现,此既是审理查明的重要量刑事实,也是其后续缓刑改造的基础。

表1　解某某寻衅滋事罪叙事结构

叙事结构要素	内容叙述
起　因	某日凌晨,被告人解某某在家中睡觉,被好友魏某某喊至某酒吧门口,要求其为兄弟"两肋插刀"
时　间	×年×月×日凌晨×时
地　点	某酒吧门口
动　机	被告人解某某与两名被害人并不相识,仅仅是为兄弟仗义出头,因此参与寻衅滋事过程中
过　程	被告人解某某与其他6人在某酒吧门口对2名被害人进行围堵推搡,其间解某某围观20分钟后,在陈某某的要求下,用脚多次踢2名被害人的腿部
危害结果	被告人解某某与其他6的行为造成被害人左某某轻伤二级、李某某轻微伤
案发后表现	酒吧工作人员报警后,解某某留在原地未逃离,在民警到场后其将案发过程如实叙说。案发后,解某某对2名被害人赔礼道歉,与其家人共同积极赔偿被害人医疗费和各项损失费,并且多次去医院探望被害人,取得其谅解

对于社会调查部分,最高人民法院虽未强制要求每份涉未成年人犯罪案件都撰写社会调查报告,但本着治疗性叙事原则,实践中应坚持开展此项工作。社会调查报告虽非法定证据,但仍能客观影响未成年被告人

的量刑,对其后续教育改造工作也至关重要。因此,需在当庭征求控辩双方对社会调查报告的意见后,将其内容写入裁判文书的叙事部分。对于不同性质案件,社会调查报告侧重内容也应有所不同。例如,在解某某寻衅滋事案中,应着重从其性格特质、社交情况、家庭关系等方面进行走访调查。

2. 定罪量刑说理结构重建。

目前在涉未成年人刑事案件中,应按照表2的结构,将定罪说理与量刑说理分为独立的两部分,重点优化量刑说理结构,并在量刑说理中适当加入情感说理,以发挥裁判文书的情感教育作用。

在涉未成年人刑事案件中,应展开叙述量刑情节,对适用缓刑的条件和原因进行说理,结合具体案件中未成年人的个人特质进行情感教育,增强法律教育和情感教育的互动。

表2 文书说理结构

定罪说理	量刑说理	情感说理
针对起诉罪名解析构成要件	对量刑情节展开叙述	将未成年人社会调查报告与量刑说理结合
针对诉讼争点论证裁判理由	增加对缓刑、附加刑的适用说理	结合未成年人特点展开情感说理
针对罪刑关系检验定罪理论	量刑说理体现个案特点	将法律教育和情感教育相结合

(二)在将犯罪事实类型化归纳后增强叙事治疗性

因案件中证据证明的事实具有碎片化特点,故需采用逻辑和语言技巧将其"编织"成完整故事。而法律具有抽象性,事实与法律之间存在天然裂痕,此时需用叙事方法将事实按法律规范搭建起来[①]。

在涉未成年人刑事案件中,应以治疗性叙事为核心原则甄选叙事事实,将被公诉机关指控事实中忽略的案件细节补充描述进审理查明事实,将案件细节及社会调查报告中未成年人的正面特质补充到量刑说理和情感说理中,为文书叙事说理提供基础。本文对涉未成年人刑事案件进行类型化分析,并辅以裁判文书片段重述,以增强治疗性叙事的具体适用。

笔者在对实践中未成年人犯罪案件进行统计分析后,将其大致分为三大类[②]:第一类为轻微的财产型犯罪,如帮助信息网络犯罪活动、顺手牵羊的偷盗行为;第二类为暴力型犯罪,如故意伤害、寻衅滋事等犯罪;第三

① 段威.法律叙事方法对裁判事实建构的影响[J].法律方法,2019(1):263-275.

② 张远煌,姚兵.中国现阶段未成年人犯罪的新趋势——以三省市未成年犯问卷调查为基础[J].法学论坛,2010,25(1):90-96.

类为寻求性刺激类犯罪,如强奸、猥亵等性侵犯罪。对未成年人受害案件的统计分析发现,占比最多的是强奸、猥亵等性侵类犯罪。

1.轻微财产型犯罪。

轻微财产型犯罪在未成年人犯罪中占比较高,未成年人往往法律意识淡薄,认为犯罪金额不大便无社会危害性,同时心存侥幸,觉得即便被受害方发现,赔偿即可了事。此类案件中未成年人主观恶性相对较小,但法律意识亟待提升,因此在裁判文书中应侧重教育,在犯罪事实撰写中要强化对其主观心态的描述。以未成年人王某甲和王某乙帮助信息网络犯罪活动一案为例,对原判决书审理查明部分进行重述(表3)。

表3 王某甲、王某乙犯帮助信息网络犯罪活动罪查明事实重述

原版本(节选)	重述后版本
×年×月×日至××日期间,被告人王某甲、王某乙明知他人利用信息网络实施犯罪,仍然为其犯罪提供支付结算帮助,先后在某小区×号楼×室为王某、李某团伙跑分,其中董某某(另案处理)的中国工商银行卡(卡号:略)为罗某被诈骗案中的一级嫌疑账户,目前查证该账户向外支付资金×元	×年×月×日至××日期间,被告人王某甲、王某乙是双胞胎兄妹关系,两人均是未成年人,在网络平台上看到"在家即可兼职赚钱"的广告。王某甲主动联系广告发布人李某,得知用银行卡帮他人转账即可赚钱,王某甲先为李某的团伙进行跑分。王某甲后将此赚钱途径告知王某乙,王某乙对此赚钱途径真实性表示怀疑,但二人认为其仅仅是帮助李某转账,并未参与李某团伙中,即使有违法行为发生,也与二人无关。因此王某甲和王某乙仍然为其犯罪提供支付结算帮助,先后在某小区×号楼×室为王某、李某团伙跑分,其中董某某(另案处理)的中国工商银行卡(卡号:略)为罗某被诈骗案中的一级嫌疑,目前查证该账户向外支付资金×元

在王某甲和王某乙帮助信息网络犯罪活动一案中,查明事实的重述后版本详细叙述了案件发生的起因、经过及两名被告人对帮信犯罪的认识态度,突出了王某甲和王某乙在犯罪中作用的时间差异,为量刑时两被告不同刑期提供了说理基础。在量刑事实的叙述中,详细展开了其案发后的态度及采取的补救措施,为适用缓刑提供了事实依据。

2.暴力型犯罪。

暴力型犯罪的未成年人往往成长环境较为恶劣,性格冲动性强,人际交往存在问题,不懂如何处理人际关系矛盾,易导致矛盾升级为肢体冲突。同时,部分未成年人存在强烈的自卑感和被迫害意识,采用暴力行动来掩饰自卑感,或提前避免自己被伤害[①]。在此类案件犯罪事实的撰写中,需注意对未成年人在事件发生过程中参与的时间、角色及主观心态进行叙述。以未成年人解某某犯寻衅滋事罪一案为例,对原判决审理查明事实部分进行重述(表4)。

① 关颖.未成年人不良行为及其影响因素分析——基于全国未成年犯的调查[J].青少年犯罪问题,2013(2):47-52.

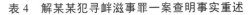

表4　解某某犯寻衅滋事罪一案查明事实重述

原版本（节选）	重述后版本
×年×月×日凌晨×时许，魏某某（另案处理）与被害人李某某因琐事发生争执，后陈某某（已判刑）伙同周某某、郭某某、韩某某、刘某某（以上四人已判刑）、解某某等人到某酒吧门口对被害人李某某、左某某进行殴打。经鉴定，被害人左某某的损伤程度为轻伤二级，被害人李某某的损伤程度为轻微伤	×年×月×日凌晨×时许，解某某在家中熟睡，突然接到朋友陈某某（已判刑）的电话，陈某某声称自己与朋友被欺负，要求其立刻赶到某酒吧门口。解某某与周某某、郭某某、韩某某、刘某某（以上4人已判刑）等人赶到某酒吧门口后发现，是陈某某的朋友魏某某（另案处理）与被害人李某某因琐事发生争执。解某某等5人对被害人李某某和左某某进行围堵推搡，其间魏某某与陈某某对2名被害人多次殴打，解某在陈某某的要求下参与殴打，用拳头击打李某某的胸口多次。经鉴定，被害人左某某的损伤程度为轻伤二级，被害人李某某的损伤程度为轻微伤
在本院调解下，被告人解某某与被害人李某某达成调解协议，赔偿李某某各项损失10 000元并取得被害人李某某谅解	在本院调解下，被告人解某某与被害人李某某达成调解协议，赔偿李某某各项损失10 000元并取得被害人李某某谅解。在李某某住院期间，被告人解某某和家人多次去医院探望李某某

在解某某犯寻衅滋事罪一案中，查明事实的原版本将整个案件发生经过进行了简化叙述，未体现出被告人解某某在案发过程中的主观心态、起到的作用及实施的具体行为等关键要素。虽然本案为共同犯罪，但被告人解某某在其中身份较为特殊，因此应对其进行区别叙述，同时以解某某为叙事和说理对象，按其行为发生的顺序对案件事实进行梳理叙述。对于表现其良好态度的量刑事实部分，也应当进一步细化。对于此类未成年人，裁判文书说理时还需重点关注其人际交往问题和自信心的建立，避免对其行为和人格进行全方位否定，防止其产生逆反心理，成年后加入涉黑涉恶团体，走上更恶劣的犯罪道路①。

3. 寻求性刺激类犯罪。

寻求性刺激类犯罪近年来高发，部分未成年人受网络色情内容不良影响，对性行为充满好奇进行探索，从而触犯法律②。此类犯罪中值得注意的是，在部分猥亵、强奸案件中，未成年男孩和女孩双方均缺乏性教育，法律意识淡薄，往往是建立早恋关系后发生猥亵或性行为，其中不乏以"好学生"著称的个体。在此类案件犯罪事实的撰写中，要突出涉罪未成年人对于性行为的主观认知态度③。以未成年人张某犯强奸罪一案为例，对原判决审理查明事实部分进行重述（表5）。

① 丛梅.新时期未成年人犯罪的特征及发展趋势分析——基于犯罪调查的三十年比较[J].预防青少年犯罪研究，2018（1）：43-50.

② 康均心，刘猛.我国中小学校园性侵犯罪的防制[J].青少年犯罪问题，2014（2）：87-93.

③ 俞小海.校园性侵犯罪的司法实务探讨[J].青少年犯罪问题，2018（3）：21-29.

表 5　张某犯强奸罪一案查明事实重述

原版本（节选）	重述后版本
×年×月份，被告人张某通过网络与被害人徐某某（13周岁）认识后成为男女朋友。×年×月×日在某市某区某宾馆×号房间内，被告人张某明知徐某某未满14周岁，先后两次与被害人徐某某发生性关系	×年×月份，被告人张某（15周岁）通过网络与被害人徐某某（13周岁）认识后成为男女朋友，建立恋爱关系。在此期间，二人在社交软件上言语暧昧，聊天内容露骨，二人也多次线下约会。×年×月×日，被告人张某与徐某某在某市某区某宾馆×号房间内约会，张某明知徐某某未满14周岁，提出与徐某某发生性关系的想法，徐某某未对其拒绝，张某先后两次与被害人徐某某发生性关系

在张某犯强奸罪一案中，查明事实的原版本对于二人之间的男女朋友关系叙述过于简略，同时对于发生性行为时双方的主观心态忽略不谈。尽管与未满 14 周岁幼女发生性行为认定构成强奸罪时并不考虑幼女是否同意，但这对于考查犯罪未成年人的主观恶性程度较为重要，也是量刑情节的参考要素之一。因此在判决审理查明事实部分，应当增加对二者的恋爱关系和主观心态的叙述。对于此类未成年人，裁判文书说理时还需关注正确引导犯罪未成年人的性观念，以及对被害未成年人的精神抚慰和性教育。

（三）将未成年人社会调查报告写入判决书查明事实部分

建议在现有未成年人刑事案件判决书的格式中加入社会调查报告。实践中不少法院聘用司法社工对涉罪未成年人进行社会调查，但并未将调查报告写入判决书，仅仅是作为庭前对未成年人的了解材料。因此下一步应当完善这项工作，将社会调查报告中有利于未成年人改造的部分节选写入判决书中查明事实部分。这也符合治疗性叙事的原则①。表 6 以未成年人王某甲和王某乙犯帮助信息网络犯罪活动罪和解某某犯寻衅滋事罪两个案件为例，在刑事案件判决书中写入部分社会调查报告。

① 罗芳芳，常林.《未成年人社会调查报告》的证据法分析 [J].法学杂志，2011(32)：106-108.

表 6　判决书写入调查报告的两个案例

案　例	社会调查报告（节选）
王某甲和王某乙犯帮助信息网络犯罪活动罪	经社会调查后了解到，被告人王某甲、王某乙系双胞胎兄妹，生活在一起，都刚刚高中毕业。经过走访，其老师同学反映两名被告人在过去表现一向良好，虽然学习成绩差，但是并无违反纪律的行为；其社区邻居表示两名被告人生活中有礼貌、乐于助人
解某某犯寻衅滋事罪	经社会调查后了解到，被告人解某某初中辍学后和父母从事商店经营工作。工作中踏实肯干，亲人朋友对其评价较高。解某某开朗外向，交友广泛，也与社会闲散人员交往

将社会调查报告写入判决书查明事实部分对未成年人后续改造相当重要。传统未成年人审判往往仅关注未成年人的"恶",但社会调查报告重在挖掘未成年人的"善"。未成年人应为其实施的犯罪行为接受法律的惩罚,但这并不代表其人格一无是处。在判决书中写入社会调查报告符合治疗性叙事的核心理念,即不以问题定义未成年人,而是挖掘未成年人的闪光点,丰富其过往经历,让未成年人感受到司法的温度。

(四)引入积极性修辞增强量刑说理治疗性

在未成年人犯罪案件中,影响量刑的情节包括刑事责任年龄、自首、坦白、认罪认罚、初犯、偶犯、退赃退赔、积极赔偿被害人经济损失并取得谅解等。但在量刑说理时,不应将各种情节机械堆砌罗列,而应结合具体案情、社会调查报告展开论述[①],同时结合不同犯罪类型加强对未成年人的法律教育和情感教育。对于未成年人受害案件,更要重视说理部分,揭示犯罪行为的恶劣性,并为保护未成年人利益提供新思路。

在说理中,要注意语言的选择,运用积极性修辞,通过语气的运用、句型的变换、格言的引证、排比类比等方式,唤起未成年人的情感共鸣。法官可以运用能唤起情感的修辞技巧,增强治疗性叙事的作用。表7、表8、表9、表10分别是对王某甲和王某乙犯帮助信息网络犯罪活动罪、解某某犯寻衅滋事罪、张某犯强奸罪和董某犯猥亵儿童罪判决书量刑说理部分的重述,以体现积极性修辞对增强治疗性叙事的作用。

① 刘娟娟.未成年人刑事判决书中量刑说理缺失问题实证分析:以 609 份判决书与量刑建议的关系为分析样本[J].青少年犯罪问题,2015(2):69-76.

表 7　王某甲和王某乙犯帮助信息网络犯罪活动罪说理重述

原版本(节选)	重述后版本
本案系共同犯罪,被告人王某甲、王某乙均积极实施了犯罪行为,故不区分主从犯。但根据二被告人参与的时间、在犯罪中所起的作用在量刑时予以区分。二被告人归案后如实供述了主要犯罪事实,自愿认罪认罚,依法从轻处罚。被告人王某甲、王某乙均为可能判处罚金的执行提供了财产保证,量刑时酌情考虑	本案系共同犯罪,被告人王某甲、王某乙均积极实施了犯罪行为,故不区分主从犯。但二被告人参与的时间不同,王某甲更早参与犯罪活动,并且在犯罪中起到的作用更大,因此在量刑时应予以区分。二被告人因法律意识淡薄而误入歧途参与犯罪,归案后如实供述了主要犯罪事实,积极配合案件审理过程,自愿认罪认罚,依法从轻处罚。被告人王某甲、王某乙为可能判处的罚金积极提供财产保证。二被告人主观恶性较小,人身危险性小,学校和社区调查反映二被告人在生活中表现良好
	近年来,被电信诈骗犯罪分子蒙骗走上犯罪道路的年轻人数量逐年增多,帮助信息网络犯罪也成为电信诈骗的高发下游犯罪,既破坏了社会管理秩序,也让更多人的经济利益受到侵害。王某甲、王某乙在案发后,认识到自身所犯错误,主动参与社区反电信诈骗普法宣传公益中,以自身经历为社区群众现身说法警示他人,助力反诈工作进社区。经全面考量、综合评判,二被告人符合缓刑适用条件

表8　解某某犯寻衅滋事罪一案说理重述

原版本（节选）	重述后版本
被告人解某某经公安机关电话传唤到案，虽归案后未如实供述犯罪事实，不构成自首，但其庭审中对指控的犯罪事实无异议，加之本案适用认罪认罚从宽制度，可对其从宽处罚。被告人解某某积极赔偿被害人经济损失，并取得被害人谅解，量刑时酌情考虑	被告人解某某经公安机关电话传唤到案，虽归案后未如实供述犯罪事实，不构成自首。但在庭审过程中态度良好，积极主动承认公诉机关指控的犯罪事实，并多次忏悔，保证不再犯罪。本案适用认罪认罚从宽制度，可对其从宽处罚。被告人解某某在案发后积极赔偿被害人经济损失，多次探望被害人，取得被害人谅解，量刑时对其酌情从宽处罚
	本案的发生乃一时讲义气冲动所致，被告人解某某平日生活表现良好，人身危险性小，但与社会闲散人员常有来往，交友不慎导致其参与寻衅滋事中。少年友情固然可贵，为朋友付出真心也值得赞许，但是应该选择合法合理的渠道帮助朋友，不能一味采用暴力解决，暴力并不能从根本上解决问题，只能滋生更多的矛盾和仇恨。因此，被告人解某某应当净化朋友圈，重塑交友方式，与良善者为伍。经全面考量、综合评判，被告人解某某符合缓刑适用条件

表9　张某犯强奸罪一案说理重述

原版本（节选）	重述后版本
被告人张某强奸未成年人，应从重处罚。被告人张某主动供述公安机关未掌握的犯罪事实，系自首，加之本案适用认罪认罚从宽制度，可依法从轻、从宽处罚。被告人张某犯罪时系未成年人，应减轻处罚	被告人张某强奸未成年人，应从重处罚。被告人张某主动供述公安机关未掌握的犯罪事实，系自首，在庭审过程中态度良好，积极配合案件审理，加之本案适用认罪认罚从宽制度，可依法从轻、从宽处罚。被告人张某犯罪时系未成年人，应减轻处罚
	近年来，由于网络不良信息影响，加之法律意识淡薄，不少未成年人为寻求性刺激犯下强奸罪，被告人张某便是在早恋过程中触碰法律红线。未成年人之间的恋爱关系是青涩懵懂的，恋爱过程中，未成年人对于性充满好奇是成长的必经之路。但是由于未成年人心智不成熟，身体发育不完全，过早发生性关系会对身体造成伤害，也会影响其性心理的正常发育，甚至会触犯法律而锒铛入狱。法律为了未成年人的身心健康保驾护航，因此对于此类行为进行严惩。被告人张某平日表现良好，但其触犯法律的行为仍应得到惩罚。希望被告人张某能够意识到自身行为对未成年女孩造成的身心伤害，增强法律意识，接受正确的性教育，努力在花开时节与新生活相遇

上述4个案例对量刑说理进行优化，在论述共同犯罪、自愿认罪认罚、积极赔偿被害人经济损失等情节时适度展开分析，同时运用积极正向的表述方式，结合未成年人身心发育不成熟、易受外界影响等犯罪特点，以及案件具体情形，辅以情感教育内容。在说理过程中，既彰显法律权威，又体现司法的人文关怀，通过法律规范阐释与情感价值引导的有机融合，强化未成年人对法律后果的认知与悔罪意识，从根本上体现对未成年人回归社会、健康发展的重视。

表10 董某犯猥亵儿童罪一案说理重述

原版本（节选）	重述后版本
被告人董某猥亵二名不满十四周岁的儿童，应从重处罚。被告人董某归案后如实供述犯罪事实，加之本案适用认罪认罚从宽制度，可依法从轻处罚	被告人董某归案后如实供述犯罪事实，可依法从轻处罚。被告人董某通过网络手段猥亵二名不满十四周岁的儿童，以此来满足自己畸形的性欲，主观恶性较大，虽然其行为未对儿童身体造成物理伤害，但是严重损害了儿童的人格尊严和性自由，给儿童带来心理创伤，应当从重处罚
	网络具有虚拟性、超时空性、高度自由开放性和匿名性等特征，未成年人在网络空间受到监护人的约束较少，其身心发展不完全，辨别能力弱。被告人董某便利用未成年人的弱点对其进行网络猥亵，此类猥亵行为具有极强的隐蔽性和广泛性，社会危害性极大，依法应从严惩处

在董某犯猥亵儿童罪一案中，原判决说理并未展开论述被告人董某的主观恶性及网络猥亵行为与普通猥亵行为的区别，因此从重处罚的说理力度不够。重述后的版本突出了网络猥亵行为的恶劣性，以及未成年人在网络空间中面临的困境，也为未成年人的监护人下一步教育保护指引了方向[1]。

总体来说，无论是框架扩展还是内容优化，都应该以未成年人利益最大化为原则，将治疗性叙事的理念融入裁判文书撰写的始终。运用积极修辞能够克服文书说理时的语言僵化弊端，使文字表达更富有情感，能引起未成年人的情感共鸣和认可，提高裁判文书判决结果的可接受性和说服力。但也应当注意，积极修辞只能以辅助性的论证方法出现在说理中，并且要在合理性限度内，而不能作为裁判文书的主要论证和推理手段，更不能滥用修辞而影响司法公信力[2]。

习近平总书记强调："法律并不是冷冰冰的条文，背后有情有义。要坚持以法为据、以理服人、以情感人，既要义正词严讲清'法理'，又要循循善诱讲明'事理'，感同身受讲透'情理'，让当事人胜败皆明，心服口服。"在涉未成年人案件中，法官更要注重文书说理过程中情理法相统一，改进目前现有的叙事方式，将心理学理论融入其中，以发展的眼光看待涉罪未成年人，加强裁判文书说理的治疗性，挖掘未成年人过往经历中的闪光点，以平等尊重的态度来审理未成年人案件，帮助其改变对于自我的负面认识。不要让法官的一纸判决对未成年的人生"一锤定音"，而要让判决成为未成年人扬帆远航的新起点。只有这样，才能够真正地保护未成年人，保护祖国的未来。

① 段卫利.猥亵儿童罪的扩张解释与量刑均衡——以猥亵儿童罪的典型案例为切入点[J].法律适用,2020(16):118-130.

② 钟林燕.论裁判文书说理的积极修辞及其限度[J].法学,2022,484(3)21-34.

法秩序统一视野下假冒专利罪的理解与适用

◇ 查仲玉　闫姝君

内容提要　加强知识产权保护是实现经济高质量发展的重要抓手,在法秩序统一视野下对假冒专利罪进行法教义学解读方能实现部门法在专利保护方面的相互配合。依据法秩序统一视野下违法性判断的从属性原理,现有专利权的刑法保护秩序从属于民法,并且保护范围适当限缩,具备一定独立性。假冒专利罪保护复合法益,在实质法益观角度保护个人法益,在经济刑法原则统筹下保护以专利权为中心的公平市场竞争秩序。实在的专利权是认定假冒专利罪实行行为的前提,因此在罪刑法定原则下,本罪实行行为仅限于"假冒他人专利",不包括冒充专利行为。

关键词　假冒专利罪　法秩序统一　专利权　假冒他人专利

查仲玉,山东法官培训学院党群工作部副主任。

闫姝君,山东法官培训学院助教。

为进一步激发社会创新活力,强化对专利权人知识产权的保护,2020年我国专利法进行了修订。2023 年 12 月 21 日,《中华人民共和国专利法实施细则(2023 修订)》(以下简称 "2023 实施细则")及《专利审查指南(2023 修订)》发布,进一步细化并完善了专利法的相关制度,目的是满足创新主体的需求并推动专利的转化和应用。值得注意的是,尽管 2020 年的《中华人民共和国刑法修正案(十一)》对侵犯知识产权罪进行了广泛修改,但对于第 216 条假冒专利罪却未做任何调整。这一现状表明,在刑法分则中,与专利相关的罪名仅有假冒专利罪一个,且相关的理论研究较少,历次刑法修订中对其关注也有限。因此,单靠假冒专利罪在专利保护方面的效果并不显著,难以有效应对当前经济发展的需求。根据国家知识产权局的统计年报,我国专利申请量、专利授权量及专利有效量均呈现出逐年递增的趋势。在此背景下,刑法在专利保护方面应当发挥一般预防与特殊预防的作用。

从统一法秩序和部门法协调配合角度来看,假冒专利罪的成立应以

违反专利法为前提,从而避免在刑法解释和适用层面出现脱节现象。既要从专利保护的宏观视角考察是否符合整体法秩序要求,也要基于刑法谦抑性原则,探讨专利权刑法保护的特点,实现刑法与前置法的有序衔接,在现有立法下,借助法教义学发挥假冒专利罪的最大效能。

一、法秩序统一视野下专利权的刑法保护架构

依据法秩序统一原理,刑事违法性的判断应受到前置法制约,从而实现各部门法的协调配合,不超出普通公民的行为预测可能性。对于法秩序的统一性与刑事违法性判断的关系,必须考虑以下两个问题:第一,在其他法领域合法的行为,在刑法上是否也应当评价为合法?第二,刑法是否对在其他法领域违法的行为做出否定评价?缓和的违法一元论突破严格的违法一元论对前置法僵硬的附随判断,认为前置法允许的行为刑法必然不能干涉,但对于前置法作出否定评价的行为,由于刑法的谦抑性及二次规范性,并不必然成为刑法上的犯罪行为①。

① 周光权."刑民交叉"案件的判断逻辑[J].中国刑事法杂志,2020,3(3):3-20.

(一)专利权的刑法保护现状

1997 年刑法设立之初的假冒专利罪仅有"假冒他人专利,情节严重的"的简单罪状表述。现阶段,我国已经形成以现行刑法第 216 条"假冒专利罪"为主,以《最高人民法院、最高人民检察院关于办理侵犯知识产权刑事案件具体应用法律若干问题的解释》(2004)(以下简称"2004 年司法解释")和《最高人民检察院、公安部关于公安机关管辖的刑事案件立案追诉标准的规定(二)》(2010)为辅助的一体两翼的规范体系。"2004年司法解释"第 10 条用穷尽式列举方式规定了"假冒他人专利"的 4 种行为:① 未经许可,在其制造或者销售的产品、产品的包装上标注他人专利号的;② 未经许可,在广告或者其他宣传材料中使用他人的专利号,使人将所涉及的技术误认为是他人专利技术的;③ 未经许可,在合同中使用他人的专利号,使人将合同涉及的技术误认为是他人专利技术的;④ 伪造或变造他人的专利证书、专利文件或者专利申请文件的。该司法解释的认定标准直接"借用"了 2002 年修订的《中华人民共和国专利法实施细则》第 84 条列举的"假冒他人专利"的 4 种情形,与专利法中规定的 5 种假冒专利行为既有重合又有差异,反映了立法层面的多元性及复杂性。从法律梳理中可知,作为前置法的专利法与作为后置保障法的刑法对"假冒专利行为"的认定已经产生了割裂,在此局面下必须要对法律规范的含义进行准确把握,也要在罪刑法定原则内作出符合逻辑的教义学解释。

在刑事司法实践中,假冒专利罪的使用率一直较低。在北大法宝中以"侵犯知识产权罪"为案由进行搜索,共有 40 479 份刑事裁判文书;而以"假冒专利罪"为案由进行搜索,只有 18 份"假冒专利"法律文书,涉及 10 个案件,远低于民事纠纷与行政不法案件数量,可以说在司法适用层面,假冒专利罪并未被真正激活。与之相对,根据国家知识产权局统计年报,2020—2023 年专利申请、授权、有效量等逐年攀升,2023 年专利授权量总计 364.9 万件,发明专利有效量总计 401.5 万件,专利侵权纠纷行政案件数量远高于刑事案件[①],现实保护需求与法律保障供给之间的隔阂日益明显。

(二)法秩序统一视野下的"专利秩序"

法秩序统一的本质在于避免规范的矛盾性,维持法内部秩序的统一,要求在立法与司法两个维度都坚守法秩序统一性[②]。一方面,立法层面以不突破宪法为上限,民法、行政法等部门法所构建的法秩序与刑法等各个法领域内所确立的法秩序应保证互不矛盾,形成宪法统领下的结构耦合;另一方面,司法机关在解释与运用法律时也应尽可能地避免各个法领域发生冲突,从而实现社会效应的功能耦合。在民法、专利法、行政法、刑法等多部门法的协作之下,专利权保护的法律架构才能搭建完成。

刑法作为后置法,对专利秩序的保护从属于民法。近年来,专利法及其实施细则经历了多次修订,其中"假冒专利行为"的认定标准逐渐放宽,体现了法律对专利权保护力度的增强。2020 年修正的专利法第 86 条明确规定了假冒专利应承担的行政责任,但并未具体列举假冒行为,而是维持了民事责任与行政处理并行的双轨制模式。"2023 实施细则"在认定专利法第 68 条规定的"假冒专利行为"时,继续沿用了 2010 年专利法实施细则第 84 条的规定,通过"列举+概括"的方式,进一步强化了对假冒专利行为的认定,保留了"冒充专利"行为的认定标准,以及"其他使公众混淆,将未被授予专利权的技术或设计误认为是专利技术或设计的行为"这一兜底条款。从前置法的角度来看,专利违法行为的成立范围明显宽于刑法的相关规定。同时,刑法第 216 条关于假冒专利罪的规定与其他法定犯有所不同,该法条并未明确提及"违反国家规定"。尽管专利法实施细则中发生了从 2002 年"假冒他人专利"到 2023 年"假冒专利"的法条表述变化,但这并不直接导致司法解释前置法规范的落空。在法条表述为简单罪状,且"2004 年司法解释"仍然有效的情况下,最高人民法院在授权范围内对具体法律条文作出的司法解释应与被解释的法律条文

① 国家知识产权局各省(区、市)专利侵权纠纷行政案件数据统计 [EB/ON].(2023-12-26).https://www.cnipa.gov.cn/col/col89/index.html.

② 郭研.部门法交叉视域下刑事违法性独立判断之提倡——兼论整体法秩序统一之否定 [J].南京大学学报(哲学·人文科学·社会科学),2020,57(5):76-87.

① 王成.最高法院司法解释效力研究[J].中外法学,2016,28(1):263-279.

② 专利法第42条第2款规定:"自发明专利申请日起满四年,且自实质审查请求之日起满三年后授予发明专利权的,国务院专利行政部门应专利权人的请求,就发明专利在授权过程中的不合理延迟给予专利权期限补偿,但由申请人引起的不合理延迟除外。"

③ 张峰铭.法秩序在何种意义上是统一的——对部门法交叉问题的前提性反思[J].东岳论丛,2022,43(4):168-180.

具有同等效力①,不应当突破司法解释的规定直接依照专利法实施细则进行裁判。在认定本罪的构成要件行为时,应仍然要求涉案物品必须具有可识得"他人"的专利属性,不可将"从无到有"冒充专利的行为纳入刑法规制范围,"冒充"并不等于"假冒"。不可否认,刑法具有独立性价值,但是其也与前置法处于一个法律共同体,共同体现宪法所设定的基本权利保护原则。刑法与前置法之间的任何龃龉都可能导致法律共同体陷入"失调"状态,影响其社会治理功能的发挥。

在法秩序相统一原理下,刑法对专利秩序的保护以民法、专利法等前置法构建的秩序为前提,在具体罪名解释层面也必须参考前置法的立法目的和宗旨,但不可否认的是,刑法是在前置法的基础上有选择地进行专利保护,其保护范围有所缩小。一方面,由于刑法的严厉性及最后手段性,第216条假冒专利罪规定了"情节严重"的客观处罚条件,从而实现入罪标准的限缩;另一方面,专利法等前置法保护的是以专利所有权为中心的一系列相关权利,甚至可以延伸至专利尚未存在时的申请权②,若刑法进行如此全面的保护,只会形成处罚手段的递进体系,没有体现出刑法保护特殊性的侧重点,尤其是刑法只会保护确定的专利权,而非尚未获得授权的技术。

只有部门法对专利的保护各有侧重才能促成专利权的全面保护,尽管部门法对同一专利问题会进行交叉保护,但是独立性也极为重要③,刑法的谦抑性要求刑法与其他部门法各司其职。虽然刑法不是通过行政部门对专利权的确权、实施进行管控,但是假冒专利罪更注重对高层级市场经济秩序的整体维护,注重对实体法益的保障,如此假冒专利罪才不会被滥用,也可借助解释技术打通刑法实然与应然间的壁垒,合理确定刑法规范保护目的,在现有法律体系内找寻专利纠纷解决的最优解。

二、法秩序统一视野下假冒专利罪的法益明确

专利权保护的第一门槛是民法和专利法,到了刑法领域,专利权已经突破了最原始的私权属性,作为具有公法属性的私权而存在。刑法对于专利权的保护要兜底前置法无法兼顾的经济竞争秩序,并在此基础上维护专利权人的利益,复合法益是认定假冒专利罪保护法益的关键所在。

(一)本罪保护法益应当包含个人法益

尽管法益概念具有较大的模糊性,但不可否认,确定具体犯罪的保护

法益是从事刑法各罪研究的核心,是解释犯罪构成要件的重要依据。刑法分则对侵犯知识产权罪与侵犯财产罪分章进行规定,不是立法的繁杂,而是充分体现了两章犯罪的实质差异,不能将个人权利作为行为对象,而将相应的国家管理秩序作为保护法益①,否则刑法便会落入行政秩序保护手段的窠臼。法秩序统一是指各部门法目标统一于实体性利益。实体性法益是刑法和前置法共同保护的法益,刑法分则中可借助前置法将适格的管理秩序法益还原为实体性法益,避免使得刑法完全成为行政法的附庸,刑法所保护的公法益应当与个人法益具有同质性,能够分解或者还原为个人法益②,在经济类犯罪中更要注意避免以偏概全。例如,有学者探讨虚开增值税专用发票罪中通说引入的"发票管理制度"不具有法益的资格,纯粹的管理制度无助于强化虚开增值税专用发票罪的法益关联③。

国家对知识产权管理秩序的目的在于保障持有人的各项权利,不能对假冒专利罪进行本末倒置的解释,对假冒专利的行为进行刑事处罚确实有助于促进专利权的合理使用和鼓励创新,但这些都为衍生效果,而非主要矛盾。不同于其他知识产权权利,专利权的法定授权性、独占性、时间性、地域性特征更为明显。我国专利法开宗明义,在第一条便点出制定该法的目的是"保护专利权人的合法权益",若无适格专利权人,则无专利权保护之前提。从假冒专利罪法条表述来看,本罪只规制未经授权使用他人专利号的行为,即只规制侵犯专利权人标识权的行为,假冒他人专利行为的危害性不止于侵犯专利权人专属的标识权,也会使得公众对专利的法律属性产生混淆,但最终所涉利益侵害仅发生于侵权人与权利人之间。上述违法行为所引发的负面影响直接作用于权利人,减损权利人基于专利权所具有的市场占有优势,降低相应商品的市场认同度,从而影响获得或可能获得的经济收益。

若单纯主张本罪保护的是超个人法益④,刑法规定此罪是为了保护市场竞争秩序,则完全排除了专利权人在专利保护中的重要地位,使得该罪单纯沦为维护市场竞争秩序的手段,与专利法的立法本意相违背,也极易使该罪出现"口袋化"倾向。刑法中实质的法益概念所要达到的目的,是向立法者提供刑罚处罚的合法界限⑤,法益概念既具有社会根据,也具有宪法根据,任何法律的制定都必须受到宪法的制约,宪法对公民基本权利的规定可以克服刑法的干涉性及恣意性。尽管假冒专利罪是法定犯,但其法益界定必须依靠宪法与前置法对专利权保护所持的态度,维护专利权的私权性质,保障专利权人享有直接支配和排他的权利。集体法益的

法学论坛

① 张明楷.具体犯罪保护法益的确定依据[J].法律科学(西北政法大学学报),2023,41(6):43-57.

② 张明楷.避免将行政违法认定为刑事犯罪:理念、方法与路径[J].中国法学,2017(4):37-56.

③ 陈金林.虚开增值税专用发票罪的困境与出路——以法益关联性为切入点[J].中国刑事法杂志,2020,2(2):38-58.

④ 谢焱.知识产权刑法法益分析[J].北方法学,2017,11(4):109-120.

⑤ 张明楷.论实质的法益概念——对法益概念的立法批判机能的肯定[J].法学家,2021(1):80-96.

保护在刑法中也具有边界，嵌入更具稳定性、明确性的个人法益作为集体法益的"门槛"①，既顺应不断发展的社会治理方式，也满足刑法谦抑性的准则。因此，为维持刑法与行政法等前置法法域的统一性，保证多法域法目的统一，根据本罪在刑法中所处的体系地位，假冒专利罪的保护法益宜被界定为复合法益，个人合法享有的专利权是该罪保护法益的重要组成部分，因此可将前置法不予评价的无效专利从刑法的管制范围内移除，以实现形式逻辑与实质逻辑的统一。

（二）本罪超个人法益的保护内涵

如何应对社会风险已经成为刑法不能回避的重要问题，伴随着法定犯的日益增多，法益评价模式也需要由传统的自然犯模式转变为与法定犯相适应的评价模式，个人法益固然重要，但是并不能函摄到刑法对整体社会秩序的追求。根据假冒专利罪在刑法分则中的体系位置，其超个人法益方面保护的是与专利相关的某种秩序。作为经济犯罪的一种，基于经济刑法中保护法益的普适抽象特征，假冒专利罪的保护法益也具备一定的抽象性，刑法分则的结构设计对类罪的同类法益已经做出了提示性规定，在经济刑法整体理论下，"整体经济秩序"是认定经济犯罪和普通财产犯罪的差异所在，学说更迭中经济秩序理论更加贴近市场经济发展的性质，国家对于市场经济的保护不只是保护市场主体的资本利益，也要保护衍生的资本利益关系，也就是资本配置利益②。在为市场主体提供竞争条件的前提下，更加力求实现公平公正的经济秩序。专利在市场经济中的利益保护程度不仅决定了专利权人的个体收益，更决定了是否可对经济高质量发展起到促进作用。在市场活动中，国家专利主管部门的授权是消费者的选择依据，如果专利外在标志的可信赖性减弱，就会干扰正常市场秩序的运行。

2008年的《国家知识产权战略纲要》将促进知识产权创造和运用、加强知识产权保护作为国家层面的知识产权战略重点。"2023实施细则"对专利申请、复审、无效、运用、保护部分作出了一系列新规定、新要求。日渐完善的专利保护体系可以推进知识产权的转化运用，充分发挥生产要素市场化配置在经济发展中的作用。得到法律保护的专利顺利转化为生产力，是鼓励更多专利权人开展专利研发的动力，专利在进入市场之后的利益维护问题，不仅决定了其自身的经济价值，也决定了对市场发展的外部性效应。从行政管理角度出发，假冒他人专利行为必然会破坏现行的专利管理秩序；从社会整体角度出发，行政管理机构的授权保障了专利

① 孙国祥. 集体法益的刑法保护及其边界[J]. 法学研究, 2018, 46(6): 37-52.

② 魏昌东. 中国经济刑法法益追问与立法选择[J]. 政法论坛, 2016, 34(6): 156-165.

权的财产属性,对专利转化或可能转化的生产力做出了"背书",是专利合法转变为经济效益的保障,目的在于维护公平的市场竞争秩序。因此,在假冒专利罪领域的超个人法益中,专利管理秩序只为表象,以专利权为中心的公平市场竞争秩序才是本质。

三、假冒专利罪的实行行为厘定

(一)实行行为前提:专利权的实在

自 1997 年刑法设立假冒专利罪以来,该罪始终采用简单罪状的表述方式,即"假冒他人专利"+"情节严重","2004 年司法解释"几乎原文照搬了 2002 年专利法实施细则第 84 条的规定,刑法及相配套的司法解释并未从违法性层面界定何为"假冒他人专利"行为,只是对常见行为进行了列举,基本要求便是消费者要误认所涉技术具备"专利权",而且该专利权的所有者"另有他人",这与假冒注册商标行为极为相似。2010 年的专利法实施细则进行了修订,将此前 1992 年和 2008 年专利法的修改进行了并轨处理,将"假冒"与"冒充"(冒用实际上并不存在的专利)两种行为统一归类为"假冒专利行为"。"2023 实施细则"第 101 条只是对专利侵权纠纷执法主体范围进行了扩大,在行为认定方面仍延续了 2010 年这一归类,仍同时包含"假冒"与"冒充"行为。综上所述,假冒专利罪的客观方面可归结为空有专利权之"表",而无他人专利之"实",其违法性层面直接侵害的便是专利标识权,消费者产生认识错误后将所涉专利技术认定为专利技术,此罪中的违法性前提可归因为专利权的实在。

司法实践在处理民刑或者行刑交叉的案件时,除简单的数额导向论外,通常都秉持着"民事看关系,刑事看行为"的裁判原则,民事权利的存在与归属是厘定法律事实的关键。在处理假冒专利行为的纠纷时,刑法与前置法在惩罚范围与力度上的巨大差异使得刑罚权的发动更为谨慎,而司法实践在处理"无效专利"时也出现了相龃龉的判决。我国专利法第 47 条明确规定:"宣告无效的专利权视为自始即不存在。宣告专利权无效的决定,对在宣告专利权无效前人民法院作出并已执行的专利侵权的判决、调解书,已经履行或者强制执行的专利侵权纠纷处理决定,以及已经履行的专利实施许可合同和专利权转让合同,不具有追溯力。但是因专利权人的恶意给他人造成的损失,应当给予赔偿。"在伟巴斯特公司诉铁锚明信公司、铁锚玻璃公司、骞爵公司①的民事案件中,二审期间案涉专利权全部宣告无效,法院二审裁定撤销原判决,驳回伟巴斯特公司的起

① (2020)最高法知民终 1787 号。

诉;而从杜某某假冒专利罪的刑事裁定书来看,涉案专利被宣告无效后,法院仍然维持了有罪判决。在杜某某假冒专利罪中,暂且不论杜某某非法实施专利的行为是否符合"假冒他人专利"的实行行为,若专利权自始无效,根据行为无价值的观点,杜某某因为产生对象错误的行为就是"以假充真"的冒充专利行为,可构成假冒专利罪的未遂,根据结果无价值的观点,则杜某某有可能只构成不能犯,不构成犯罪。民事无责任、刑事构成犯罪的判决龃龉极大阻碍了规范法律适用及法秩序的统一,也使得市场参与主体落入是否会构成犯罪的迷惘之中。鉴于构成假冒专利罪的前提是实在的专利权,不可机械依据存在假冒专利行为和涉案数额就格式化地判断构成犯罪。只有民先刑后或民进刑退,才能形成轻重有序、责任有别的民刑共治体系,实现从倚重刑法转向私法自治的社会治理能力现代化①。

（二）冒充专利行为非本罪实行行为

假冒他人专利是刑法第 216 条明确规定的实行行为,但在司法实践中,假冒他人专利行为与非法实施专利行为、冒充专利行为极易混淆适用,借助专利法与专利实施细则可区分上述概念,在罪刑法定原则之下进行法域协调。

非法实施专利属专利侵权行为。根据专利法第 11 条的规定,"实施"是指为生产经营目的而制造、使用、许诺销售、销售、进口某专利产品,或者使用某专利方法以及使用、许诺销售、销售、进口依照该专利方法直接获得的产品。所谓"非法"是指未获专利权人许可,或未获根据专利法第六章有关"专利实施的特别许可"而实施的非正当专利权行为。非法实施专利行为的本质在于侵犯了专利权人的私人利益。当行为人非法实施他人专利技术并非法标注专利标识时,即所涉专利技术与标识同时出现,消费者会对权利归属产生信赖损害,非法实施专利可以构成假冒专利行为,两者可能存在竞合。

"2023 实施细则"第 101 条列举了几种假冒专利的行为:在未被授予专利权的产品或者其包装上标注专利标识,专利权被宣告无效后或者终止后继续在产品或者其包装上标注专利标识;销售上述产品;在产品说明书等材料中将未被授予专利权的技术或者设计称为专利技术或者专利设计,将专利申请称为专利,或者未经许可使用他人的专利号,使公众将所涉及的技术或者设计误认为是专利技术或者专利设计;伪造或者变造专利证书、专利文件或者专利申请文件;其他使公众混淆,将未被授予专利

① 刘艳红.刑法不是治理社会问题的万能药[N].上海法治报,2022-02-18(B).

权的技术或者设计误认为是专利技术或者专利设计的行为。冒充专利行为冒充的是实际上并不存在的专利，是"无中生有"。在知识产权领域，假冒他人专利与冒充专利都是以非专利产品（或方法）混称专利产品（或方法），二者的区别在于：前者要求被混称的专利必须是合法有效的专利，而后者并不存在。尽管冒充专利行为的违法成本较低，也不利于专利的市场监管，但是从刑法第216条的文字表述及本罪的复合法益来看，仅仅是冒充行为没有产生对个人法益的侵犯，不应纳入本罪规制范围。

从解释学方法来看，文义解释在刑法解释中具有提供线索与限制意义两方面机能，一方面，解释者从中发现了用语的含义；另一方面，不能做出其他解释，因而所做出的解释具有合理性[①]。根据《现代汉语词典》，"假冒"即为"冒充"，是单一的"以假充真"行为，但是辞典的解释并不是"法律依据"，对刑法用语做出不同于辞典解释的专业解释并不违背罪刑法定原则；文义解释制约着解释的边界，不可单从"假冒"一词就直接解读出本罪的实行行为，单从刑法第216条的表述来看，对"专利"进行"他人"的权属限定，便直接排除了"以假充真"。这种不会对专利权人标志权产生法益侵害的情形，也符合罪刑法定的形式理性——"情无穷，法有限"。在罪刑法定原则之下，刑法兼具行为规范与裁判规范的双重属性，在风险社会的背景之下，当专利法等前置法已具有可修补被破坏的市场秩序的功能时，再主张通过实质解释将缺乏形式规定的"冒充专利"行为入罪，其实已经突破了禁止类推的原则，对不同法规范之间进行协调的比例原则也丧失价值。

四、结　语

在知识经济时代，多种部门法对知识产权的保护愈发周密，共同致力于优化营商环境、提升知识产权质量。在涉及刑民交叉的假冒专利罪中，一方面，要面对现实需求，注重部门法间的协调配合，在法秩序相统一原则下明确刑法对专利权的保护范围；另一方面，要坚守刑法谦抑性原则，进行审慎处理，明确假冒专利罪的保护法益及客观方面，更加注重行为的刑事处罚性，从而实现对专利权的全面保护，在法律制度层面保障充分激发无形资产的存量，谋求创新发展新高地。

① 张明楷.刑法学[M].6版.北京:法律出版社,2021:42.

论国际货物买卖合同中的间接损失赔偿

◇ 刘学东

刘学东,山东司法警官职业学院教师。

内容提要 在国际货物买卖合同中,如果当事人未约定间接损失的赔偿,则需要法院判断,然而,法院在评估间接损失时往往缺乏明确的间接损失赔偿规则。此外,法院还需要对"可预见性"和"可能性"等问题进行解释。本文在对相关域外司法实践,特别是英美法的判例进行研究的基础上,对《联合国国际货物买卖合同公约》(以下简称CISG 或公约)第74 条的相关规定进行探讨。

关键词 国际货物买卖合同 间接损失赔偿 可预见性

一、CISG 对损害赔偿的规定

CISG 第74 条规定:"一方当事人违反合同应负的损害赔偿额,应与另一方因违反合同而遭受的损失相等,包括利润的损失。这种损害赔偿不应超过违反合同的一方在订立合同时,依照他当时已知或应该知道的事实和情况,对违反合同预见或应该预见的可能造成的损失。"

无论是卖方或是买方违约,都可以适用第74 条,而且第74 条也是因违反合同而遭受的任何损失赔偿计算的一般规则。第74 条之后的两个条款,是关于合同被宣告无效的特殊情形,其中第74 条也被援引。第75条适用于卖方违约后,买方购买替代物的情形;或者在买方违约后,卖方将合同货物再次出售的情形。CISG 第75 条与美国的《统一商法典》(以下简称 UCC)的合同替代(contract-cover)规则(UCC 第 2-712 节),以及合同再次出售(contract-resale)规则(UCC 第2-706 节)相似。第76 条是利用时价(current price)进行损害赔偿的计算方法,与 UCC 的合同 - 市场规则(contract-market rules)(UCC 第2-708 节,第2-713 节)相类似。无论是第75 条,还是第76 条,都允许根据第74 条弥补间接损失。此外,第74 条也适用于合同未被宣告无效的情形,因此可以适用于货物与合同不符但仍被接受的情形，以及没有适当交付货物，但货物仍被接受的情形，如迟延交付货物。

二、关于间接损失赔偿的比较法探讨

法官在对 CISG 相关规则进行解释时，必须考虑到公约的"统一国际法"的属性。法官可能需要关注 CISG 规则的一般含义或者其立法历史，特别是间接损失赔偿规则的宗旨。合同法保护当事人的期待利益，但是如果在违约之后，当事人意识到双方有不同的期待利益，特别是在间接损失赔偿方面，当事人往往分歧巨大。

在此问题上，Hadley v. Baxendale 案（以下简称 Hadley 案）是间接损失赔偿的经典判例。在该案中，其中一方的预见是，迟延交付将会导致利润的损失；而另一方的预见则为，迟延交付只会导致该期间内运输货物的租金损失。

在 Hadley 案中，承运人同意把磨坊主损坏的轴承送至生产商处，作为替换轴承的样品。然而，由于承运人的过错，轴承的交付无故延迟了 5 天。因为没有替换轴承，磨坊关门歇业，承运人违约造成的唯一损失是磨坊损失的利润，所以磨坊主起诉请求利润损失的赔偿。实际上，该案没有请求直接损失赔偿，而仅请求了间接损失赔偿。然而，法院认为磨坊主不能获得赔偿。

美国的 Fuller 和 Perdue 教授认为："Hadley 案代表了两方面的主张：一是让违约的允诺人承担违约造成的所有损失并非总是明智的；二是判断特定物品损失能否获得赔偿的恰当要件，是要调查这些损失是否在订立合同时被允诺人预见。在第一方面，该判例实际上明确了，正如完全拒绝某些允诺［如无对价、未被承诺、面向社会的允诺（social promises）］的执行并不明智一样，过分执行应该处罚的允诺同样不明智……在第二方面，Hadley 案给出了第一方面问题的简洁答案。关于我们应在多大程度上要求违约方承担损害赔偿的问题，该案给出了一个简单的要件：可预见性。然而，要得出一个简单又全面的要件并不容易。第一，一个明显的问题是，特定情形的责任划分，比起根据通常理解的可预见性要件的划分，要更有利于违约方，而这被认为是不恰当的。因此，该要件应存在例外，就不说那些认为违约方负担过重的观点了。第二，可预见性要件本身并不十分明确。作为一个理性的人，他应该预见什么？在法官看来，他应该赔偿哪些损失？因此，可预见性要件受到需要预见的假想人个性特征的

影响。随着司法实践的发展,我们最终得到的不是一个要件,而是一系列要件①。"

因此,损害的判定应公正且合理地考量以下因素:首先,损失应是自然发生的,即这些损失是按照事物发展的通常逻辑,直接源于合同违约本身,且是任何人在正常情况下都能预见到的、在违约情形下会自然产生的结果。其次,损失应能合理地被推定为双方订立合同时所意图涵盖的、作为违约可能带来的后果。这种意图的认定可以基于两种情况:一是依据一个理性人在相同情境下应当知晓的信息;二是在违约发生前,原告已向被告发出了适当的通知。

① FULLER L, WILLIAM P. The reliance interest in contract damages [J].46 Yale Law Journal, 1936(46):52, 84-85.

从近些年来的趋势可见,法院对违约受损方的关怀显著增强,与19世纪时的态度形成鲜明对比。有证据表明,这种趋势在 Koufos v. C. Czarnikow, Ltd.(以下简称 Heron Ⅱ 案)中得到了体现,其中法院明确支持了受损方的请求权。Heron Ⅱ 案不仅颠覆了 Parana 案中确立的关于间接损失的规则,还作为同类案件的先例,彻底摒弃了 Parana 案的限制性做法。在 Parana 案中,因错误迟延交付货物而获得的赔偿仅限于货物价值的利益损失;而在 Heron Ⅱ 案中,受损方则被允许获得包括利润损失在内的更广泛赔偿。

众多国际商事案件倾向于通过仲裁而非诉讼途径来达成裁决,这一趋势中蕴含着对受损方保护日益加强的明显信号。从仲裁裁决中不难发现,对受损方的保护正朝着更为完善的方向发展。相关学术文献表明,对于间接损失的赔偿态度正逐渐放宽,展现出一种更为灵活的趋势。同时,近期的仲裁裁决也反映出,要求违约方所需关注的信息量及范围已有所调整。

在早期的裁决中,若船只因不合理迟延导致市场变化引发损失,受损方需提前发出通知。然而,后续仲裁裁决则调整了这一要求,对于因船只不当迟延造成的损失赔偿,通知不再是必要条件,这一变化与 Heron Ⅱ 案的裁决原则相吻合。通过观察仲裁机构处理期待利润赔偿的方法能看到间接损失赔偿逐渐放宽的趋势。尽管早期裁决反映出裁决机构对期待利润赔偿持谨慎态度,不愿轻易授予,但在后续案件中,由于双方提出的赔偿方案均不被接受,有的仲裁庭甚至自行构建了期待利润赔偿方案。

由于更容易获得赔偿,受损方的期待利益如今得到了比以往更为周全的保护。以往的一些经典判例主要聚焦于对违约卖方的担忧,认为其不应承担过重的赔偿负担。然而,这些判例却较少关注到另一个重要方面,即受损方因未能获得应有的赔偿而同样蒙受了巨大的损失。

美国学者 Richard Schiro 在文章中表达了对买卖合同受损方的同情,而且提出了最低赔偿的依据。他指出:"在货物买卖交易中,赔偿利润损失的因素包括因果关系、可预见性、确定性和减少损失(causation,forseeability,certainty,mitigation)。现在看来似乎可预见性和确定性对于非违约买方的要求过于严厉了①。"

通过审视 UCC 损害赔偿条款的评论可以看出,对受损方关切的变化是合理且显著的。若原告期望获得全面赔偿,他们不仅要应对损失的可预见性挑战,还需克服证明损失具体数额的难题。在某些情况下,这两个难题还会交织在一起,比如突发事件可能导致原告的损失既难以预见又难以确切衡量。尽管法律通常不要求绝对确定性,但确实要求证据能合理确定损失范围,这一点在《美国合同法重述(二)》第 352 节中有所体现。然而,相关法规并未明确界定"合理性"的具体标准。对于因未收到货物或因对方违反担保而受损的买方而言,确定性规则与可预见性规则同样重要,对利润损失的赔偿请求也有着关键影响。鉴于这一认识,UCC 已适度放宽了对确定性的要求,在损害赔偿条款的评论中明确反对将精确性作为必要条件。UCC 第 1-106 节评论 1 强调,该条款的目的并非要求损害赔偿金额必须达到数学上的精确,而是允许通过任何明确且准确的方式来证明补偿性损害赔偿金。UCC 第 2-715 节评论 4 进一步重申了这一观点,并指出损失可以通过任何合理方式来确定。

众所周知,损害赔偿的一个核心目的在于遏制合同违约行为。然而,若间接损失的赔偿不够充分,便不足以有效阻止违约的发生。这并不意味着我们忽视违约方的困境,当一方履行合同面临极大困难时,免除其履行责任是合理的。针对这类合同,UCC 第 2-615 节提供了商事不可行的抗辩依据。根据该节规定,若合同订立的基础因某个未预见的意外事件而丧失,则可提出抗辩。在 UCC 第 2-615 节评论 1 中,也使用了"未预见的"这一表述。在面临履行困难的案件中,即便被告无法基于缺乏可预见性提出不可行的抗辩,他们仍可以利用这一点来规避部分间接损失的赔偿责任。一旦法院判定违约方需承担履行风险与责任,违约方就应赔偿可预见的一般损失,但无须赔偿其他非可预见的损失。

通过审查商事不可行案件,我们能够对比分析买卖双方在收益与损失分配上的情况。若商事不可行的抗辩被驳回,而卖方不履行合同的原因是通货膨胀导致成本急剧上升,这对卖方而言显然过于苛刻且不合理。

① RICHARD S. Prospecting for lost profits in the uniform commercial code:the buyer's dilemmas [J]. Southern California Law Review,1979(52): 17-27.

然而,从另一角度看,卖方增加的成本实则转化为买方的收益,因此有观点认为,只有当卖方损失的利益明显超过买方因此获得的收益时,该抗辩才应被接受①。但值得注意的是,要求违约方承担间接损失赔偿责任并不意味着受损方损失必然超过其通过赔偿获得的利益,因为受损方已经蒙受了实际损失,间接赔偿仅是对其损失的补偿,而非额外收益。关键在于,这种赔偿是让受损方恢复到未受损前的状态,还是仅仅达到理论上的收支平衡。如果受损方获得赔偿,那么这种赔偿仅是一种补偿。

① SCHWARTZ A. Sales law and inflations[J]. Southern California Law Review, 1976(50):1.

三、对 CISG 第 74 条的思考

CISG 第 74 条规定的损害赔偿要求为:这种损害赔偿不得超过违反合同的一方根据在订立合同时知道或应该知道的事实和情况,预见到或应该预见到的可能的违反合同的损失。

(一)可预见性("预见或应该预见")

公约采用"预见"和"应该预见",而不是"当事人所考虑到的损失"。那么选择"可预见的",而不是"考虑到的"是否对责任范围有影响?对该措辞的一般理解表明,采用这样的措辞是想在责任范围上有所差别。根据 Hadley 规则,损害必须是实际"考虑到的",而不仅仅是"可预见的"。因此,损失仅需"可预见"的规则应该是对 Hadley 规则的限制,结果是扩大了赔偿的范围。

虽然 UCC 的表述是"有理由知道",而不是"考虑到的"或者"可预见的",但 UCC 第 2-715 节(2)支持因违反买卖合同造成的间接损失赔偿。美国《合同法重述(二)》第 351 节(2)使用"可预见的",该节(2)(b)使用"可预见……因为……(违约方)有理由知道",而不再使用"在考虑之中"的表述。

(二)"作为可能的后果"

"作为可能的后果"(as a possible consequence)出现在 CISG 第 74 条中,而 Hadley 规则采用"as a probable result"。"possible"和"probable"都没有出现在 UCC 第 2-715 节中,但是美国《合同法重述(二)》第 351 节使用了"probable",因此 CISG 的措辞实际上扩展了违约方责任的范围。

在间接损失赔偿的 Victoria Laundry(Windsor),Ltd. v. Newman Industries 一案(以下简称 Victoria Laundry 案)中,买卖标的物锅炉发生交付迟延,原告请求赔偿损失的利润(根据其他合同可获得)。因为被告

对这些合同不知情,所以赔偿没有获得支持。Victoria Laundry 案回答了一个令人困惑的问题:Hadley 规则是否适用于 Hadley 案? 在 Hadley 案中,批注提到了承运人的雇员收到过磨坊需要轴承维持运转的通知,那为什么法院没有支持赔偿请求? 对此,Victoria Laundry 案的解释是,批注存在误导,通知并未实际发出。此外,Asquith 法官把发生损失需要的可能等级描述为"可能产生(liable to result)",即"一个理性的人""可以预见"损失"很可能发生(likely so to result)",或者"有非常大的可能性(serious possibility)"。

然而,在 20 年后的 Heron Ⅱ 案中,英国上议院法官对 Asquith 法官的观点进行了批判。在 Heron Ⅱ 案中,船主在运送砂糖过程中发生了迟延,原告请求的间接损失赔偿包含因迟延交货糖价下跌而造成的损失。在 Victoria Laundry 案中,Asquith 法官声称,违约的受损方有权获得在订立合同时可以合理预见、可能产生于违约行为而实际导致的损失赔偿。在 Heron Ⅱ 案中,Reid 法官却认为许多损失是发生概率小却可以合理预见的。

在 Heron Ⅱ 案中,法官拒绝采用"可预见的"一词,原因在于"可预见的"是侵权法的赔偿要件,而不是违约责任的要件,而且"可预见的"与"考虑到的"是不同的概念。然而,他们一致认为受损方有权获得市价损失赔偿。

然而,英国法的这种立场仅应适用于其国内案例。在衡量国际买卖的间接赔偿时,英国法院并不拒绝采用"可预见的"或者"可能的",因为尽管英国尚未加入 CISG,但加入了《国际货物买卖统一法公约》(ULIS)。ULIS 第 82 条规定,间接损失赔偿是"应该预见……违反合同的可能结果"。

(三)可预见标准的内涵:直接性和因果关系

在探讨直接性判断时,美国判例法已通过"可预见性"要件全面涵盖了这一问题。相应地,英国法则采纳了 Hadley 规则来实现类似目的。相比之下,《法国民法典》的规定有所不同,其第 1150 条明确指出,债务人仅对订立合同时已预见或应预见的损害负责,除非其未履行义务是出于欺诈行为。而第 1151 条进一步规定,即便债务人的不履行源于欺诈,损害赔偿也仅限于债权人因协议未履行所直接遭受的损失及被剥夺的利益,即不履行行为的直接后果。

在探讨因果关系时,如果违约行为导致受损方资金链断裂,最终在债

权人压力下破产,有观点可能会主张,这主要是受损方原本就脆弱的财务状况所致,而非违约的直接后果。面对此类情况,法院倾向于将因果关系作为独立议题进行审慎考量。英国的一些判例明确指出,尽管因果关系与直接性在某些考量因素上存在重叠,但它们实为两个不同概念。普遍而言,"可预见性"常被视作蕴含"因果关系"的意味。以 Stinnes Interoil GmbH v. A·Halcoussis & Co. 一案为例,美国法院裁定损害是可预见的,并确认违约是导致损害发生的直接原因。因此,在某种程度上,可预见的损失意味着损失并非遥不可及或过于间接。然而,在英国法律体系中,仅凭因果关系并不能自动推定损害的可预见性。此外,德国法律同样对因果关系与可预见性进行了区分。

美国的 Hargous v. Ablon & Boyd 案是一个涉及错误发票的判例,表明直接性和因果关系可能重合。在该案中,被告向原告出售布料,但发票上货物的码数记载错误,比实际交货的数量多。在货物被装运至墨西哥后,关税是基于高出实际数量的发票数额缴纳的。卖方发现错误后,退还了买方为货物多支付的价款。然而,墨西哥的海关却不退还多缴纳的关税,于是买方起诉卖方要求赔偿额外支付的关税。法院认为,卖方对于多交的关税没有赔偿责任,因为损害过于"遥远"。法院注意到,所有这些取决于他人的行为,包括交易的方式、海关的习惯或者外国的法律,或者取决于买方或其他代理人的警惕性。此外,损失的"原因"不在于错误的发票,而在于墨西哥海关拒绝修正错误的行为,这些都表明被告无法预见到这样的损失。

(四)判断可预见性的时间标准

在确立可预见性或"有理由知晓"的时间标准时,CISG 规定与 Hadley 规则是一致的,同样地,UCC 第 2-715 节(2)(a)及《合同法重述(第二版)》第 351 节(1)也遵循了该标准。然而,在 Hadley 案后发生的 Gee v. Lancashire and Yorkshire Ry. 一案中,英国法院曾提议对时间规则进行调整,主张应允许合同订立后的通知作为考量因素,但这一建议并未在后续的司法裁决中获得采纳。

如果将可预见性的时间点固定在合同订立之时,那么在特定情境下,对违约后果的准确评估将变得困难重重。相反,随着时间推移,越接近合同的履行或违约时刻,人们便越能作出精确的预判。这是因为,在更接近履行期的时间点上,人们往往能够获取更新的数据,或者了解到更为贴近履行期的市场价格等信息。

（五）"知道或应该知道的事实"

关于 CISG 第 74 条中"应该知道的事实"和"预见或应当预见"两个规定所起的作用,在 UCC 中的表述是"有理由知道"(UCC 第 2-715 节(2)(a)),这样的表述更简洁,也表明了两者之间的相互联系。在解释第 74 条时,可能涉及违约方在订立合同时"知情"的几个证据:其一,违约方应有进行此类交易的一般商人所具有的对事务的判断能力;其二,违约方可能在与对方的沟通中获得违约造成后果的判断。现代商业习惯和信息沟通方式使得双方可以知道更多的信息,这些信息的增加使得可能损失额的计算更加容易。

（六）违约的后果

在不交付(non-delivery)、拒绝履行(repudiation)和违反担保(breach of warranty)的情况下,UCC 也允许根据第 2-715 节获得被称作"买方的附带和间接损失"的赔偿。尽管第 2-715 节没有对附带损失和间接损失进行定义,但该条规定了损失的内容,而且列举了这些损失的类型。根据第 2-715 节,买方的附带和间接损害包括两种。① 因卖方违约而引起的附带损失,如对被合理拒收的货物在检查、接收、运输、照料和保管过程中所产生的合理费用,与替代购买有关的任何商业上合理的支出、费用或佣金,以及因延误或其他违约而发生的任何其他合理费用。② 卖方违约所造成的间接损失,包括:a. 卖方在订立合同时有理由知道的一般或特殊要求所造成的任何损失,而这种损失不能通过替代购买或其他办法合理地加以防止;b. 因违反合同担保而直接对人身或财产造成的伤害。CISG 第 5 条规定,公约并不适用于由卖方造成的人员伤害或死亡的责任。因此,国际货物的买方还需要诉诸国内法来获得人员伤害的赔偿。

UCC 中卖方的损害赔偿规定体现在第 2-706 节、第 2-708 节和第 2-709 节。卖方可以根据这些条款请求附带损失赔偿,但是不能请求间接损失赔偿。

在间接损失赔偿方面,CISG 第 74 条并未限制仅为买方的权利,那么卖方的间接损失包括哪些? 由于 UCC 没有规定卖方的间接损失赔偿,所以无法提供参考答案。然而,根据 CISG,这种损失赔偿可以包含与买方类似的间接损失赔偿。如果允许间接损失赔偿,那么卖方的赔偿可能会与买方的赔偿存在不同。一般来说,卖方筹措替代资金比买方购买替代物应该相对容易一些。

为什么要区分"附带损失"和"间接损失"? 可能的原因是,前者在

获得赔偿时不需要证明可预见性。纽约法律修订委员会认为,UCC 第 2-710 节(卖方的附带损失)表明,附带损失赔偿请求权源于 Hadley 规则的第一部分。这意味着,"附带损失"是那些自然出现及被告可以预见的损失。然而,这种解读并未完全把"附带损失"和"间接损失"区别开来,因为某些"间接损失",如对人或物造成的损害,一般是可以预见的,而其他损失也可以自然出现。

附带损失和间接损失的区分有时并不明显,法院在裁决时存在一定困难。在涉及不合格油品的 Lewis v. Mobil Oil Corp. 案中,第八巡回法院认为,作为"附带"损失,由于油品未能起作用造成机器零件损坏而发生的修理和替换费用可以获得赔偿。然而,这些损失同样也可以作为间接损失分类中的财产损失。

CISG 第 74 条规定,买卖双方都可以获得"作为违约后果"的损害赔偿。该规定没有进行"间接损失"和"附带损失"的区别,然而 UCC 所谓的"附带"损害似乎包含在第 74 条范围之内,该规定没有证据表明不支持"附带损失"类型的损失赔偿。

(七)损失赔偿的限制

尽管应该对受损方进行更广泛的保护,但在某些情形下限制违约方的责任也是有必要的。根据 CISG 第 74 条,在限制违约方责任的问题上,"损害赔偿不能超过……损失"。第 74 条对违约方责任的限制,与 Fuller 教授提出的原则是一致的,即"使违约方负担所有因违约而造成的损失并不总是明智的"。可以说,判断一个裁决是否过于"严厉"的最重要标准是,损失赔偿请求不超过违反合同一方当事人于合同订立时预见到或者应当预见到的因违反合同而造成的损失。

1. 严格限制的情形。

(1)"默示协议"(tacit agreement)规则。默示协议规则起源于 British Columbia Saw-Mill Co. v. Nettleship 一案(以下简称 Nettleship 案)。在此案中,被告依据合同条款,负责将建造锯木厂所需的机械设备运往加拿大。然而,在运输过程中,部分机械不幸丢失,导致锯木厂的建设被迫延迟,直至从英国运来替代机械后,工厂才得以继续建造。但在此过程中,原告仅获得了替换零件的成本加利息的赔偿。James Shaw Willes 法官(曾是 Hadley 案中 Baxendale 先生的律师)在 Nettleship 案中提出了自己的见解。或许是因为 Willes 法官认为 Hadley 规则在保护违约承运人方面的力度不足,他为受损方的赔偿设定了一个更高的门槛:仅仅预见

到损害的发生并不足以增加违约方的责任,违约方还必须意识到,合同的另一方有理由认为,他们已接受了一个附带特定条件的合同。这意味着,要想构成默示协议下的赔偿责任,违约方不仅要知道可能发生的损害,还要预见到这种损害会被合同相对方视为合同履行中不可或缺的一部分。

在美国,"默示协议"规则源自 Globe Refining Co. v. Landa Cotton Oil Co. 一案。在该案中,Holmes 法官处理了关于特别损害赔偿的主张,具体探讨了除石油合同价格与市场价格差额外,原告是否还能获得其他损害赔偿的问题。法院最终裁定,不支持原告提出的额外赔偿请求。根据这一"默示协议"规则,原告有权获得的赔偿金额取决于在订立合同时,被告合理预期或向原告保证的应承担的责任范围。换言之,赔偿的确定基于合同双方在当时情境下对责任分担的合理预期。此外,法院还进一步保护了被告的利益,规定除非被告明确知晓原告已接受了间接损失的赔偿责任,或者如 Willes 法官所述,双方是基于"特殊条件"订立的合同,否则被告无需承担此类赔偿责任。

(2)"可预见"规则。在废弃"默示协议"规则后,当前普通法国家的法院在限制赔偿时,依据的是损害"不可预见性"的原则。这一转变实质上重新定义了"可预见性"的范畴,将损失是否"不可预见"的判定,从单纯的事实问题提升为融合了法律与事实的综合考量。尽管相较于默示协议规则,这一做法在操作上显得更为直接简便,但要准确适用,仍需深入剖析损害"不可预见"的真正原因。

CISG 第 74 条并未为这类案件提供明确的指导原则,因此这一问题对法院来说并不简单。如果法院认为第 74 条未能确保损害赔偿完全按照已证明的数额来裁定,那么法院必须为赔偿数额少于可预见数额的情况寻找合理的依据。一个可行的解决途径是,法院指定的赔偿数额与违约方所获得的对价更为相称。

(3)《合同法重述(二)》。《合同法重述(二)》第 351 节把间接损害赔偿限制在合同订立时违约方有理由预见的损失。该节第(3)小节规定,如果法院认为"在特定情形中,公平原则要求避免不相称的赔偿",就可以限制"可预见损失"的赔偿。该小节还特别指出应该排除利润损失,而且限制信赖损失赔偿,然而同时通过"及其他"(or otherwise)涵盖了更广泛的领域。可以被"及其他"涵盖的一个情形是,买方处于较好的经济地位,而且可以比卖方更好地承受经济风险。

2."缓和"的情形。

Hadley 案后不久,尽管由于"不在当事人考虑之内",法院仍驳回原告请求的赔偿数额,但也开始承认原告应该获得某些赔偿。其中一个例证是 Horne v. Midland Railway Company(以下简称 Horne 案),Horne 案涉及高价供应军用鞋的合同纠纷,而该价格不为被告所知。被告违约后,货物被重新出售并造成损失,原告获得的赔偿没有相当于被告不违约而可能获得的利润数额。法院认为,该利润是根据被告不知道的价格计算的,因此不在违约方的考虑范围之内,然而法院判决赔偿原告"通常"可以获得的利润。在后来的 Victoria Laundry 案中,卖方因迟延交付机器而赔偿买方的是损失的通常利润,而不是无法预见的特殊利润(尽管这些利润可能通过履行获得)。

非诉讼纠纷解决机制下人民法院主导的特邀调解制度功能探究

◇ 李　骞

李骞，东营市利津县人民法院立案庭三级法官。

内容提要　习近平总书记指出："我国国情决定了我们不能成为'诉讼大国'。我国有 14 亿人口，大大小小的事都要打官司，那必然不堪重负！"我们要将非诉讼纠纷解决机制挺在前面，而作为非诉讼纠纷解决方式之一的法院特邀调解制度可以让社会力量参与化解矛盾纠纷，打造共治共享的治理格局，在司法实践中发挥了显著成效。特邀调解制度相对于诉讼程序有较大的差异，其有利于实现繁简分流、减轻当下诉讼压力，而调解制度也面临着如人员配置、配套保障等问题，为此要完善基本制度及运行保障机制，促进特邀调解制度发展。

关键词　特邀调解　非诉纠纷解决机制　诉讼调解　繁简分流　诉讼压力

审视中国基层社会治理体系，我们不难发现，它是一个传统"自上而下"模式与当代"多元社会主体共治"理念交织并行的复杂体系。该体系通过优先采用非诉讼纠纷解决机制，从源头上化解矛盾，有效管理诉讼源头，进而提升了社会治理的现代化程度。其中，人民法院特邀调解制度作为非诉讼纠纷解决的关键一环，在整合社会资源、激发社会力量参与纠纷化解及缓解法院诉讼压力方面成效显著。2016 年 6 月 29 日发布的《最高人民法院关于人民法院特邀调解的规定》（以下简称《规定》）首次以司法解释形式明确了特邀调解的法律定位，实现了多元纠纷解决机制的规范化和系统化。2020 年 1 月，最高人民法院选取了部分地区率先开展民事诉讼程序繁简分流改革试点，逐步拓宽司法确认程序的适用范围，显著增强了对非诉讼纠纷解决机制的支持与保障。2021 年 7 月，最高人民法院印发《关于进一步健全完善民事诉讼程序繁简分流改革试点法院特邀

调解名册制度的通知》（以下简称《通知》），进一步规范了特邀调解工作流程，为民事诉讼繁简分流改革的顺利推进提供了坚实保障，对我国非诉讼纠纷解决体系的构建具有重要意义。然而，在国家治理体系和治理能力现代化的大背景下，我国对司法替代性争议解决机制的探索尚处于初级阶段，实践中仍面临发展不均衡、保障措施不完善、制度设计不够精细等问题。鉴于此，本文围绕非诉讼纠纷解决机制前置的重要性展开，紧密结合基层社会治理的实际特征与现代化需求，深入剖析我国特邀调解制度的运行全貌，并初步探讨其存在的不足之处及改进方向。

一、特邀调解的制度内涵

《规定》第一条指出，特邀调解是指人民法院吸纳符合条件的人民调解、行政调解、商事调解、行业调解等调解组织或者个人成为特邀调解组织或者特邀调解员，接受人民法院立案前委派或者立案后委托依法进行调解，促使当事人在平等协商基础上达成调解协议、解决纠纷的一种调解活动[①]。

① 贾宇.特邀调解——多元解纷机制的制度性创新[N].人民法院报，2016-10-12(5).

（一）特邀调解制度的优势

相对于普通民事诉讼中的调解程序，特邀调解制度在多方面都有自己的特色。

一是调解主体的类型不同。特邀调解的主体是由人民法院吸纳的特邀调解组织或特邀调解员，这些组织或个人与人民法院之间不存在直接的隶属关系，能够独立地主导调解过程。相比之下，在普通的民事诉讼调解程序中，调解的主体则是人民法院本身，而在实际操作中负责主持调解工作的是承办案件的法官或者司法辅助人员。

二是调解时间不同。特邀调解时间相对宽松，在立案的前后均可进行，而在民事诉讼调解程序中的调解则是在人民法院审理案件的过程中，即案件立案后、审结前。

三是适用范围不同。根据我国民事诉讼法及相关司法解释，民事诉讼调解程序的适用范围为民事纠纷，且有明确的禁止性规定，即适用特别程序、督促程序、公示催告程序的案件，婚姻等身份关系确认案件及其他根据案件性质不能进行调解的案件。而特邀调解并未明确规定适用范围和禁止范围，各特邀调解组织或个人可根据自身业务特长，明确各自的调解案件受理范围。

（二）特邀调解程序

在立案前或者立案后，根据案件纠纷及其发展情况判断是否适宜调解。对适宜调解的，无论是否登记立案均可以将案件纠纷委派或者委托给特邀调解组织和特邀调解员调解，但登记立案前的纠纷需要征得当事人同意后才能委派，立案后委托调解则不需要当事人同意，分别称之为委派调解和委托调解。

（三）特邀调解名册

《规定》强调，开展特邀调解工作的人民法院应当建立特邀调解组织和特邀调解员名册。具备相应条件的调解组织或个人可以申请加入特邀调解名册，法院也可以邀请符合条件的组织或个人加入名册。《通知》也进一步完善和细化了特邀调解组织和特邀调解员入册的参考标准，明确规定要针对调解组织、调解员的不同特点，区分特邀调解组织名册和调解员名册，分别管理、统筹使用。

（四）司法确认程序

在特邀调解程序中，当事人有权就达成的调解协议，根据法律规定向人民法院申请司法确认。调解组织所在地或负责委派调解的人民法院均对该司法确认案件拥有管辖权。为了进一步优化并扩大司法确认案件的管辖范围，《通知》第九条作出了明确规定：在市域范围内，若存在由上级法院统一建立名册的试点地区，当事人申请司法确认调解协议时，还可依据民事诉讼法中其他地域管辖的规定，向与争议存在实际关联地点的人民法院提出申请。若案件符合级别管辖或专门管辖的标准，则应向相应的中级人民法院或专门人民法院提出。对于接受人民法院立案前委派调解的案件，当事人应向做出委派的人民法院提出司法确认申请。

二、特邀调解的现实基础

替代性争议解决方式，是指争议各方同意寻求中立的第三方机构协助，以解决纠纷的一种"非诉讼争议解决方式"。该方法起源于20世纪60年代的美国，该方式的兴起并非法院有何过错，而是因为当事人和律师意识到通过诉讼解决法律纠纷日益变得昂贵、费时、无保密性；同样，法院面对激增的诉讼案件和司法资源严重不足的压力，也提倡当事人诉诸该方式，以疏减法院案源[1]。而特邀调解，就是我国法院在替代性争议解决方式上的探索实践，具体来说，其产生和发展源于以下几个基础：

①李浩.先行调解制度研究[J].江海学刊，2013（3）：138-145.

（一）定分止争的需要

随着法治建设的不断深入，法律一元统治地位被不断强化，公众普遍选择诉讼作为解决纠纷的方式，逐渐难以了解和认同调解制度。而与此相对的是，社会矛盾纠纷日趋多样复杂，涌入法院的案件越来越多，而员额制改革让现有审判人员减少、立案登记制度则使得诉讼案件明显增多，案多人少与深化改革产生了矛盾。面对法官数量无法增加，而案件数量持续增长的严峻形势，我们迫切需要引入社会力量，从源头上着手化解矛盾。

（二）优化资源配置的需要

社会资源是有限的，针对不同的纠纷类型，应合理配置不同社会力量予以化解。法院司法资源、行政机关行政资源及调解组织的社会资源共同构成了矛盾纠纷解决的社会公共资源体系。在纠纷处理中，优化这些资源配置至关重要。一方面，纠纷产生后，当事人会基于成本效益考量，倾向于选择成本低、效率高的解决途径；另一方面，国家应推广高效便捷的多元化解机制，为当事人提供合理选择。当前社会转型期，矛盾纠纷复杂多样，法院独木难支，难以满足实际需求，也难以实现资源有效配置。因此，必须推动调解、公证、仲裁等非诉讼纠纷解决方式"百花齐放"式发展，才能提升矛盾解决效率，优化社会资源配置。

（三）社会系统治理的需要

消解纠纷的能力是衡量社会自洽与成熟的关键标志，也是社会治理效能的直接体现[①]。在系统解决纠纷的框架下，落实"非诉讼纠纷解决机制挺在前面"的要求，需双管齐下，既要合理化解已发纠纷，更要注重预防纠纷发生。首先，要净化纠纷产生的环境，防患于未然；其次，一旦发生纠纷，应迅速调动各类社会资源，将纠纷化解于萌芽状态，并引导当事人采用合适的非诉讼途径解决。特邀调解制度的有效实施，能充分发挥人民法院在矛盾纠纷源头化解、前端化解、关口把控方面的职能作用[②]。

三、特邀调解制度实践运用效果

数据显示，自2020年1月以来，法院编外调解队伍为社会大众开辟了新的纠纷解决渠道，极大地满足了公众对低成本、高效率解纷方式的需求，具体成效体现在以下几个关键方面：

（一）案件分流成效显著

习近平总书记在中央全面依法治国工作会议上指出，我国国情决定

① 何啸.特邀调解制度的逻辑基础与实现路径[N].人民法院报,2020-07-02(7).

② 发挥多元解纷功能加大诉源治理力度推动更多法治力量向引导和疏导端用力——最高人民法院司法改办负责人就《关于进一步健全完善民事诉讼程序繁简分流改革试点法院特邀调解名册制度的通知》答记者问[N].人民法院报,2021-07-12(3).

了我们不能成为"诉讼大国"。因此，为切实提升国家治理现代化水平，必须构建诉讼与非讼相互衔接、协调并进的纠纷解决机制。人民法院通过实施特邀调解制度，成功将简易纠纷分流，将适宜调解的案件转至调解组织处理。此举不仅有效减轻了法院的审判压力，优化了司法资源配置，还使专业法官能更专注于处理疑难复杂案件，从而在缓解案多人少矛盾的同时，显著提升了复杂案件的审判质量①。

（二）提高了非诉讼纠纷解决化解矛盾的权威性

普通民众对非诉讼纠纷解决方式相对陌生。特邀调解制度因有法院背书，增强了调解的权威性，更易获得群众的心理认同。在特邀调解框架下，调解员通过公平、公正、公开的考核选拔，定期接受经验丰富的法官和社会人士的指导，可以不断提升调解能力和技巧。同时，法院为调解人员提供硬件设施和办公地点，不仅便于内部案件流转，也方便当事人就地解决纠纷，极大提高了调解效率，缩短了案件处理周期。这一制度还增强了调解组织的权威性，使法院与调解组织在保障调解协议强制执行效力上的衔接更为顺畅。

① 龙飞.论多元化纠纷解决机制的衔接问题[J].中国应用法学，2019（6）：128-149.

（三）诉讼外调解资源规范发展

特邀调解活动顺利开展的关键在于，法院对调解组织和调解人员的有效指导与监督管理。人民法院负责调解主体的准入工作，具体而言，调解主体不仅包括人民调解、行政调解、商事调解等领域的专业调解组织和调解员，还有符合条件的人大代表、政协委员、律师及退休法律工作者等社会各界人士。这些被精心挑选的调解主体，由法院统一登记管理，旨在将人民法院的专业优势与社会多元化的法治力量相结合，共同推动矛盾纠纷在源头上得到实质性化解②。

② 邓宇.完善特邀调解制度应着重把握的五个问题[N].人民法院报，2020-05-14（08）.

四、特邀调解的实践不足

在当前形势下，特邀调解制度在司法实践中取得了较好的成效，但随着司法改革的不断深入推进，一些问题也逐步显露。

（一）法院在特邀调解中作用界定不清

根据《规定》，法院在特邀调解活动中扮演多重角色，其主要职责涵盖指导、管理、提供调解场所、建立调解员登记名册、处理不当行为、认证调解主体资质及发放调解津贴等。这些职责清晰地表明，法院旨在搭建一个调解框架，为调解组织和当事人服务，确保调解程序的合法性，并提供指导性的意见和建议。

从一定意义上来说,法院在调解过程中主要将调解行为约束在合法合理的框架内,而不进行实质性的干预,以保持调解的灵活性。因此,调解的具体运作在相当程度上与法院保持独立。法院以组织者和指导者的身份出现,旨在降低调解活动的司法成本,减少对简单案件的司法投入,实现资源的合理分配。然而,在法院与调解组织的关系上,《规定》并未给出明确界定。调解组织的效能和专业性在很大程度上依赖于法院的指导和硬件支持,而法院设立特邀调解组织的初衷是减轻诉讼压力。因此,在与调解组织的协调衔接中,法院不可避免地会深度参与,导致其角色定位变得模糊。

(二)制度设计保障不足

特邀调解的核心在于实现诉讼与非诉讼纠纷解决资源的有机衔接,这一机制的高效运作依赖于法院与调解组织的紧密协作。然而,当前实践中,法院推行特邀调解的主要驱动力在于缓解案件数量激增与司法资源有限的矛盾,这一过程中,对法院与调解组织间配套保障体系的构建和完善有所忽视,具体表现在以下几个关键方面:

一是诉调对接不畅通。畅通的诉调对接机制,并非仅仅意味着将调解置于诉讼之前,待调解不成再转入诉讼程序。特邀调解的首要步骤是法院将适宜调解的案件分流至调解员或调解组织手中。在实际司法操作中,当事人提交立案后,法院诉讼服务中心的案件审核人员会立即通过系统,对适合调解的案件进行分流。然而,由于调解员或调解组织在能力和经验上存在差异,诉调对接不畅的情况时有发生。

二是公众对特邀调解制度缺乏了解和信赖。在司法实践中,起诉都是当事人双方矛盾已无法调和而寻求的最终法律救济途径。双方均寄望于借助法院的公信力和强制执行力尽快定分止争。然而,由于当事人普遍对调解组织的职能及其调解能力认知不足,对特邀调解的效果持怀疑态度,担心调解过程会拖延诉讼进程。同时,部分法院也因担忧调解缺乏足够的权威性,以及可能对自身考核数据产生不利影响,而倾向于不将案件转交调解组织处理。

三是缺乏专业性调解机制。例如,在处理医疗纠纷与交通事故纠纷时,需要确保调解与评估认定、保险责任划分、医疗费用核算、损害赔偿等环节紧密衔接,否则将难以有效发挥定分止争的作用。为了最大限度地激发这类专业调解员的积极性和主动性,高效地解决当事人的纠纷,同时避免资源的重复浪费,法院就要完善人员配置,保障经费和办公场所等基础支撑条件。

（三）主体能力不足

我国当前经济发展速度较快,但是志愿者文化建设相对滞后,公益调解人员大量匮乏。一方面,实践中特邀调解员来自社会各行各业,调解水平参差不齐,热心及耐心程度不一,方式方法各有不同。比如有的调解员法律理论知识丰富,但处理案件实务及化解纠纷矛盾能力较弱;有的调解员仅是"和稀泥"或生搬硬套法庭审判规则,缺乏综合解决各类案件矛盾的思维能力,耐心及主动服务意识不足,由此直接影响案件的调解成功率。

针对此情况,《规定》积极鼓励人大代表、政协委员及退休法律工作者等社会各界积极参与特邀调解工作。然而,在实际操作中,这些社会主体普遍面临工作时间难以调配、补贴远低于个人原有薪资水平等问题,导致他们大多只能临时担任调解员角色,工作效率有限。加之经费紧张与培训资源有限,调解员的工作积极性普遍不高,且人员流动性较大,部分调解员甚至将此职位视作转向公务员、事业单位或其他职业前的临时跳板。

（四）区域发展不平衡

最高人民法院及相关职能部门已就特邀调解作出明确规定,然而全国各地特邀调解工作的发展状况却呈现出显著的不均衡态势。在北京、上海、广州等经济条件优越的地区,特邀调解工作取得了良好进展;相比之下,一些经济发展滞后的地区则进展相对缓慢。这一现象反映出,特邀调解制度的发展状况与该地区的审判压力紧密相关。经济快速发展和活跃往往伴随着纠纷数量的增多,进而加大审判压力,这促使法院更加重视并推广特邀调解制度,以实现案件的有效分流。但值得注意的是,特邀调解的最终目标在于构建多元化的纠纷解决机制,为当事人提供更多救济途径,并提升社会自治能力。因此,无论地区经济发展状况如何,都应加强对特邀调解制度的重视,积极推动多元化纠纷解决机制的均衡发展。

五、特邀调解的制度完善

特邀调解制度作为一项制度性创新,为公众开辟了一条低成本且高效的矛盾化解途径,成为我国多元化纠纷解决机制中不可或缺的一环。针对该制度在实践中遭遇的种种挑战,我们可以从多个维度着手改进:引入强制性调解模式、优化资源整合方式、加强诉调对接平台建设,以及强化保障机制等。

① 唐东楚.论法院委托调解 [J].《重庆大学学报》2010（6）.

② 杨柳,李爱秋.法院特邀调解制度的优化运行路径 [N].人民法院报,2021-02-11（8）.

③ 唐东楚.论法院委托调解 [J].重庆大学学报,2010（6）:79-87.

④ 张泽涛.德国《调解法》评述及其启示 [J].法学评论,2013（1）:139-145.

（一）引入强制性调解模式

特邀调解的启动需要得到双方当事人的合意,而是否符合受案范围则由负责诉调对接的立案登记人员进行主观判断,法律并无明文规定。可以结合案件性质、标的大小等因素,采取任意性与强制性相结合的程序启动模式进行调解①。对此笔者建议以下几类案件应当进行特邀调解:一是事实清楚、证据充分、标的额不大的案件,特邀调解可以较小的成本获得较高的效率,有利于缓解法院的审判压力;二是涉及特殊身份的案件,比如婚姻、邻里、亲属、同事等案件,特邀调解有利于缓和双方当事人矛盾;三是涉及专业性较强的案件,比如金融证券、知识产权、房地产等领域的案件,由专业性更强的商事调解组织调解可能更有利于协议的达成,同时也更有利于快速高效解决纠纷,促进市场经济发展。

（二）优化资源,形成多元解纷合力

调解作为一种社会实践活动,其成效与调解员的专业知识、职业背景、社会阅历、口头沟通能力以及个人形象气质等密切相关。调解的成功率在很大程度上取决于调解员自身水平②。为了充分发挥调解资源的潜力,人民法院需立足本土实际,融合各类专业调解的特色,引入并整合优质调解资源。这要求建立专门的对接机制,配备对接人员,并构建针对特定类型纠纷的标准化、专业化处理模式,以形成多元解纷合力。同时,构建完善的特邀调解管理体系至关重要。《规定》中明确的名册制度旨在确保入册调解员的专业水平。对于纳入管理的调解资源,需依据纠纷类型、复杂程度及调解员能力等因素,运用信息化和大数据技术,实现资源的精准配置与高效利用③。调解员的培训是提升其能力的基石,应贯穿于选任到正式工作的全过程。在岗位培训阶段,应由经验丰富的专职法官对特邀调解员进行系统的法律法规、调解制度、原则、技巧及调审衔接等方面的培训。此外,在日常调解工作中,通过组织调解员旁听优秀案例、实施见习制度以及定期交流讨论等方式,穿插进行实战培训,及时解决调解实践中遇到的问题,促进调解员技能的持续精进④。

（三）健全平台功能,提升分流解纷能力

我国特邀调解制度正处于持续优化与升级之中,其信息化建设步伐也在稳步加快。为了进一步提升诉调对接效率,诉调平台应聚焦于以下几个关键方面:一是强化释明功能,通过直观的网络界面向当事人清晰阐述多元纠纷解决机制的利弊,引导其根据自身情况做出明智选择,从而有效提升纠纷解决的满意度和效率。二是完善分流机制,依托大数据和人

工智能等先进技术,对案件进行精准分析,根据案件的难易程度,将适宜调解且经当事人同意的案件高效流转至调解组织,将符合简易程序的案件自动导入速裁流程;其余案件则有序移送至审判庭。这一过程不仅实现了案件的繁简分流,还促进了立案登记制、诉讼服务现代化等配套改革的深度融合与协同。三是加强管理功能,平台需定期更新调解员名册,确保信息的时效性和准确性。同时,提供调解指导,组织专业培训,以提升调解人员的专业素养。面对案件日益多样化和复杂化的趋势,平台应及时抓取相关数据,指导调解组织选拔具备专业背景的调解员,以满足不同领域、不同类型案件的调解需求,推动调解工作的专业化发展。四是优化衔接机制,调解结束后,平台应确保调解组织与法院之间的工作交接顺畅无碍。规范特邀调解与立案、审判等程序的衔接流程,实现调解与诉讼之间的双向无缝对接,既可保障调解工作的顺畅进行,又可彰显特邀调解制度的独立价值。

(四)强化保障,提升特邀调解效能

特邀调解的保障能力是否充分直接关乎调解员的积极性,进而影响调解工作能否顺利进行。不可否认,当前各地法院均在上级部门的指导下,建立了专业的调解队伍。然而,随着人民群众对调解能力和水平要求的日益提升,亟须法院科学探索调解收费机制,而不能单纯依赖财政补贴来提高个案补贴标准。为了提升调解员的专业素养,我们可以采取集中学习、观摩庭审、实践训练等多种形式进行技能培训,同时应充分利用"互联网＋诉讼服务"的理念,为当事人提供智能化、全方位、人性化的司法服务[①]。

六、结　语

特邀调解作为深化多元纠纷解决机制改革的关键环节,对于当前民事诉讼案件繁简分流、有效缓解诉讼压力具有重要意义。与诉讼程序相比,特邀调解展现出显著的不同,有助于将案件合理引导至调解机制中,这恰好契合了解决案多人少司法困境的实际需求。因此,我们应当坚持并扩大特邀调解的应用范围。在当前形势下,特邀调解制度仍需我们不断研究和细化,需要持之以恒地完善,以充分发挥其应有价值,为构建更加高效、和谐的司法环境贡献力量。

①邓宇.完善特邀调解制度应着重把握的五个问题[N].人民法院报,2020-05-14(8).

"三权分置"背景下土地经营权抵押的规范分析*

——以农村土地承包法为中心展开

◇ 秦 勇 张梓萌

*本文为山东省社会科学规划重点项目"农地'三权分置'法律适用问题研究(18BSPJ03)"的阶段性成果。

秦勇,中国石油大学(华东)文法学院教授。

张梓萌,中国石油大学(华东)文法学院硕士研究生。

内容提要 农村土地承包法的出台对农地"三权分置"改革起到了很好的推动作用。该法及相关的农地权利配置改革政策搭建了土地经营权抵押规范的大致框架,但经过对民法教义学的分析笔者发现,此等规范仍存在着土地经营权权利定性不明、核心规范不完备、保障规范不周全等构造缺陷。土地经营权抵押规范的重构应着重从以下几个方面展开:首先,应明确土地经营权的性质;其次,应健全设定规则、客体范围、实现规则、抵押融资模式、抵押物价值评估、加速到期等土地经营权抵押核心规范;最后,应对合同鉴证与登记相结合的确权登记、经营者培训与资格审查、农业生产经营福利保障与经营者信用评估相挂钩的农村信用体系等保障性规范进行重构。

关键词 "三权分置" 土地经营权抵押 法教义学 规范分析

2013 年通过的《中共中央关于全面深化改革若干重大问题的决定》(以下简称《决定》)中提出赋予农民土地承包经营权的抵押与担保权能;中共中央、国务院于 2014 年 1 月 19 日印发的《关于全面深化农村改革加快推进农业现代化的若干意见》(即中央一号文件)中明确土地经营权可以向金融机构进行抵押融资;2014 年印发的《关于引导农村土地承包经营权有序流转发展农业适度规模经营的意见》指出,进一步落实土地承包权与经营权分离。至此,有关"三权分置"制度和土地经营权流转抵押制度的总体要求及具体思路得到相应的明确。为落实中央的总体要求,《中华人民共和国农村土地承包法修正案》列入 2015 年第十二届全国人民代表大会常务委员会立法计划。在第十二届全国人民代表大会常务委员会第三十次会议上就《中华人民共和国农村土地承包法修正案(草案)》进行初步审议和征求意见之后,2018 年 12 月 29 日,第十三届全国人民代表

大会第七次会议审议通过《中华人民共和国农村土地承包法》(以下简称农村土地承包法),并于 2019 年 1 月 1 日起颁布实施。通过农村土地承包法第 9 条和第 47 条的规定,"三权分置"制度及土地经营权融资担保制度实现了从政策语言向法律语言的初步转变。

农地"三权分置"改革和土地经营权融资担保制度建立的目的是应对和解决新形势下集约型、现代化的高投入、高产出农业发展缺少有效的农业经营资金来源的问题,从而解放农业发展对农地融资的需求并进一步推进农业现代化发展进程。长期以来,造成我国农业经营资金短缺的原因主要是农业经营者缺少有效的担保财产①。因此,沟通农业经营与资金市场,从而为农业经营活动提供足够资金支持的关键在于以农村土地承包法为中心,大力完善以土地经营权为依托的融资担保制度。在我国,保证、抵押、质押、留置、定金是法律规定的担保方式。根据农村土地承包法第 47 条,农村土地承包法所界定的以土地经营权为内容设立的融资担保当然包括土地经营权抵押担保的方式。笔者结合农村土地承包法和相关土地经营权融资担保制度的规范,以法教义学的分析方法对土地经营权抵押制度进行深入研究。

① 许明月.农村承包地经营权抵押融资改革的立法跟进[J].比较法研究,2016(5):1-13.

一、土地经营权抵押的规范构成及构造缺陷

土地经营权抵押规范主要由农村土地承包法,国务院于 2015 年 8 月 10 日发布的《国务院关于开展农村承包土地的经营权和农民住房财产权抵押贷款试点的指导意见》(以下简称《指导意见》),中国人民银行等于 2016 年 3 月 15 日印发的《农村承包土地的经营权抵押贷款试点暂行办法》(以下简称《暂行办法》)及农业农村部于 2021 年 1 月 26 日公布的《农村土地经营权流转管理办法》等法律法规加以规定。农村土地承包法对土地经营权抵押制度的规定集中在第五节——土地经营权中。

(一)土地经营权抵押的规范构成

在本文中,土地经营权抵押规范取广义的概念,此等规范既包括法律层面的规定,又包括政策层面的规定,因此笔者将土地经营权抵押规范分为法律表达和政策表达两类。

1.土地经营权抵押的法律表达。

农村土地承包法第 9 条规定:"承包方承包土地后,享有土地承包经营权,可以自己经营,也可以保留土地承包权,流转其承包地的土地经营权,由他人经营";第 10 条规定:"国家保护承包方依法、自愿、有偿流转土

地经营权,保护土地经营权人的合法权益,任何组织和个人不得侵犯。"这两个条文对承包农户进行农地再流转、实现土地经营权与农户土地承包权的分离做出了立法上的确认与保护,从法律上明确了土地经营权流转的合法性和有效性。

农村土地承包法第 36 条"承包方可以自主决定依法采取出租(转包)、入股或者其他方式向他人流转土地经营权,并向发包方备案"及第 44 条"承包方流转土地经营权的,其与发包方的承包关系不变"之规定进一步以立法的方式明确了土地经营权流转的方式和内容。

农村土地承包法第 47 条规定:"承包方可以用承包地的土地经营权向金融机构融资担保,并向发包方备案。受让方通过流转取得的土地经营权,经承包方书面同意并向发包方备案,可以向金融机构融资担保。担保物权自融资担保合同生效时设立。当事人可以向登记机构申请登记;未经登记,不得对抗善意第三人。实现担保物权时,担保物权人有权就土地经营权优先受偿。土地经营权融资担保办法由国务院有关部门规定。"该条直接规定了土地经营权抵押制度的主要内容。据该条款,土地经营权抵押制度的内容主要包括:

(1)农村土地承包法明确了土地经营权抵押融资的客体为土地经营权。该土地经营权包括两类:一是在承包人自己从事农业生产经营的情况下,土地经营权尚未与承包权产生分离,而是内含于土地承包经营权之中,承包人可以其所拥有的土地经营权向金融机构进行融资担保,而保留对农地的承包权;二是在经营者通过流转获得土地经营权时,其可以流转取得的土地经营权为客体进行融资担保。

(2)农村土地承包法明确了土地经营权抵押融资法律关系的主体主要为承包人(经营者)和金融机构。该法对于承包人(经营者)作为融资担保的担保人一方资格并无限制,而对作为融资担保的担保权人一方的资格进行了限定,即只有金融机构才能够成为农地融资担保中的担保权人。

(3)在土地经营权抵押融资的程序方面,农村土地承包法主要规定了发包方备案制度和承包人的书面同意制度,即以土地经营权进行的融资担保行为均需要向发包方进行备案,且在经营者通过农地流转取得土地经营权的情况下,还需要取得承包人的书面同意才能以土地经营权向金融机构申请融资担保。

(4)农村土地承包法对土地经营权抵押融资权利的设立条件和登记

效力做出了基础性规范,明确了土地经营权抵押融资权的设立时间点为合同生效之时,且抵押权的登记仅具有对抗效力。

（5）农村土地承包法第47条还规定了有关土地经营权融资担保制度的引致规范内容,即农村土地承包法中有关土地经营权融资担保尚未规定的其他具体内容和实施细则参照国务院有关部门的规定。

2. 土地经营权抵押的政策表达。

在政策层面,有关土地经营权抵押制度的规范内容集中体现在《指导意见》与《暂行办法》中。《指导意见》指出"做好农村承包土地（指耕地）的经营权……抵押贷款试点工作",《暂行办法》进一步明确了土地经营权抵押权的设立、内容及实现等各方面的规则。

（1）关于土地经营权抵押权的设立问题。《暂行办法》第2条明确了土地经营权抵押权的客体为土地经营权,抵押权人为银行业金融机构,而抵押人为包括承包人在内的农业经营者。相较于农村土地承包法的规范内容,《暂行办法》规定的土地经营权抵押权人范围更小。此外,《暂行办法》第6、第7条分别规定了通过家庭承包形式取得的土地经营权和通过流转方式取得的土地经营权抵押权设立条件。其中,第6条明确规定,通过家庭承包方式取得的土地经营权抵押权设立的时候必须符合主体适格、权属完备、取得土地承包经营权证书及向发包方备案四个条件。第7条规定,通过合法的流转方式获得的土地经营权在设立抵押权时除了和前者一样需要主体适格、权属完备外,还要求经营者必须持有合法有效的土地经营权流转合同,或者依流转合同取得了土地经营权权属确认证明并支付了相应的租金。

（2）关于土地经营权抵押权的内容。土地经营权抵押权的设立目的,抵押贷款的期限、利率,抵押权登记等内容在《暂行办法》中得到了明确。具体而言,规定土地经营权抵押权的设立以满足农业生产经营的融资需求为目的,以抵押人的实际经济状况和还款能力为综合考量标准等确定贷款的期限和利率,并规定办理抵押权登记为土地经营权抵押权设立的条件。然而,有关土地经营权抵押权的登记效力问题,《暂行办法》未进一步明确。

（3）关于土地经营权抵押权实现的问题。《暂行办法》第15条对土地经营权抵押权实现的具体方式做出了明确的规定。具体而言,抵押人可以依法选择以协议转让、按序清偿、贷款重组、交易平台挂牌再流转等多种方式处置抵押物,与此同时,贷款人享有对抵押物处置收益的优先受

偿权。此外,为了保证土地经营权抵押权得到有效的实现,从而降低银行业金融机构的承贷风险,《暂行办法》中还明确规定了土地经营权抵押制度的抵押贷款风险补偿机制和政府性担保等内容。

（二）土地经营权抵押规范构造缺陷解析

农村土地承包法作为农地"三权分置"改革提出及试行以来第一部正式修改颁行的法律,对于我国当下农地制度改革的推进可谓是一针强心剂,其有关土地经营权抵押制度的规定作为法律修改的一大突破,在值得肯定的同时,也由于我国当下农地制度改革的立法经验尚不足等原因存在着诸多有待完善和细化之处。

1. 前提缺陷:土地经营权的权利定性不明。

农村土地承包法中对土地经营权的性质仍未明确界定,而这种明确界定是农地"三权分置"的重要前提与基础,同时也是土地经营权抵押制度构建并完善的前提[①]。我国民法理论将民事权利划分为物权与债权两种性质,并对此两种不同性质的民事权利规定了不同的法律保护模式。由此,对土地经营权性质的深入探讨与明确界定,便具有了更为现实的意义。一方面,如果将土地经营权定性为物权,则土地经营权作为一项绝对性权利便具有了更强的稳定性与排他性,权利人可以自由处分该项权利且法律对其提供更为强有力的保护;但难以避免的是,土地经营权的物权化会在一定程度上限制相关权利人的选择权。另一方面,如果将土地经营权定性为债权,则土地经营权作为一项相对性权利其在权利人对权利的处分和法律提供的保护等方面都比较薄弱;但相对而言,这种债权化的土地经营权更能够满足权利人的农业经营选择与需要。

我国理论界关于土地经营权性质的讨论一直争执不下。在农村土地承包法修改之前,土地经营权的性质有"债权说""物权说"和"二元说"三种主流学术观点。持"债权说"的学者主张,若将土地经营权的性质界定为物权,则从根本上违背了"一物一权"的原则,即在土地承包经营权这一物权之上,土地经营权不应再被界定为物权[②]。同时,认为从土地经营权基于具体的农地流转合同产生出发,该权利应当被界定为债权性质。持"物权说"的学者主张,应当从具体的制度设计目标角度出发,将土地经营权界定为物权性质,从而保证该权利的稳定性及对抗性[③]。持"二元说"的学者认为,土地经营权的性质具有二元性,即根据其流转的具体方式,对其权利性质作出相应的界定。具体而言,认为以互换、转让等方式流转的土地经营权具有物权属性,以入股、转包、出租等方式流转

① 王珺,汪莉.三权分置背景下土地经营权法律属性思考[J].中国石油大学学报(社会科学版,)2019,35(6):45-50.

② 陈小君.我国农村土地法律制度变革的思路与框架——十八届三中全会《决定》相关内容解读[J].法学研究,2014,36(4):4-25.

③ 孙宪忠.推进农地三权分置经营模式的立法研究[J].中国社会科学,2016(7):145-163.

的土地经营权具有债权属性①。农村土地承包法中新增加的"土地经营权"专章中并未涉及土地经营权的性质界定问题。考察农村土地承包法第47条的内容,立法对以土地经营权为客体的融资担保方式和类型并未作出明确规定,这也是立法者在修改法律时保留对土地经营权性质进行界定的结果②。从农地"三权分置"改革的动因与目标出发,土地经营权的现实流转在农村长期存在,且一直都是基于承包人与经营者之间的流转合同而实现的债权性流转,具有不稳定性和相对性的特点,容易产生权利纠纷,也无法满足现实的农地融资需求。农地制度改革正是出于克服这一现实问题的考虑,提出对土地经营权的一系列制度设计。为深化农村土地制度改革,实现土地经营权抵押的效率性和秩序性,明确土地经营权的权利性质,从而确定并完善权利变动与保护规则是非常重要的工作。

2. 核心规范缺陷:基本内容不完备。

农村土地承包法关于土地经营权抵押的直接性规范仅存在于第47条之中。根据该条款,可用于抵押的农地权利为土地经营权,包括农户主体通过家庭承包获得并享有的土地经营权和农业经营者通过农地二次流转而获得并享有的土地经营权。总体来看,该条款明确了土地经营权抵押制度的一些基本内容,但同时也存在一些不足需要进一步改进。

农村土地承包法第47条第1款明确规定了土地经营权抵押的发包方备案和承包方书面同意制度。从法条可以看出,农村土地承包法与《暂行办法》第7条的内容一致,即要求经营者以获得的土地经营权设立抵押时必须取得承包方的同意,且农村土地承包法中进一步要求以取得承包方的书面同意为标准。笔者认为,农村土地承包法有关承包方同意制度的规定有待进一步完善。经营者通过与承包方签订农地流转合同获得土地经营权,不论是在"权利分解理论"之下,土地经营权为从土地承包经营权这一"权利束"之中分离出来成为独立的土地权利内容,还是在"权利负担理论"之下,土地经营权为在土地承包经营权之上设立的权利负担内容,③当经营者在流转合同约定的权利和义务范围之内进行农地融资担保行为时,就不应当再受到以承包人同意权为内容的抵押流转限制。同时,在经营者与承包人之间未就土地经营权抵押权的设立问题达成明确约定的情况下,农村土地承包法中没有区分地要求经营者取得承包人书面同意的原则性规定,在实践中仍将限制土地经营权的抵押融资④。实际上,就农业规模经营而言,由于承包人的分散性使得经营者没有区别地取得承包人书面同意很难具有操作性。

① 吴兴国.承包权与经营权分离框架下债权性流转经营权人权益保护研究[J].江淮论坛,2014(5):123-126.

② 刘振伟.进一步赋予农民充分而有保障的土地权利——关于《中华人民共和国农村土地承包法修正案(草案)》的说明[J].农村经营管理,2017(11):21-23.

③ 王泽鉴.民法物权[M].2版.北京:北京大学出版社,2010:110.

④ 高圣平.承包土地的经营权抵押规则之构建——兼评重庆城乡统筹综合配套改革试点模式[J].法商研究,2016,33(1):3-12.

农村土地承包法以及《暂行办法》有关土地经营权抵押制度的规定在存在上述问题的同时,尚存如下不足需要进一步改进:

其一,农村土地承包法与《暂行办法》未对土地经营权抵押制度中抵押物的范围作出相应的规定。土地经营权抵押的具体范围是否包括土地上的农作物及土地征收补偿款等问题都需要立法进一步明确。

其二,农村土地承包法对土地经营抵押权的实现问题缺少应有的规范。同时《暂行办法》中有关土地经营权抵押权的实现问题也仅仅在第15条作出了原则性规定,还需要进一步细化。实践中,土地经营权抵押权的实现是土地经营权抵押融资制度最后也是最重要的环节,土地经营权抵押权能否有效实现关系到金融机构的贷款收益和风险。土地经营权抵押权的实现难点主要是抵押权的实现方式和抵押物的处置措施,需要相关立法作出进一步的规定。

此外,土地经营权抵押权的制度设计尚存三个方面的问题:一是土地经营权抵押融资模式的设计问题;二是土地经营权抵押的抵押物价值评估制度的完善;三是土地经营权抵押权的加速到期制度。

3. 保障规范缺陷:保障制度不周全。

农村土地承包法第41条规定:"土地经营权流转期限为五年以上的,当事人可以向登记机构申请土地经营权登记。未经登记,不得对抗善意第三人。"这对土地经营权的登记对抗制度进行了明确,强化了权利的归属和对权利的保护,但同时也存在需要进一步完善之处。实践中,农地在承包农户与非农户之间的流转广泛存在,但是由于缺少相应的制度安排,所流转的权利内容不明,农地经营性权利保护薄弱。由此,使得长期以来通过农地再流转而实际从事农业生产的经营者的经营性权利内容不明,经营预期不稳定,也进一步造成农地流转效率低下等问题。《关于完善农村土地所有权承包权经营权分置办法的意见》中已经指明,即提倡相关主体通过合同鉴证、交易鉴证等多样化方式对土地经营权权属、内容等予以确认,从而更好地实现土地经营权的功能与价值①。在政策方面,有关农地"三权分置"的表达已经很明确,即要通过对农地权利的设置改革,赋予实际从事农业经营的主体相对独立的权利内容并对所赋予的权利进行确权保护,从而实现农地流转的稳定性和有效性。因此,法律在后续实施以及修法完善过程中需要对土地经营权登记的规范内容进行一定的细化与调整,从而使土地经营权在整体上获得更强效的保护。

与此同时,现实中有关银行业金融机构的土地经营权抵押权的实现

① 参见:《关于完善农村土地所有权承包权经营权分置办法的意见》,中共中央办公厅、国务院办公厅于2016年10月印发。

问题亟待解决。由于我国当前农业经营的专业性水平较低,农业经营现代化尚未有效实现,许多农业经营者由于缺少相应的农业经营专业知识与技术而常常面临经营破产的情况。在这一现状下,相关金融机构的土地经营权抵押权就面临着无法有效实现的困境,这也成为制约土地经营权抵押规范完善的现实因素,因此需要通过相关保障制度的设计予以解决。

针对土地经营权抵押规范存在的权利定性不明、基本内容不完备和保障制度不周全等诸多缺陷,笔者提出以下重构与完善的建议。

二、明定土地经营权的性质——解释论的角度

关于土地经营权的性质,"债权说""物权说"和"二元说"理论皆可以在传统法学理论中找到相应的根据。如何确定土地经营权的性质,本质上涉及法律解释的问题。解释论立场在我国民法学研究中具有十分重要的意义。如有学者指出,具有明显"中国元素"的民法制度宣告中国的民事立法已经摆脱唯某一个其他国家或地区的民事法律是上的阶段,正式由"照着讲"到了"接着讲"的阶段。中国的民法学者必须建构起与此相适应的、对中国的民事立法和民事司法以及其他民法实践具有解释力的民法学说。这意味着中国民法学界在"照着讲"的同时,将开启"接着讲"的时代[1]。本质上,物权和债权的区分并无绝对性,土地经营权定性为物权或者债权是政策和法律选择的问题[2]。同时,正如刑事政策在案件审判中发挥关键作用一样,民事政策甚至是国家经济社会发展的阶段性目标同样会对一些民事制度产生一定的影响。

因此,在界定土地经营权的权利性质时,我们应当以农业发展的实际需求以及农地制度改革的目标为导向,而非仅仅局限于不同学说理论间的立场差异,陷入无休止的争论之中。

(1)在农业生产经营实践中,众多农户因暂时外出打工而将土地出租给他人经营的情况颇为常见。这种出租往往依据年度或季度进行,导致土地经营权在当事人之间频繁流转。若一概而论地将此类流转视为物权流转,并强制实施物权的保护措施,如强制登记等制度,不仅会徒增交易成本,还可能对农业生产经营造成不利影响。

(2)现实中,许多土地流转合同规定租金分期支付。若将此类出租方式下的土地经营权界定为用益物权并进行权属登记,则由于权属登记需明确经营期限等问题,金融机构在基于权属登记的审查与信任发放贷款时,将面临抵押权实现风险提升的问题。因此,笔者认为,将土地经营权

① 王轶.民法学原理与民法学方法[M].北京:法律出版社,2009:55.

② 刘守英,高圣平,王瑞民.农地三权分置下的土地权利体系重构[J].北京大学学报(哲学社会科学版),2017,54(5):134-145.

界定为物权属性并不可取。

（3）"二元说"主张，土地经营权的属性应当依据其具体的流转方式来确定。然而，这一理论在制度实践中难以实施，即便能够实现，也会因为制度设计成本过高而缺乏经济性。换句话说，这种权利定性模式会极大地增加权利内容设置、效力规则以及公示方法的复杂性，因此不能作为立法对土地经营权进行定性的合适选择。

（4）单纯将土地经营权的性质界定为债权，既无法完全契合农地"三权分置"改革的目标要求，也无法充分满足现实的土地流转需求，这主要归因于债权本身具有的隐蔽性和相对性特征。因此，立法在将土地经营权界定为债权的同时，可以通过加强对其权利的保护方式，赋予其物权性的保护，即将其性质界定为物权化债权，以此来弥补权能上的缺陷与不足。

三、土地经营权抵押的核心规范重构

土地经营权抵押制度的核心内容体现在农村土地承包法第 47 条中。该条文直接规定了土地经营权抵押制度的主要内容，但该条现行规范所涵摄的内容仍然无法满足实践的需要，因此对制度的进一步补充和细化仍然是迫切且必要的。

（一）土地经营权抵押权的设定规则

从本质上看，土地经营权是指承包人或经营主体对他人土地享有的使用权。因此，以土地经营权作为客体的融资担保，并不会导致物的占有发生转移，担保人依然保留该权利的行使。在土地经营权上设立的融资担保权益，可以表现为抵押权的一种形式。

农村土地承包法第 47 条明确规定了两项关键制度：土地经营权抵押权的发包人备案制度与承包人同意制度，并确立了土地经营权抵押登记的对抗效力。与承包人同意制度有所不同，发包人备案制度在实质上不构成对土地经营权抵押权设立的障碍。相反，通过备案制度，金融机构与发包人之间的信息交流得以顺畅，使金融机构能够更全面、准确地了解作为抵押客体的土地的经营权状况，进而有效降低贷款风险。在备案制度下，集体经济组织得以掌握本集体内农地的流转融资情况，从而更好地履行其监督与管理职责。鉴于此，笔者建议立法应进一步细化发包人备案制度的具体安排，比如明确要求备案应以书面形式进行，并实行备案内容统一联网录入，以确保信息的准确性和可追溯性。关于土地经营权抵

押权的登记效力,学界主流观点倾向于采用"登记生效主义"①。农村土地承包法规定土地经营权抵押权登记仅具有对抗效力,这一规定既体现了私法自治的原则,简化了土地经营权抵押权的设立流程,促进了土地经营权的流通与融资能力,也为土地经营权抵押权主体提供了一定程度的权利保护手段,确保了交易的安全与稳定。

关于土地经营权抵押权设立的承包人同意制度,笔者认为,相关规范内容有待进一步细化,特别是需要明确经营者设定土地经营权抵押权时,需取得承包人同意的具体情形。

土地经营权作为以他人土地为使用对象的用益性权利,其取得主要基于经营者与承包方之间的土地流转合同。一旦土地经营权确立,它便独立于土地承包经营权,经营者有权在流转合同约定的权利义务范围内自由处分该权利。如果经营者与承包人已就土地经营权抵押权的设立达成一致意见,那么该抵押权的设立应遵循双方约定,经营者无须额外取得承包人的书面同意,即可用其已取得的土地经营权设立抵押;反之,经营者应先行取得承包人的书面同意。

在实践中,大多数承包人在将农地流转后选择外出务工,因此一概而论地要求经营者在设定土地经营权抵押权时必须取得承包人的书面同意,既不切实际也不经济。笔者认为,在特定情况下,如承包人身处外地且没有有效的代理人,或承包人因书写困难等原因无法提供书面同意时,应允许经营者通过取得承包人的口头同意,并在村委会进行备案鉴证后,即可对取得的土地经营权设立抵押。

(二)土地经营权抵押权的客体范围

有学者主张,在设立土地经营权抵押时,其抵押客体既能是土地承包经营权,也能是土地经营权,两者的主要区别在于抵押权的实现②。对于这一论点,笔者持保留意见。原因有两个:① 若允许土地承包经营权抵押权与土地经营权抵押权并存,可能会导致同一承包地块面临重复抵押的风险;② 考虑到我国城镇化进程的当前状况,在农民工全面享受市民待遇之前,绝大多数农民依然担忧失去土地,对他们而言,土地承包经营权承载着关键的社会保障功能,这不仅体现在村民身份的确认上,还关乎村集体组织成员医疗保险的缴纳与发放,这些都是农村土地社会保障作用的具体体现。

此外,有关土地经营权抵押的抵押物范围,立法未予明确。关于土地经营权抵押物范围的讨论,笔者主要围绕土地经营权抵押权是否及于地

① 高圣平.完善农村基本经营制度之下农地权利的市场化路径 [J].社会科学研究,2019(2):42—52.

② 高小刚,谷昔伟."三权分置"中农地经营权融资担保功能之实现路径——基于新修订《农村土地承包法》的分析 [J].苏州大学学报(哲学社会科学版),2019,40(4):72—82.

上农作物和土地征收补偿款而展开。

关于地上农作物是否纳入土地经营权抵押权的效力范畴，学界存在分歧①。反对派学者主张，农作物作为独立于土地经营权的实体，并非土地的构成部分，二者之间仅存在物理关联，因此不应被纳入土地经营权抵押权的效力范围。而支持派学者则认为，只要农作物尚未与土地脱离，就应视为土地的一部分，从而包含在土地经营权抵押权的抵押物之中。笔者认为，依据我国民法典第412条的规定，在土地经营权抵押权设立至实现期间，不可擅自将地块上的农作物纳入抵押物范畴，仅在土地经营权抵押权实现时，尚未与土地分离的农作物才可被视为抵押物的一部分进行处置。此外，对于先抵押后流转的土地经营权，后续获得的经营权行使需受先前权利的限制，即在实现抵押权时，地上农作物应一并作为抵押物，随后由实际土地经营权人向抵押权人就农作物价值进行追偿。至于先流转后抵押的情况，则需先审视金融机构是否充分履行了审查义务。若金融机构未尽到足够的审查责任，基于保护在先权利的考量，在实现抵押权时，地上农作物不应计入抵押范围；反之，则应将农作物视为抵押物的一部分。

土地征收补偿款涵盖安置补助费、地上附着物、青苗补偿费，以及土地征收补偿款。关于这些补偿款是否落入土地经营权抵押权的效力范围，笔者认为，依据农村土地承包法第40条的规定，当事人有权自主约定土地征收补偿款等款项的归属。在存在约定的情况下，判断土地征收补偿款是否构成抵押物，关键在于该款项是否被约定归抵押人所有。同时，若当事人约定土地征收补偿款归抵押人所有，则根据民法典第390条的规定，土地征收补偿款被视为担保物的替代物，地上附着物及青苗补偿费同样可作为抵押物的替代物处理。然而，安置补助费作为解决失地农户生活问题的补助金，不应被视为抵押标的的替代物②。

（三）土地经营权抵押权的实现规则

土地经营权抵押权的实现规则主要涉及实现方式及抵押物处置措施两大方面。依据《指导意见》及民法典第410条的相关规定，土地经营权抵押权的实现方式主要包括折价、拍卖、变卖等，且不仅限于这三种。此外，《暂行办法》第15条还提供了贷款重组、按序清偿等其他实现途径。普遍观点认为，基于商业银行法第43条的规定，当金融机构作为土地经营权抵押权人时，采用协议折价方式并不适宜。同时，根据农村土地承包法的相关规定，金融机构通常是土地经营权抵押权的持有者，因此折价方

① 房绍坤.论土地承包经营权抵押的制度构建 [J].法学家,2014(2):41-47.

② 吴国喆."三权分置"背景下农地抵押的规则设计[J].北方法学,2018,12(5):16-24.

式不适用。至于拍卖与变卖方式,它们被视为土地经营权抵押权的有效实现手段,其操作规则遵循一般抵押权的实现规定,此处不再赘述。

除此之外,在实现土地经营权抵押权时,还可以考虑贷款重组和按序清偿等灵活方式。所谓贷款重组是指,当农业经营主体面临财务困境或无法按期偿还贷款时,金融机构会对抵押贷款合同的条款进行适当调整,以确保土地经营权抵押权能够顺利实现。而按序清偿则是指,在抵押权实现过程中,根据各项权能的顺序——从收益权到占有权,再到处分权——来确定清偿的先后顺序,同时确保抵押权人享有优先受偿的权利[1]。考虑到农业经营的特殊性,承包人和经营者对土地的投资往往短期内难以实现预期收益,但未来却蕴含着巨大的收益潜力。若直接采用拍卖或变卖方式处置抵押物,不仅会打击承包人和经营者的农业生产积极性,也不利于农业生产的持续稳定发展。因此,结合贷款重组和按序清偿这两种抵押权实现方式,立法中引入了土地经营权抵押权实现的缓冲期制度。在缓冲期内,原经营主体仍保留作为抵押物的土地经营权,可继续从事农业经营。同时,会对原抵押融资合同的抵押权实现期限、还款主体、贷款金额、贷款利息及清偿顺序等条款进行调整,形成新的抵押合同。但值得注意的是,缓冲期制度在同一土地经营权抵押关系中只能适用一次,不允许重复适用。

①焦富民."三权分置"视域下承包土地的经营权抵押制度之构建[J].政法论坛,2016,34(5):25-36.

我国民法典第410条清晰界定了抵押物处置的"一私+二公"模式,其中,"一私"指的是抵押人与抵押权人须首先就土地经营权抵押权的实现方式等问题进行协商,力求达成共识;而"二公"则适用于双方协商未果的情形,此时抵押人与抵押权人有权依法向人民法院申请启动特别程序,或采取普通民事诉讼程序,通过这两种公力救济途径,由法院对抵押权的实现方式等问题作出裁决。依据农村土地承包法第55条的相关规定,笔者认为,在现行法律规定的抵押物处置方式之外,可进一步拓展处置路径,即当抵押人与抵押权人在土地经营权抵押权的实现方式上无法达成一致意见时,可以选择向村民委员会或乡(镇)人民政府申请调解,或者向相关仲裁机构提出仲裁申请。这样的做法不仅有助于高效实现土地经营权抵押权,也能够降低权利实现的成本。

(四)土地经营权抵押融资模式

在土地经营权抵押融资模式的设计方面,应依据土地经营权流转的不同方式,引导、鼓励金融机构分别开展不同类型的抵押贷款。具体而言,该制度旨在引导并鼓励金融机构针对不同类型的土地经营权流转方式提

供相应的贷款服务。对于通过出租(转包)等短期、小规模流转方式获得的土地经营权,金融机构应开设小额短期的抵押贷款;而对于以入股等长期稳定流转方式获得的土地经营权,则应引导和鼓励金融机构提供大额长期的融资贷款。这样的设计旨在激励土地经营者采用入股等长期稳定的流转方式,以促进农业的集约化经营。这一制度设计的背后逻辑有两点:① 出租(转包)等短期流转方式通常对应的是小规模的家庭经营模式,承包人将土地租给本集体内的其他农户家庭或村集体外的个人进行经营,由于农业经营规模小、土地经营权价值相对较低,抵押贷款的交易成本往往过高,因此在实践中,这类土地经营权往往面临一定的融资难题,难以获得足够的金融支持[1];② 出租(转包)等短期流转方式下的土地经营权,因其周期短、变动大,阻碍了经营者对农地的深入投资和高效运营,同时也加剧了金融机构的放贷风险。为提高银行放贷积极性,加大农业资金支持,政府应出台相关政策,如利息补贴和农业经营风险保障,以激励金融机构在向家庭经营模式经营者提供小额短期贷款的同时,向集约化经营者(如入股方式)提供大额长期贷款。这不仅能满足家庭经营者的融资需求,也能促使其转向长期集约化的农业经营之道。

(五)土地经营权抵押的抵押物价值评估

实践中,对土地经营权抵押的抵押物价值评估的主要依据是土地经营权收益。一般情况下,评估的主要内容是农作物的价值,其中包括承包人或者经营者获得的贷款额度。在传统农地流转模式下,农业经营的土地面积小且较为分散,不同地块的农作物不同,收益有限且价值评估成本高昂。针对这一现实问题,笔者认为,为优化融资环境,应引入对土地经营权预期收益及农地设施投资价值的评估机制。具体而言,需建立一套全面的抵押物价值评估体系,涵盖土地单位面积、土地质量、土地区位等一般标准,以及地上农作物、养殖物、附着物预期收益和土地经营期限等特别标准。在此基础上,建议在乡(镇)层级设立专业的第三方农地评估机构,并由政府提供必要的政策与财政扶持,以逐步推进抵押物评估制度的标准化进程。构建这一评估制度,旨在降低金融机构对抵押物的评估成本,同时提升评估价值的合理性,从而在实质上满足农业经营者的融资需求。

(六)土地经营权抵押权的加速到期

土地经营权抵押权的加速到期制度的设计聚焦于土地经营权流转关系中的两大特定情形:一是提前解除流转关系的情况;二是承包人(经营

① 罗兴,马久杰.不同土地流转模式下的农地经营权抵押属性比较[J].农业经济问题,2017,38(2):22-32.

者)不擅长或不积极从事农业生产经营的情况。根据我国民法典第408条，抵押权人享有保全请求权，其中包括抵押物价值减少防止权、抵押物价值恢复原状或增加担保请求权，以及请求抵押权加速到期权。对于前两项权利，一般认为它们属于土地经营权抵押权的自然延伸，与一般抵押权处理原则无异，可参照现行民法制度执行。然而，在涉及土地经营权抵押权的加速到期制度时情况则有所不同，鉴于农业生产经营的独特性，如周期性和高风险性，制度设计强调了对这一特定情形下加速到期制度的谨慎处理。笔者认为，针对土地经营权流转关系的提前解除，以及承包人(经营者)不擅长或不积极从事农业生产经营这两种情况，适用土地经营权抵押权加速到期制度是合理的。同时，在土地经营权流转关系因故提前解除时，对于抵押权加速到期制度的适用应设定一定条件进行限制。具体而言，若存在第三方明确表示愿意承受土地经营权上的抵押权负担，并且具备相应的承受能力，则不应适用抵押权加速到期制度。

法学论坛

四、土地经营权抵押的保障规范之完善

完善土地经营权抵押的核心规范内容可以显著提升其规范性和可操作性，但正如法谚所言"徒法不足以自行"，仅凭核心规范并不足以确保土地经营权抵押制度的顺畅运作，还必须对土地经营权抵押的保障规范进行完善，实践中可以从以下三点入手：

（一）细化土地经营权确权登记的相关规范

结合农村土地承包法第36、第41条及《关于完善农村土地所有权承包权经营权分置办法的意见》《暂行办法》的相关规定，明确以出租(转包)等短期流转方式流转的土地经营权的合同鉴证方式，从而对土地经营权进行更为完善的权属确定。相关规范应明确规定土地经营权未经合同鉴证或者登记不得对抗善意第三人，其中细化并明确，鉴证流转土地经营权文书的机关可以为在乡镇政府设立的鉴证机构，且文书鉴证结果应统一联网记录，以便相关主体查询知悉农地流转的现实状况；对于文书鉴证的审查条件，只需流转合同真实有效，而不需要实际支付租金。此外，应明确以入股等方式流转的土地经营权的登记申请主体。可以作出这样的规定：以家庭和个人等小规模农业经营模式进行农业生产经营的主体，由双方当事人共同到登记机关进行土地经营权的权属登记；而以集体合作社等集中规模化经营方式进行农业经营的主体，应由合作社负责人和农户(经营者)代表一起到登记机关进行土地经营权的确权登记。这样可以

加强对经营者的权利保障并稳定其经营预期,同时增强土地经营权的流转能力和融资能力。

(二)完善农业经营者培训和经营者资格审查规范

在农业生产经营实践中,广泛存在经营者因经营不善而逃避抵押贷款债务的情形。针对这一现实问题,笔者认为,应根据农村土地承包法第38条第4项和第45条之规定,对集体经济组织外进入的经营者(特别是工商企业等社会资本)进行严格的资格审查,加强村集体的监督管理职能和具体责任人员的责任追究。同时,应完善对实际经营内容的监督管理制度,实现对农业生产经营及其主体行为的双重监管①。此外,设置专业的指导培训机构,不定期对农业经营者进行培训与技术指导,对参加农业技能培训的经营者进行分级考核并颁发相应级别和类型的资格认定证书,确保农业生产经营的专业化、高效化,从而实现农业生产经营与农地融资的良性运转。

(三)建立并完善农村信用体系,防控金融机构融资风险

具体而言,要积极推动信用村建设,包括内部由村集体组织对农业经营者进行信用评级并建档,外部则实现金融机构对农业经营者信用评级的联网。同时,建立并完善农业生产经营的福利保障制度,如农资购买优惠、农业保险保障及农业抵押融资优待等,并将这些福利与经营者的信用评估挂钩。对于信用评级高的经营者,提供更丰厚的福利保障;而对于信用评级低的经营者,则减少福利,甚至在一定期限内取消福利。以此激励农业经营者合理高效地进行农业生产经营,及时偿还抵押贷款及利息,从而降低银行的贷款风险。

① 陈小君."三权"分置思想指导下的深化农村土地制度改革的法律问题 [J]. 政治与法律,2018(8):2-3.

网络黑恶势力犯罪司法治理困境及进路探析

◇ 苏艳玲　崔婷婷

内容提要　信息时代,网络空间已成为亟须重点保护的法定领域。随着网络的蓬勃发展,黑恶势力犯罪活动也悄然向网络空间蔓延,形成网络黑恶势力犯罪。鉴于黑恶势力犯罪在网络空间持续扩展的态势,网络黑恶势力犯罪已成为常态化扫黑除恶斗争中的一大难点。为有效应对这一现实挑战,我们亟须全面深入地理解网络黑恶势力犯罪的概念、特征及其犯罪模式,系统梳理当前司法治理面临的困境,并积极探索和完善打击惩治网络黑恶势力犯罪的有效路径。从而确保常态化扫黑除恶行动在网络空间中得以持续深入推进,力求实现良好的政治效果、法律效果和社会效果。

关键词　黑恶势力犯罪　扫黑除恶　网络　司法治理

苏艳玲,山东法官培训学院党群工作部(人力资源部)主任。

崔婷婷,山东法官培训学院讲师。

2018—2020年为期三年的扫黑除恶专项斗争使黑恶势力[①]犯罪得到有力惩治。自2021年起,"常态化扫黑除恶斗争"对打击黑恶势力、保护民众权益提出了更高要求。鉴于黑恶势力犯罪在网络空间持续蔓延,2022年9月,公安部等九部门联合启动为期一年半的涉网黑恶犯罪专项打击行动,深入推动常态化扫黑除恶在网络空间的纵深开展[②]。为净化网络环境、严惩网络黑恶势力,我们必须精准把握其特征与犯罪模式,系统梳理司法治理难题,探索完善打击路径,确保常态化扫黑除恶行动在政治、经济和社会层面均取得显著成效。

一、网络黑恶势力犯罪概述

相较于传统黑恶势力犯罪,网络黑恶势力犯罪在本质上依然保持其固有的恶性,并未发生根本性变化。随着信息网络技术的广泛普及,黑恶势力愈发频繁地利用这些技术作为犯罪的工具和手段,使得网络黑恶势力犯罪成为常态化扫黑除恶行动中的一项严峻挑战。因此,我们迫切需

[①] 本文所指的黑恶势力包括黑社会性质组织和恶势力组织,其中恶势力组织又分为恶势力集团和恶势力团伙。

[②] 公安部等九部门联合部署开展打击惩治涉网黑恶犯罪专项行动 [EB/ON]. [2022-09-05]. https://app.mps.gov.cn/gdnps/pc/content.jsp?id=8952039.

要精准界定网络黑恶势力犯罪的概念,明晰其特征,并深入剖析其犯罪模式,准确预测其发展趋势,进而不断完善司法治理体系。

(一)网络黑恶势力犯罪的概念界定

从类型化思维的角度出发,网络黑恶势力犯罪的概念界定应建立在网络犯罪定义的基础之上。具体而言,网络黑恶势力犯罪应被界定为:黑恶势力将网络作为"犯罪对象",或将其作为"犯罪工具",或将犯罪活动迁移至"网络空间",所实施的犯罪行为。这类犯罪可进一步细分为网络黑社会犯罪和网络恶势力犯罪两种形态。这是对网络黑恶势力犯罪概念的一种形式化界定。

在明确形式概念的基础上,还需透过现象看本质,网络黑恶势力犯罪本质上仍属于黑恶势力犯罪。何谓网络黑恶势力犯罪,刑法学界存在两种观点:第一种观点认为,网络黑恶势力犯罪是传统黑恶势力犯罪手段的升级,是以攻击他人网站相威胁,从而变相收取保护费的犯罪行为[1]。第二种观点将网络黑恶势力犯罪限缩在网络空间,提出网络黑恶势力犯罪是传统黑恶势力犯罪的网络异化,是有组织规模的网民在网络空间这一虚拟平台,利用掌握的网络技术对特定对象实施网络攻击,或者以网络攻击作为威胁,实现非法目的,如通过敲诈勒索获得财物,强迫交易攫取非法经济利益等,在具备一定规模后对某些行业形成非法控制和垄断[2]。这两种观点均将网络黑恶势力犯罪狭隘地等同于在网络空间内发生的黑恶势力犯罪,从而限制了犯罪成立的范畴。笔者认为,网络黑恶势力犯罪是指黑社会性质组织及恶势力在保持其传统黑恶本质的同时,所实施的一切融入网络元素的犯罪行为的统称。在此基础上可进一步细分,即网络黑社会性质组织犯罪涵盖但不限于以下几种类型:一是"对象型"网络黑社会性质组织犯罪,即行为人利用所掌握的网络技术对特定领域实施非法控制,强迫他人满足组织的非法要求,典型的如网络技术敲诈型犯罪;二是"空间型"网络黑社会性质组织犯罪,通过操控网络舆论对网络秩序进行非法控制,强迫他人满足其非法要求,如网络黑公关犯罪;三是"工具型"网络黑社会性质组织犯罪,以网络为工具对特定领域实施非法控制,如网络"套路贷"犯罪。这些犯罪行为均旨在获取不正当利益。随着网络因素的渗透,网络黑社会性质组织犯罪与网络恶势力犯罪之间的本质差异,主要在于能否在特定领域内形成非法控制。

(二)网络黑恶势力犯罪的特征

就网络黑恶势力的形成来看,其与传统黑恶势力密不可分,故对网络

① 孙景仙,安永勇.网络犯罪研究[M].北京:知识产权出版社,2006:3.

② 皮勇.论网络恐怖活动犯罪对策[J].武汉大学学报(人文科学版),2004(5):582.

黑恶势力进行认定时,仍应注重对传统黑恶势力要件的把握,即传统黑恶势力的基本特征都应该有所体现。就网络黑恶势力的特殊方面来看,网络黑恶势力犯罪形态发生改变,比如出现单一对多个、多个对多个的情形①。网络黑恶势力犯罪呈现出有限范围内的突破。

1. 组织结构松散。

通常情况下,传统黑恶势力组织的特点是:组织结构相当紧密,拥有众多成员,呈现出金字塔式的层级结构,存续稳定,且纪律规约严格,成员频繁纠集;往往基于地缘或亲缘关系构建垂直管理体系,成员固定且相对认同感较强,内部分工明确,严格遵循隶属模式。

网络黑恶势力则明显具有更为灵活的组织特征,呈现松散化。具体而言:首先,组织结构趋于链式的扁平结构,除少数组织人员间存在隶属关系外,大部分底层参与人员间都是平等的雇佣、协作、委托关系②;其次,除了部分组织者、积极参加者相对固定外,大部分参与者类似于"临时工";最后,网络黑恶势力成员往往犯罪目的并不相同,但都追求经济利益。

2. 犯罪手段以"软暴力"为主。

区别于传统黑恶势力犯罪使用的造成人身伤害的暴力手段,网络黑恶犯罪分子采用的犯罪手段呈现出"软暴力"特征,主要是通过威胁、要挟、滋扰、辱骂、恐吓等手段,对被害人形成心理压制,从而影响被害人正常的生活、工作秩序。犯罪手段主要包括以下几类:一是为牟取不法利益,通过有预谋、有计划地使用非法获取的公民个人信息,以短信、电话轰炸或群发 PS 裸照等方式催收债务,进行"套路贷",实施敲诈勒索、寻衅滋事、诈骗等犯罪行为;二是建设或利用第三方平台放贷,实施"线上"非法经营行为,采用非法手段向贷款人催收贷款;三是搜索购物平台商家负面信息,以曝光、举报为名,要挟商家支付"封口费"等,进行恶意索赔。

3. 社会危害性加大。

从犯罪数量来看,2022 年 9 月—2023 年 2 月,全国公安机关共打掉涉网黑恶犯罪团伙 400 余个,其中黑社会性质组织 20 余个,恶势力犯罪集团 320 余个,其他涉恶犯罪团伙 50 余个,破获各类案件 8 800 余起③。网络黑恶势力犯罪处于高发态势。

从危害结果来看,网络的开放性和持续技术迭代加速了黑恶势力组织的发展、壮大,网络黑恶势力侵害的地域、行业较传统线下犯罪更广、更深。对人员的侵害也远比传统犯罪要广且呈现"一对多"的特点,具体表

① 张明楷.网络时代的刑事立法 [J].法律科学(西北政法大学学报),2017,35(3):69-82.

② 莫洪宪.常态化背景下网络黑恶势力犯罪的体系防控 [N].人民法院报,2021-05-13(5).

③ 公安部部署推进打击惩治涉网黑恶犯罪专项行动 [EB/ON].[2023-02-16].https://app.mps.gov.cn/gdnps/pc/content.jsp?id=9063808.

现为受害人数多,可以对同一受害人重复犯罪等①。

从危害范畴的视角审视,网络黑恶势力犯罪相较于传统黑恶势力犯罪,其跨越地域界限的能力更为突出,能够产生跨国界的影响。欧洲网络犯罪中心曾发布一份名为《网络有组织犯罪威胁评估》的报告,明确指出,网络犯罪分子无须亲临现场或目标国家,便能以极低的代价和风险,对全球范围内的受害者实施网络犯罪或攻击。然而,世界各国在刑事司法和执法能力方面存在显著的不均衡,这导致一些犯罪组织倾向于在犯罪风险和成本相对较低的地区设立据点。随着经济全球化进程的加速推进,许多境外有组织犯罪集团和犯罪团伙向我国境内渗透并发展,逐渐演化成为跨国犯罪集团。

(三)网络黑恶势力犯罪模式

基于对网络黑恶势力犯罪概念及其特征的深入理解,我们可以将网络黑恶势力犯罪模式大致划分为两大类:一类是传统黑恶势力犯罪活动向网络空间的转移,这类犯罪既在线上展开,又与线下活动紧密结合,如网络"套路贷";另一类则是完全依托信息网络技术的新型网络黑恶势力产业化犯罪,其典型表现为网络水军。

1. 传统黑恶势力犯罪"线上 + 线下"共同发展,以线上为主。

在该模式下,网络作为手段和工具的角色相较于传统黑恶势力犯罪已发生显著变化。黑恶势力犯罪组织利用信息网络进行高利贷等犯罪活动,将犯罪过程中的部分环节转移至线上,通过网络精心布局。以网络"套路贷"为例,犯罪者常通过无限制条件的网络现金借贷平台进行非法放贷,利用虚假的借贷协议和伪造的银行流水记录,当借款人无力偿还时,诱导其向其他网贷公司借款"平账",并伴随软硬暴力、胁迫等手段谋取非法利益。这类犯罪外表看似"合法",实则极具隐蔽性,且辅以线下威胁恐吓、上门催债、所谓"谈判或协商"等手段,犯罪成本低而获利极高。例如,在福建宁德柯某锋等人网络"套路贷"案中,柯某锋等人在福州市成立无网络贷款资质的"佰仟借条"公司,利用"借贷宝"平台,通过制造虚假流水、恶意垒高债务、软暴力催收等手段,长期有组织地实施网络"套路贷"违法犯罪活动②。

2. 新型网络黑恶势力产业化犯罪。

这类犯罪以网络为活动空间实施犯罪,正在向产业化发展,围绕用户信息安全和流量变现构建起一系列黑灰色产业链条。该链条大致可分为上、中、下游三个环节:在上游环节,不法分子先利用技术直接盗取或购买

① 于志刚.网络犯罪与中国刑法应对 [J].中国社会科学,2010(3):109-126.

② 公安部公布打击惩治涉网黑恶犯罪专项行动 5 起典型案例 [EB/ON].[2023-02-16].https://app.mps.gov.cn/gdnps/pc/content.jsp?id=8883068&mtype=.

公民信息,然后出售这些信息、资料、程序工具和技术;中游环节是黑灰色产业的核心,不法分子利用上游获取的信息实施入侵、窃取等实质犯罪活动(值得注意的是,一个上游犯罪团伙可以对接多个中游团伙,且能细分为不同层级,深入挖掘信息价值,实施具体犯罪);下游环节则是销赃变现,通过各种手段将非法所得转化为合法资产,为中游团伙提供服务,并在洗钱过程中牟利。

网络水军类案件是这类犯罪的典型代表。庞大的网络水军群体并不绝对依附于单一上级,而是根据多个上方层级的指示执行具体操作。在司法实践中,网络水军的底层成员往往难以得到恰当的评价和有效的惩罚。如今,网络水军的活动已不再局限于单纯地发布负面稿件,而是扩展到了有偿删帖、造谣引流等领域,极易误导和煽动社会公众,严重扰乱社会公共秩序。例如,在山东滨州梁某海等人的负面舆情敲诈案中,梁某海为谋取私利,在多个新闻网站注册了自媒体账号,如民生供稿平台、视觉天下等,招募人员有组织地以曝光单位、个人的负面信息相威胁,通过索取"宣传费""合作费""删帖费",以及强迫购买高价白酒等手段非法敛财。这一行为在网络空间和现实社会中造成了恶劣影响,严重侵害了人民群众的人身和财产安全。

二、网络黑恶势力犯罪治理困境

由于网络黑恶势力犯罪具有不同于传统黑恶势力犯罪的特点和犯罪模式,现阶段司法治理还不能及时有效地惩治网络黑恶势力犯罪。

(一)难以实现犯罪预防

2018年1月发布的《关于开展扫黑除恶专项斗争的通知》中明确指出,针对黑恶势力犯罪应当"坚持依法严惩、打早打小;坚持标本兼治、源头治理"。"打早打小"一直是打击黑恶势力犯罪的基本策略。所谓"早",主要是从发展阶段和时间上来说的,强调的是犯罪发生、犯罪组织形成的起始阶段和初级阶段。所谓"小",主要是从犯罪组织规模上来说的。"源头治理"指向犯罪发生源,即引发犯罪产生、形成与发展的源头,强调应当从"根本上、源头上"进行犯罪治理,避免犯罪继续发展和衍生其他犯罪。因此,"打早打小"的刑事政策着重于在犯罪发生的原始阶段和萌芽状态予以打击,以有效治理犯罪。然而,与传统黑恶势力犯罪的行为方式和手段不同,网络黑恶势力犯罪依托于网络空间,利用现代信息技术实施犯罪,犯罪手段较为隐蔽,犯罪呈现出虚拟性、专业性的特点。犯罪分子组

织化程度较高,分工专业,有专人负责收集被害人信息、培训犯罪手段、搭建和维护网络平台、转移和"漂白"违法所得等工作,犯罪分子之间配合默契、协作熟练,且多在境外,很大程度上阻碍了打击惩治和预防黑恶势力犯罪的进展,"打早打小"的刑事政策难以彻底落实。

(二)网络黑恶势力犯罪事实难认定

1. 关于组织特征的认定。

首先,最高人民法院、最高人民检察院、公安部、司法部(以下简称两高两部)2019年10月联合发布的《关于办理利用信息网络实施黑恶势力犯罪刑事案件若干问题的意见》(以下简称《办理信息网络黑恶案件意见》)第10条要求对组织特征认定时应"综合判断",其中包括对相关人员"是否相对固定"进行审查,而网络黑恶势力犯罪组织架构的一大特性是底层人员的流动性强,一般性成员趋于临时化和市场化。因此,在构成人员方面,传统审查方式与网络黑恶势力犯罪人员流动性并不契合。其次,从组织成员人数上看,实践中一般以10人作为黑社会性质组织的人数起点,以3人作为恶势力组织的人数起点,但在网络黑恶势力犯罪中,人数多寡并不必然决定其影响范围和危害后果。最后,在组织严密性方面,黑恶势力犯罪行为在网络空间中被分散分割而趋于碎片化,"犯罪行为"转向"违法行为"①。如网络水军案件底层群体的违法行为无法通过刑法、行政法进行全面、有效的评价。

2. 关于单纯线上实施犯罪行为的认定。

《办理信息网络黑恶案件意见》第12条对网络黑社会性质组织犯罪行为特征采用线上和线下相结合的方法进行审慎划定,并进一步明确指出"单纯通过线上方式实施的违法犯罪活动,且不具有为非作恶、欺压残害群众特征的,一般不应作为黑社会性质组织行为特征的认定依据"。该意见并没有明确表明单纯通过线上方式实施,同时又具备为非作恶、欺压残害群众特征的违法犯罪活动的定性问题。

3. 关于软暴力的认定。

两高两部联合印发的《关于办理实施"软暴力"的刑事案件若干问题的意见》(以下简称《"软暴力"意见》)首次对"软暴力"进行了界定,第4条明确将"软暴力"手段归属于黑社会性质组织行为特征以及恶势力概念中的其他手段;第2条首先在第1款中通过列举与兜底的方式对传统"软暴力"违法犯罪手段的表现形式进行了介绍;第2款将"软暴力"手段的表现形式拓展到了信息网络或者通信工具,意味着网络黑恶势力犯罪

① 于冲.有组织犯罪的网络"分割化"及其刑法评价思路转换[J].政治与法律,2020(12):47-58.

的行为手段包括"软暴力"。然而,《"软暴力"意见》对于通过网络实施"软暴力"的行为,仅限于原则性规定,这导致在司法实践中,对于仅涉及网络"软暴力"的组织,在认定其行为特征时存在诸多争议。具体而言,有观点指出,网络"软暴力"在本质上可能仅构成单纯滋扰行为,此类行为并未被任何具体罪名所明确列为行为手段或客观行为,因此依据治安管理处罚法进行处罚似乎更为恰当,即若仅存在单纯的网络滋扰型"软暴力",则不宜将其视为构成"软暴力"犯罪①。那么,在网络黑恶势力犯罪的背景下,一个组织若仅采用滋扰型"软暴力"手段,能否被定性为黑恶势力组织? 当前司法实践中的普遍做法是,将同时采用暴力与"软暴力"手段的组织认定为黑社会性质组织,而将胁迫型"软暴力"作为唯一或主要手段的组织认定为恶势力。但鉴于网络黑恶势力犯罪的手段大多以滋扰型"软暴力"为主,这在组织性质的认定上司法机关出现了严重分歧,导致实践中在对网络黑恶势力犯罪的处理上往往出现"升格"或"降格"的现象。

4.关于危害性特征的认定。

对于传统黑恶势力组织的危害性特征,黑社会性质组织有"四要素",即称霸一方、一定区域或行业内、非法控制或重大影响、严重破坏经济社会生活秩序;恶势力组织则要求仅形成扰乱,造成较为恶劣的社会影响。二者的重要界限在于是否构成对一定区域或行业的非法控制和严重影响。考虑到黑恶势力犯罪在网络领域的迁移,《办理信息网络黑恶案件意见》第13条将网络空间和现实社会的控制和影响程度融入判断标准,但在实践中存在具体困难。对于常见的"工具型"网络黑恶势力犯罪而言,由于网络工具性质的认定并不影响其原本具备的犯罪性质,因此基本被纳入黑恶势力犯罪惩治框架中。但"空间型"网络黑恶势力犯罪并不完全契合对传统黑恶势力犯罪的认定标准,即高度非法控制、过低准入门槛、形成行业垄断,正是基于此种原因,此类犯罪在实践中极少被纳入黑恶势力犯罪的框架中。

（三）案件管辖有争议

《办理信息网络黑恶案件意见》第四部分专门针对案件管辖做了具体解释,原则上案件管辖以犯罪地为主、居住地为辅。网络黑恶势力犯罪因物理空间依托性淡化及管辖地范围宽泛,导致管辖权冲突频发。尽管《办理信息网络黑恶案件意见》第15条对并案侦查与指定管辖有所规定,但缺乏具体标准。2022年发布的《关于办理信息网络犯罪案件适用刑事诉

① 阮齐林.刑法该如何规制黑恶势力的滋扰活动[EB/ON].(2019-04-25).https://www.sohu.com/a/312211250_120058306.

讼程序若干问题的意见》(以下简称《信息网络犯罪刑诉程序意见》)进一步规范了信息网络犯罪案件的刑事诉讼程序,包括并案与分案处理、重大案件及境外案件的指定管辖等。然而,除"在境外实施"为明确标准外,其他指定管辖前的协商原则及非特殊情况下的指定管辖情形均未明确,给司法实务带来困扰。

(四)取证难和审查判断标准不具体

1. 取证难度大。

相较于传统黑恶犯罪,网络黑恶势力犯罪主要依托信息网络实施违法犯罪活动,其犯罪手段具有隐蔽性强、涉及面广的特点。具体而言,这类犯罪在证据收集、固定和梳理方面均面临较大挑战。一是证据收集难度大。犯罪分子常常利用虚拟身份在网络上联系沟通,其组织结构扁平化、直接化,层级较少,导致部分犯罪分子的真实身份难以确定。因此,在收集证人证言、同案犯供述等证据时,面临较大困难。二是证据固定难度大。网络信息传输速度快、存储便捷,但同时也容易被覆盖、删除或转存。这就要求相关部门在调查取证时,必须及时收集并固定证据,以避免证据灭失。三是证据梳理难度大。网络黑恶势力犯罪的客观证据多以电子数据形式存在,这些数据基础庞大、形式多样、内容复杂且时间跨度长。因此,在审查、判断各证据并形成证据链条时,需要投入大量的人力物力。

2. 证据审查判断标准不具体。

要全面、系统、及时地调查与收集能够证明网络黑恶势力犯罪事实的证据,也要更为严谨、缜密地审查判断证据。《办理信息网络黑恶案件意见》第8条规定:"侦办利用信息网络实施的强迫交易、敲诈勒索等非法敛财类案件,确因被害人人数众多等客观条件的限制,无法逐一收集被害人陈述的,可以结合已收集的被害人陈述,以及经查证属实的银行账户交易记录、第三方支付结算账户交易记录、通话记录、电子数据等证据,综合认定被害人人数以及涉案资金数额等。"但对证据审查判断标准并未做具体展开,造成司法实践中审判机关对网络黑恶势力犯罪案件的证据审查判断标准把握得并不一致,给案件审理带来困扰。

三、完善惩治网络黑恶势力犯罪的路径探索

(一)及时惩处轻微违法行为,实现"打早打小"

秉持"打早打小"的刑事理念,对网络黑恶势力犯罪类型轻微违法行为者进行矫治与教育。第一,对于违法但尚未构成犯罪的行为,应当充分

发挥治安管理处罚法等法律的功能。尤其是对"网络水军"滋扰、网店恶意评价等轻微违法行为，应当防止出现"既不刑也不罚"的情况，公安机关、行政机关应当及时依法给予行政处罚并限制其账号活动，保证行政处罚与刑事制裁的良好衔接，及时预防犯罪。第二，区分单个碎片行为和犯罪的手段行为，组成犯罪的碎片行为应置于犯罪体系中评价。如在恶意差评敲诈勒索案件中，恶意差评行为本身不构成犯罪，但作为敲诈勒索的前置手段，则应当置于敲诈勒索犯罪中进行体系化的评价。第三，针对难立案的大量预备或未遂行为，沿用"犯罪数额"作为单一定罪标准失之偏颇。针对财产类犯罪，应注重考察涉案金额、作案既遂和未遂次数、犯罪手段危害性程度及次生危害。对于诋毁名誉声誉类的违法犯罪行为，则首要考察对受害者引发的负面影响程度，包括点击数、浏览量和受害者的应激反应，其次考察作案次数、涉案金额等问题。

（二）提升网络黑恶势力犯罪定罪量刑的精准化、灵活性、科学性

1. 明确认定单一线上财产类的黑恶势力犯罪。

如前所述，《办理信息网络黑恶案件意见》第12条并没有明确单纯通过线上方式实施，同时又具备"为非作恶、欺压残害群众"特征的违法犯罪活动的定性问题。而"为非作恶、欺压残害群众"的判断具有较强的主观性，导致实践中纯线上实施犯罪的网络黑社会性质组织和恶势力很难认定。随着犯罪门槛的降低和收益的提高，对于财产类的网络黑恶势力犯罪来说，单一线上的犯罪模式不仅是政府监管的盲区，也是包括第三方平台在内的网络监管的盲区。笔者认为，对于这类犯罪，虽然没有线下暴力的直观危害性特征，但在网络加持下，其行为无不具有"为非作恶、欺压百姓"的特征，直接影响公众日常生活秩序和社会秩序，应当认定"线上+为非作恶、欺压残害群众"也是网络黑恶势力犯罪的特征之一。

2. 细化认定标准。

第一，综合研判组织特征。鉴于网络黑恶犯罪的组织结构已明显弱化，对于此类犯罪组织的认定，应从形式化的特征界定转变为实质化的功能界定。网络黑恶势力的内部实质要件并未发生根本性变化，在实施具体的违法犯罪活动时，若组织头目能有效指挥并控制其成员，即可认定该组织符合实质的组织特征要件。因此，我们应摒弃以往那种仅依据"网络黑恶势力的组织成员是否相对固定""组织成员人数是否达标"等机械、形式化的认定方式，在对案件事实进行综合研判的基础上，对组织特征进行实质化、功能化的判断。

第二,提升"软暴力"行为的地位。黑恶势力组织的行为特征除暴力和威胁外,还包括与暴力和威胁具有相当程度的其他手段。现实生活中该行为表现的花样繁多,围而不打、打而不伤、伤而不重等情形较多,"显暴力"特征趋向弱化。我国反有组织犯罪法中将"软暴力"的法定手段规定为"滋扰、纠缠、哄闹、聚众造势"四种类型。鉴于网络黑恶势力犯罪的隐蔽性和复杂性,对于其"软暴力"行为的认定应当适度扩大范围。一方面,为确保不随意扩大黑恶势力的认定边界,我们依然要坚持"软暴力"应以暴力或威胁为基础进行判定这一原则。另一方面,我们也应认识到,"软暴力"作为一种新兴的非暴力手段,其实质在于对被害人构成威胁,滋扰其正常生活,或影响公共舆论。以"网络水军"案件为例,犯罪分子提供接受雇佣、发帖发文、勒索财物、删帖删文等全方位服务。这些行为虽非直接暴力,但正是通过这些非暴力手段,对被害人形成了实质性的威胁。因此,我们不能仅仅因为网络黑恶势力组织缺乏明显的暴力特征或暴力威胁,就否定其黑恶性质。相反,我们应当突破传统黑恶势力组织的认定标准,如果个人、企业、社会秩序、司法秩序乃至国家声誉因此遭受不法侵害,即便没有"暴力保障特征",仅凭"其他手段"及其产生的威胁,也应视为网络黑恶势力的行为特征,该组织同样可被定性为网络黑恶势力组织。

第三,"降级"认定区分网络黑恶势力犯罪。区分网络黑社会性质组织犯罪与网络恶势力犯罪的关键在于非法控制特征的存在与否。在判断网络黑恶势力犯罪是否具备非法控制特征时,核心在于审视该组织是否对网络秩序实施了有效控制。值得注意的是,网络黑恶势力犯罪组织往往结构松散,难以展现出传统黑恶势力组织那种高度的"非法控制"特征,因此在实践中较少被归类为典型的黑恶势力犯罪。为了更准确地界定网络黑恶势力犯罪,我们宜采取"降级"认定的策略:若确认存在网络黑社会性质组织,成员仅需认识到恶势力的基本属性即可;而对于网络恶势力,参与者仅需认识到共同犯罪的层面便足够。这一策略基于学术界与司法实务界的共识,即恶势力被视为黑社会性质组织的雏形[①],是共同犯罪的进阶形态。具体来说,一方面,网络黑社会性质组织的"非法控制"特征已变得不那么显著。若仍要求组织成员认识到特定的非法控制特征才能认定,这无疑提高了认定的门槛,可能导致普通参与者难以被界定为组织成员,进而削弱法律的惩治效果。另一方面,对于网络恶势力而言,成员仅需认识到共同犯罪,这一标准主要是基于网络平台的特殊性考虑。该标准也能规制网络恶势力中因参与者高度流动性而产生的"一人或二

① 谢勇,王燕飞.论有组织犯罪研究——十年回顾、评价与前瞻[J].犯罪研究,2005(3):83-94.

人"恶势力的特殊情况。

（三）完善惩治网络黑恶势力犯罪司法程序

1. 完善案件管辖。

一是对案件中的犯罪地做进一步限缩解释。为了高效利用司法资源，并充分考虑到主要犯罪地在犯罪过程中的关键作用，必须精心筛选主要犯罪地，这包括犯罪行为的发生地、目的地及结果所在地，以便有效应对可能出现的管辖权冲突。二是《信息网络犯罪刑诉程序意见》中未具体规定信息网络涉黑恶犯罪案件的指定管辖地，因此应当依据一系列标准来进行指定管辖，如距离犯罪地较近、证据集中存放地、法官办案能力强及具备处理类似案件的经验等。同时，还需不断完善公检法机关之间关于指定管辖案件的通报与协商机制，以确保案件处理的顺畅与高效。三是对于指定管辖，应当实施相应的监督与约束。一旦发现侦查机关在管辖权方面存在疑问，后续机关应立即启动程序倒流机制，以强化监督制约程序，确保案件处理的公正与合法。

2. 加强网络监管与电子证据调查取证

在对网络黑恶势力犯罪进行司法与执法的过程中，由于缺少网络监管与调查取证的科学技能及配套设施，司法机关常常无法及时发现信息网络空间的违法犯罪行为，也难以调查取证。为了防止犯罪的进一步扩张及证据流失的风险，不仅需要加强日常网络监管，也需要完善利用网络调查取证的配套设施。对此，我国反有组织犯罪法相关规定①为网络黑恶势力犯罪的有效监管与调查取证提供了切实可行的路径，具体包含以下方面：一是公安机关应当提高自身对网络黑恶势力犯罪的技术分析能力，利用现代信息技术，建立线索收集与研判机制，对网络黑恶势力犯罪进行分级分类的处置；司法行政机关还需要建立严密的冻结与监测网络，对监测到的网络黑恶势力犯罪工具及其违法所得及时冻结，以防止证据灭失。二是全面规范地收集线上电子证据，注意与线下证据的关联性，并且详细记录提取电子证据的过程。电子证据必须保存在特定的存储载体上，确保电子证据的稳定性。三是完善电子证据审查判断标准的可操作性。比如，在电子证据关联性证明标准上，应该结合网络黑恶势力个案的具体情况和特点，明确网络背后行为人的现实身份，关注该证据与待证事实、具体行为、其他证据之间是否存在关联以及关联的程度，分析各证据之间存在的内在联系，才能进行全案综合评判。

①《中华人民共和国反有组织犯罪法》第16条第1款、第17条、第24～26条、第51条、第54条、第72条等规定。

（四）建立国际合作机制

借助信息网络技术，黑恶势力犯罪向着跨国的方向发展。对跨国网络黑恶势力犯罪的打击，需要国家间的协作与配合。联合国公约规定了引渡、移交、司法协助等国际合作措施。因此，应当通过专门立法，建立打击惩治网络黑恶势力犯罪的国际合作机制。一是建立情报交换制度。通过缔结国际条约、签订双边协定等方式，建立国家间情报交换制度，定期交换网络黑恶势力犯罪活动及其犯罪人员的情况等。二是建立警务合作机制。加强国际协作，定期进行人员交流，形成协作国之间刑事侦查力量和资源的共享，最大限度地及时侦破跨国网络黑恶势力犯罪案件。例如，西欧和美国的司法机构短期或长期聘请具有与"三合会"斗争经验的香港地区司法人员[①]。三是完善刑事司法协助机制，实施与相关国家的引渡、移转管辖及证据收集的国际合作等司法协作措施，形成打击跨国网络黑恶势力犯罪的刑事司法合力。

四、结　语

从扫黑除恶专项斗争到常态化扫黑除恶，我国都毫不动摇地坚持严惩方针。信息网络技术的快速发展，使黑恶势力借力在网络空间大肆发展，进而延续其实际控制范围，网络黑恶势力犯罪波及面广、样式多变的同时又具备极强的隐蔽性。虽然刑法《办理信息网络黑恶案件意见》、反有组织犯罪法等法律法规在预防和惩治网络黑恶势力犯罪中有着显著的指导意义，但司法实践中的新问题总是不断涌现，希望本文所述方法路径对预防和惩治网络黑恶势力犯罪有所助益。

① 张旭.犯罪学要论[M].北京:法律出版社,2003:558.

金融犯罪案件办理中的问题与探索

◇ 李翠云

内容提要 近年来,金融犯罪案件在经济类犯罪案件中的占比呈现上升趋势,不仅扰乱了正常的金融秩序,使国家财产蒙受巨大损失,也极大地影响了社会的和谐稳定。尤其是集资诈骗类涉众型经济犯罪,因涉及人员多、案情复杂等原因,极易引发信访风险。本文主要以笔者所在基层法院办理的自 2018 年以来的金融犯罪案件为基础,对基层法院在金融犯罪案件审理中遇到的问题进行分析与探索。

关键词 金融犯罪 集资诈骗 追赃挽损

李翠云,东营市河口区人民法院刑事审判庭法官助理。

一、基层法院金融犯罪案件基本情况和特点

(一)金融犯罪案件基本情况

本文所称金融犯罪主要是指我国刑法第三章破坏社会主义市场经济秩序罪中第四节破坏金融管理秩序罪及第五节金融诈骗罪的相关犯罪案件,涉及罪名主要包括伪造货币罪、非法吸收公众存款罪、集资诈骗罪等。2018—2023 年,河口法院共审结金融犯罪类案件 17 件 62 人,其中非法吸收公众存款、集资诈骗类案件 11 件 53 人,洗钱类案件 3 件 3 人(其中,1 件系李某受贿、自洗钱案;2 件均系掩饰、隐瞒集资诈骗款项的来源和性质,提供资金账户并转移资金),保险诈骗类案件 1 件 1 人,骗取贷款类案件 1 件 2 人,妨害信用卡管理类案件 1 件 3 人。

一是各年度的案件办理数量波动较大。2018 年办理金融犯罪案件 2 件 2 人,涉及罪名均为非法吸收公众存款罪;2019 年 4 件 17 人,涉及罪名为集资诈骗罪、非法吸收公众存款罪;2020 年 1 件 1 人,涉及罪名为保险诈骗罪;2021 年 4 件 6 人,涉及罪名为非法吸收公众存款罪、洗钱罪、骗取贷款罪;2022 年办理 5 件 34 人,涉及罪名为非法吸收公众存款罪、集资诈骗罪、洗钱罪、妨害信用卡管理罪;2023 年 1 件 2 人,涉及罪名为非法吸

收公众存款罪。

二是各年度的案件种类变化不大。虽然我国刑法对于破坏金融管理秩序犯罪和金融诈骗罪的规定有31条,罪名涵盖的范围也很广,但是实际上基层法院办理的金融犯罪案件种类变化不大,主要涉及的罪名就是非法吸收公众存款罪、集资诈骗罪,占比为64.71%,洗钱罪、妨害信用卡管理罪等均较少。故笔者对于金融犯罪案件的研究主要还是基于集资诈骗及非法吸收公众存款这两类涉众型金融犯罪案件展开。总的来看,本地金融犯罪案件呈现案件波及面广、受害群体复杂、影响变大的趋势。

(二)金融犯罪案件基本特点

一是涉众型案件多发,集资参与人多。2018年以来,集资诈骗、非法吸收公众存款类案件中的集资参与人数量越来越多。例如,在2018年的王某某非法吸收公众存款案件中,涉及的集资参与人仅为59名,涉案资金为1 000.5万元;而在2022年的张某等26人集资诈骗、非法吸收公众存款案件中,集资参与人则达到了近千人,共非法吸收公众存款近亿元。无论是集资参与人的数量还是集资金额均实现了数倍增长。

二是非法集资类案件犯罪方式多样化,追赃挽损难度大。涉案形式不断升级演变,手法多变、迷惑性强。犯罪分子往往会紧跟金融热点,瞄准特殊人群,将新能源、新投资、虚拟货币等作为宣传噱头,非法吸收资金。同时会针对一些特定人群,量身定制一些项目,实现对宣传对象的精准收割。如一些非法吸收公众存款类案件,目标群众主要是55周岁以上老人,往往通过一些所谓的高息返利、组织旅游、组织客户听课等方式进行对口宣传。犯罪分子在募集到资金后往往进行多次转移,或者用于挥霍。2022年审理的2起洗钱类案件均系涉案人将自己名下的银行卡出借给集资诈骗的被告人使用。

三是洗钱流程上游犯罪的罪名较为集中,洗钱犯罪手段多样化。从审理的3起洗钱类案件中可以看出,洗钱流程上游犯罪的罪名主要系集资诈骗罪和职务犯罪。随着2021年3月1日《中华人民共和国刑法修正案(十一)》的实施,明确了自洗钱也构成犯罪,即不仅为他人掩饰、隐瞒犯罪所得及其产生收益的来源和性质的行为构成洗钱罪,贪污受贿、走私、贩卖毒品等七种上游犯罪的行为人为了掩饰、隐瞒犯罪所得及其产生收益的来源和性质而实施的提供资金账户等行为也同样构成洗钱罪。李某洗钱案件则是典型的自洗钱犯罪案件。目前洗钱手段、方式日趋多样化、智能化,随着信息网络技术进步和金融创新发展,逐渐衍生出专业网络

"跑分"平台、证券交易、互联网交易等新型洗钱方式,资金转移转换异常复杂,这给金融监管部门和司法机关查明案件资金来源、性质、去向带来极大挑战。

二、基层法院在金融犯罪案件审理中的困境

1. 案件审理期限过长。笔者梳理已审结的金融犯罪案件,特别是涉众型的非法吸收公众存款、集资诈骗类案件,发现审理期限普遍过长,部分案件甚至超过一年。这主要因为案件涉及众多集资参与人,移送法院后常出现遗漏参与人或追加起诉被告人的情况,导致多次退补侦查和起诉,影响了法院的工作效率。

2. 涉案财产查证力度不够。经梳理,对于金融犯罪案件中涉案财产的查证关系案件办理的实效,但是在审理过程中,法院在查明犯罪事实并依法裁判的过程中,往往会依据被告人的犯罪事实、认罪态度、是否积极退赃退赔等情节进行定罪量刑。公安机关在对被告人采取强制措施后往往对于涉案财产的查证不够,导致后续案件执行清退等出现问题,清退率较低。审判法官会在审理阶段鼓励当事人积极退赔,但是这个数量往往与涉案犯罪金额存在一定的差距,致使案件虽然顺利审结但是效果却不佳。

3. 在认定被告人主观故意上存在困难。如本院审理的集资诈骗、非法吸收公众存款类案件中往往存在部分被告人构成集资诈骗、部分被告人构成非法吸收公众存款的情况,此时如何准确认定,需要综合考量全案证据。对被告人主观上是否有非法占有目的的认定存在困难,被告人往往不认罪,需要结合具体行为等客观证据才能作出准确的认定。在审理洗钱、骗取贷款类案件中,对于被告人是否构成主观故意也需要综合考虑。

三、金融犯罪案件审理中的困境原因分析

1. 法律规范缺失,适法争议多。此类金融犯罪案件常涉及金融创新元素,因此在界定非法集资的罪与非罪、区分集资诈骗与非法吸收公众存款等罪名、判断是个人犯罪还是单位犯罪,以及确定涉案金额等方面,统一认知成为一大挑战。此外,互联网金融等领域的法律规范尚不完善,这使得金融创新与金融犯罪的界限变得模糊不清。在尚未违反行政法规定的情况下,直接适用刑法进行规制存在诸多难题。

2. 法院队伍建设与工作需要不相适应。笔者所在法院刑庭经内设

机构改革后,现设有3个团队,共有员额法官3名(不含分管领导)、法官助理3名、书记员3人。3名员额法官中有1名为新入额的法官,1名为刚从民事审判庭调来的法官,还有1名为资深刑事法官。刑事审判队伍的稳定性较以前来说有一定欠缺,刑事审判能力和经验也面临一定挑战。如何完善基层法院刑事审判队伍,保证刑事审判的每一起犯罪案件都经得起法律、历史和人民的检验需要多加考虑。同时基层法院往往面临案多人少的压力。员额制下如何充分调动所有干警的工作积极性,提高相关业务人员的综合素质,使办案团队人员具备法律、经济、会计等多学科知识,能游刃有余地看懂所有审计报告,算准每一笔涉案数额仍任重而道远。

3. 金融犯罪案件"打早打小"与"冷眼旁观"二律背反。《国务院关于进一步做好防范和处置非法集资工作的意见》中明确提出,对于此类案件,应注意"打早打小",打防结合。从理论上讲,"打早打小"有利于遏制非法集资造成的不良影响,但是在实践中,办案机关在选择打击节点时往往面临是"打早打小"还是"冷眼旁观"的两难抉择。一方面,如果在企业资金链断裂前选择"打早打小",则会引起有些投资人的反对,因为他们认为涉案企业已将资金投入真实、可靠的项目中,只是流动资金短缺,因为其投资款是可以收回的。基于这种考虑,很多投资人坚持不报案,导致案件无法启动。另一方面,如果办案机关只是"冷眼旁观",一直等到资金链断裂、老板跑路才介入,则会被投资人抱怨对于案件的处理滞后,甚至被质疑和投诉。

四、基层法院金融犯罪案件审理路径探索

1. 实现常态审理,加强沟通协调。对此案件的审理,应秉持常态化审理的核心理念,坚持公开审判的基本原则,确保庭审过程、判决文书及涉案财物的处置均公开透明,充分展现法院公正严明的良好形象。同时应积极回应集资参与人等当事人的合理诉求与关切,在接待和处理此类案件的咨询与答复时,须保持统一口径,耐心且细致地做好解释工作,引导当事人对案件判决及执行工作形成合理预期,尽最大努力赢得当事人对法院工作的理解和支持。针对案件审理过程中可能出现的事实认定、法律适用等争议点,应进行深入细致的分析研判,并加强裁判文书的说理部分,做到敢于说理、善于说理,充分彰显法院依法公开、公正裁判的决心与信心。

2.注重区别对待,突出打击重点。在涉众类集资诈骗案件中,被告人数量往往众多,审理此类案件的关键在于依法查明每个被告人所处的层级及其具体的职责分工。同时,需全面考量被告人参与犯罪的金额、个人非法所得、主观过错程度等事实与情节,以便在定罪量刑时精准区分、突出重点,确保刑罚与罪行相匹配。对于在非法集资活动中扮演组织、策划、指挥角色以及主要获利者的被告人,应重点打击,依法予以从严惩处,以彰显法律的威严。而对于前述核心人员以外的被告人,则需根据具体情况区别对待,遵循宽严相济的刑事政策。特别是对于那些自愿认罪认罚并主动退赃的被告人,应积极适用认罪认罚从宽制度,既保障诉讼程序的顺利进行,又有效节约诉讼资源,提升办案效率。

3.强化追赃挽损,着力化解矛盾。非法集资类案件审理的核心环节是违法所得的收缴与退赔,直接关乎每一位集资参与人的切身利益。处理不当,极易引发信访事件,成为社会不稳定因素。因此,最大限度地追赃挽损,不仅是办理此类案件的首要目标,也是有效预防信访风险、维护社会稳定的关键举措。我们必须强化追赃挽损意识,将这项工作提升至与定罪量刑同等重要的高度。具体而言,要切实做好涉案财物的续封、续冻等保全措施,确保财物不被非法转移或隐匿;要高度重视对涉案财物去向线索的收集与固定,为后续的追缴工作提供有力支撑,持续开展追缴与退赔工作,确保在严厉打击犯罪的同时,充分保障集资参与人的合法权益。

4.推送司法建议,巩固治理成果。作为审判机关,推进国家治理体系和治理能力现代化是人民法院的重要职责。在办理金融犯罪案件的过程中,应深入分析非法集资、骗取贷款、洗钱类犯罪中暴露出的问题,主动向金融监管部门、金融机构、行业协会等相关部门推送司法建议,争取有关部门的高度重视及跟踪反馈,力争形成防范化解金融风险的强大合力。

小额诉讼程序运行的困境与纾困之法

◇ 张聪聪

张聪聪，东营市河口区人民法院速裁审判庭法官助理。

内容提要　小额诉讼程序的设立旨在及时化解小额纠纷、提高诉讼效率和减轻法院案件负荷,合理利用司法资源。小额诉讼程序是我国借鉴其他国家和地区的立法经验而确立起来的,作为一种新型的诉讼制度,在移植的过程中难免会经历理念的冲突、与既定制度排异和融合的过程。近年来小额诉讼程序虽然发挥了一定的作用,但是由于存在诸多制约因素,仍面临着适用率低、程序界限不明、程序价值不明显、救济途径不畅通等困境。实务中应客观对待小额诉讼的适用,分析小额诉讼程序运行中存在的问题,找出小额诉讼程序的完善路径,进一步推动小额诉讼程序有效适用。

关键词　小额诉讼程序　程序价值　适用率

随着我国经济的高速发展,人民群众的法律意识也日益增强,不少人的观念从传统的恐惧诉讼转变成积极利用司法途径进行维权,使人民法院的民事案件数量大幅增长,"案多人少"矛盾更加突出。相对匮乏的司法资源难以满足人民群众的司法需求,而基层法院的法官也面临着极大的审判压力。在此背景下,为低成本、高效率地维护当事人合法权益,小额诉讼程序应运而生。

2022年实施的新民事诉讼法修正完善了小额诉讼程序,进一步推动了小额诉讼程序的现代化进程,为更加便民高效地解决民事纠纷提供了程序保障。"法律的生命,不在于理论而在于实践。"小额诉讼程序只有经过司法实践的检验并不断发展完善,才能成为一项良好的法律制度。

一、小额诉讼程序概述

(一)小额诉讼程序的概念

根据新民事诉讼法第165条的规定,基层人民法院和它派出的法庭审理事实清楚、权利义务关系明确、争议不大的简单金钱给付民事案件,标的额为各省、自治区、直辖市上年度就业人员年平均工资50%以下的,适用小额诉讼程序审理,实行一审终审。从立法条文的规定来看,小额诉讼程序并非与简易程序、普通程序并列的第三种诉讼程序,而是在适用简易程序的简单案件中,以标的额大小为标准,划出特定案件,适用简易程序,实行一审终审。换言之,小额诉讼程序是法院审理数额较小的案件所适用的一种比简易程序更加简易化的诉讼程序,是对简易程序的补充完善。

(二)小额诉讼程序的特征

1. 受理法院为基层人民法院和它的派出法庭。随着我国经济的不断发展,越来越多的小标的额案件进入法院,导致基层法院案多人少的矛盾愈发凸显,基层法院法官承担的审判任务愈发繁重。普通审理程序审限长、程序烦琐,导致法院积压了大量的案件,给法院工作带来极大的困难。小额诉讼程序的设立与适用,在一定程度上提高了民事审判的效率,节约了司法资源,减轻了基层法院的审判压力。

2. 适用范围有限。小额诉讼程序的适用标的额为各省、自治区、直辖市上年度就业人员年平均工资50%以下。各地上年度的就业人员年平均工资每年都进行调整,故小额诉讼程序的标准并非一成不变,而是随着当地经济发展而变化。适用小额诉讼程序的案件还必须是事实清楚、权利义务关系明确、争议不大的简单民事案件。上述标准保证了案件审理的速度。

3. 审理程序灵活简便。小额诉讼程序更加简易、便利、快速、低廉,讲究速裁速判,缩短诉讼时间,降低诉讼成本,提高诉讼效率。同时,小额诉讼程序实行一审终审,这是其区别于普通简易程序的一个重要特征,其出发点也是为了提高诉讼效率、节约司法资源。

(三)小额诉讼程序的立法目的

20世纪后期,为适应社会变化、减轻司法压力,西方一些国家进行司法改革,小额诉讼程序作为集简易、便利、快速、低廉为一体的新型程序应运而生。小额程序的建立不仅是基于对民事案件进行分流处理,减轻法院负担的一种构想;同时也在于实现司法的大众化[①]。

近年来,我国民事纠纷案件急剧增加,基层法院"案多人少"的压力越来越大,人民群众不断增长的司法需求与有限司法资源之间的矛盾愈演愈烈。小额诉讼程序的设立,一方面可以缓解基层法院所面临的审判压力;另一方面能够让当事人低成本、高效率地解决债务纠纷,让司法资

① 齐树洁.构建小额诉讼程序若干问题之探讨[J].国家检察官学院学报,2012(1):126-134.

源得到合理配置。

二、小额诉讼程序的运行现状

2021年,河口法院共受理小额诉讼案件499件(成功结案496件),占民事案件受理总数的18.06%。从分类来看,合同类案件429件,机动车交通事故责任类案件为41件,追偿类案件19件,其他侵权类案件4件,婚姻家庭类案件3件。在结案方式上,判决占比约为46.2%,撤诉占比30.0%,调解占比23.8%。2022年,河口法院共受理小额诉讼案件472件(含旧存3件,成功结案468件),再次占据民事案件受理总数的18.06%。从分类来看,合同类案件397件,机动车交通事故责任类案件32件,追偿类案件24件,婚姻关系类案件7件,其他侵权类案件5件,劳动争议类案件3件。在结案方式上,判决结案占比下降至约40.5%,调解占比上升至39.5%,撤诉占比则为20.0%。2023年,河口法院共受理小额诉讼案件467件(含旧存3件,成功结案464件),占比降至民事案件受理总数的17.94%。从分类来看,合同类案件397件,追偿类案件28件,机动车交通事故责任类案件17件,其他侵权类案件8件,劳动争议类案件6件,婚姻关系类案件4件。在结案方式上,判决占比回升至约44.8%,调解占比下降至29.2%,撤诉占比则达到26.0%。值得注意的是,在目前所审结的案件中,无一例申请提起再审或抗诉。

三、小额诉讼程序运行面临的困境

(一)程序适用率低

2012年最高人民法院审判委员会原专职委员杜万华认为,全国法院小额诉讼案件将占到全部民事案件的30%左右,每年的数量将超过120万件,对人民法院的民事审判工作格局将产生重大影响[①]。基层司法机关也曾对于小额诉讼抱有较高期望,但实践中小额诉讼程序的适用率低下,远未达到当初的预期,并且呈现逐年减少的特点。小额诉讼程序适用率低既有司法机关的原因,也有当事人的原因。一方面,当事人对小额诉讼程序的认识不足。因小额诉讼程序属于新增程序,当事人对民事诉讼法并不熟知,对小额诉讼程序也不了解,再者,二审终审的观念深入人心,很多当事人担心一审终审败诉后无法通过二审程序获得救济;另一方面,适用小额诉讼程序一审终审后,当事人只能走审判监督程序提起再审或通过信访途径寻求救济,而法院在选择适用小额诉讼程序时往往需要

① 谢勇.认真做好小额诉讼实施准备工作[N].人民法院报,2012-10-09(1).

尊重当事人的意见,考虑到当前信访维稳工作要求,为避免出现当事人上访等不必要的后果,审判人员对小额诉讼程序的适用较为谨慎。

(二)小额诉讼程序价值不明显

民事诉讼法仅仅规定了小额诉讼的适用条件和审级效果,没有对小额诉讼的具体程序作出明确规定。民事诉讼法司法解释对小额诉讼程序的举证期限、答辩期间、裁判文书的简化做了规定;对于解释没有规定的,则要求适用简易程序的其他规定。民事诉讼法对小额诉讼的庭审过程、证据规则、程序转换等方面都未予以规定,难以有效地发挥小额诉讼程序的功能。若按照简易程序审理小额诉讼案件,则既不能满足简易程序审理案件的要求,也无法实现小额诉讼程序快速处理案件的目标。在实践中,有的法院根据简易程序案件的审理程序进行审理,有的法院在庭审、裁判文书等方面比照简易程序做了简化,甚至同一地区的不同法院在审理小额诉讼的程序上都不尽相同。另外,从小额诉讼程序适用的实际情况来看,虽然程序有所简化,审理期限相对简易程序有所缩短,但是在审理方式、流程和裁判文书等方面,与简易程序相比程序优势不明显。事实上,如果无法实现小额诉讼快速处理案件的目标,就会导致小额诉讼的优势难以得到有效发挥而逐渐被"消解"。

(三)精准适用程度有待加强

目前,基层法院小额诉讼程序的分案标准大多较为笼统,常以小额诉讼程序标的额的限制性规定为标准确定适用程序,即将案件标的额低于上年度就业人员年平均工资50%以下,且案由符合小额诉讼程序规定类型的案件立为小额诉讼案件。这种分拣方式确实能将符合小额诉讼程序的案件无遗漏地纳入小额诉讼程序的范畴,尽可能提高小额诉讼程序的适用率,但这种分拣方式最突出的问题在于将部分事实不清楚、证据不充分、案件复杂、难以送达的案件归入小额诉讼案件中,致使后续的送达、审理、裁判等方面需要法院工作人员耗费更多的时间和精力加以处理,延长了整个审判周期。若是程序转换不及时,则可能出现审理程序瑕疵,甚至审理程序混用的现象。

四、小额诉讼程序运行的纾困之法

(一)拓展小额诉讼程序的适用范围

针对目前小额诉讼程序适用率低的问题,民事诉讼法及其司法解释对小额诉讼的标的额采用弹性标准,已经考虑到了不同地区间的经济差

异,但同一省份不同地区的经济发展水平亦有不同,在实践中可以考虑采用更加灵活的小额诉讼程序适用标的额设置,在适用省级标准的同时,允许各地市根据实际情况,报上级法院批准后对标的额的范围作出适当调整。在案件审理中因诉讼请求变更导致标的额超出小额诉讼约定适用范围的,当事人达成继续适用合意,可以继续适用小额诉讼程序。同时,法院要进一步加大宣传力度,向当事人释明小额诉讼程序便捷、高效的优点,通过积极引导,提高当事人对小额诉讼程序的认同感和接受度,让更多当事人选择适用小额诉讼程序。

(二)规范小额诉讼程序的审理流程

目前,小额诉讼程序在实践中操作不规范,有些程序与简易程序混同,亟待明确规范小额诉讼程序的具体流程。明确小额诉讼程序案件的分案时限、审判庭案件收取时间、排期时限、送达时限等。简化送达和传唤的方式,比如电话送达、电子邮件送达、短信送达、邮寄送达等方式,只要当事人实际上能接收到通知,即视为已经送达。小额诉讼程序以一次开庭审理为原则,庭审过程可不受法庭调查、法庭辩论、最后陈述等程序限制,灵活安排庭审过程,争取一次开庭、当庭宣判、当庭送达裁判文书。厘清普通程序、简易程序、小额诉讼程序之间的界限,合理确定不同诉讼程序的定位、适用范围及其程序规则,普通诉讼程序的严格性、简易程序的简便性和小额诉讼程序的灵活性相互配合,相辅相成,使复杂案件适用严格、规范的普通诉讼程序,简单案件适用成低廉、灵活的简便性程序,"能简则简,当繁则繁",实现诉讼资源的合理配置[1]。

① 蒲一苇,朱秋燕.理想与现实:小额诉讼程序运行的困境与完善路径——基于宁波市六区法院的实证研究[J].民事程序法研究,2015(2):111-125.

(三)理性看待小额诉讼程序的价值

小额诉讼程序的设立目的主要是提高诉讼效率、缓解司法压力。实践中亦对小额诉讼程序的适用和推进带有过高期盼,希望通过小额诉讼解决法院案多人少的现实问题。在理想主义的期盼中,反而难以合理评价小额诉讼程序的价值和制度功能。一方面,小额诉讼程序的目的不仅在于减轻法院的负担,更重要的是要使司法接近大众,具有亲民性,使民众广泛地享受司法服务和法律保障,因而不能简单地以案件数量以及是否减轻司法负担来评价其效用;另一方面,不能过于强调其高效、便利的程序优势,而忽略其所产生的效率与公正的冲突,以及程序保障不足等弊病,在制度设计上要找到冲突的平衡点,进行合理的限制和规范。

(四)完善小额诉讼程序的救济途径

小额诉讼程序实行一审终审制,在现行法律框架内其救济途径只剩下再审程序,然而,再审程序的适用条件过于严格,当事人通过适用再审程序获得救济的正当性和可能性较低。若赋予小额诉讼程序与简易程序、普通程序一样的上诉程序,则又使得其失去了自身的特点和价值。在此背景下,如果实行不附加其他救济途径的一审终审制,那么除了司法错误和信用不良本身蕴含的风险之外,考虑到我国司法独立状况和信访制度的亢奋,还可能将对小额裁判的挑战由上诉法院转向其他党政部门①。对比实行小额诉讼程序的其他国家,各国在司法实践中普遍存在救济的路径,但是同时受到救济条件和救济方式的限制。故应当赋予当事人就小额诉讼裁判结果向原审法院进行异议的权利,但规定当事人只有在认为原审判决法律适用错误或者程序严重违法的情况下才能提出异议。原审法院应当另外指定法官进行审查,以保障当事人相应的程序利益。

① 傅郁林.小额诉讼与程序分类[J].清华法学,2011,5(3):46-55.

五、结 语

小额诉讼制度运行能否达到立法目的,依赖于制度本身的完善及必要的配套措施的辅助。只有遵循司法规律,加大程序保障的力度,不断探索小额诉讼程序的更优立法与适用新径,才能充分发挥小额诉讼程序的制度价值,使其成为既受当事人欢迎,也为法官乐于适用的程序。

侵权案件中特殊体质的裁判思路构建

◇ 赵　爽

赵爽,东营市东营区人民法院民事审判一庭法官助理。

内容提要　对于侵权案件中遇到受害人特殊体质时如何裁判,实践中观点不一。最高人民法院指导案例 24 号确立了受害人体质状况不属于减轻侵权人责任情形的"蛋壳脑袋"规则,但该规则尚未得到普遍参照适用,需要构建更为合理实用的裁判思路。本文对此类案件进行类型化分析,试图从归责角度构建新的裁判思路。

关键词　特殊体质　侵权赔偿责任　因果关系

一、特殊体质定义

实践中,有判例将受害人自身疾病与特殊体质作为两个概念予以区分,亦有学者主张对特殊程度予以区分。笔者认为没有必要对特殊体质的定义进行严格限定,最重要的应该是研究在侵害特殊体质者的案件裁判中,法官如何处理侵权损害的责任成立、责任范围、损失分担等问题。因此本文采用程啸关于受害人特殊体质的界定,根据产生原因的不同,可将受害人的特殊体质分为两类:其一,受害人先天性的特殊体质,即由遗传因素决定的易患某种疾病或者已经罹患了某种疾病,如受害人有过敏性体质、血友病、先天性薄颅骨病、成骨不全症、先天性心脏病等;其二,受害人后天性的特殊体质,即非因遗传因素而是由于后天的各种因素导致的身体器官或者机能与正常人不同,包括心脏病、高血压、糖尿病、冠心病、肺癌等,或因年老而出现的骨质增生、骨质疏松、颈椎退行性病变等[1]。特殊体质的含义有两个:一是生理方面的个体特征,如身体形态的发育水平、生理代谢功能和器官效能、身体运动素质、机体适应能力(包括免疫力);二是心理方面的个体特征,如能力、气质、性格、意志力等。因此特殊体质又可以分为身体型特殊体质和精神型特殊体质。

① 程啸.受害人特殊体质与损害赔偿责任的减轻——最高人民法院第 24 号指导案例评析 [J].法学研究,2018,40(1):67-86.

二、司法实践中对特殊体质是否构成减轻损害赔偿责任存在分歧

（一）以指导案例 24 号为代表的不减轻赔偿责任主张

指导案例 24 号荣某英诉王某、YC 财产保险股份有限公司江阴支公司机动车交通事故责任纠纷案,裁判要点为交通事故的受害人没有过错,其体质状况对损害后果的影响不属于可以减轻侵权人责任的法定情形。该案例主要从因果关系及过错责任归责原则角度切入,认为"年老骨质疏松仅是事故造成后果的客观因素,并无法律上的因果关系""虽然原告荣某英的个人体质状况对损害后果的发生具有一定的影响,但这不是侵权责任法等法律规定的过错,荣某英不应因个人体质状况对交通事故导致的伤残存在一定影响而自负相应责任"。

综观案例及学者们的主张,认为受害人之特殊体质原则上不减轻赔偿责任,基本理由是作为绝对权的生命权、健康权、身体权是最重要的法益,本应当享有最为广泛而且平等的保护。同时赔偿功能也是侵权责任法最基本的功能,受害人从情感上而言值得同情和保护,身体健康状况不佳或心理精神脆弱的人和所有健康人一样有公平参与社会生活的权利和自由。因果关系方面,从医学或法医学的角度来说,受害人的特殊体质的确与侵权行为共同造成了受害人更严重的伤残后果甚至死亡,但导致受害人不得不支出医疗费、护理费和交通费等的唯一法律原因是侵权行为,二者具有相当因果关系,不应考虑受害人特殊体质而减轻赔偿责任。即便受害人特殊体质与损害之间存在部分因果关系,也不能当然使加害人减轻责任,因为受害人具有特殊体质并不意味着违法,也不必然表明受害人有过错,让其分担责任缺乏归责的依据。从加害人过错与受害人过错的角度分析,受害人具有特殊体质这一客观事实本身无法被看成过错。无论受害人的特殊体质是先天就有的还是后天形成的,都只是一种客观的事实,而非受害人的作为或不作为。过失相抵中受害人的过错是指受害人没有采取合理的注意或者可以获得的预防措施来保护自己的民事权益免受损害,以致遭受了他人的损害或者导致了损害结果扩大的一种主观心理状态。若基于受害人的特殊体质而提升其自我照顾和保护的注意义务,使该义务高于常人,则有违平等原则;即使受害人具有预见的能力,也不能因此就推导出其具有避免损害的义务;另外就风险控制能力而言,受害人的风险控制能力不一定更强,也不应由特殊体质受害人负有更高的注意义务。既然特殊体质受害人不负有更高的注意义务,受害人特殊

体质就不能构成过失相抵中的受害人过错。

（二）特殊体质减轻赔偿责任的主张

然而实践中，即便是机动车交通事故责任纠纷案件，很多情况下也并未完全遵循指导案例24条的裁判思路，更遑论其他侵权案件。概括归纳，以下几种情形下可以减轻侵权人的赔偿责任：

一是因为受害人特殊体质，侵权人对损害发生不具有预见可能性。最为典型的是浙江省高院在《关于特殊体质受害人的人身损害赔偿问题》中指出的："具有特殊体质（包括身体型和精神型特殊体质，以及先天遗传或后天衰老、患病型体质）的受害人遭受侵害的，赔偿义务人原则上应对受害人所遭受的全部损害承担赔偿责任。赔偿义务人以受害人所遭受的损害系其自身特殊体质诱发为由进行抗辩的，一般不予支持。但损害后果超出正常情形下可预期范围且侵权人不存在故意或者重大过失的，可综合考量侵权人过错程度、侵害的手段、行为方式等具体情节，与侵权行为通常所可能造成的实际损害后果之间的差距，侵权人承担责任的经济能力等因素适当减轻赔偿义务人的责任。"但是该观点在实践中也存在争议及变化，如浙江省高级人民法院（2015）浙民申字第726号裁定书认为，自身体质导致损害后果扩大至超过正常情况下的预期范围，按照损伤参与度在残疾赔偿金中做相应酌减应属合理。该案在2015年被驳回了再审申请，再审申请人向检察机关申诉并获得浙江省检察院抗诉支持。2016年6月21日该案经浙江高院裁定由该院提审，并于2017年1月18日作出（2016）浙民再212号再审民事判决书，转而认为体质状况对损害后果的影响依法不属于可以减轻侵权人责任的法定情形。

二是受害人本身疾病已经很严重，交通事故成为其受伤或死亡的诱发因素。司法实践中有案例将疾病排除在特殊体质外，如"冠心病属于疾病范畴，不属于人体的自身体质问题""余某系在冠心病基础上，因交通事故等因素诱发急性心功能障碍而死亡"[①]。笔者认为，疾病属于特殊体质，仅从因果关系角度分析，鉴定损伤参与度或死亡原因时，交通事故或损伤占比往往较低，在医学或法医学的因果上，侵权行为作为诱因，或者与特殊体质共同作用（即多因一果），依然得出特殊体质与损害后果之间不存在法律上的因果关系的结论实在牵强。既然特殊体质与损害后果之间存在因果关系，特别是特殊体质系主要原因，那么不减轻侵权人的赔偿义务有违公平。

三是某些医疗事故纠纷。医疗事故处理条例第49条规定，医疗事故

① （2019）川民再521号熊某梅、吴某英机动车交通事故责任纠纷再审民事判决书，https://wenshu.court.gov.cn/website/wenshu/181107ANFZ0BXSK4/index.html?docId=U3nQoCSu02hVomyxh/evjSLHyFWrKBvadjOC26HU2W4Zhhv8IdIicvUKq3u+IEo43E/0OsoF1D3Ab8ldzohKSCcCDdEtUDoE7miAis7LTZSgpQMLh1Yvi1UTo0HXqimO.

赔偿,应当考虑下列因素,确定具体赔偿数额:① 医疗事故等级;② 医疗过失行为在医疗事故损害后果中的责任程度;③ 医疗事故损害后果与患者原有疾病状况之间的关系。法院一般会参照疾病参与度减轻医疗机构的赔偿责任。医疗事故会如此特殊,也是因为在大多数医疗事故中,与医疗侵权竞合的疾病本已相当严重,具有独立发生损害的能力,这与第二类未适用指导案例的案件特点其实是共通的。

四是在一些非机动车交通事故责任纠纷案件中,特殊体质甚至可以成为受害人损害的原因,"加害行为"甚至与损害不构成因果关系。例如,在电梯劝阻吸烟猝死案中,"杨某劝阻段某某在电梯内吸烟的行为未超出必要限度,属于正当劝阻行为。在劝阻段某某吸烟的过程中,杨某保持理性,平和劝阻,其与段某某之间没有发生肢体冲突和拉扯行为,也没有证据证明杨某对段某某进行过呵斥或其他不当行为。杨某没有侵害段某某生命权的故意或过失,其劝阻段某某吸烟行为本身不会造成段某某死亡的结果。段某某自身患有心脏疾病,在未能控制自身情绪的情况下,发作心脏疾病不幸死亡。虽然从时间上看,杨某劝阻段某某吸烟行为与段某某死亡的后果是先后发生的,但两者之间并不存在法律上的因果关系。因此,杨某不应承担侵权责任。"此类案件比较特殊,受害人的特殊体质是造成损害结果的直接原因,而引发被害人特殊体质的行为单独出现时,不可能引起损害结果,只有当前行为到损害结果之间的进程符合常理时,我们才能认定行为人的行为与损害结果之间具有因果关系。其实,在此类案件中,特殊体质并未与加害行为相结合,并不是本文讨论的重点。

三、特殊体质对因果关系的影响

在受害人的特殊体质与加害人的侵权行为结合共同造成损害结果或者扩大损害结果,判断侵权责任承担范围的因果关系时,可以从以下几个方面进行考虑:

首先,在判断是否存在因果关系时,应当从多个角度进行分析。例如,指导案例24号并未仔细分析为何不构成"法律上的因果关系",而应当说明是从侵权责任成立的角度判断,还是从责任承担范围的角度判断,运用的是哪些判断规则等。这些充分的说理有助于对案件相关人员的理解,同时有助于对案件审判的监督,维护和促进和谐社会建设。其次,笔者同意在区分受害人特殊体质与损害后果因果关系类型的基础上,分别探讨受害人特殊体质与损害后果之间存在或不存在法律上的因果关系。在判

断侵权行为人的损害赔偿责任是否应当减轻时,应当根据特殊体质、侵权行为、损害结果之间因果关系的类型进行具体判断。不仅需要考虑加害人的加害行为与损害结果的因果关系类型,还可以通过转换角度,将受害人的特殊体质与侵权行为之间的因果关系纳入考量,即将特殊体质作为造成侵权后果的因素之一,判断是否应当减轻加害行为人的责任。最后,侵权责任因果关系的判断,包括侵权责任成立时的因果关系判断,以及在确定损害责任承担范围时的因果关系判断。在判断侵权责任承担范围上的因果关系时,即使在判断因果关系存在与否时,也存在一系列的价值衡量。

另外有观点认为,法律上因果关系的判断不具有确定性,不能清晰地传递法律价值,个人特殊体质侵权责任承担最终从法律技术判断方法转向价值判断方法。应当在价值判断的基础上,区分加害人是否故意、是否知道受害人特殊体质、仅受害人自己知道其特殊体质、加害人与受害人双方均不知道特殊体质的存在等不同情形,判断应当对哪一方施加更高的注意义务,并据此要求违反该义务的一方承担损失①。笔者认为,因果关系分析是侵权案件裁判中无法回避的问题,进行价值判断有其合理性,但不能忽视因果关系这一基础。

笔者拟从原因力与归责原则的角度出发,对因果关系进行分析。

(一)特殊体质与原因力

笔者认为,可以将特殊体质作为原因力进行判断,进而影响归责与责任分担。但有学者认为,特殊体质作为原因力,应当考虑法政策利益平衡,应当向人的健康和生命这一最高价值倾斜,因此加害人必须对被害人特殊体质造成的所有损害负赔偿责任。也有学者认为,原因力理论旨在解决多因一果情形下,对各原因负责的人的法律责任大小问题。因此,原因力中的原因必须是有法律意义的原因,或者是可以归责的人的行为,或者是可以减免责任的自然力。受害人特殊体质在自然科学上的确是损害的原因,但并不构成法律意义上的原因。因为,受害人就自身特殊体质并无任何过错,不存在可归责性,故没有承担责任的基础,因而特殊体质不应当成为法律上的原因。可见,将受害人特殊体质作为原因,通过运用原因力理论减轻加害人责任的做法是不符合法律逻辑的。笔者认为,原因力分为事实原因力与法律原因力,受害人特殊体质可以作为事实原因力予以确定。将原因力与过错综合比较,在过错责任中更多地根据过错来决定责任范围。在过错推定或者无过错责任无法进行比较的情况下,主要

①徐洁,李遵礼.个人特殊体质介入侵权责任影响的类型化分析——基于最高法院24号指导案例适用情况的考察[J].浙江工商大学学报,2020(1):70-77.

采用原因力的比较。

（二）特殊体质在不同归责原则下对因果关系的影响

过错责任原则是行为人基于自身的过错而承担民事责任的归责原则。过错责任原则是侵权责任的基本归责原则,过错责任的构成要件有4个,即损害事实客观存在、行为有违法性、违法行为与损害结果之间存在因果关系及行为人有过错。过错是过错责任的核心,包含故意与过失。如前文所述,加害人知悉受害人特殊体质仍实施加害行为,因为加害人有更高的注意义务,所以加害人的过错更大。此时应考虑特殊体质作为事实原因力,即考虑降低特殊体质在因果关系中的比例。如果加害人不知悉受害人特殊体质,或者受害人明知自己特殊体质而故意扩大损害结果,因为加害人过错较小或受害人存在过错,在归责时应考虑特殊体质在因果关系中的比例。

过错推定从损害事实的本身推定被告人在致人损害、致物损失的行为中有过错,并为此承担赔偿责任,除非被告人能证明自己无过错。过错推定只适用于法律规定的特殊情形。但是适用过错推定的情形中,被告人有时并非实施侵权行为的加害人。例如,"因林木折断、倾倒或者果实坠落等造成他人损害,林木的所有人或者管理人不能证明自己没有过错的,应当承担侵权责任"[1],而林木折断、倾倒或者果实坠落可能是第三人人为导致,也有可能是自然原因。在此情况下推定被告人过错,更应考虑特殊体质在因果关系中的比例,相应减轻被告人的赔偿责任。

①《中华人民共和国民法典》第 1257 条。

行为人造成他人的民事权益损害,不论行为人在主观上是否有过错,依据法律之规定均应当承担侵权责任,并不存在免责的事由。无过错责任原则,不考虑行为人的过错,一旦有损害结果发生,行为人就应承担责任。但是,该类侵权责任的承担,必须有法律的明确规定,否则不能适用无过错责任。无过错责任是指行为人对自己行为所造成的损害后果,不论是否具有故意或者过失的心理,都应当承担民事责任。无过错责任是不以主观过错(故意或者过失)为构成要件的。无过错责任的立法目的主要是对受害人提供补偿,不能起到预防不法行为的惩罚作用,且大部分责任损失可以借助保险制度予以分担。无过错责任原则以已经发生的损害结果为价值判断标准,对于与该损害结果有因果关系的行为人,无论其有无过错,都要承担侵权赔偿责任。简单地说,有损害则有责任,无损害则无责任。在适用无过错责任原则归责的情况下,一方面由于决定责任构成的基本要件是谁造成了损害结果;另一方面由于主观过错不再是侵权

责任的构成要件,因而决定责任构成的基本要件是因果关系。此时,更应该按照特殊体质原因力大小相应减轻被告人的赔偿责任。

四、受害人特殊体质侵权案件,应当构建的裁判思路

受害人特殊体质侵权案件的处理是司法实践中难以回避、亟须妥善处理的问题,然而指导案例虽然为司法实践提供了指引,但是从检索的相关判决来看,全国各地法院针对受害人特殊体质侵权案件依然出现同案不同判现象,因此有必要对此类案件进行更加清晰地梳理。目前理论与实践中构建的对于受害人特殊体质侵权案件的裁判思路大致有以下几种:

(一)综合分析法

有观点认为应当考虑行为人的过错、可预见性、受害人遭遇风险的性质和所受损害的形态,以及法律政策等因素综合分析。在此引用该观点的逻辑推理示意图(图1)更直观,不难发现其出发点是过错。当然,综合考虑各种因素无疑是值得肯定的。

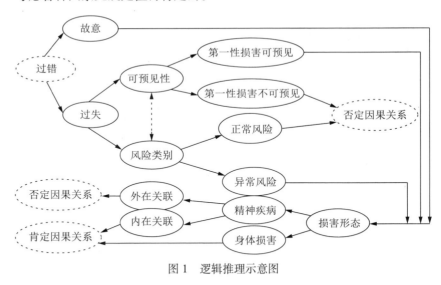

图 1 逻辑推理示意图

(二)类型化区分

有观点主张按照特殊体质的特殊程度、加害人与受害人对特殊体质是否知悉等方式划分责任[①]。笔者认为,此种划分方式存在不足,有待完善。以正常个体差异不减责为例,正常个体差异是指普遍存在的生理或心理上的差异,比如日常性疾病、因年老而出现的退行性病变等。人的生

① 孙鹏."蛋壳脑袋"规则之反思与解构[J]. 中国法学,2017(1):268-287.

命与健康有其脆弱性,日常性疾病在损害参与度中也可能占较大比例,忽视这种客观因果关系,仅因其普遍性而不减责,有失妥当。按照知悉程度划分,需先明确受害人对其特殊体质是否有更高的注意义务。笔者认为受害人没有更高的注意义务。加害人若知悉受害人特殊体质,是否应承担更高的注意义务?考虑到加害人在侵权行为中通常可以控制侵权行为的发生及程度,且从社会成本角度出发,加害人也应承担更高的注意义务。在明确注意义务的前提下,加害人知悉或受害人知悉时是否减责都较为明确。有分歧的是,在加害人与受害人对特殊体质均不知悉的情况下是否进一步划分。笔者认为,进一步划分的话类型会过多,且是否减责也不够明晰。

有观点主张对特殊体质侵权案件进行类型化分析,将侵权行为分为两种类型:第一种类型是"对于正常体质者,侵权行为通常不会导致人身损害,但因受害人的特殊体质而造成损害";第二种类型是"对于正常体质者,侵权行为通常不会导致如此严重的人身损害后果,但因受害人的特殊体质而造成异常严重损害乃至死亡"。倘若属于第一种类型,应先判断行为人的侵权责任是否成立。首先,应根据客观理性人标准判断行为人有无过错;其次,应判断行为人是否正当行使其合法权益,是否存在违法阻却事由;最后,根据可预见性规则判断行为与损害之间有无因果关系。若认定行为人不构成侵权,还需考虑是否依据公平责任要求行为人分担损失;若认定行为人构成侵权,则转换为第二种类型。倘若属于第二种类型,需判断该异常严重损害属于侵权行为的直接损害还是间接损害。间接损害包括三种:第一种是由于身体型特殊体质介入而引发身体上的间接损害,应认定侵权行为与间接损害存在因果关系;第二种是由于精神型特殊体质介入引发间接损害,需考虑损害严重程度、精神压迫强度等因素判断因果关系的成立与否;第三种类型为受害人因精神疾病而自我伤害甚至自杀,原则上应认为中断因果关系。由于间接损害具有特殊性,需综合损害严重程度、行为人过错严重性等因素考量和认定因果关系,不排除适当考虑受害人特殊体质而减轻侵权人责任。若属于直接损害,原则上不应当考虑受害人特殊体质而减轻侵权行为人的损害赔偿责任,除非存在这4种例外情况:其一,即使没有侵权行为的发生,受害人特殊体质依然高度盖然性地导致与侵权行为介入时所造成的相同损害结果,此时,侵权行为与损害结果之间构成假设的因果关系,原则上应当视情况减轻侵权人的赔偿责任;其二,可归责于受害人的原因导致损害结果与特殊体质相关,

① 游博儒.论特殊体质对损害赔偿责任的影响[D].上海:华东政法大学,2020:65.

或受害人未尽基本注意义务,可减轻侵权行为人的损害赔偿责任;其三,考虑侵权行为强度和侵权人过错程度,酌减侵权人责任;其四,就精神型特殊体质的损害赔偿分担问题,可以参考原因力进行比例责任的划分,给予侵权人减轻责任的可能①。此思路从逻辑上讲比较完备,但实践中直接损害与间接损害的区分可能不明显。例如,特殊体质的人遭受同等程度的损害,损害后果会更严重,而正常体质的人可能不构成伤残或伤残等级较低。是否将伤残视为间接损害予以考虑,是否将医疗费和残疾赔偿金等不同的赔偿项目适用不同的赔偿比例,存在争议。只有当损害阶段性区分比较明显时,上述裁判思路适用才比较顺畅。

在吸纳前人成果的前提下,就受害人特殊体质侵权案件的裁判思路,笔者提出以下参考意见:一是应将特殊体质作为事实上的原因力在因果关系中予以肯定;二是在考虑责任承担时,需区分不同的归责原则,在过错责任下,根据加害人的过错、受害人的过错(特殊体质本身并非过错,只有受害人明知自身特殊体质并加以利用才构成过错)、特殊体质事实原因力的大小,综合判断是否减轻加害人的赔偿责任。总之,应当以加害人对损害后果负全部赔偿责任为原则,当特殊体质事实原因力较大时,适当减轻加害人的赔偿责任。

五、结　语

最高人民法院于 2014 年 1 月 26 日发布指导案例 24 号,然而多年来该指导案例并未得到普遍适用,这反映出一刀切处理此类案件并不可取。现实中难以统一受害人特殊体质侵权案件的裁判尺度,需要为法官提供正确处理侵害特殊体质者权益的法律依据和更恰当的法学理论参考。受害人特殊体质作为事实原因力在因果关系认定中是不能忽略的问题,解释成不具有法律上的因果关系,有时会比较牵强。不妨承认受害人特殊体质在因果关系中的作用,根据不同的归责原则,相应考虑是否减轻侵权人的赔偿责任。诚然,裁判思路需要通过实际案件不断检验与修正,从而追求更完善的认定思路,使该类案件中的关键点更为清晰明确,裁判尺度更为统一。

环境行政公益诉讼"不依法履行职责"司法认定"六步法"

——以黄河流域生态环境"修复性"司法理念为价值视角

◇ 李 飞

内容提要 行政机关"是否依法履行职责"是环境行政公益诉讼案件审理中的关键难点与核心焦点。本文通过对黄河流域环境行政公益诉讼案件样本的深度剖析和研究,系统梳理了行政机关"不依法履行职责"在司法审查中的认定现状、实际面临的困境及完善过程中的难点。笔者研究发现,当前存在从"结果"倒推"行为"的逻辑偏误、忽视行政机关履职"期待可能性"的考量、裁判尺度把握失衡等问题。这些问题产生的根源在于,法律规定与实践需求存在脱节、判断标准认知存在分歧、司法谦抑性与能动性不平衡等。针对上述问题,本文探索以"修复性"司法理念为价值指引,构建"主体—结果—行为—抗辩事由—回转式复查—特别救济程序"的"六步法"审查认定逻辑框架,以期为行政机关依法履职提供具有可行性和可视化的判定路径。

关键词 环境行政公益诉讼 依法履行职责 司法审查认定

李飞,东营市东营经济技术开发区人民法院三级主任科员。

随着黄河流域生态保护和高质量发展国家战略的全面启动,黄河流域生态环境立法、司法领域的"大保护""大治理"工作迈入新阶段。2023年4月1日,《中华人民共和国黄河保护法》正式施行,6月27日,最高人民法院发布《关于贯彻实施〈中华人民共和国黄河保护法〉的意见》。立法、法律制度与框架的逐步完善为黄河流域环境司法奠定了坚实的基础,同时也为司法实践提出了新课题、新要求。环境行政公益诉讼作为一种新型且强有力的诉讼模式,是解决因行政机关不依法履行监管职责而导致国家及社会公共利益受损问题的重要手段[1],也是守护生态环境利益的最后一道防线,回应了生态环境利益"谁来保护""由谁负责""如何保护"

① 王勇,王宗涛.环境行政公益诉讼:识别、困境、出路——基于2020年185份裁判文书样本的考察[J].河北工程大学学报(社会科学版),2022,39(2):83-93.

的根本性问题①。然而在实践中,对行政机关是否"依法履行职责"的争议较多,这也成为司法审查的重点和难点。本文在涉黄河流域环境行政公益诉讼的立法规范尚不健全、司法实践和理论研究尚不充分的背景下,以黄河流域生态环境保护为切入点,分析涉黄河流域环境行政公益诉讼中行政机关"不依法履行职责"审查认定的实践状况、现实困境与完善难点,以"修复性"司法理念为价值取向,探索构建"主体—结果—行为—抗辩事由—回转式复查—特别救济程序"作为"不依法履行职责"审查认定的内在逻辑规则,从价值理念和制度体系两个层面,进一步强化环境行政公益诉讼的实质效益与现实价值。

① 李遵礼.环境行政公益诉讼与环境民事公益诉讼的衔接路径——以实体公益与制度公益二分法为进路[J].人民司法,2022(31):72-78.

一、现状审视:黄河流域环境行政公益诉讼表征分析

中华民族的母亲河——黄河绵延 5 000 多公里,先后流经 9 个省、自治区。黄河流域因水而生,两岸人民傍水而居。然而,黄河水污染、水生态、水资源"三水"问题日渐突出。如何充分发挥行政审判的预防和监督功能,监督和支持行政机关积极履行法定职责,成为环境行政公益诉讼面临的一大挑战。

结合涉黄河流域生态环境保护行政公益诉讼的发展现状和案件实践,本文以黄河流域 9 个省、自治区的环境行政公益诉讼案件为实证研究样本,依据中国裁判文书网发布的相关案例数据,以"环境""行政公益诉讼"为关键词,设定 2019—2021 年为时间区间,共检索到涉及黄河流域 9 个省、自治区的 149 件案例,将其作为样本一。同时,在样本一检索条件基础上取消时间限制,增加"黄河"关键词,并以法信网、最高人民法院发布的典型案例等数据资源作为补充,共检索到相关司法裁判案例 26 个,筛选后最终得到 19 个有效案例,将其作为样本二。需要说明的是,虽然受关键词、裁判类型等限制,检索数据可能存在一定偏差,但本文主要从整体层面对司法实务过程中存在的问题进行分析,样本数据基本能够反映当下黄河流域环境行政公益诉讼的发展现状及遭遇的瓶颈。通过对选取的案例进行系统分析对比,发现其主要呈现以下特点:

(一)黄河流域生态环境保护治理的特殊样态

1.跨流域生态环境损害辐射范围广。黄河流域覆盖范围广阔,上中下游各区域自然环境差异较大、环境资源承载能力各不相同、经济开发潜能与需求不一。基于黄河流域的特殊地理条件、天然资源特点以及区域经济发展联系,黄河流域生态环境违法行为的影响范围具有跨区域关联

性特征,地方性的生态损害行为往往波及流域其他区域,生态环境损害的辐射范围具有"扩大性"特征,上中下游的生态环境违法行为往往致使全流域共同承担受损后果和生态威胁[①]。

2. 法律监督牵扯多方行政责任主体。黄河功能的规划、产业的开发利用等环节牵扯诸多权力主体,这使得在黄河流域环境保护与治理过程中,各种权力分配和责任承担的问题相互纠缠,甚至出现监管真空导致环境受损状态持续存在的情形。例如,在公益诉讼人包头市九原区人民检察院诉被告包头市国土资源局九原分局、包头市环境保护局九原分局、包头市九原区林业局对内蒙古某采石厂非法采石行为怠于履行监管职责案中,三被告均认为在其职责范围内已全面履行了监管责任,但出于尊重历史、实现地企共赢的考虑,因非法采石造成的生态资源和环境破坏仍然存在,且三被告未能有效形成齐抓共管合力,致使国家和社会公共利益持续受到侵害。

3. 保护与治理具有长期复杂性。黄河流域生态地貌特征、气候环境、生物多样性、人文资源、自然遗迹的形成源于黄河特殊的气候、水文和历史文化传承,具有形成时间长、不可逆性等特点。这就决定了其受破坏后修复周期长,甚至无法完整修复,严重损害国家利益和社会公共利益,影响黄河生态系统与文化价值的有序延续。

(二)涉黄河流域环境行政公益诉讼案件特征扫描

1. 相对集中:区域性案件分布差异大。对样本一统计数据进行分析可见,黄河流域各省、自治区的环境行政公益诉讼案件分布具有流域性、区域性特征(图1),同时也与区域经济社会发展状况、公众生态保护意识等具有一定关联性。如何让环境行政公益诉讼发挥实效,仍需要深入探究分析。

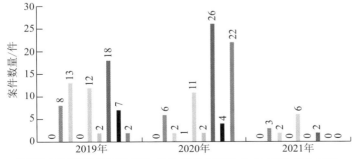

各项从左到右依次为青海、四川、甘肃、宁夏、内蒙古、山西、陕西、河南、山东。

图1　2019—2021年黄河流域9个省、自治区环境行政公益诉讼案件分布情况

① 王国龙,刘淑娟.黄河流域生态环境刑事附带民事公益诉讼实证分析[J].渭南师范学院学报,2022,37(11):77-86,93.

2. 焦点突出:是否全面依法履行职责是争议焦点。从样本二的裁判实践来看,关于行政机关"不依法履行职责"的认定,成为检察机关与行政机关双方争议的重点和焦点。在选取的 19 个裁判样本中,提炼出 15 个围绕行政机关是否全面依法履行职责争议焦点的案件,且对认定标准的审查贯穿于行政公益诉讼的全过程。可以看出,司法实践中存在着认定标准不一致的现实困境。

3. 趋于形式:"确认违法 + 责令履行职责"判决率高。确认违法判决是指"人民法院经审查后认为被诉行政行为违法但不适合作出撤销判决或履行判决,转而确认被诉行政行为违法的判决"[①]。在 19 份裁判案例中有 14 件以判决方式结案,除 1 件二审判决驳回上诉、维持原判,以及 1 件"责令履行职责"外,其余均以"确认违法 + 责令履行职责"的判决方式结案。这表明行政机关有履行职责的必要,同时也是法院对行政机关先前行政行为的否定。但也有人认为,"确认违法 + 责令履行职责"不符合我国行政诉讼法第 74 条的规定。如果法院认为被告确有履行的必要,则应作出履行判决;若认为无履行必要,则确认其违法,而非两者并用[②]。在公益诉讼起诉人土默特右旗人民检察院诉被告土默特右旗将军尧镇人民政府、被告土默特右旗水务局未依法全面履行水务监管职责行为违法案中,最终作出"责令履行职责"判决,正是基于这一点。

4. 普遍胜诉:行政机关的抗辩事由支持率低。针对检察机关控诉的不依法履行职责指控,负责环境监管的行政主管机关一般会据理力争,提出各种抗辩事由,以证明已经穷尽了履行职责的手段,或确实存在履行不能的客观因素。但根据现有的法院判决书,在环境行政公益诉讼中,公益起诉人代表的是公共利益,具有一种天然的"正义性"。当行政机关不依法履职导致环境公益受到损害时,法院难免对其采取"低容忍"的态度。即使存在诸多客观因素致使行政机关无法履职到位,但相较于国家和社会公共利益仍受侵害状态的权衡考量,法院多数会认定抗辩理由不成立。例如,在公益诉讼起诉人临河区检察院诉被告临河区水利局未依法履行水利监管行政职责案中,被告提出在黄河临河段行洪区内违法修建砖厂系历史遗留问题,涉及众多群众利益,需多部门协同配合,且时值新中国成立 70 周年纪念日等重大敏感时期等事由进行抗辩,但法院以妨碍黄河行洪安全、危险未消除为由,判决确认违法,并责令继续履职。

① 程琥. 行政协议案件判决方式研究 [J]. 行政法学研究,2018(5):79-92.

② 夏云娇,朱张丹. 环境行政公益诉讼履行判决的检视及其完善 [J]. 湖北社会科学,2021(10):131-138.

二、问题追溯:环境行政公益诉讼"不依法履行职责"认定困境

针对环境行政公益诉讼中行政机关"不依法履行职责"的认定标准问题,虽然学界提出了"行为标准""结果标准""复合标准"等多种不同的理论观点,但司法实践中人民法院仍主要以"行为标准"和"结果标准"为基础作出实务回应[1]。由此可见,理论界与实务界对环境行政公益诉讼中行政机关"不依法履行职责"的认定标准尚未形成共识。

(一)"不依法履行职责"认定标准现状检视

1. 行为标准说:履职行为与法律规范对照认定。行为标准是将行政机关的履职行为与法律规范进行对照,如行政机关违反法律规范或未按法律规范作出相应行政行为,即认定行政机关未依法履行职责[2]。环境行政公益诉讼中认定负有环境监管职责的行政机关不依法履行职责所采用的"行为标准",其核心在于审查行政机关是否"穷尽了法律规定的各项履职手段",从而达到了"形式全面性"[3]。反之,任何一个环节失职或履职不到位而导致公共利益受损,都可能构成"不履行法定职责",而对于生态环境是否修复至受到侵害前的状态并不做过多要求。例如,在公益诉讼人土默特右旗人民检察院诉被告土默特右旗林业局未依法履行林地监管职责一案中,法院认为被告履行了一定监管职责,但对违法单位、违法行为人未能用尽法律规定的各项履职手段,也未采取切实有效的措施,使得国家利益和社会公共利益仍然处于受侵害状态,最终认定被告土默特右旗林业局怠于履行法定职责的违法事实存在。

2. 结果标准说:行为与结果的双重考评认定。相较于行为标准,结果标准重点将违法行为是否停止、生态环境是否修复等与环境公共利益相关联的效果作为判断其是否全面充分履职的标准。结果标准相较于行为标准对行政机关的要求更为严格,其以行政机关履职的最终结果是否实质性维护了环境公共利益作为认定标准,"结果基准则只考虑结果,至于行为过程则在所不问"[4]。这一标准也有助于激发行政机关充分履职的主动性,最大限度避免"形式作为而实质不作为"现象出现。例如,在公益诉讼人靖远县人民检察院诉被告靖远县水务局不履行法定职责案中,人民法院虽然认可被告采取了一系列履职措施,但河道没有得到治理和修复,生态环境和水资源依然受到破坏,国家和社会公共利益仍处于被侵害状态,因此最终认定被告未履行法定职责。

3. 复合标准说:行为结果基础上的多元认定。行为标准具有可观测和量化等优势,但存在不当引导行政机关及无法有效实现诉讼目的等问

法学论坛

① 唐绍均,李历.论环境行政公益诉讼中不履行法定职责的认定标准[J].山东警察学院学报,2021,33(6):5-14.

② 刘超.环境行政公益诉讼诉前程序省思[J].法学,2018(1):114-123.

③ 张力,黄琦.环境行政公益诉讼中"行政机关是否履行法定职责"的司法审查——第137号指导性案例裁判要旨司法适用规则的构建[J].山东法官培训学院学报,2021,37(4):14-26.

④ 王清军.作为治理工具的生态环境考评——基于水环境考评制度而展开[J].华中师范大学学报(人文社会科学版),2018,57(5):26-37.

题;结果标准虽然保证了诉讼目的的实现,但存在忽视外部不确定变量及不当加重行政负担等问题。为调和二者的冲突,复合标准说应运而生,即基于环境行政公益诉讼客观诉讼的性质,在认定行政机关是否全面依法履行职责时,需综合考虑行政法律规范所确定的行政机关职责范围,行政机关是否采取了有效的行政措施,是否全面运用了法律规范赋予的行政手段,以及是否有效维护了国家利益或社会公共利益①。当前,理论与实务界多数采用行为与结果相结合的复合标准。

(二)环境行政公益诉讼"不依法履行职责"认定困境

1. 从"结果"到"行为"的逆向推演,合理性考量欠缺。出于环境保护的公益效果,法院通常要求行政机关做到全面依法履职,而对于"全面"的追求不只是"形式全面性"。实务中法院多习惯于从环境受损害状态持续的"结果"逆向推出行政机关未穷尽履职的"行为",即只要行政机关履职行为未达到保护环境公益的效果,就推定其未全面履职。此种裁判思路虽然在形式上能够对行政机关是否依法全面履职作出迅速判断,但却忽视了具体案情、专业判断以及自然环境保护特殊外部变量等因素,合理性考量不足。例如,在公益诉讼人包头市 JY 区人民检察院诉被告包头市 JY 区水务局未履行水务监管职责行为违法一案中,被告从已履行法定监管职责、不属于被告河道管辖范围、所涉河道界限不明且管理范围无法确定、职责与机构编制划转导致被告不具有主体资格等方面进行抗辩,但法院从"为保护国家利益和社会公共利益不受侵害"的公益效果出发,虽认为其已经"切实履行相应工作职责",但"不能否认其怠于履行水务监管职责的行为存在"②。

2. 忽视履职"期待可能性"考量,析法说理不足。较于普通行政公益诉讼,在环境行政公益诉讼领域,具体行政机关既要履行诸如利用财政资金进行环境污染治理、生态修复和实施生态补偿等积极的环境行政职责,又要履行包括依法监管污染物排放、生态破坏等环境违法行为的消极环境行政职责③,所面临的人力、物力、财力受限,执法能力严重不足,需要多部门甚至跨区域配合协作等诸多现实问题。此外,还需考虑环境生态自然周期、季节变化、历史人文等多重影响因素。但从样本二案例来看,多数判决对行政机关履职的现实期待可能性考量不够,析法说理严重不足。例如,在公益诉讼起诉人石嘴山市惠农区人民检察院诉被告石嘴山市惠农区农业农村和水务局不依法履行监管职责一案中,被告提出以下抗辩理由:一是存在历史遗留等多方面原因;二是用地租赁法律关系定性未经

① 胡卫列,解文轶.《人民检察院公益诉讼办案规则》的理解与适用 [J].人民检察,2021(18):22-27.

② 包头市九原区人民法院(2016)内 0207 行初 75 号行政判决书。

③ 魏新兴,王园园.环境行政公益诉讼中"不依法履行法定职责"的判断标准 [J].周口师范学院学报,2021,38(3):121-126.

论证;三是正值黄河汛期,无法对违法建筑组织拆迁,应属迟延履行,而非不依法履职。对于上述抗辩理由,法院认为"被告辩称的致使其迟延履行检察建议、未完成整改监管职责是受历史客观原因的阻碍所致而不构成不作为的主张","缺乏事实依据,不予采纳"。

3. 判令继续履行出于"需要",而非"不依法履行职责"。根据我国行政诉讼法和《最高人民法院、最高人民检察院关于检察公益诉讼案件适用法律若干问题的解释》第 25 条第 1 款第 3 项,判令被告继续履行职责的唯一法定事由是"不履行法定职责",而非存在履行职责的必要。但从样本二案例的裁判来看,部分判决对于行政机关是否"不依法履行职责"的认定或评价过于模糊,多数以仍存在公共利益受侵害而有履职必要为由,判令被告继续履职。例如,在公益诉讼人靖远县人民检察院诉被告靖远县水务局不履行法定职责一案中,法院认为"被告虽然对金洋石料厂发出了清障决定书、进行了行政处罚、督促其拆解了部分采砂设备,对部分存量毛砂和石料进行了清理,履行了部分职责……但河道没有得到治理和修复,生态环境和水资源依然受到破坏,国家和社会公共利益仍处于被侵害状态,应当认定为不履行法定职责"[1]。

法学论坛

三、难点分析:"不依法履行职责"认定失范原因探究

(一)法律滞碍与实务经验不足的双短板

众所周知,我国环境行政公益诉讼起步较晚。2015 年 7 月,最高检开始在全国范围内进行环境公益诉讼的试点;2017 年 6 月,新修订的行政诉讼法正式将这一制度确定下来;随后,最高法和最高检于 2018 年颁布了《最高人民法院、最高人民检察院关于检察公益诉讼案件适用法律若干问题的解释》。然而,实践中环境行政公益诉讼案件并不多。相较于一般的诉讼模式,环境行政公益诉讼案件线索来源不足,案件线索收集途径过于单一。同时,诉前程序作为环境行政公益诉讼领域中特殊的程序机制,发挥了过滤器的作用,避免众多案件短时间进入法院,也成为环境行政公益诉讼案件数量相对较少的重要原因。制度规范不健全、理论研究不深入与实务经验不足陷入了相互影响与相互制约的不平衡状态,这也间接致使环境行政公益诉讼中行政机关"不依法履行职责"的认定审查出现趋于形式、标准不一、类案不同判等问题。

① 兰州铁路运输法院(2017)甘 7101 行初 94 号行政判决书。

145

（二）对"不依法履行职责"判断标准的认识存在差异

出于不同立场和利益价值,针对环境资源行政主管机关"不依法履行职责"的判断标准,人民法院、检察机关和行政机关存在不同认识。检察机关作为公益诉讼人主要关注环境资源损害的事实与状态,环境资源行政主管机关则主要关注自身在主客观方面是否履职到位,而法院往往会综合考虑多重因素,且多出于对国家和社会公共利益全面保护的大局,来判断行政机关是否已恪尽职守。根据行政法基础理论,行政不作为违法的判断标准主要包括三方面,即行政主体有特定具体的作为义务、有无履行义务的现实可能和是否已经作为[①]。实践中,判断环境资源行政主管机关是否"不依法履行职责",重点看其是否有作为的现实可能及是否已经穷尽作为手段。对涉黄河流域环境行政公益诉讼案例样本二的梳理分析发现,19件案例中的15件重点围绕被告行政机关是否全面依法履行了法定职责,是否穷尽了履职手段展开论述。而针对被告对履职现实可能性的抗辩事由,多数出于环境公益保护的现实需要而未予支持。总体来看,各地法院对环境资源行政主管机关提出的抗辩事由并没有支持与否的统一标准,而是从检察机关提起环境行政公益诉讼的目的出发,综合考虑各种主客观因素,最终判断是否勤勉尽职地履行了监管职责。

（三）司法谦抑性与能动性未妥当衡平

尊重行政裁量权是公益诉讼谦抑性的重要体现。作为复合性功能的环境行政公益诉讼,除需满足实体环境公益保护外,还需对基础性、根本性的环境资源保护秩序价值予以维护。然而,就目前司法实践看,法院在办理环境行政公益诉讼案件时,往往呈现出不恰当的偏重,即对于保护实体环境公益较为注重,认为行政机关的一些灵活性不符合实行最严格环境保护的政策、严格环境执法的要求,对行政机关宽松或者柔性的环境执法方式持否定态度。从严格法律实施来看,此种观点无可厚非,但未能充分兼顾督促行政机关依法履职功能,不符合环境法实施特点。可以说,在我国环境行政诉讼从无到有的过程中,司法机关也在逐步改变被动地位,积极介入环境保护和治理事业,呈现出一定的司法能动性。如何在环境行政公益诉讼裁判实践中把握司法谦抑性与能动性的适度衡平,是对法官业务素养和经验技巧的实践挑战。

四、融通共用:"修复性"价值视域下"六步法"规则重建

因立法、司法、理论等层面的欠缺,以及法官专业技能不足导致的实

① 刘卫先,张帆.环境行政公益诉讼中行政主管机关不作为违法及其裁判的实证研究[J].苏州大学学报(法学版),2020,7(2):68-77.

践困境难以在短时间内有效改善,但可通过规范认定规则和审查逻辑等予以一定的缓解。笔者继续以黄河流域环境行政公益诉讼为探究视角和基础,融通共用"修复性"生态环境保护价值理念,多元主体协同共建黄河流域生态环境公益诉讼司法秩序,探索构建环境行政公益诉讼"不依法履行职责"多级认定规则和程序规制,即以"主体—结果—行为—抗辩事由—回转式复查—特别救济程序"为内在逻辑的"六步法"认定规则。

(一)理性回应:"修复性"司法理念的价值引入

黄河流域生态环境保护作为一项系统工程,流域自身的整体性、流域生态环境污染的扩大性以及跨流域性等特点,决定了黄河流域生态保护和环境司法等实践需要打破行政区划边界,构建各流域协同治理方案[①]。《最高人民法院关于为黄河流域生态保护和高质量发展提供司法服务与保障的意见》明确指出,要在"大保护、大治理"引领下,以"修复司法"为价值理念,积极探索构建流域多元司法协作机制,形成共建共治共享的流域生态环境治理格局。所谓"修复性",其目的不在于惩罚,而在于"恢复原貌",通过充分发挥法的作用,实现法秩序的建构。在此背景下,为环境行政公益诉讼引入"修复性"司法理念,推动修复主体多元化,在环境损害鉴定、修复方式选择和判决执行监督等方面加强与行政机关对接,拓宽第三方替代履行和公众参与生态环境保护和修复渠道,督促被告或相关单位通过给付货币、补植复绿、土地垦复、增殖放流及替代性修复等方式修复生态环境,实现最大限度修复被破坏生态利益、社会公共利益,确保受损害生态环境得以及时有效修复。"修复性"司法价值理念的引入运用,既是对被告依法全面履职尽责的督促激励,也是对社会的积极引导,而非一诉了之、一判了之。

(二)步骤提炼:"六步法"多级认定规则模型建构

结合前述的实证和理论分析,无论是新修订的行政诉讼法还是其司法解释等法规,关于环境行政公益诉讼的规定都过于原则性。对于如何准确把握环境行政公益诉讼中行政机关"不依法履行职责"判定标准,本文试着探索构建"主体—结果—行为—抗辩事由—回转式复查—特别救济程序"逻辑路径,从价值理念和制度体系两个层面,充分体现环境公益救济的实质效益与现实价值。利用刑法中关于犯罪认定的"三阶层"理论(图2),从主客观构成要件来判断是否符合犯罪该当性,行为是否存在违法阻却事由,行为人是否存在责任阻却事由,进而判断犯罪是否成立。犯罪"三阶层"理论的判断路径有效改进了传统犯罪认定方法的混乱无

① 王国龙,刘淑娟.黄河流域生态环境刑事附带民事公益诉讼实证分析[J].渭南师范学院学报,2022,37(11):77-86,93.

序,对环境行政公益诉讼"不依法履行职责"审查认定提供了有益参考。

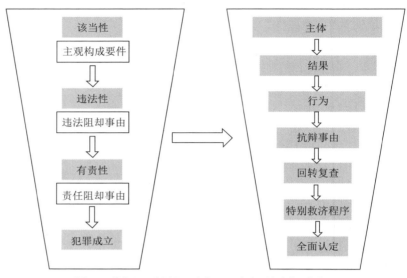

图2 刑法"三阶层"理论与"六步法"认定规则对比

① 周佑勇.行政不作为的理论界定[J].江苏社会科学,1999(2):46-50.

第一步:逻辑起点——主体是否适格。行政不作为是行政违法的一种状态①,在司法实务中,"不依法履行职责"是指行政不作为的状态。行政主体作为行政不作为的主体要件,也是环境行政公益诉讼的判断对象。找准负有法定监管职责的行政机关,是办理环境行政公益诉讼案件的基础任务和逻辑起点。依据现代行政法"职权法定"的基本原则,可以从两个方面判断行政机关是否具有监管职责、是否为适格主体:一方面,除法律规定直接设定的作为义务外,还包括行政法规及规章制度等规范性文件设定的作为义务;另一方面,行政机关的先行行为也可成为作为义务来源之一。在环境行政公益诉讼中,鉴于涉及国家和社会公共利益,基于"修复性"环境保护和治理利益的最大化,行政机关对生态环境的监管责任主要包括两方面:一是运用公权力调配公共资金,组织相关部门对生态环境进行治理;二是运用公权力对破坏生态环境和资源保护的违法行为进行监管。基于此,笔者认为,在行政主体监管职责范围认定上,应坚持从严原则。可结合个案实际和公益保护需要,在认定"法定职责"时,不局限于法律规定,而是依据法律原则和精神,采用行政主体、行为主体和责任主体三合一的标准,合理能动地拓宽行政主体适格认定范围,以避免环境公益未有效保障而无主可诉的尴尬。

第二步:结果评价——客观损害状态是否存在。生态环境保护和治理公益的迫切性和特殊性要求在确定行政适格主体后,进一步明确生态环境受损状态是否持续,是否有效恢复至不受侵害的状态。此时,采用"结果标准",以生态环境是否恢复认定行政机关是否履职,反而成为一种目标明确的指引。行政机关只需考虑恢复生态环境这一概括性要求,而不必拘泥于具体的履职手段,不能因履职手段不明确而认为行政机关不具有履职义务。为更好地应对生态环境问题,行政机关需有针对性地提出新的履职手段和方法,避免使生态环境长期处于不能恢复的境地。环境生态实质受损且状态持续的现实紧迫性成为下一步诉讼程序继续的必要基础,这能最大限度避免环境行政公益诉讼中行政主体"形式作为而实质不作为"的现象出现。

第三步:行为评价——是否全面履行法定职责。在环境保护和治理存在现实修复必要性和紧迫性的情况下,应启动对行政机关是否"全面"依法履行职责的审查认定。通常,若行政机关客观上未采取或未穷尽法律明确规定的行政监管职责,致使国家和社会公共利益仍受侵害,便可直接认定其未依法履行职责;若行政机关已依据相关法律规定采取并穷尽了其职责范围内所有应为之事,但未能实质性达到环境保护的末端效果,则不能简单地将行政机关作为责难对象,认为其未依法全面履行职责,而需综合客观因素全面检视行政机关抗辩阻却事由。

第四步:抗辩事由——是否存在主客观不能事由。若行政机关未能在合理期限内完成环境公益保护的最终目的,则需考察是否存在不能归责于其自身的客观原因,其主观上是否呈现积极保护公益意愿却受制于种种原因而无法全面履职。现代行政管理的复杂性在环境生态行政监管方面体现得更为突出。例如,黄河流域生态环境纠纷案件所牵涉的法律关系复杂、利益主体多元,公共利益是否确实得到保护的判断涉及复杂的专业知识,需引入具有专门知识和丰富经验的第三方机构或专家辅助人参与评估鉴定,增强客观公正的判断说服力,以维护司法裁判公信力。

第五步:状态确认——回转复查履职可能性与受损状态。生态环境行政监管机关的履职可能性,以及生态环境受损害状态并非一成不变,而是具有可变和能动性。如行政机关履职权能的调整、客观不能履职因素消除、行政职权交叉影响,或是生态环境受损害得以完全修复等种种因素均可能对环境行政公益诉讼的裁判走向产生影响,也直接关系着行政机

关"不依法履行职责"的最终认定。鉴于此,有必要在诉讼过程中就上述情况予以实时动态回转复查,便于法官及时调整诉讼程序并准确裁判。

第六步:合理"出罪"——设置特别救济程序。环境行政公益诉讼旨在保护和救济生态环境本身,实现生态环境公共利益的保护和再调整。经过抗辩事由、回转复查步骤确认后,当认定行政机关已穷尽行政履职手段,或是受损害生态环境已全面修复,但因不可逆转地对行政机关或行政相对人造成不利影响时,应当及时积极主动启动特别救济程序,如向检察院释明撤回起诉或终结诉讼等。特别救济程序作为一种事后救济手段,可以更好地发挥制度填补和程序救济的作用,实现对环境公共利益的周延保护。

(三)范式推演:"六步法"审查认定之个案论证

笔者以"公益诉讼人兰州市 XG 区人民检察院诉被告兰州市 XG 区环境卫生管理局(以下简称 XG 环卫局)不履行法定职责案"为例,围绕行政机关主体资格、被告是否全面履行法定职责等争议焦点演练"六步法"审查规则。

表 2 "六步法"审查认定之个案推演

案由	公益诉讼人兰州市 XG 区人民检察院诉被告兰州市 XG 区环境卫生管局(以下简称 XG 环卫局)不履行法定责案
基本案情	2013 年 8 月,XG 环卫局在白崖沟设立垃圾场。同年 10 月,该垃圾场在未取得建设审批、环境影响评价报告等相关审批文件的情况下违法启用。此后,在垃圾处置过程中,XG 环卫局未按操作规程进行填埋作业,导致周边生态环境受到污染。2016 年 11 月,XG 区人民检察院向 XG 环卫局发出检察建议,要求其立即停止使用涉案垃圾场,并采取无害化处理措施,修复区域生态环境。XG 环卫局在回复中称,已对垃圾场进行集中消杀和土方填埋,修复了周边生态环境,并安排人员蹲点监管。然而,XG 区人民检察院后续调查发现,垃圾场虽已停用,但仅采取将垃圾填埋压实后覆盖黄土的简单处理方式,未实施无害化处理和实质性修复措施。2017 年 2 月,XG 区人民检察院向 XG 区人民法院提起行政公益诉讼,请求法院:确认 XG 环卫局设立垃圾场的行政行为违法;判决 XG 环卫局依法履行法定职责,修复区域生态环境。诉讼过程中,被告 XG 环卫局辩称:其不具有设立垃圾场的行政权限,不具有作出相关行政行为的主体资格;针对检察建议,已进行了积极整改,履行了法定职责,社会公共利益已不再受侵害
争议焦点	1. 被告是否具有作出行政行为的主体资格,是否有权设立垃圾埋场;2. 被告是否及时、正确履行了监管职责
裁判结果	一、确认被告兰州市 XG 区环境卫生管理局设立 XG 区扎马台白崖沟垃圾填埋场的行政实行为违法。二、责令被告兰州市 XG 区环境卫生管理局在本判决生效后六个月内履行监督和管理职责,对扎马台白崖沟垃圾填埋场进行无害化处理,修复区域生态环境

第一步:行政机关是否为适格主体。根据我国行政诉讼法的相关规

定,行政行为包括由法律法规、规章授权的组织作出的行政行为。事业单位、社会组织只要承担了行政管理义务,即为适格的行政主体。同时,根据我国固体废物污染环境防治法和城市生活垃圾管理办法,本案被告 XG 环卫局作为 XG 区环境卫生行政主管部门,对城市生活垃圾负有清扫、收集、储运和处置的监督管理职责,系适格行政主体。

第二步:客观损害状态是否存在。垃圾场未进行规范的无害化处理,生态环境污染状态未消除。

第三步:是否全面履行法定职责。被告 XG 环卫局虽然采取了停用垃圾场、消杀和覆盖垃圾等整改措施,但采取措施不规范、不彻底,未从根本上消除对周边环境的影响,应认定未穷尽履职手段。

第四步:是否存在主客观阻却事由。被告以"已将环境污染降到最低"抗辩穷尽了履职手段,但根据公诉人委托的第三方机构做的现状调查报告,该垃圾场建设及运营不满足《生活垃圾卫生填埋处理技术规范》(GB 50869—2013)要求,被告未及时、正确履行监管职责,因此抗辩理由不成立。

第五步:回转复查履职可能与受损状态。诉讼期间,被告履职情况及生态环境受损状态并无变化。

第六步:是否启动特别救济程序。无须启动特别救济程序。

结论:被告 XG 环卫局在本案中未依法履行职责,因环境污染仍然处于持续状态,故判决确认其行为违法,责令履行监管职责,修复区域生态环境。

五、结　语

环境行政公益诉讼作为重视生态利益与价值、多元主体共同参与生态环境保护与治理的重要途径,应当顺应环境保护与治理的现状与需求,逐步完善与优化环境行政公益诉讼中"不依法履行职责"的认定规则。本文通过对黄河流域环境行政公益诉讼案件的梳理,以"修复性"司法理念为价值出发点,搭建环境行政公益诉讼中行政机关是否依法履行职责的"六步法"认定路径,不断廓清环境行政公益诉讼领域内的体系与程序障碍,以期为司法实践中行政机关依法履行职责的审查认定提供可行性和可视化判定路径,进而为探索和健全合理合法的环境行政公益诉讼制度添砖加瓦。

新时期生态保护法庭建设路径探析

——以黄河三角洲司法实践为视角

◇ 朱丽翠　王晓环

朱丽翠,东营市垦利区人民法院审管办(研究室)主任、一级法官。
王晓环,东营市垦利区人民法院永安法庭法官助理。

内容提要　2021年10月20日,习近平总书记在考察黄河入海口时指出,要把保护黄河口湿地作为一项崇高事业,让生态文明理念在实现第二个百年奋斗目标新征程上发扬光大,为实现社会主义现代化增光增色。东营市两级法院牢牢抓住黄河流域生态保护和高质量发展的战略机遇,强化生态保护审判理念,改革创新审判工作机制,致力于构建专门的生态保护审判体系。然而,我国环境司法专门化起步较晚,在发展过程中不可避免地带有地域性特征,且存在一定的盲目性和不确定性。因此,有必要针对黄河三角洲地区环境司法专门化在实践层面展开系统研究,深入探讨新时期生态保护法庭的基本功能定位、建设过程中存在的问题及效能提升的路径,以理性认知支撑其健康发展。

关键词　环境司法　生态保护　效能提升

一、我国环境司法专门化改革的历程

(一)环境司法专门化的内涵

环境司法专门化是指国家或地方设立专门的审判机关(环境法院),或者现有法院在其内部设立专门的审判机构或组织(环境法庭)对环境案件进行专门审理,即由专设的审判机构和专业化的审判人员对于环境案件进行专门性的处理①。2015年底,最高人民法院对环境司法专门化进行了官方诠释,即环境司法专门化是指环境审判机构、环境审判机制、环境审判程序、环境审判理论和环境审判团队"五位一体"的专门化。其中,环境审判机构和环境审判机制是环境司法专门化的枢纽所在,因为它们分别作为有形和无形的载体,具体分配着环境审判的资源,践行着环境审判程序,凝聚着环境审判理论,锻炼着环境审判队伍。

① 张忠民.环境司法专门化发展的实证检视:以环境审判机构和环境审判机制为中心[J].中国法学,2016(6):177-196.

（二）我国环境司法专门化改革的背景

1. 环境保护与经济发展理念的变化。改革开放以来，我国经济社会发展取得了举世瞩目的成就，但也付出了过大的资源环境代价。随着综合国力和国际地位显著提升，世界对我国参与全球环境保护的呼声愈加强烈；人民群众在物质生活水平得到保障之后，对拥有健康美好生活环境的期待也随之提高，因而我国开启了积极探索环境保护的新道路。

2005 年 8 月 15 日，时任浙江省委书记的习近平在安吉余村考察时，首次提出"绿水青山就是金山银山"的科学论断。2006 年，他进一步总结了人类环境认识的三个阶段：第一个阶段是"用绿水青山去换金山银山"；第二个阶段是"既要金山银山，但是也要保住绿水青山"；第三个阶段是"绿水青山就是金山银山"。党的十八大以来，习近平总书记从战略高度更加重视生态文明建设。2017 年 10 月 18 日，党的十九大报告明确提出"必须树立和践行绿水青山就是金山银山的理念"，《中国共产党章程》增加了"增强绿水青山就是金山银山的意识"的表述，彰显了将"两山论"，也就是将生态保护理念作为新的发展观、历史方位的价值取向，探索以生态保护优化经济发展的新路径。

2. 环境司法可以弥补行政手段治理的局限性。基于环境问题的外部性特征，行政监管一直是环境法治的主要手段，中国环境立法也主要采取"管理法"的模式，以行政监管作为制度构建的基础。但从实践角度考察，环境行政监管似乎并未形成稳定的制度理性。从 2005 年开始，"环保风暴"成为很多学者描述环境法实施的关键词，体现了环境行政监管的突击性、阶段性、运动式特征。这种制度的不稳定性反映了环境行政监管部门在一定程度上存在"不作为"或者"矫枉过正"行为①。尽管行政体系内部对这两方面问题都有纠错机制，但相比于司法作为外在监督机制所体现出来的公信力和治理结构上的合理性来说，稍逊一筹。同时，环境行政监管也不能完全覆盖针对环境问题的诉求。例如，环境问题引发的对公共利益损害的填补及对个体利益诉求的回应，虽然都与环境行政监管相关，但解决之道并不在环境行政监管的功能范围之内，而解决这些问题恰是司法的优势。因此，现有的"运动式"环境行政监管并不能完全传达环境法应有的制度理性，仍需要通过环境司法对其重新审视和定位。

（三）我国环境司法专门化改革的发展

我国环境司法专门化进程始于各地环境审判机构的建设。自 2007 年 10 月贵阳市清镇设立全国首个独立建制的环保法庭起，至 2014 年 7

① 张璐．中国环境司法专门化的功能定位与路径选择 [J]．中州学刊，2020（2）：38-47．

月最高人民法院宣布成立环境资源审判庭,其间全国各级法院环保法庭数量快速增长。2015 年 11 月,最高人民法院召开首次全国环境审判工作会议,系统部署环境司法专门化工作,确立以审判专门化为核心推进路径,明确环境资源刑事、民事、行政审判及执行工作的基本规范、核心任务,并就推进环境公益诉讼、提升审判效能、强化监督指导提出具体要求。此后,环境司法专门化作为中国司法改革及环境治理体系的新兴领域,发展迅速,形成了"实践先行""自下而上"构建专门环境审判体系的鲜明特点。

二、黄河三角洲地区环境资源保护实践

(一)环境资源案件集中审理机制创新

2011 年东营市中级人民法院成立山东省首个环境资源审判法庭,并指导辖区基层法院全部组建环境资源专业化审判团队,推行案件审理"三合一"机制改革,即实现环境资源刑事、民事、行政案件归口审理。建立全市法院环境资源案件向中院集中报备制度,强化对县区法院环资审判的监督指导。探索跨区域集中管辖模式,指导地处黄河三角洲核心区的垦利区人民法院在黄河三角洲国家级自然保护区设立首个生态湿地保护巡回法庭,实行环境资源案件集中管辖、就地审判。

(二)恢复性司法理念的深度实践

东营市法院出台服务保障黄河三角洲生态保护和高质量发展的十条措施,为环境资源审判提供系统性指引。与黄河河务部门、生态环境部门等共建黄河口生态修复基地,联合签署《协作框架协议》,创新"恢复性司法 + 社会化综合治理"模式。在山东鲁建工程集团与垦利区大汶流林场农业承包合同纠纷案中,判决修复义务人通过植树造林、补种复绿、增殖放流、劳务代偿等多元化方式履行生态修复义务,彰显司法保护湿地的价值导向。

(三)建立执法司法多元联动机制

东营两级法院积极探索打破部门壁垒,强化执法司法衔接并取得初步成效。例如,建立执法司法"直通车"机制,对生态环境领域行政处罚案件,若行政相对人在法定期限内未申请复议或提起诉讼,行政机关申请强制执行的,法院实行线上即时立案、线下"绿色通道"审查,由专职审判团队依法高效处理,确保常规案件 7 日内、复杂案件 15 日内完成审查,显著提升执行效率。联合黄河水务部门、自然保护区管委会等共同制定《关

于建立黄河三角洲生态保护与高质量发展服务保障机制的意见》，依托巡回法庭工作站搭建信息共享平台，加强执法司法协同。会同河长制办公室、公安局、检察院建立"河湖长＋生态警长＋法院院长＋检察长"四长协作机制，实现情报信息互联互通，推动多元联动落地见效。

（四）成立黄河口生态保护法庭

继成立首个生态湿地保护巡回法庭后，垦利法院根据山东省高级人民法院《关于优化全省人民法庭职能布局的指导意见》，申请设立了永安人民法庭，即本文所指的黄河口生态保护法庭。2023 年 3 月，该法庭正式建成，成为黄河三角洲地区唯一的环境资源审判专业化法庭，实行环境资源刑事、民事、行政案件"三合一"集中审理，统一法律适用、审判理念、裁判尺度。需要说明的是，该法庭在实现全区环境资源案件"三审合一"的同时，还集中审理全市基层知识产权案件（垦利区法院现为全市唯一具有知识产权民事、行政案件管辖权的基层法院），同时服务于垦利区东部黄河口镇、永安镇、垦东办事处、红光办事处〔辖区总面积（含海域面积）2 191.84 km²，常住人口 4.9 万，占垦利区总人口的 19.37％〕，满足群众就近解决纠纷的司法需求。

（五）黄河三角洲地区环境资源案件特征与趋势

如图 1 所示，2020 年以来[①]，东营辖区两级法院共受理各类环境资源案件 909 件，结案 869 件，其中 2020 年收案 84 件，2021 年收案 144 件，2022 年收案 382 件（1—9 月份收案 330 件），2023 年 1—9 月份收案 299 件。

① 数据截至 2023 年 9 月 30 日，以下数据同。

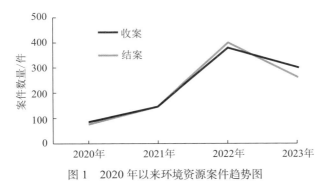

图 1　2020 年以来环境资源案件趋势图

数据显示，2020 年以来，全市法院环境资源案件受理数量总体呈上升态势，尤其在 2022 年案件数量大幅增长，但 2023 年较 2022 年案件受理数呈下降态势，2023 年 1—9 月份案件受理数同比下降 9.39％。这表

明随着生态环境司法保护力度的持续加强,环境司法对预防和遏制环境侵权案件的发生发挥了积极作用。

从案件类型来看,在上述 909 件案件中有行政案件 208 件、民事案件 622 件、刑事案件 79 件,各类案件占比如图 2 所示。

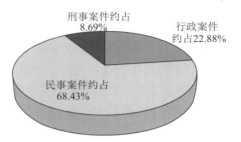

图 2　受理案件类型分布图

从具体案由分布来看,在行政案件中有非诉执行审查案件 153 件;在民事案件里,有土地租赁合同纠纷 299 件,土地承包经营权纠纷 183 件,农业承包合同纠纷 28 件,供用电、气、热力、水合同纠纷 25 件,承包地征收补偿费用分配纠纷 14 件,环境污染责任纠纷 11 件;在刑事案件中,有非法捕捞水产品罪 22 件,非法狩猎罪 4 件,非法占用农用地罪 4 件,危害国家重点保护植物罪 2 件,污染环境罪 39 件。

从以上数据分析可以看出,该地区环境资源类案件以民事案件数量最多,案由更为集中,主要为土地相关纠纷,这与黄河三角洲是由黄河不断冲积、淤积形成,导致滩涂湿地、淡水沼泽、滨海盐沼广阔的地域特点密不可分。在游耕农业、池塘养殖等对土地资源合理开发利用的过程中产生大量纠纷。此类纠纷往往存在历史问题多、争议时间长、难点集中、焦点突出、调查取证和处理难度大的问题。笔者在调研中还发现,环境侵权案件类型分布呈现一定规律性,企业是环境污染的主要实施者,被侵害方权益救济难度大,环境共同侵权案件具有高度复杂性与模糊性。环境行政诉讼争议类型案件中,补偿类案件占据首位,环境非诉行政执行以给付请求为主,"事实认定不清"和"违反法定程序"是行政机关败诉的主要原因。环境犯罪具有明显的黄河三角洲地域属性,比如罪名主要集中在非法捕捞水产品罪和污染环境罪两类,资源要素类型犯罪相对集中,动植物资源犯罪与生态要素富集密切相关。随着检察机关提起公益诉讼制度的推行,近年来环境公益诉讼案件数量也在逐年增加,案件类型呈现"民多行少"特征,涉案领域广泛,生态破坏责任纠纷案件居多。

三、生态保护法庭的构建

（一）法庭构建的政策依据及现实需求

1.政策依据。《最高人民法院关于全面加强环境资源审判工作 为推进生态文明建设提供有力司法保障的意见》要求各级人民法院积极探索建立与行政区划适当分离的环境资源案件管辖制度，逐步改变目前以行政区划确定管辖以致分割自然形成的流域等生态系统的模式，着眼于从水、空气等环境资源因素的自然属性出发，结合各地的环境资源案件量，探索设立以流域等生态系统或者以生态功能区为单位的跨行政区划环境资源专门审判机构，实行对环境资源案件的集中管辖，有效审理跨行政区划污染等案件。2020年6月，《最高人民法院关于为黄河流域生态保护和高质量发展提供司法服务与保障的意见》发布，要求完善黄河流域案件集中管辖，构建契合黄河流域生态保护和高质量发展需要的案件集中管辖机制。这些文件的制定出台，为推进环境资源审判专门机构建设提供了政策依据和科学指导。

2.现实需要。环境资源审判跨越刑事、民事、行政三大诉讼门类，涉及实体法、程序法等领域，具有复合性、专业技术性等特点，只有走专门化发展道路，才能准确把握案件特点和规律、统一案件裁判标准和尺度。与长江、珠江等流域的生态保护相比，黄河流域生态司法保护在顶层制度设计和机制创新方面仍有很多不足之处。目前黄河流域生态司法保护上主要还是依赖于地方各级法院，审判机构和管辖制度均按行政区划设置，没有遵循流域的自然规律，更缺少流域跨区划联动机制，限制了司法保护功能的发挥，不利于黄河流域生态司法保护在深度和广度上的延伸。因此，作为黄河三角洲的中心城市，东营更应该综合考虑本区域的功能定位，以及区域内各地区的人口、流域面积、环资案件数量等因素，探索设立相应的专业化生态保护法庭，并逐渐探索构建完整的生态环境司法保护机制。

（二）专业化生态保护法庭的功能定位

传统人民法庭的功能不断根据社会变迁进行再定位和调整，从最初的政策执行机构，到以处理人民来信、接待人民来访为主要任务的法院派出机构，再由处理非诉事务和审判业务并重变迁至以审判执行为重心。随着法治社会建设推进，为实现多层次、多领域依法治理，人民法庭在强化审判执行的同时，积极构建多元化的矛盾纠纷解决机制，不断强化司法便民利民措施，以求发挥其植根基层、服务基层的作用及在社会治理中的

基础性作用。然而,与传统的人民法庭相比,专业化生态保护法庭建设的现实环境和制度基础发生了关键性的变化,人民法庭原有的建设模式已经无法全面回应生态保护司法工作的需求,从而使得其定位与职能在一定程度上偏离了人民法庭的固有设定。因而,专业化生态保护法庭只有在传承传统人民法庭上述功能的前提下,充分考虑环境资源案件审判理念与裁判标准、诉讼模式与审理机制、证据规则与事实认定、损害评估和责任承担等多方面的特殊性,才能建立符合环境纠纷特点的专业化审判机制,深入推动环境司法专门化。

1. 由地域主导转为区域功能主导。黄河口生态保护法庭成立之初,考虑到便于区域内人民群众的诉讼便利和法院审理案件便利的两便原则及"面向农村、面向群众、面向基层"的三个面向等因素,更多的是基于服务和保障黄河三角洲生态环境保护和高质量发展目标的实现,而立足于打造以黄河湿地保护为载体的集约化、专业化审判。专业化生态保护法庭的建设一方面有利于为环境资源保护制度创新的复制推广提供司法支撑和成案指引,另一方面有利于对黄河三角洲领域内环境资源类案件进行定期分析研判及风险预警,使相关行政部门及时汲取司法经验。

2. 由定分止争转为营造尊重自然、顺应自然、保护自然,共建人与自然和谐共生的大氛围。法庭的职能不管是扩张还是收缩,其矛盾化解当属重中之重。人民法庭作为基层人民法院的派出机构,是最基层的司法主体,承担着最基层的民主司法。在传统人民法庭的司法实践中,"案结"能否"事了"具有举足轻重的地位。因而在基础事实与法律事实、法律条文与民间习惯之间,法官往往采取较为灵活的实用主义方式进行裁判或调解,以达到息诉止争的目的,且有部分做法并不严格遵循成文法的规则和逻辑,这种解纷理念与礼俗人情纠结的小额、基层社会纠纷有着极佳的适应性。而环境资源类案件多呈现较为明显的自然资源地域性特征,且随着经济发展对环境资源的需求日渐增大,衍生的破坏环境资源犯罪层出不穷,对于这类案件,不管是环境资源保护执法部门、监督机关还是人民群众,更期待司法给予公正、透明、可预期的规则指引。因此,生态保护法庭在解纷理念上更注重发挥司法对环境资源保护的行为评价、示范和导向作用,着眼于以案释法,真正让群众知法守法,树立保护生态环境的理念。

(三)专业化生态保护法庭建设面临的困境

1. 过渡期内面临案件数量持续增长、案件类型繁多的困境,审判质效压力大。如上所述,黄河口生态法庭运行模式为专门化和普通化相结合,在实现全区环境资源案件"三审合一"的同时，还集中审理全市基层知识产权案件，同时受理辖区内案件，满足群众就近解决纠纷的司法需求。受理案件数量要与院本部持平的同时，还要审理专业化要求高、难度大的环境资源及知识产权类案件，因此如何在应对案件体量变大、难度升级的同时保持高质高效的审判，是黄河口生态法庭必须面对的首要挑战。

2. 环境资源审判的专业性强，涉及领域多，考验着法庭工作团队的综合素养。环境资源的各类案件普遍存在取证难、认证难、鉴定难及因果关系认定难的问题，并且伴随着执行难、信访压力大等诸多困难，而法庭合议庭的成员均是由之前办理普通案件的法官调整过来的，在审理原有承办案件的基础之上再分出精力进行环境资源类案件的审判、调研等工作，难免力不从心。因此如何在环境资源审判工作中找准发展经济、保障民生和保护环境之间的平衡点，助力经济发展绿色转型，推动形成绿色低碳的生产方式和生活方式成为难点。

3. 风险预警需求，考验着黄河口生态保护法庭的司法延伸工作能力。基层司法机关是检验环境资源保护各项制度运行效果、发现潜在风险的前沿阵地。司法活动具有天然的滞后性，但通过对类案的处理，人民法庭可以掌握一定时期某一区域内的矛盾方向，也可以对矛盾产生的根源进行分析和挖掘。通过对类案矛盾分析和思考，人民法庭可以提出从根源解决矛盾纠纷的前瞻性建议，从而为当地的党委、政府出谋划策，将矛盾化解在萌芽时期。例如，2022 年东营辖区受理的 36 件刑事案件中有 12 件非法捕捞水产品罪和 19 件污染环境罪，暴露出部分群众法治意识淡薄、环境资源保护执法机关执法力度较弱等问题。由此可知，环境资源保护折射在案件中的种种问题，需要黄河口生态保护法庭及时总结并通过各种方式预警和提示风险，考验着法庭延伸司法效果、参与社会治理的能力。

四、新时期生态保护法庭的整体效能提升

新时期，在生态文明总体布局和能动主义司法观的大背景下，应当从整体性视角加强环境司法的专门化程度，并在此基础上延伸职能，更加积极主动地提供服务与保障，这应当是提升生态保护法庭整体效能的基本路径。

（一）建设专业化审判队伍

审判人员的业务能力和专业素养直接影响着环境审判机构的正常运转，决定着生态保护法庭效能的高低。因此，建设一支专业化的审判队伍，

是加强环境司法专门化的重要一环。

1. 加强内部挖潜。一方面,创造条件对法官进行环境理论与实务知识的培训,促进能力提升。另一方面,通过考录吸收环境资源专业高校人才引进,打造复合型、专家型的环境资源案件审判队伍。

2. 组建环境资源审判技术咨询专家库。结合黄河流域环境资源案件特点,邀请在水污染治理、淡水养殖水体修复、土壤污染修复、动物多样性保护等领域的专业技术人员和环境法学者加入法院专家库,发挥专家辅助人、专家陪审员、技术调查官在评估、鉴定、修复方案确定、专业事实查明等事项中的作用。

(二)更新环境司法理念

理念是实践活动的方向和先导。环境资源审判不同于一般的司法案件审判,实现环境司法专门化的关键在于更新审判理念,使之适应多元利益诉求。因此,笔者建议在环境资源审判活动中明确以下理念:

1. 整体司法理念。我们要树立"山水林田湖草沙是一个生命共同体"的理念,从整体主义出发对环境进行一体化保护。在司法介入过程中,必然会面临不同利益诉求的衡量,如私益损害补偿、生态环境修复、惩罚性赔偿、确认资源权属等。不同主体间的利益交错纠缠。在立法角度,需要将这些利益进行分类排列,设定层次位阶;从司法角度,同样需要法官从整体主义出发,结合案情实际和生态功能恢复的现实需要进行利益衡量、裁判论证,开展案件的审理和生态环境的修复工作。

2. 绿色司法理念。随着生态文明建设的加速推进,绿色司法成为"良法善治"的必然要求。绿色司法之绿源自绿水青山之"绿",泛指注重生态资源保护的一切司法活动,其中恢复性司法是绿色司法理念最重要的元素。人民法院办理案件时,要秉承"谁破坏,谁恢复"的司法方针,充分考量地域生态环境特点、社会发展效益及当事人的经济承载力,落实以生态环境修复为中心的损害救济制度,认真评估针对特定环境要素的修复行为对生态环境整体造成的影响,最大限度地运用近自然方法、生态化技术确定修复方案。要把修复责任是否落实作为量刑情节、责任分配的考量,建立生态修复基地,对于被破坏后无法有效修复的生态环境,可责令或判令行为人通过劳务代偿、替代修复等方式履行修复责任,实现法律效果和生态效果相统一。

3. 协同司法理念。环境资源审判中,一方面要考虑经济收益、人民身心健康等直接利益,另一方面也要兼顾生物多样性、区域协调发展等间接利益。从时间上要协调当前利益与长远利益,如在禁渔期和非禁渔期使用禁用的工具、方法非法捕捞水产品在量刑上要体现区分。从空间上要兼顾局部利益与整体利益,如在进行地区间利益衡量时要注意因地制宜,根据优先开发区、限制开发区、禁止开发区等不同区域定位进行分类处理。此外,还要加强区域间和流域内的司法协同,如长江保护法、黄河保护法针对长江、黄河流域的整体性和行政区域分散性的对立统一而制定。因此,案件审理过程中,对流域环境司法所涉及的其他法院或检察、行政机关以及其他机构,也必须紧密联系、有机配合,以减少司法成本和社会成本,增加司法保护的互补效应。

(三)优化专门化审判机制

环境资源案件侵害对象往往并不单一,涉及多重法律关系或多种法律责任,案件要素多且范围广,同一案件同时涉及刑事、行政、民事三大诉讼类别也并不鲜见。例如,缺乏行政许可利用自然资源而遭受损失的案件,一方面涉及行政许可、民事合同(侵权纠纷),另一方面其行为若造成环境破坏还会涉及公益诉讼甚至刑事诉讼。例如,在昆明某纸业有限公司、黄某海等4人污染环境刑事附带民事公益诉讼案[①]中,被告单位、被告人因偷排废水行为面临刑事责任、行政责任和民事责任三重责任。因此,只有实现刑事、行政、民事"三审合一"的专门化审判机制才有可能使同一案件涉及的多重法益得到统一高效的司法救济。同时,由于三大诉讼审判程序、裁判规则均不相同,难以将其涉及的刑事、民事、行政关系强制合并审理。笔者认为,可以在现有环境刑事附带民事公益诉讼基础上进行借鉴、探索、延伸。如借助检察机关的公益诉讼起诉权推进关联诉求的实质整合,以环境损害事实为依托合并审理,同时提升环境公益救济的地位,以生态救济为出发点进行刑事责任、行政责任与民事责任的公平分配。由此,基于同一环境损害事实产生的多元纠纷居于同一场域,此时案件的事实认定、不同种类法律责任的公平分配、不同程序的时间成本、司法资源等要素都能得到兼顾。

(四)构建多元共治格局

生态环境保护是一个系统工程,法院应主动融入现代环境治理体系,坚持以审判为中心,积极发挥能动司法作用,不断完善跨区域、跨部门间协作机制,大力推进矛盾纠纷多元化解,推动形成多元共治格局。

1.加强跨区域跨流域环境司法协作。跨区域司法协作是指处在多个行政区划单元中的司法机构运用各自的司法权能就生态环境保护领域所

开展的协同与合作,以实现对权力、资源和优势进行跨界整合。沿黄河区域法院可签署司法协作框架协议,探索推进跨行政区划集中管辖、专门审判机构设置、重大案件跨区域协作会商等多项改革,探索构建环境资源审判协作平台,推进重大环境资源案件跨行政区划集中管辖,以及探索跨区县(甚至跨省市)司法联动等具体协作举措,建立全方位、全流域司法协作机制。

2. 畅通行政司法衔接机制建设。依托"河长＋局长＋生态警长＋检察长＋法院院长"协作联动机制,法院主动与行政机关和检察机关等单位密切配合,通过召开联席会议、出台联合文件等方式,统一法律适用标准,建立系统机制,探索推动环境资源案件诉前化解、跨域立案、协助送达、异地修复等工作。会同生态环境、自然资源等部门在区域内推进行政争议调解中心建设,实现行政争议调解中心全覆盖,实质性化解环境行政案件。进一步健全水行政执法与刑事司法衔接、与检察公益诉讼协作机制,推进信息共享、线索移送、技术协作等,在协作权能、协作制度和协作流程等方面加快改革进度,更好地推进多方力量协同参与、联动联防联控的多元共治格局。

(五)拓宽司法服务维度

如前文所述,专业化生态保护法庭在传承传统人民法庭功能的前提下,还应当全面回应生态保护司法工作的需求。这需要进一步拓宽司法服务的维度,前后延伸司法职能,以营造尊重自然、顺应自然、保护自然,共建人与自然和谐共生的大氛围。

1. 建立风险预警反馈机制和会商制度。畅通沟通渠道,与区域内相关职能部门、行业组织等及时进行信息互通交换,建立常态联络、信息通报、风险预警等信息反馈机制,对审理的环境资源类案件做追溯分析,得出案件问题的原因、现状、发展趋势的分析,并将信息反馈给相关部门,坚持预防为主、源头治理,依法及时采取诉前禁令、行为保全等预防性司法措施,避免和减少对环境资源的损害。

2. 探索恢复性司法的多样化担责方式。深入贯彻恢复性司法理念,健全"修复性司法实践＋社会化综合治理"审判结果执行机制,积极探索适用补植复绿、增殖放流、购买碳汇等责任承担方式,通过发出司法生态令状、司法建议等,实现惩治违法犯罪、修复生态环境、赔偿经济损失的多赢效果。

3. 深化环境资源普法宣传。以往的司法宣传中往往以案例指引为主,但人民群众对与自身关联不大的问题往往缺乏关注度,单方面的说教宣传效果远远不够,应积极利用世界环境日、全国生态日等时间节点,通过召开新闻发布会,发布环境资源审判白皮书、工作情况通报、重大典型案例,庭审直播及参与问政节目等多种形式开展集中宣传,让宣传能够上直播、进社区、逛集市、进校园,从而拓宽宣传深度。此外适时开展巡回审判,提升案例宣传的精准度。例如,在海边生活的渔民迫切需要懂法的人及时深入他们中间,帮助他们解决渔业生产过程中的矛盾纠纷。巡回审判可以"就地开庭",传递法治正能量,在老百姓的耳濡目染中推进环境资源审判专业化,用法治的力量凝聚起全社会爱护生态环境的合力。

法学论坛

办好群众身边的小案小事

——速裁调解工作心得体会

◇ 王洪双

王洪双，东营市河口区人民法院立案庭庭长、二级法官。

孙某某诉李某劳务合同纠纷一案终于赶在 2024 年春节前调解结案，被告李某当庭过付，孙某某拿到了在装修队打工一年的收入。孙某某激动地说："法官，谢谢你，我终于可以回家过个好年了……"看着年过 60 岁的孙某某因长期劳累而止不住颤抖的像枯树枝一样的双手和闪着泪光的双眼，我感到一阵酸楚和欣慰。很多小案小事，看似标的额不大，但落到当事人头上，可能就是大事。如果说判决展现的是法律的刚性，那调解就像一杯温水，体现了司法的温度与柔性。速裁案件大都案情较为简单，调解能抓住当事人矛盾症结，充分考虑双方当事人诉求，真正从思想上、心理上化解矛盾纠纷。在案件调解过程中我有以下几点体会：

1. 善于倾听，先听后说，让当事人充分表达诉求。在调解过程中我们要把自己放在与当事人平等的位置上，耐心听取双方当事人的真实诉求和矛盾的焦点。我们调解成功的一起相邻关系纠纷案将这一点体现得尤为突出。该案中原告张某与被告石某两家为上下楼邻居关系。五一假期期间，张某外出回家后发现家中房顶有 10 多处地方渗水，墙壁多处乳胶漆鼓包、壁纸脱落，实木家具泡水变形。经排查发现系楼上邻居家中水管漏水导致。原告张某诉至法院要求被告赔偿重新装修费、实木家具维修费等共计人民币 50 000 元。经过一番沟通，我发现原告真正在意的是被告及家属在处理问题的态度上不够积极。于是我与被告石某交流，告诉他邻里之间以和为贵，要拿出诚恳的态度去沟通。在一个休息日的晚上，被告石某到原告张某家里，就自己之前态度不好以及不会沟通等问题，进行了诚恳的道歉，并提出愿意通过找装修公司上门重新装修或者经济赔偿等方式解决问题。原告张某一家的怒气因这次真诚的道歉而烟消云散，张某当即表示实木家具等损失不要了，只要被告石某承担粉刷墙面的成本 5 000 元即可。被告石某高兴地说："法官我按您说的做了，事情果然解决得很顺利。太感谢您了！"有时候，当事人提起诉讼，为的可能就是争一口气，只有真正了解了双方在意的问题症结，才能真正从心里彻底化解矛盾。

法官手记

2. 释法明理，情理结合，注重案件处理的效果。有些案件看似简单，想办好却不容易。就像婚姻家庭纠纷的案件，既要处理好婚姻关系，也要解开双方当事人及父母孩子之间的心结，以防产生新的问题。例如，我们调解成功的一起看似简单的变更抚养关系纠纷，实则反映了积压在两代人心里的怨恨、委屈和误解。父母离婚时，约定孩子由父亲范某抚养，可多年来，范某始终没有尽到父亲的责任。父爱的缺失使孩子变得低落、孤僻，感觉前途一片灰暗。妈妈宋某看着孩子越来越差的状态，联系范某无果后，无奈诉至法院，想通过法院变更抚养关系的方式，让范某承担起父亲的责任。我多次与范某沟通，首先从法律层面为其释明了抚养孩子的义务，更多的是从亲情、责任担当以及孩子的未来层面为其分析利害，最终被告范某认识到了自己存在的问题，也积极地想通过调解方式主动承担起孩子的抚养责任。各方心里的疙瘩解开了，生活更顺畅了，用孩子的一句话说，"像心里的石头落了地，更像是换了一个全新的自己"。一个小案子，解开的是一个家庭多年的死疙瘩，取得了良好的社会效果。

3. 不偏不倚，居中调解，让群众感受到公平正义。在调解过程中，我们既要放低姿态，充分倾听，也要做到兼听则明，不先入为主。我们应在各方陈述的大量信息中，抓取案件的关键内容，时刻保持中立和理性的判断。调解不是简单地劝导双方发扬风格，互谅互让，而是在查明案件事实的基础上，充分考虑各方利益的平衡点。有的当事人对法律的理解存在偏差，对案件的裁判结果抱有不切实际的预期，这就要求法官在理顺案情的基础上，以事实和法律为依据，帮助当事人合理预判利益能否实现以及实现的程度、效率。在我承办的一起机动车交通事故责任纠纷中，原告李某与被告石某在城郊区路段发生交通事故，事发路段没有监控设备，交警部门根据现场情况出具了无法确定双方责任的交通事故责任认定书。原、被告各执一词，情绪激动。于是我调取了交警出警的现场视频以及笔录，并与双方多次模拟事故发生的过程。在一次次沟通后，被告石某反省了自己闯黄灯的问题，原告也承认自己抢秒通过信号灯，速度有点快。最终根据各自车损情况和保险情况，双方握手言和，达成调解。原告感慨道："法官您真是有耐心，其实起诉本身就是因为对方态度太恶劣。经您一番沟通，他态度变好了，我的气也消了。"

习近平总书记指出:"解决问题的宗旨,就是为人民服务。老百姓都能够顺心满意,我们这个国家才能越来越好。"件件小案关乎民生,桩桩小事连着民心,这点我体会颇深。"小案事不小",这些案件与群众的日常生活息息相关,将调解工作贯穿始终,用心、用情、用力解决群众的操心事、烦心事,才能让人民群众在一个个小案中体会到公平正义和法律的温暖。

"千方百计" 讨欠款　有理有据 "解" 纠纷

◇ 周乃信　王申镇

法官手记

　　"你别说话，没听到她在套你的话啊？！"原告李某"啪"的一声拍案而起，大声斥责第三人张某。张某立刻停止陈述，一个字也不敢再说，这是李某诉被告贾某、第三人张某不当得利纠纷一案庭审时发生的一幕。于法官随即警告："李某，你不要扰乱法庭秩序！你为什么不让张某讲话？"李某却反问道："你凭什么问他？"于法官说道："我是本次庭审的独任审判员，询问当事人是职责所在。"随后，于法官对李某进行了普法，警告其不要扰乱庭审秩序，并告知其扰乱法庭秩序的法律后果，李某才逐渐恢复理性。听着于法官的叙述，我感觉好气又好笑，气的是司法实践中确实还存在一些人认为谁闹谁有理，笑的是难道法院办案子还不能调查了吗，难道让原告自己说了算吗。

一案起，多案生

　　于法官开庭还没过去几天，李某另诉马某、杨某的两个案子就分给了周法官，张某均作为第三人。"周哥，这不是那天在于姐庭上拍桌子的那个人吗？新案子到你这里来了？"我戏谑地笑道。"对啊，一看头就大了。你也别笑了，开庭那天你先别写文书，一块参加庭审感受一下。"周法官笑着说。很快到了开庭的时间，周法官在庭前为双方进行了调解。通过各方的陈述，我才了解到，张某与李某之间存在经济纠纷，张某无力偿还，李某了解到张某对外享有债权，于是二人商量，通过债权转让的方式，由李某出面追回部分款项。李某除了在我院起诉的这三起案件外，还在其他法院起诉过类似的案件。当时在法官的主持下，被告同意退还部分款项，李某尝到甜头后，随即将张某的多个欠债主体分别诉至法院。庭前调解过程中，李某态度极其强硬，声称自己比张某更了解借款还款的全部过程，坚决要求马某偿还其计算出的款项。双方协商未果，周法官只能按照程序开庭审理。

　　周乃信，东营市垦利区人民法院胜坨法庭一级法官。

　　王申镇，东营市垦利区人民法院审管办（研究室）法官助理。

多案合一，心生不满

庭审结束后，我和周法官一起讨论案件："这个案子好像不似李某说的那样啊，其实现有证据对他不是很有利，而且这次庭审比起于法官的庭审双方对抗激烈得多。这个案件牵连到了其他两个案件，甚至还有其他案外人。"我边翻看证据边和周法官说着。"不错，虽然李某分别起诉的马某、贾某和杨某，但从借款的走账结合证人证言看，确实是马某转账至贾某、杨某以及其他案外人的账户，再由这些人转账至张某账户，最后张某还款全部给了马某。"周法官皱着眉头沉思了一下，接着坚定地说，"这个案子不能就案办案、只求快速审结，否则不但不能化解根本矛盾，而且会衍生出新的矛盾，这也涉及实体公正。虽然不易合并审理，但是我们在审理的过程中可以参考其他关联案件中李某、张某的陈述及证人证言。"经过对三个案件庭审笔录的审阅和庭审视频的回放，终于捋顺了现有证据下张某与各出借人之间的流水情况，综合庭审陈述，最终判决驳回了李某的诉讼请求。收到判决书后，李某寄来了"投诉信"，声称法官判决有失公平，询问法官为什么不按照他的"思路"进行个案审理。周法官随即给李某打去电话，进行了耐心的解释，向其告知了审理思路及采信证据的依据。经过一个半小时的电话沟通，李某仍然坚持自己的想法并声称："我肯定要上诉，你们法官渎职、滥用职权。我要告你们。"周法官向其告知了救济途径，随后挂断电话。我在一旁听到后火一下子就上来了，愤怒地说："啥意思？判决结果不如意开始胡言乱语了？"周法官则一脸无奈地说："算了，当事人太年轻，说话冲了点。张某欠他那么多钱，他也是着急，判决没有达到他的心理预期，他心理上有点承受不了。"我听后只能无奈地叹了一声气。

不服判决，庭后施压

忙碌的一周过去后，周一早上，李某和张某就在大厅等着了。周法官听说后，赶紧带着我前去接待。在接待室里，李某把自己精心准备的密密麻麻的四页纸拿了出来，要和周法官聊聊对法理的认识，并且把庭审中被告的一些话进行断章取义，要求周法官按照他的理解进行解读。周法官耐心地听着，我的心里却是郁闷极了。李某说了一个多小时后才轮到我们发言。我向其解释了审理的依据和裁判思路，但李某始终不认同，声称周法官未进行庭后答疑，违反了最高法的规定，这是渎职。周法官这时接过了话："先不说你主张的这些属不属于不当得利，单就你现在说的，也只是你自己的认识，你单方的一些陈述，需要让被告来一起进行质证。咱们也要看看被告是怎么说的，不能你说什么我们就信什么，对吧？"李某一听需要被告质证，神情明显一怔。周法官趁机对张某说："你说不是借的马某的钱，那你为什么全部还款至马某的账号？而且你在其他法院已经被列为被执行人，为什么把所谓的'债权'私下转让给李某？"一连串的发问让张某一时语塞，无力地辩解道："是马某让我还款的时候转到他的卡里的。"李某发现他们越来越不占理，遂说道："我们再回去整理整理，我对这次庭后答疑不满意，你们还得为我答疑。你不答疑就是违反规定，我就去告你们"，边说边递过来两个信封，"这一份是给你的，另一份是给你们领导的。"周法官现场打开看了一下，是两封一模一样的"投诉信"，说道："好，这个我就收下了，另一封我替你转交给我们领导。"

　　"气死我了！"我回到办公室脱口而出。"呵呵，习惯就好，你也要理解当事人，自己借出去的钱，现在要不回来，张某是债多不用愁，比李某能沉住气，你说李某能不急嘛。"周法官边仔细看着信件边说，并安排我把另一封信件交给了庭长。第二天一早，李某就把电话打到了我的办公室，再次要求进行庭后答疑，我告诉他周法官在开庭，结果李某又开始找我要说法，我继续耐心地向其解释判决是如何作出的，以及如何维护自身的合法权利。李某或许是被我们的工作态度所触动，言语上也不再那么犀利："明天我再去你们法庭找周法官聊聊，我还是要求判后答疑，我对答疑不满意。"我回道："明天周法官要开庭，你过来了也怕是白等，要不再约时间吧。"李某坚持道："没关系，我等。"

押宝手办，透支人生

　　周三上班后，法警把电话打到了我的办公室，告知我有当事人找周法官。我心想他们还是来了，正往楼下走着，迎头碰上了庭长。听我说明情况后，庭长决定与我一起接待。通过沟通，张某把借款的实际用途说了出来，原来张某没有固定职业，前几年听人说倒卖"手办"可以挣钱，就开始投资"手办"，刚开始确实不错，还能挣点差价，于是张某就开始大量买进，资金不够就通过朋友借高利息的贷款进行周转，但后来"手办"市场不景气，张某被"套牢"，无力偿还高额利息及借款本金。张某疲于应对催款、诉讼，无心工作，最终导致债务越滚越多。李某也是张某的债主，眼看张某无法还钱，就利用百度搜来的法律知识，通过债权转让的方式要债。"张

某,你才二十来岁,刚结婚,你现在欠债好几百万元,你没有想过以后怎么办吗?"看着比自己小几岁的张某,我也一阵唏嘘。"虱子多了不怕咬。"李某突然出言讥讽。庭长半开玩笑半认真地对李某说道:"你也别天天拉着张某来判后答疑了,你给他点时间,让他挣点钱还给你。""我对你们的答疑还是不满意,你们承办法官躲着我,你们肯定是拿了别人的好处。这个社会毕竟是人情社会,你们和马某肯定认识,对他说的你们全采信,对我们说的你们一点也不采信,你们这是办人情案、关系案。"李某越说越激动。听到李某说的话,我不禁摇头。"李某,你要相信我们司法是公正的,我们法官也是公正的,我们不仅有内部监督、人大监督、上级法院监督、纪检监察监督,同时还有媒体等的监督。再说,我们非常珍惜自己的工作,我们既要守住司法的底线,也要兜住自己的饭碗,"我们庭长真诚地说,"其实,我们在工作之外,即便是自己的亲朋好友咨询纠纷解决办法的时候,我们也是告诉他们有理就是有理,没理就是没理。"李某听后,渐渐冷静了下来,态度也有了好转:"我们还是要上诉,我们坚持自己的想法。"说罢和张某一块离去。

维持原判,自行撤案

2024年3月1日,东营市中级人民法院作出二审判决,驳回上诉,维持原判。至此,二审法院亦认可一审作出的判决结果,经过两级法院的审理,李某、张某最终认可了法院的判决。收到二审判决书的第二天,李某主动联系周法官,说道:"我昨天收到判决书了,二审维持了一审的判决。虽然按照我的认识不应该是这样的结果,但是经过这段时间的折腾,我收获比较大的是重新认识了法院,从立案、审理、庭后答疑等各个环节来看法院还是公正的。既然二审作出了和一审一样的判决,那说明你们确实没有办理关系案、人情案,我现在对你们的公正性没有异议,剩下的案件我也全部撤回吧,不诉了,没有意义。"就这样,周法官和李某约好了时间,李某到庭撤回了对其他几起案件的起诉。

司法公正透明,案结才能事了

李某走后,我忍不住向周法官抱怨道:"唉!你看还是维持原判吧。他倒好,啥事没有拍拍屁股走人了,折腾我们好几天。有这工夫,我写好几个判决书了。""干我们这个工作,都是'一半辛酸、一半算了'。有些当事人对一审判决不认可,二审维持了才能接受,这也反映出我们的工作做得还不够好,释法说理还不够精准,判后答疑还不够具体。尤其在公正司法方面做得还不到位,致使一部分当事人质疑我们司法的公正性。"周法官认真地说道。是啊,法院作为一个中立的裁判者,作出的结果必然是一方败诉,一方胜诉,但为达到让人民群众在每一个司法案件中感受到公平正义的目标,需要我们以质量优先,效率服务质量,在最短的审限内搞清楚案件事实,要依法裁判解"法结",更要释法说理解"心结",用老百姓听得懂的话,与当事人共情,才能实质化解矛盾纠纷,最终让当事人服判息诉,认可法院的工作。

法官手记

刑事裁判文书制作的五个要点

——从一起二审改判无罪案件文书谈起

◇ 桑爱红

桑爱红,东营市中级人民法院刑三庭庭长。

　　裁判文书是法官裁判思维的集中展现,也是人民法院彰显司法公正、维护社会公平正义的载体。刑事裁判文书事关当事人的生命、自由和刑事司法价值的实现,在文书制作过程中既要形式和内容兼备,更要兼顾法理情相统一。吴某被指控犯骗取贷款罪抗诉一案的文书以展现诉讼过程为主线,以查明和确认案件事实为基础,围绕犯罪构成,结合证据强化释法说理,最终得出无罪结论。该案的(2019)鲁05刑终139号刑事判决书荣获第四届全国法院百篇优秀裁判文书。下面笔者结合该案谈一下刑事裁判文书制作时应当注意的五个要点。

一、文书要素要"全面"

　　刑事裁判文书是整个刑事审判活动过程的完整展现,承载着事实认定、证据采信、释法说理、法律适用和裁判结果。格式规范、结构合理、要素齐全,是刑事裁判文书的基础性要求。若格式不规范、内容不完整、用语不规范甚至出现错字漏字等瑕疵,则会引发当事人对裁判结果公正性的质疑,影响司法的权威性。该篇文书按照人民法院刑事诉讼文书样式的要求制作,注重逻辑结构完整、用语准确,完整展现诉讼过程及裁判结果形成的思维过程。在布局上,一审略写、二审详写,重点放在事实认定、证据认证及释法说理等方面,做到了繁简得当、重点突出。

二、事实认定要"准确"

　　正确认定事实是准确适用法律的前提。一是认定事实要有证据依据。认定的事实都要有证据证明,并且注重事实与证据的相互对应,避免认定的事实在证据中没有体现或与证据相矛盾。二是叙述事实要客观全面。案件事实表述应当全面、客观、真实,既包括直接影响案件定罪量刑的核心事实,也包括其他影响定罪量刑的边际事实,与案件有关的社会背景、前因后果、传统文化、民情风俗等。该案公诉机关指控的犯罪事实均发生于吴某公司与甲银行、乙公司签订的三方协议履行过程中,在撰写事实时以时间发展为序,在确定吴某公司与乙公司之间具有多年轮胎购销业务这一背景事实下,重点对以三方协议进行结算的交易习惯、大量银行承兑汇票被乙公司背书后取回的前因后果、申请流动贷款的原因等事实进行了全面、客观的叙述。三是文字表达要精炼准确。要使用"法言法语",依据相关法律规定组织文书语言,把事情的本来面目和前因后果交代清楚,使得案件事实叙述层次分明、繁简适当。

三、证据认定要"细致"

证据是事实认定和法律适用的基础,也承载着一定的说理功能,将证据认定的过程和理由说清楚,直接关系到裁判结论的正当性和可接受性。可以根据案件的具体情况采用不同方式分析论证相关证据:对于无争议的证据,可以集中论述;对于有争议或异议的证据,应当写明争议或异议的内容和理由,同时从证据材料的关联性、合法性、真实性等方面进行分析和认证,逐一明确是否采信并给出理由。该篇裁判文书中一一展示了控辩双方提供的证据,对有争议证据、重要证据、关键证据,写明了证据内容、证明对象,并展示了举证、质证、认证的过程,为其后引用证据论证说理打下了基础。在列举证据时进行合理取舍,对冗长琐屑的言词证据进行概括提炼,对证明对象相同的多个证据合并归为一类。在排列证据时,按照逻辑结构、证明力大小等进行排序,并按举证主体分别列明。在证据认定时,结合诉讼各方举证质证及法庭调查核实证据等情况,根据证据规则,运用逻辑推理和经验法则,围绕证据的关联性、合法性和真实性进行全面、客观、公正的审查判断,阐明证据采纳和采信的理由。

四、释法说理要"专业"

裁判文书说理是法官对裁判结论形成过程和理由的论证说理,是法官在查清事实的基础上对证据进行分析、取舍和印证,并根据相关法律规定、逻辑推理及其他相关知识对案件性质和如何适用法律所发表的意见。一是说理要有针对性。根据案件的特点可采取不同方式说理,但重点是围绕裁判认定的事实或者事实争点进行释法说理。该篇文书充分回应控辩双方意见,对控辩双方存有较大争议的合同诈骗罪、骗取贷款罪,围绕

二罪的犯罪构成,结合案件的证据,用大量篇幅进行了论证,做到了有理有据。对辩护人提出的程序问题,能完整、准确地作出回应,让当事人明白,让人民群众明白。二是说理要有相关性。事实说理是刑事裁判文书说理的重要类型。该篇裁判文书把握住了事实论述和说理的内在联系,在叙述事实中加强说理,与后面的论证说理连点为线、聚线为面,最后得出严密有说服力的判决结果,从而使整篇文书逻辑严谨、论证周密、说理充分。三是说理要有公正性。刑事审判事关人的生命和自由,裁判结果要经得起法律和历史的检验。法官应"以事实为根据,以法律为准绳",对正确的诉求予以支持,对缺乏依据的主张据理辩驳,从正面阐述法院判决的理由,使当事人心服口服地接受判决。

五、价值导向要"正向"

树立规则、传递正义是裁判文书的价值追求。裁判文书的撰写不应停留在解决个案争议上,更应明确裁判规则,充分发挥司法裁判在国家治理、社会治理中的规则引领和价值导向作用。该篇裁判文书对于如何客观看待经营过程中的不规范行为、认定骗取贷款罪中的欺骗手段,提出了裁判规则。最高人民法院印发的《关于完善四级法院审级职能定位改革试点的实施办法》中明确规定,中级人民法院的审级职能重在二审有效终审、精准定分止争。这要求中级人民法院对一审认定事实不清、适用法律不当等问题,不应轻易发回重审,而应当尽量通过二审改判予以纠正或通过调解化解纠纷,从而真正发挥二审终审的作用,做到案结事了。该案二审直接改判无罪,纠正了一审判决在事实认定、法律适用方面的错误,切实发挥了终审法院的司法担当。

鉴于文书内容较长,以下简要介绍(2019)鲁05刑终139号案件的基本案情:

公诉机关指控:① 骗取票据承兑罪。2012—2014年,被告人吴某在履行其公司与甲银行、乙公司签订的三方协议过程中,要求乙公司将作为预付款使用的银行承兑汇票42 838万元背书后取回用于经营。② 合同诈骗罪。2014年八九月份,吴某公司失去还款能力,仍骗取乙公司2 400万元银行承兑汇票,致使1 656万元银行敞口无法归还。2015年1月,吴某隐瞒公司无力偿还借款的事实,欺骗乙公司为其公司提供担保,从银行贷款1 631.85万元。贷款到期后,由乙公司代偿。③ 骗取贷款罪。2015年1—4月,由乙公司、YC公司担保,吴某公司向银行申请流动资金贷款,后银行向吴某公司发放流动资金贷款 78 398 837 元,该贷款被用于偿还银行承兑汇票敞口。

被告人吴某及其辩护人均提出不构成犯罪的辩护意见。

一审法院审理认为,公诉机关指控被告人吴某犯骗取票据承兑罪、合同诈骗罪的事实不清,证据不足。吴某骗取贷款罪的指控成立,判处吴某有期徒刑三年六个月。宣判后,吴某以"银行对贷款用途明知,不构成骗取贷款罪"为由提出上诉。检察机关以"原判对合同诈骗 1 631.85 万元的事实未予认定错误"为由提出抗诉。

二审法院经审理查明:上诉人吴某系丙公司的法定代表人、丁公司的实际控制人。丙公司、丁公司(以下简称吴某公司)与乙公司具有多年轮胎购销业务关系。2012 年 9 月—2013 年 9 月,吴某公司与甲银行、乙公司签订三方合作协议三份,由吴某公司申请,甲银行向乙公司开具银行承兑汇票用于购买乙公司的轮胎。在协议履行期间,甲银行向乙公司开具大量银行承兑汇票,吴某公司要求乙公司扣除实际所欠货款后将剩余的银行承兑汇票背书后返还其公司。2014 年 10 月 8 日,吴某公司发送截至 2014 年 9 月的"卖方发货跟踪记录表"要求乙公司盖章,乙公司发现吴某公司未发货物金额高达 9 000 余万元,遂拒绝在"卖方发货跟踪记录表"上盖章。2014 年 10 月 10 日,三方又签订三方合作协议一份。2014 年 12 月,吴某公司无力偿还银行承兑汇票敞口并出现银行垫款情况。为防止出现逾期,影响业绩考核,甲银行决定给予丙公司问题授信,将银行承兑汇票敞口转为流动资金贷款,即用贷款归还银行承兑汇票敞口,并要求乙公司为贷款提供担保。丙公司于 2015 年 1—4 月先后 27 次向甲银行申请流动资金贷款,乙公司、YC 公司、吴某及其妻子承担连带担保责任。2015 年 1—4 月,甲银行向丙公司发放贷款共计 7 839.883 7 万元,绝大部分贷款用于偿还银行承兑汇票敞口。后经强制执行,甲银行从乙公司收回贷款本金 4 943.934 08 万元,尚有贷款本金 2 895.949 62 万元未能收回。

另查明,因丙公司在甲银行的银行承兑汇票不能付款,甲银行于 2014 年 12 月 11 日、18 日为丙公司垫款共计 1 631.85 万元。2014 年 12 月 31 日,丙公司借款归还甲银行的垫款本金及利息。2015 年 1 月 4 日,丙公司向甲银行贷款 1 631.85 万元归还了借款。2017 年 1 月 23 日,丙公司 1 631.85 万元贷款结清。

二审法院审理认为,三方协议是甲银行、乙公司、吴某公司协商后签订的,乙公司在听说吴某公司提出将银行承兑汇票取回自用后表示同意

并安排人员负责联系、盖章事宜,且乙公司知道未提货金额高达9 000余万元后与吴某公司之间仍有交易和经济往来,现有证据无法证实吴某公司采取欺骗手段诱骗乙公司签订三方协议,从而让乙公司承担担保责任,以达到非法占有乙公司财物的目的;对吴某公司进行问题授信、将银行承兑汇票敞口转换为流动资金贷款以归还承兑汇票敞口,均由甲银行决定;由乙公司提供担保系甲银行提出,乙公司亦明知吴某公司无力归还承兑汇票敞口,仍同意提供担保,无证据证实吴某公司采取欺骗手段骗取乙公司为其流动资金贷款提供担保;吴某公司的资产、负债、经营状况等方面的情况并无相关证据证实,导致吴某公司有无履行能力事实不清、证据不足,仅以用借款归还垫款、用贷款归还借款,不能证实吴某公司具有让乙公司承担担保责任,从而达到占有乙公司财产的目的。综上,认定吴某公司合同诈骗1 631.85万元的证据尚未达到确实、充分的证明标准,吴某作为主管人员亦不构成合同诈骗罪。

关于吴某骗取贷款的事实能否认定问题,审理认为,银行对吴某公司的流动资金贷款起主导作用,银行发放贷款是基于其本身给予吴某公司的问题授信,与吴某公司提供资料之间无因果关系;银行工作人员证实按照银行承兑汇票到期的时间陆续发放贷款,用贷款归还银行承兑汇票敞口,该内容与银行承兑汇票到期时间、贷款发放时间及去向相互印证,可见银行掌控贷款的用途和流向;现有在案证据并不能得出吴某公司提交的贷款资料虚假的结论,反而能够证实银行对担保人的资信状况明知,并未陷入错误认识。综上,银行对吴某公司的贷款目的、担保人的状况应是知情的,并未因错误认识而发放贷款,吴某公司相应获取贷款的行为不符合骗取贷款罪的构成要件,吴某作为主管人员亦不构成骗取贷款罪。

综上,二审法院认为,抗诉机关的抗诉意见不能成立,认定吴某犯骗取贷款罪属于事实不清、证据不足,依法改判吴某无罪。

学思践悟 以知促行
——法官助理工作心得
◇ 李 强

李强,东营经济技术开发区人民法院综合审判庭法官助理。

时光如白驹过隙,我在开发区法院工作已两年有余,从刚开始的无所适从,到现在的得心应手,渐渐积累的工作经验加深了自己对法官助理岗位的认识和理解。常思者常进,这些宝贵经验提升了我的思想品格和工作能力,也让我更加确立了扎根基层,在基层法院奉献自己青春与活力的决心。

法院是一个专业性很强的单位,同时也是一个社会矛盾聚焦的地方,处理的事情既关乎一个人的经济利益,也关乎一个家庭的幸福,甚至关乎人命,能不能达到法律效果和社会效果的有机统一,直接关系到民生的保障和社会的稳定。

在任职法官助理的这段时间,我接触了离婚纠纷、买卖合同纠纷、物业服务合同纠纷、侵权责任纠纷、物权纠纷等类型的案件。这些案件关系到老百姓最基本的生活需求,其中有想要摆脱失败婚姻的无助者,有临到年关却讨要不到工资的农民工,有项目交付却得不到工程款的承包人,等等。当事人信任的目光、真挚的感谢,让我体会到责任的重大,也让我感受到法官助理工作的意义。这种责任、这份期待让我时刻牢记自己的使命,不断地寻求进步,认真协助法官做好每一项工作,努力让每一位当事人都感受到公平正义。

首先,态度决定一切,工作上要谦虚谨慎,戒骄戒躁,踏实认真,积极主动。学无止境,要不断给自己树立新的目标,并努力奋斗争取实现理想,不能安于现状,停滞不前;在法官指导下积极审查诉讼材料、归纳争议焦点、组织庭前证据交换、接待当事人,协助法官调查取证、保全、调解、草拟法律文书,开展与审判相关的其他事务性工作,努力担负起这个责任,做到不拖拉、不懈怠。

其次,脚踏实地,认真做好本职工作。法官助理作为司法工作人员,

其职责履行的好坏,对案件能否准确、合法、及时地审理起着重要的作用。同时,工作琐碎和繁杂的特点要求我们做到认真、仔细。卷宗的整理、文书的撰写是日常工作的大部分内容,每个卷宗都有几十页甚至上百页的材料,每个材料都有需要特别注意的事项,如果没有较强的责任心、细致的工作态度就很容易出错。因此,一定要养成做事认真的态度和脚踏实地的作风。此外,我们还应当具备一定的文字写作能力,来完成法院的案例报送、宣传调研等事项。

第三,扎实学习理论知识,在完成本职工作的前提下,利用一切可以利用的时间,认真努力地学习法学理论知识来通过法考。但通过法考并不是自己学习的终点,社会不断进步,法律也是与时俱进的,因此我们还应时刻关注立法进程、新法的颁布及法律修正案的通过,不断去学习更新自己的法律知识,以便能更准确地应对实际工作中遇到的具体案件。

第四,不断提高专业技能,努力适应庭审要求。一方面,法官助理工作是法院审判工作的重要组成部分,在完成审判任务、保证办案质量、提高办案质效等各项工作中,具有十分重要的作用。法官助理的工作质量和效率直接影响法院的审判工作。同时,法官助理的工作内容中需要注意程序法中的细节,任何一个案件只要诉讼程序出了错,就会被发回重审,那之前所做的大量工作就会白费。所以平时要特别注重对诉讼法的学习,工作中尽量做到认真、仔细。另一方面,法官助理的工作围绕法官的审判核心开展,法官对法官助理的工作可以进行指导安排,同时法官助理也能以自己对案件的认识为法官最终作出裁判提供参考,通过庭前准备为法官顺利审结案件创造条件。此外,要虚心向身边的同事学习,有意识地提高自己的审判业务知识和办案能力,在提高自己思想政治素养的基础上明确树立为人民服务的信念;要不断摸索与人民群众沟通的经验,只有学会做群众工作,才能更好地做到司法为民。

第五,多倾听当事人的诉说。民事纠纷案件不同于其他案件,当事人大多是普通老百姓,不太懂法,有时候沟通起来比较困难。法官助理在与当事人沟通时,一定要耐心倾听他们的意见,因为此刻我们代表的是法院和法官,一定要给双方当事人说话的机会,认真了解案件详情,大致归纳出双方的争议点和矛盾碰撞点,继而为之后的调解工作找到突破口。

第六,作为法院工作者,我们还应该始终做到自重、自省、自警、自励,始终保持清正廉洁。要严格落实"三个规定"的要求,以维护社会公平正义为己任,真正践行"忠诚、为民、公正、廉洁"的政法干警核心价值观。

回顾这两年多的时间,我有案结事了的欣喜若狂,也有陷入困境的低迷消沉;得到过当事人的称赞,也承受过当事人的埋怨。从参与庭前调解到开庭、制作文书,再到送达文书、整理卷宗等,每一步都需要谨小慎微,因为稍有不慎就有可能导致案件处理不当,激化矛盾。

"路漫漫其修远兮,吾将上下而求索。"对于法院工作者来说,我们不仅要适应身份的转变,更要承担起新时期所应担负的责任,办好人民群众牵肠挂肚的各类案件。就像鹰击长空、鱼跃大海一样,法院就是我们实现理想和人生价值的舞台。我们应该努力做好本职工作,维护社会公平正义,为百姓化解纠纷,为实现社会的和谐稳定作出应有的贡献。

以法院善为促基层善治

——看能动司法如何植入环境资源审判

◇ 王　妮

王妮，东营市中级人民法院环资庭四级法官助理。

刚开始从事环境资源审判时，我浅显地认为法院法官充当的是居中裁判的角色，应贯彻不告不理的传统，跟能动司法、主动履职似乎存在天然的矛盾与冲突。然而，在经过多年的审判历练后，我逐渐明白，能动司法对于保证案件的裁判效果具有重大意义。下面我就结合具体案例谈一下能动司法如何作用于环境资源案件审判。

一、诉前能动，主动介入让纠纷破于无形

我们在办理农村土地承包经营权流转等一系列案件中发现，基层政府调解在矛盾的纠纷化解中发挥着重要作用。于是我们将审判职能向基层延伸，打造土地纠纷前沿化解阵地，在东营区、河口区建立了多个法官工作站，依托各乡镇（街道）设立司法服务站，疏通政府参与化解土地纠纷渠道，搭建近距离调处工作平台。2023年，东营法院涉土地案件在府院联动＋社会组织调解占比达80％以上的基础上，对进入诉讼阶段的122件土地承包经营权纠纷案件进行府院联动再调解，成功结案15件，诉源治理成效显著。作为裁判者，没有什么比诉前调解成功更让人开心的了；作为法官，没有什么比老百姓对案件处理结果满意更让人欣慰的了。

二、诉中能动，"走出去"打开案件审理思路

这点心得源于下面的具体案件：2016年，某村委会与孙某就村内17亩土地签订了为期3年的土地承包合同，承包费每年每亩60元，承包期满由村集体收回土地，作为新增人口的口粮地。3年期满，孙某继续使用涉案土地，但未交纳土地使用费。在此期间，经村民会议讨论决定，该村委于2021年11月发布土地承包费新标准：2019—2020年每年每亩300元，2021—2022年每年每亩800元。接下来，该村委与孙某就承包费适用新旧标准问题发生纠纷，诉至法院。村委会主张收回土地并要求孙某

按上述新标准补交土地承包费,孙某则主张按原来合同约定的60元旧标准交纳承包费。一审本着对占地农户孙某有利的原则支持了旧标准。

我们决定去看看当事人种的庄稼,也听听存在类似案情村民们的想法。通过实地走访了解到,因同一案情起诉的有3起案件,村委会起诉的仅是一批类似案件的典型几人,村内因同样原因引发了一系列纠纷,以前跟村委会签订合同并继续种地的有很多村民。调查获得的第一手资料包括:2016—2022年,该村因新生、嫁入、迁入而新增加人口达300余人,都没有得到集体分配的土地,对比之下因为历史原因,还有许多承包户以极低的价格承包着大量人口地之外的土地,用地矛盾就此产生。为解决用地矛盾,村民集体土地必须"涨价"。我们走访了解到一条关键信息,村民代表大会的定价是根据土地流转市场价确定的,不存在高价收回土地的情形,并且有相当一部分村民已经遵照执行了。经过走访调查,案件的审理思路变得明确,经过村民会议讨论得出的新集体土地承包费标准,程序合法,价格合理,是集体智慧的最好呈现和村民意愿的集中表达。法院判决应当尊重和支持基层群众自治组织依法行使经营管理权,维护村民自治制度,促进团结互助,共建和美乡村。案件得以很好的解决,多个类似案件的当事人也都服判息诉。"没有调查就没有发言权"这句话在今天的裁判中依然散发着魅力。

三、诉后能动,"司法建议"助推基层社会治理

能动司法、主动履职要求我们反思是否"案结事并未了",个案的裁判思路最终需要形成类案的办理准则。结案后我们梳理了涉农村土地资源纠纷存在的几大类问题:农村集体经济组织管理能力不足,影响土地开发利用;有的村民受利益驱动不履行合同,影响地方诉源治理;有的村民违反规定,擅自改变土地用途;有的村民诚信意识不强,恶意毁约;有的村民受农村宗族观念影响,跟随他人提起集体诉讼;有的村"两委"干部"新官不理旧账",消极应对土地纠纷。以诉讼方式改变土地利用现状,既不利于实际经营者对土地的持续投入,也影响农村和谐稳定。

针对以上种种问题,我们向某县农业农村局发出司法建议,就进一步强化涉农法制宣传和教育培训、进一步完善农村矛盾纠纷多元化解机制、进一步健全农村土地市场管理体系提出三方面六条建议,让裁判结果落地有声。该县农业农村局高度重视并积极回复:收到司法建议后,已组织专题培训22场次,累计培训2 052人次,对全县8个乡镇(街道)499个

村4655个农村集体经济合同进行排查,发现不规范合同197个并逐一整改。司法建议的提出与回函的收悉为案件的办理画了一个圆满的句号。

习近平总书记指出,要完善基层群众自治机制,调动城乡群众、企事业单位、社会组织自主自治的积极性,打造人人有责、人人尽责的社会治理共同体。人民法院作为政治机关,在土地纠纷案件处理的过程中,承担着助推基层社会治理的重要使命。土地纠纷处理仅是抓手,府院联动调处机制的建立完善也只是载体,以法院善为促基层善治才是我们的目标。能动司法、主动履职就是我们处理环资类案件的办案秘籍。善为促善治,环资再出发!

以情理法融合传递司法温度

——以审理违反安全保障义务责任纠纷案件为例

◇ 任飞飞

任飞飞，东营市河口区人民法院民事审判庭三级法官。

安全保障义务的过错推定原则体现了法律对公民的倾斜保护，是公众安全的一道"护身符"，但并不意味着这是一种绝对的、无条件的义务。本文就如何平衡其中的价值取舍、将其中的情理法有机融合，从而准确地传递法律的善意和司法的温度，谈一下河口法院民事法官们的一些做法和思考。

一、调解优先，促进实现定分止争

之所以说调解优先，是因为此类案件往往与个体的生命健康息息相关，受害一方情绪十分激动，对于他们来说不仅需要金钱上的补偿，更需要情感上的慰藉和修复。

令我感触比较深的是一起刚年满16周岁的少年溺水死亡家属索赔案。一个鲜活的生命在下水后就逝去了，这样的事总是既让人难以接受又痛彻心扉。少年的父母听到孩子的死讯后，从内蒙古赶到东营港，情绪非常激动，多次上访后又诉至法院，要求其工作的保安公司、水塘管理者及停车场共同赔偿80余万元。对逝者最好的告慰就是还原事实，对生者最好的抚慰就是公正处理，但由于事发现场没有摄像头，各方当事人对于关键事实的举证都遇到了障碍。考虑到孩子去世给其父母的打击以及后续的执行工作，我们决定进行调解。但是如何才能找到各方都能放下争议、共同接受的平衡点呢？经过梳理，我们认为调解的关键是最大限度地还原事实，让事发时远在内蒙古的少年父母了解当时的情况，正确面对孩子已经去世的事实。于是我们想到用"一镜到底"的拍摄手法，从少年的宿舍开始，记录其生活环境，再沿着事发当天监控录像显示的行进路线一路来到事发池塘边，发现此处有明显的下水点，再结合公安机关拍摄视频中少年钥匙、衣服和鞋子整齐摆放在岸边的情况，基本可以推定少年洗澡

溺亡的事实。少年的父母看到视频后崩溃大哭。待其情绪稳定后,我们耐心向他们分析释明案情和法律的规定,以及案件中对他们不利的因素,与他们的代理人进行了全面的法理辨析。我们向各方当事人充分释明安保委托合同中对保安人员年龄的限制,以及停车场未设置围墙,缺乏与水塘的有效隔绝等各种影响案件裁判的有利和不利因素,多次与保安公司和停车场进行沟通,最终双方达成和解,保安公司和停车场对少年的父母进行了适度合理赔偿,并按时履行完毕。至此,这场令人揪心的争议尘埃落定、圆满解决。

近年来,河口法院审结涉及违反安全保障义务责任纠纷的案件51件,其中涉及死亡和伤残的30件,共调撤11件,调撤案件均按时履行完毕。事实上,此类案件的调解过程实际也是受害一方逐步接受自身受到创伤或是亲人去世事实的过程,通过换位思考的沟通和调解,当事人既解"法结",更化"心结",最终实现案结事了。

二、公正裁判,保障当事人合法权益

张军院长在工作报告中提出,"校方已尽必要教育管理责任和救助义务,法院判定学校不担责""医疗机构善尽诊疗义务或限于当时医疗水平难以诊疗的不担责"。这样的小案也上了最高法的工作报告,主要原因是面对学生、病人等相对弱势群体,应合理为学校、医院等公益单位的安保义务划界。利益平衡实属不易,法官办案更是承受着多方压力和重重阻力,在"情理法"的交织下需要给当事人一个说法,给社会立个标准。对于此类案件,我们坚持的基本办案原则是:精准把控安全保障义务人的主体范围和责任范围,不因当事人的缠闹而使不应担责的人承担责任。

比如,龙某擅自翻越防波堤下海捕捞溺亡家属索赔案中,龙某的家属将能与事故沾边的海堤管理者某投资公司、建设者某采油厂都起诉到法院,并通过上访的方式给法院施压。从现场可以看到,事发海域的路边建设有一米多高的混凝土挡浪墙,挡浪墙上架设了防护网,墙体的多处涂写了警示标语,在挡浪墙向海一侧设置有数米宽的扭工字块体区域,因此,涉案区域明显不属于经营场所或对外开放的公共场所。龙某翻越海堤下海捕捞的活动不是某投资公司组织的群众性活动,某投资公司也并非民法典所规定的安全保障义务人。而某采油厂也早在多年前将海堤移交地方政府管理。最终,该案认定某投资公司对龙某不负有安全保障义务、某采油厂无管理职责,因而均未判二者承担责任。

184

当然,对于负有安全保障义务的义务人也要让其承担匹配的责任。例如,在丁某超市摔倒受伤索赔案中,我们认为,超市作为经营场所的管理者,有义务保障地面的平整和通行安全。对于路面的损坏,超市未及时修缮或设置安全警示标志是导致丁某摔倒的原因之一,因此应当承担侵权责任。而丁某作为完全民事行为能力人,应对自己的行为负有谨慎的注意义务,当购物篮卡住时,就应对周围环境做充分了解及风险辨识,但其对于自身安全疏于注意,对损害的发生存在过错。最终认定超市对丁某的人身损害承担60%的赔偿责任。

安全保障义务的认定和责任承担需要法官在个案中结合常理常情和日常生活经验法则,多维度分析,以寻求安全保障义务人与受害人之间权益最大限度的平衡。

三、情理融入,弘扬社会主义核心价值观

"情理"融入裁判,是对法官更高的要求,它要求我们的每一份裁判都应当成为弘扬社会主义核心价值观的宣言书。就如最高人民法院发布的村民私自上树摘果坠亡索赔案,判决驳回索赔人的诉讼请求,让不文明出行人自行承担损害后果,倡导了与新时代相匹配的社会文明,促进了文明共善的公序良俗。上述龙某翻越防波堤下海捕捞溺亡案的判决结果亦倡导了良善的价值观,有助于形成安定团结的社会秩序。

一直以来,河口法院大力弘扬社会主义核心价值观,在官网开设"法官说法""小案不小办""青少年法治讲堂"等栏目,加强普法宣传力度,通过以案释法,为社会树立行为准则、提供价值引领、助推法治观念深入人心。

情理法交融是中华法系的重要特点,也是中国法文化中长期积淀的传统。我们将始终秉持对法治的敬畏和信仰,努力在法律框架内融入情理法,用更有力量、更有温度的司法回应人民群众关切,让人民群众切实感受到公平正义就在身边。

弘扬诚信理念　司法护航消费

◇ 董俊俊

董俊俊，东营经济技术开发区人民法院综合审判庭三级法官。

天价听花酒、骨泥淀粉肠、原料过期奶茶……"3·15"晚会曝光的消费欺诈问题令人触目惊心。在日常购物或者服务消费时，你踩过什么样的陷阱？面对这些问题，你会选择忍气吞声，还是会勇敢地站出来，维护自己的权益呢？消费安全事关千家万户，市场繁荣带动国计民生。下面我将结合一起因假冒名牌家具引发的消费欺诈案件谈一谈人民法院如何有效发挥审判职能，依法惩处各类消费欺诈行为，坚定守护人民群众消费权益。

东营的王女士新居乔迁在即，在挑选家具过程中被某商场专柜打出的"样品处理，价格优惠"广告语吸引，在销售人员保证正品且赠送大礼包的"攻势"下，王女士爽快选购了一组客餐厅家具。不承想家具安装后不久，王女士家人就出现了嗓子疼、皮肤过敏等症状，为此几次到医院诊疗。在医生的提醒下，王女士对家装进行了全面的环保检测，结果令她大吃一惊：污染源就是她购买的高档家具。更令王女士气愤的是，仔细查看才发现除沙发、茶几是她选定的品牌外，电视柜、餐桌、餐椅等要么标识其他品牌，要么就根本没有标识。与商家几番交涉未果后，王女士将销售者和商场诉到法院，要求销售者撤销合同、返还货款并三倍赔偿，商场承担连带责任。

从这一普通的消费纠纷中，我们能发现促销暗藏着多处消费陷阱。首先，销售者抓住消费者贪图便宜的心理，以商品处理、打折促销为噱头消除了消费者对商品质量的戒备心理。其次，在签订的合同中暗藏玄机，把正牌商品列在合同商品目录之下，其他非正牌商品则列在赠品后面，并且不标注单价，当消费者提出商品质量问题时，销售者便以该商品是赠品为挡箭牌推脱责任。

本案标的不算大，却关系着王女士一家人的幸福和健康。该案的审理既要考虑消费者获取商品信息不充分的不利地位，又要兼顾纠纷解决的效率问题。为此，在归纳出双方争议焦点的基础上，我及时调整审理思路，不再只是被动地审查当事人提交的证据，而是改"坐堂问案"为实地勘验，及时组织双方查看家具，并现场视频联系生产厂家确认了家具的真伪情况。同时，对商场人员进行释法明理，以维护诚信经营信誉为突破口，促使商场与销售者现场沟通，引导销售者如实陈述，最终确定了王女士购买商品及赠品的实际情况。至此，法庭查明涉案家具部分为以假充真，销售者构成欺诈。根据消费者权益保护法的相关规定，销售者应该向王女士按照商品价款三倍的标准进行赔偿。

法官手记

但因涉案合同并未约定每件家具的单价，此时，对于构成欺诈商品如何确定惩罚性赔偿数额的问题又摆在了我的面前。如果按程序进行市场询价无疑会延长审理周期，增加当事人的诉累。为解决这个问题，我到商场进行了调查，掌握了以往该品牌家具的销售记录，结合案涉家具的规格和尺度，酌定了相关家具的价格。最终判决撤销合同，双方互相返还货款及货物、销售者赔偿王女士相应款项，商场也承担相应的连带责任。该判决结果得到了双方当事人的一致认可，均未提起上诉。王女士拿到判决书的那一刻，百感交集，感慨道："这份判决书让我感受到了法律的威严和法官的温情，一直悬着的心终于踏实下来了！"

需要说明的是，实践中销售者实施隐瞒消费者信息的行为并不必然构成欺诈，还要审查销售者是否具有主观故意或重大过失。即使存在欺诈行为，支持退货退款也不必然进行惩罚性赔偿，还要看维护权利的主体购买商品的目的是否为用于生活消费。面对形形色色的消费纠纷案件，我们需要结合具体案情，平衡保护消费者权益与民事活动中的诚实信用原则，既要引导消费者正确运用惩罚性赔偿的司法规则，又要防止知假买假者打着法律的幌子赚取利润。

近年来，开发区法院高度重视消费者权益司法保护，不断创新方法，拓宽思路，积极营造有利于消费升级的营商环境。近三年来共审结涉医疗美容、网络购物、食药安全、快递物流、运动健身等领域的各类消费纠纷案件300余件。一方面向上提能，不断加强消费类案研究，明确知假买假、格式条款、虚假宣传、无理由退货等热点问题的裁判规则，统一裁判标准；另一方面积极践行能动司法理念，发挥法官工作室职能，定期发布典型案例，持续加大消费者维权普法力度。同时，加强与工商联、消费者协会等部门的联动配合，形成诉源治理合力。

消费一头连着经济，一头连着民生，承载着人民群众对美好生活的向

往。人民法院须不断探索新形势下保护消费者权益、维护市场诚信公平的司法途径,切实把社会主义核心价值观融入法治建设和社会治理。群众利益无小事,作为民事审判法官,我们将始终秉承"如我在诉、情同我心"的理念,坚守司法为民初心,用心办好每一起案件。法润酸甜苦辣,守护万家灯火!

类案纠纷化解之"术"与"道"

◇ 吴小艳

做好审判工作不仅需要专业的法律知识,同时也有赖于社会经验的积累。在类案裁判中,裁判思路和工作方式凝聚着办案法官的智慧与格局,关乎司法正能量的释放与司法公信力的提升。本文以两类案件为例,谈一谈类案纠纷化解中的"术"与"道"。

吴小艳,东营市广饶县人民法院民二团队三级法官。

一、以物业纠纷为例,看简易类案纠纷化解之"术"

自 2017 年 5 月到 2024 年 3 月,我一直从事速裁工作。在速裁案件中,物业纠纷实属常见基础性纠纷。这类案件的法律关系明确,审判思路清晰,但是业主与物业公司之间的关系往往针锋相对。虽然 95% 以上的案件都可以通过调解或者撤诉结案,但耗时、费力,存在较多重复性工作。在日常实践中,我们专门针对物业纠纷,形成了以下工作方法:

(一)精准分类,集中排期

首先,物业公司往往批量起诉小区业主,所以按照小区进行分类;其次,根据送达过程中了解到的业主反馈,围绕拒交物业费的具体抗辩事由进行再分类,比如漏水等房屋质量问题类、卫生清理等物业服务不到位类、财产损失等具体事故类。根据上述分类情况,将同一个小区的物业纠纷案件排期在同一天并将同类情况排期在同一时间。如此一来,我们可以集中就同一类问题进行一次性"一对多"的集中分析,避免"一对一"的多次重复;物业公司也可以就同类问题集中回应,统一形成调解方案。

(二)把握关键,迎刃而解

同一小区内所涉物业纠纷的诸多业主中,往往会有业主代表,能够代表大多数业主的意见。我们通常需要将 90% 的精力放在他们身上,只要把他们的工作做通,其他业主的问题便可迎刃而解。在我还是法官助理时,曾配合承办法官集中化解过广饶某别墅区批量物业纠纷案件。当时我们用一上午时间与业主代表沟通,最后该业主代表信服地说:"李庭长,

189

不瞒您说，为了今天来见您，我特意查阅了所有与物业管理有关的法律法规，咱们省、市、县住建部门官方网站上涉及物业费收取标准的条例和答复我全都看了。今天早上特意提前半小时到法院，在车里又捋了一遍思路。今上午和您谈完，虽然我的想法没有实现，但是你们把我说服了，这物业费我们该交，您放心，其他业主的工作我来做。以后我们小区业主委员会如果有法律问题请教，还得麻烦您费心啊。"随后，这批案件果然很快妥善化解。

（三）"走出去"，解心结

在坐堂问案之余，有时候现场勘验更能实质解纷。我曾经同时审理了涉及同1个人的2起案件，在物业纠纷案件中，他是被告，拒交物业费的理由是楼上管道漏水导致家中被淹，他认为物业公司不作为，所以无权收取物业费；在另一起财产损害赔偿案件中，他是原告，起诉楼上业主，要求赔偿损失，在该案中还申请了司法鉴定。虽都是"小案"，然而与日常生活息息相关，于是我特意邀请了技术室的同事一同前往现场勘验。楼上的业主虽然开庭不到，却如约参加了现场勘验。我们在查看现场后随即开展调解工作。当天下午历经多轮反复磨合，双方最终达成调解意见，楼上当场向楼下微信转账支付赔偿款，楼下业主去物业公司现场交纳了物业费，2起案件均撤诉结案。我们用一下午的时间"走出去"，使得楼上楼下的邻里关系、业主与物业公司的服务关系均得以缓和，2起纠纷真正实现了实质化解。

（四）触角前伸，源头解纷

为了能够从源头减少物业纠纷，我们针对审判中遇到的突出问题，加强与物业纠纷多发的物业公司进行座谈分析，使其通过优化物业服务、增进沟通等方式，避免或减少纠纷发生。另外我们对住建部门出台的《广饶县物业服务领域集中整治专项活动实施方案》提出意见建议，通过加强行业管理，整改突出问题，优化县域内整体物业服务水平。近年来，物业纠纷案件收案数量大幅下降。

物业纠纷案件是我们司法审判中名副其实的"小案"，然而"小案"中往往寄托着"大民生"，我们在审判案件的同时也在被案所审判，在被琐事"烦扰"的同时，也在琐事中接受考验与治愈。

二、 以某房地产公司逾期交房、办证引发的批量案件为例,看类案纠纷化解之"道"

2023 年 7 月 5 日,我承办了一起广饶县某小区业主起诉某房地产公司逾期交房和逾期办证违约的案件,因为在此之前已作出多起同类生效判决,我很快安排开庭并作出判决。出乎意料的是,被告房地产公司对本案提起上诉。二审法官与我沟通,除具体法律问题外,还提到了司法裁判的导向问题,引发了我的思考。后来该案件在二审中达成调解结案,但同时我们一审法院还有批量同类案件正在审理过程中,于是我在法答网平台就该类问题进行提问,寻求进一步的裁判指导。为统一裁判思路和尺度,市法院专门提审了其中一起较为典型的案件。

在案件提级审理的同时,我与另外两名办理同类案件的承办人进行商议,一致认为可以抓住该时机加大调解力度。我们一方面加强与房地产公司的协调,了解到小区内车位、储藏室还有较大存量未售出,于是引导房地产公司考虑用违约金抵顶部分车位款、储藏室款的调解方案,不但能够克服当下无力支付违约金的客观障碍,还能在抵顶违约金后收取剩余资金,解决公司燃眉之急;另一方面主动与业主沟通,努力渗透裁判思路,使业主降低预期值,另外从居住舒适度、房地产公司履行能力等角度提出用违约金抵顶车位款、储藏室款、物业费的可行性和合理性,并通过提前达成协议可以优先选取车位、储藏室的方式提高业主的积极性。

同时,考虑到该批案件集中由某几位律师代理,我们主动与律师沟通思路,积极争取他们的支持:从专业角度分析违约金的功能性质,分析涉诉合同对违约金的约定、业主的实际损失等具体问题;从裁判效果分析房地产公司的履行能力,考量如何才能保障业主真正实现权利;从调解积极性分析,若提级审理,则业主调解的优势地位可能不及当前,建议把握当下谈判时机促成调解。

后来在不到一个月的时间内,有 20 余起案件通过上述方案达成调解。提级审理的案件很快作出判决,我们在第一时间对确实无法达成调解协议的 5 起案件依法判决。2024 年上半年共 3 起案件进入诉讼程序,有的案件在诉前调解阶段达成协议,有的案件业主直接私下与房地产公司达成了协议,未形成纠纷。

该批案件处理方式的转变也伴随着我审判观念和思路的转变,法官处理案件,尤其是批量案件,要做到"谋定而后动",对案件的法律关系、争

议焦点、社会效果应当有清晰的认知和预判。从当事人角度看,诉讼也绝不仅仅是为了一纸胜诉判决,而是彻底解决问题。我们应立足权利实现的长远目标,寻求双赢方案,从而实现实质正义。

张军院长要求我们:要把实质性化解矛盾、解决问题作为司法审判的目标、导向,以"如我在诉"的意识,在每一个审判环节都把服判息诉的功课做到极致。要把老百姓的难事当自己的家事来办,真正做到'只见公仆不见官'。案件是否公正处理、纠纷是否实质化解,"感受"的主体是人民群众,这将直接影响人民群众的获得感、幸福感、安全感。作为人民法官的我们有责任通过每一起案件的用心办理汇聚起司法公信的磅礴力量。

扎根乡土 打造"枫桥式人民法庭"

◇ 张 玲

人民法庭是司法系统的"神经末梢",是维护基层稳定、保障公平正义的桥头堡,也是推进社会治理、服务乡村振兴的最前沿。下面结合几个案例故事,让我们一起看看陈庄法庭如何秉持"如我在诉,情同此心"的办案理念,创建出"接地气、得民心"的新时代"枫桥式"人民法庭。

张玲,东营市利津县人民法院陈庄法庭法官助理。

如我在诉办好案 情同此心解纠纷

以内心对公平正义的坚守办好每一起案件,是法官的职业标准。虽然一纸判决维护了正义,但是可能解不开百姓的心结,只有始终保持"如我在诉"的为民情怀,脚踏实地,才能将案子真正办到群众心里去。

例如,有这样一起因黄河滩区人工湿地建设导致个人鱼塘受损的财产损害赔偿纠纷。原告王某在黄河滩区承包了一处鱼塘从事水产养殖,可令他想不到的是,自己的鱼塘有一天会被毫无关联的工程破坏,鱼苗流失、损失惨重,无奈之下,王某将水利部门及工程公司告上法庭。经调查,涉案工程是黄河滩区人工湿地建设工程,是环境资源修复和保护的重点工程。施工人员认为自己严格按照工程图纸施工,未破坏王某承包的鱼塘。王某则主张鱼塘附近只有这一处施工,因工程施工过程中挖错位置导致自己的鱼塘被破坏、财产受损。一方是个人的合法权益,一方是利在千秋的环境保护重点工程;一方为确定自己的损失,即使搁置鱼塘使其荒废也要求进行司法鉴定,一方则面临工期紧任务重的压力,施工不能停。个人权益与社会公益,孰重孰轻? 如果按照普通侵权案件办理,依据司法程序启动鉴定,法律程序上没有错,但环境保护是大事,百姓个人的生计也是大事;若启动鉴定,则重点工程工期延误,原告的水产养殖也只能暂停,损失无形中会进一步扩大,所以法官踏上了追求案结事了的办案之路。首先确认责任主体,然后将查明的权利义务主体、侵权事实、法律规定、司法鉴定程序的时间成本等详细告知案件当事人,做足市场调查,参照相邻养殖基地的年产量和收入估算王某损失,联合涉案鱼塘所在村委、镇政府

工作区、人民调解委员会等开展调解工作……最终，一系列工作做下来，这件看起来耗时长、成本高的纠纷以庭外和解、原告撤诉顺利化解。

这样真真切切站在当事人的角度处理纠纷，是秉承"如我在诉"的办案理念、践行"马锡五审判方式"的具体实践。我们始终秉持"小案不小办"的理念进行审理：对于农村宅基地纠纷，我们去纠纷现场一寸寸丈量距离，确定相邻宅基地面积，公正的标尺让双方当事人心服口服；为确定劳务纠纷案件赔偿责任主体，我们能动司法调取证据，最终维护因工受伤的当事人合法权益；对于涉同一企业追索劳动报酬的139件案件，我们逐案审查证据，确定准确工资数额，不足一月全部调解结案……我们以一个个具体案件的公平正义化解践行司法为民的初心。

诉源治理促和谐　部门合力化纷争

作为法院的派出机构，人民法庭的职责不仅仅是办好每一起案件，还要探索多元解纷方式、参与社会治理、服务乡村振兴，为此，我们坚持以科学优化的解纷布局、靠上靠前的指导对接、实时实地的涉诉分析，实现了辖区村社全覆盖三级联动、一贯到底的诉前解纷网络格局，即"三个一"解纷机制。下面来看在该解纷机制下，多部门联动成功化解的一起涉农、涉众、涉信访案件。

在一个寻常工作日的下午，陈庄法庭诉源治理工作微信群里弹出这样一条消息："陈庄镇某村有一起因意外死亡影响粮食安全、可能引发群体事件的纠纷，矛盾激化。请法庭参与指导。"这是一起因合伙事宜而意外死亡案件，陈某等三人合伙承包土地，由陈某具体负责耕种、维护等事宜。陈某等种植了千亩水稻。临近收割，陈某在驾驶农用机播撒农药时意外死亡。水稻利润如何分割、土地承包经营如何继续、前期三人之间民间借贷欠款如何认定、合伙人因合伙事务死亡能否获赔等多重矛盾交织在一起，三方很难自行达成一致处理意见，矛盾激化，导致三方均上访至东营信访局。水稻收割在即，耽误农时损失惨重，此矛盾不化解极易引发抢收水稻的群体事件。

在接到消息的第一时间，陈庄法庭立即启动诉前解纷程序，专人连线了解案情，联合多部门召开案情分析会，根据矛盾主体、性质等确定解决方案：由法庭负责阐述相关法律规定、事实认定证据规则及相关合伙纠纷常见判例，由司法所、综治中心运用背靠背调解模式，依据各方诉求及矛盾特点制定具体调解方案，由派出所释明群体事件发生的行政处罚后果，由镇政府工作区与村委会一同在乡规民约、粮食安全等方面着手劝和……在我们的合力调解下,最终赔偿事宜、合伙纠纷、承包权确认、利益分割均得到妥善处理,水稻得以成功收割和销售,一起即将演化为群体事件的矛盾纠纷就这样在多部门的共同努力下圆满解决。

陈庄法庭多元解纷布局涵盖了辖区 18 个工作区、295 个村社,真正实现了解纷网络全覆盖。在不断纵向深入织密诉源解纷网络,横向拓展扩大诉源治理"朋友圈"的工作布局中,在网格员吹哨预警、调解员＋一线解纷主力、法官工作室靠上指导的"网格化＋调解＋司法确认"工作模式下,法庭、人民政府、司法所、派出所、人民调解委员会、商会、村委会等多部门均融入多元解纷网络,合力护航乡村产业振兴、社会和谐发展。

法官手记

立审调执一体化　司法保障暖民心

派出法庭扎根基层、面向百姓,是离群众最近的地方,群众的司法温暖何以感受、情感期待如何满足,是靠一纸判决,还是靠胜诉权益得到切实维护? 答案可想而知。为了进一步方便群众诉讼,促进案件当事人胜诉权益得到及时维护和加速变现,陈庄法庭成立执行团队,守好司法权益最后一站。锦旗上的"情系群众办实事,高效执行解民忧"是一名执行申请人对法庭执行工作的评价,这背后是充满人文关怀和亲情维护的暖心执行。

这个案件的申请人王小某与被执行人王某是同村同族的叔侄关系,王小某因小叔王某欠钱不还,无奈诉至法院,而判决书却因为王某的不配合变成了"一纸空文"。案件进入执行阶段时临近春节,为了化解两个家庭的矛盾,让双方过个安心年,执行法官第一时间找到正在东营某工地打工的王某,将王某一笔尚未结清的劳务费扣划为案件执行款。这起执行案件到此可以顺利结束了,可是执行法官还做了一件与此案看似无关的举动,他对王某说:"给你的侄子王小某打个电话吧,也快过年了,同村同族的,这门亲戚还得处。"王某当即拨通了电话,解释了自己的难处,表达了歉意,一通短短几分钟的电话让这次的执行工作变得温暖起来。原来,司法温暖的传递能够贯穿办案始终。

为了群众的司法信任感、公正体验感、权益获得感,陈庄法庭升级诉讼服务中心,以法官工作室、村居联系点深入基层一线,成立立案、审判、调解、执行团队,以调立审执一体化综合司法服务回应群众最朴素的司法期盼。

百舸争流,奋楫者先;千帆竞发,勇进者胜。我们深处基层,心中装着百姓、肩上扛着责任、脚下沾着泥土,将持续服务乡村产业振兴、融入基层社会治理、维护农民合法权益、守护农村生态环境,继续创建"接地气,得民心"的"枫桥式人民法庭"。

刑事审判中的"法"与"情"

——以轻伤害案件审理为视角

◇ 薛文超

薛文超,东营市中级人民法院刑事审判庭法官助理。

轻伤害案件是生活中多发的一类案件,最近 10 年,东营全市法院共审结轻伤害案件 1 400 余件,占刑事案件的 7%。轻伤害案件经常发生在亲朋、邻里、同事之间,多因民间矛盾引发,案件虽小,但往往带有明显的对抗性,存在"争胜赌气"的成分,有的甚至是"几辈人的恩怨",如果处理不当,极易激化矛盾,造成"系列案"。个别案件处理不当甚至会成为累案、积案、长期信访案件。

轻伤害案件是小案,但这些身边"小案"恰恰是群众感受社会主义法治水平的温度计,用心用情办好人民群众身边"小案",破除"唯结果论",真正践行"小案事不小,小案不小办",让办案过程呈现丰富的正义维度,让"小案"体现正义的温度,才是实现"三个统一"的应有之意。

从司法实践看,在轻伤害案件审理中应注意三个要点。

一、准确认定刑法意义上的"故意"与"伤害"

从故意伤害罪的构成要件来看,成立故意伤害罪需要具备三个基本要素:主观上故意或者间接故意,非法损害他人身体,损伤结果达到《人体损伤程度鉴定标准》中规定的轻微伤及以上。对于损伤结果可以通过鉴定量化,但是对于是否属于非法损害他人身体的"伤害行为",主观上是否具有故意的主观意图,只能通过外在表现结合行为时情形的紧迫性及行为程度进行一般推定。

案例一:赵某故意伤害案(自诉案)。孙某是某小区业主,2018 年 9 月的一个上午,他和儿子到物业公司理论退房等问题。在物业公司门口,孙某冲向正在赶来的物业经理赵某并抓打。赵某边退边用手挡,后被孙某的儿子踹倒在地。赵某起身后与孙某的儿子扭打在一起,其间推了一下打过来的孙某,使孙某倒地。经鉴定,孙某构成轻伤二级。

本案争议点是赵某面对多人围攻,起身后推搡他人是否为伤害行为?答案显然是否定的。我们认为,赵某在面临多人围攻、被两次打倒的情况下,全程没有任何主动攻击的行为,在冲突中始终处于弱势,采取的格挡、推搡仅限于摆脱控制、脱离危害场所,属于被动防御。综合认为,赵某行为不具有伤害性,也就更加不存在伤害的故意。当然,因为本案为自诉案件,我们综合审查认为案件证据不足,最终不予受理。我们切不可形成"谁受伤谁有理""谁闹谁有理"的片面观点,不以造成伤害结果就形成行为人主观上具有伤害故意的有罪推定,应排除行为人不具有伤害行为、不具有伤害意图、实施正当防卫或者因意外造成伤害的情形。

法官手记

二、查清案件的边际事实,综合考虑被害人过错

刑事案件的边际事实是指与案件有关的社会背景、传统文化、民情风俗等。边际事实不属于案件的基本事实,但只有查清这些边际事实,才能真正了解双方冲突的原因,合理认定被害人过错,最终正确地定罪量刑。

案例二:李某故意伤害案。李家与刘家相邻而居。2021 年春天的一个午后,李家在宅基地上翻盖新房,包括 2 名七八十岁老人在内的刘家人到李家地基处阻拦,双方发生冲突。其间,被告人李某顶撞、搂抱 80 岁的被害人刘某,致其 3 根肋骨骨折。经鉴定,刘某构成轻伤二级。一审判决被告人有罪并处实刑。宣判后被告人不服上诉至中院。

后查明,案例二的起因是双方多年的宅基地纠纷。2019 年春,被告人李某家拆除旧房翻盖新房,遭到刘某家阻拦。经过诉讼,法院于 2020 年冬判决刘某家立即停止侵害,不得妨碍被告人李某家在宅基地上建房。案发当日,被告人李某家继续建房时遭到阻拦,并引发故意伤害案。

最高人民法院在《中国刑事审判指导案例》中对被害人过错予以界定,即刑法意义上的被害人过错是指被害人出于主观上的过错实施了错误或不当的行为,且该行为违背了法律或者社会公序良俗、伦理规范等,侵犯了被告人的合法权益或其他正当利益,客观上激发了犯罪行为的发生。

本案中,在被告人一方宅基地权利已经得到法院确认的情况下,被害人一方到被告人一方宅基地内反复阻拦正常施工。按照民间情理、公序良俗,可以认为这是被害人到被告人家中"挑事打架",属于冲突的引发方,客观上激发犯罪行为的产生。且在被告人李某对 80 岁的被害人刘某顶撞、搂抱前,被害人刘某的侄子多次唆使、搀扶刘某躺在被告人李某的宅基地

上,意图阻挠正常施工。

结合本案,可以得出以下结论:本案中被害人刘某存在过错。首先,本案过错行为的实施者是被害人;其次,被害人实施的阻拦行为属拒不履行裁判文书,同时违背社会公序良俗,应当受到社会的否定性评价;再次,被害人主观上具有过错,应当受法律或道德的谴责;最后,过错行为与犯罪行为的发生之间具有关联性。法院最终认为,被告人李某实施搂抱、顶撞行为致被害人刘某二级轻伤,但考虑到被害人刘某存在过错,被告人李某为排除妨碍而对被害人实施的搂抱和顶撞行为具有一定的防御性质,犯罪情节轻微,不需要判处刑罚,对被告人免予刑事处罚。

三、积极做好善后工作,真正做到定分止争,努力实现"三个统一"

案件二发生后,被告人李某家依据民事判决向法院申请强制执行,法院组织警车 4 辆、工作人员 20 余人,在李家施工现场拉起警戒线多天,新房才得以顺利施工。但是双方矛盾一直未得到有效化解。在二审将案件发回后,被告人李家可能出于争胜赌气的原因拒不赔偿,被害人刘家坚持索要 15 万元赔偿,并扬言要到上级部门上访。法院多次做双方调解工作,最终被告人自愿给予被害人 7 000 元赔偿。鉴于被害人年事已高、靠侄子抚养,生活困难,法院通过司法救助等方式帮其获取了部分补助,被害人在得到救助后息诉罢访。案件最后有了一个较为圆满的处理结果。

到这里案件虽然结束了,但是引发了我们的思考。刑事审判工作到底要给社会怎样的价值引导? 我们的法律能否支持我们作出正确的选择? 我们是否敢于坚持正确的选择? 电影《第二十条》拍得非常好,剧中的部分台词引发了法律从业者的思考与共鸣,同时也从侧面回答了上述问题。"法,不能向不法让步""法律是什么,是天理、国法、人情""法律是让坏人犯罪的成本更高,而不是让好人出手的代价更大"。俗话说"老百姓心中有杆秤"。人情和天理本身是案件事实的组成部分,也是判断犯罪构成的事实要件及量刑情节需要考虑的因素。我们在认定事实、适用法律时,应全面考量,特别要考虑常理、常识、常情等经验法则。循天理、遵法律、顺人情,办案人只有树立这样的价值观,才能实现办案"三个效果"有机统一。假如我们作出的司法认定与老百姓心中朴素价值观相违背,与老百姓的期待相差甚远,这就不是"三个统一",案子就没有办好,就会出现更多的问题,甚至出现持续不断的信访,以及汹涌澎湃的舆情。

张军院长多次在会议上强调"如我在诉"的审判理念。什么是"如我在诉"？就是法官要把自己摆进去,像自己在诉讼,希望法官怎么来处理自己的案件一样。这就要求人民法官坚持以人民为中心的司法理念,认真践行新时代"枫桥经验",牢固树立"抓前端、治未病"理念,坚持能动司法,把诉源治理融入案件审判的全环节、各领域,让人民群众实实在在地感受到公平正义,真真正正地实现"案结事了""定分止争"。

法官手记

坚守与坚定

◇ 杨　莉

杨莉,乌鲁木齐市中级人民法院研究室副主任。

　　我是乌鲁木齐市中级人民法院干警杨莉,有幸被组织选派来东营中院学习交流。下面我想讲述两位法官的故事,他们用信念和坚持,将自己的人生谱写成书。

故事一:关于"坚守"的力量

　　故事的主人公叫赛尔克·努合马尔,一名哈萨克族法官,现任乌鲁木齐县永丰渠人民法庭庭长。赛庭长出生于党员家庭,父亲也是一名法官。从小就耳濡目染父亲在山间草场为老百姓排忧解纷的他,早早就在心里埋下了一颗法律的种子。1994年,19岁的赛尔克考入乌鲁木齐县法院,从执行局、综合审判庭再到派出法庭,一干就是30年。在他对职业伦理的理解中,"忠诚"是第一位的,要忠诚于国家、忠诚于人民、忠诚于法律。维护祖国统一、民族团结、社会稳定,是深埋在他骨子里的基因。赛庭长说:"忠诚不是看我调门儿唱得有多高,话说得有多漂亮,而是要实实在在地落在行动上,落在工作中。"他把维护国家安全和政治安全放在首位,把老百姓的利益置于个人利益之前,时刻保持对法律事业和法官职业的敬畏心,在一个又一个案件中践行着自己的誓言。

　　赛庭长所在的派出法庭辖5个社区,18个行政村,且大多数在山区,交通极为不便。在法庭工作的近10年里,他用双脚丈量了每一个村子、每一个牧区、每一片草场。他说,我们辖区的农牧民打官司太不容易了,冬天赶草场的时候,他们甚至会因为路途遥远露宿在野外。为了充分保障当事人的诉讼权利,让老百姓少受罪,赛庭长常年带着书记员巡回办案。他说:"能走到的地方我都要去,不能走到的地方想办法我也要去。巡回办案的这些年,我也见证并感慨于祖国的发展和变化,我们这里的路越修越好了,很多牧民从草场搬进了楼房,远一点的牧区也通电通网络了,我们的办案工具从马匹和笔记本变成了巡回车和电脑。再回头去看,我真的很感慨自己成长在了一个这么好的时代。"

赛庭长对法官职业的高度忠诚,对人民群众的高度负责,三十年如一日,得到了群众和组织的认可,多次立功受奖,被评为"优秀共产党员",2019年受到了最高人民法院院长的接见。在他的带领下,永丰渠法庭也获得了"全国优秀人民法庭"的荣誉称号。

法官手记

如果让我用一个词来形容赛庭长,我认为"坚守"最贴切。说是子承父业的使命感也好,说是追求理想的责任心也罢,总之,他放弃了很多遴选晋升的机会,安安静静地在那片遥远却纯净的土地上坚守了30年,默默无闻地守护着他身边的群众,守护着他心中的法治信仰。

赛法官此时此刻还在永丰渠法庭,可能在开庭,也可能在调解的路上,总之,他的故事还在待续……

故事二:关于"坚定"的态度

他叫李军,是一名援疆干部。2011年8月,时任最高人民法院政治部办公室主任的李军主动请缨,来到乌鲁木齐市中院担任党组成员、副院长。到岗后,他充分发挥援疆干部优势,不等不靠、大胆创新,先后推行新闻发布会、庭审直播、法院公众开放日等司法公开举措,助力乌鲁木齐中院成为全国十一家"司法公开试点法院"之一。要知道在十多年前,这些理念在西部地区还是非常罕见和新鲜的。乌鲁木齐市中院在文化建设上一步步闯出了名声,参观接待量达到历史峰值,被人们笑称为"乌鲁木齐新十大景点之一"。

李军院长恪守职业道德、工作作风严谨、为人谦虚低调,援疆期间默默资助了5名学习成绩优异但家庭经济困难的孩子,直到他们大学毕业。了解他的人都说,他掩盖住自己的光芒,却在时时刻刻照亮他人。他是一个爱书如命的人,不管是在办公室还是在宿舍,体量最大、最值钱的家当就是满屋子的书。他时常对年轻同志说:"法官个人的道德品质可以为其作出的司法裁判增加权威性和说服力。我们身处在一个飞速变革的时代,青年法官只有树立起远大的政治理想,拥有广博的知识结构,才能深刻理解国情民意,真正做到司法为民,努力实现公平正义。"

别人问李军最多的一句话就是:"在新疆工作生活习惯吗?"他总是很深情地一笑,回答:"怎么能不习惯呢?新疆人民淳朴善良,我已经恍然分不清他们是朋友还是亲人。这里就是我的第二故乡。"带着最高人民法院领导的重托,带着对边疆法院赤诚的真心,李军院长在第一期援疆期满后毅然决然选择了再干三年。六年扎根边疆,他全心全意奉献了自己的职业高光时刻。我想,这不仅是对期待、对热情的坚定,更是对信仰、对责

任的坚定。

李军院长现已退休,但他的故事还在乌鲁木齐法院流传着……

凡心所向,素履所往。把热爱的事情做到极致,便有了非同一般的价值。今天故事的两位主人公都选择了"择一事,终一生",他们用执着的追求和无悔的热爱,谱写了专属于自己却又激励他人的"人生读本"。

银行因未尽审慎审查义务应承担相应赔偿责任

——李某业诉某银行兰州市分行、某银行 JL 营业所财产损害赔偿纠纷案

◇ 薛国岳　李向青

【要点提示】

金融机构在开立个人账户时，除应对申请人所提供身份证件的真实性、合法性进行审查之外，还应当对持证开户人与身份证信息所显示的是否为同一人进行审查核对，否则，应对未尽审慎审查义务致诈骗平台冒用他人名义开立银行账户进行诈骗，承担相应赔偿责任。

薛国岳，东营市东营经济技术开发区人民法院审委会委员、四级高级法官。

李向青，东营市东营经济技术开发区人民法院综合审判庭法官助理。

【案情】

李某业下载豪俪盛世应用程序投资平台并进行投资。李某业于2019年5月、6月累计向该平台客服人员提供的袁某博个人银行账号转账876 900元。事后，该客服人员失去联系，李某业发现被骗并报警。

2018年7月26日，某银行 JL 营业所为袁某博开户并办理了案涉银行账户。在李某业被骗报警后，东营市公安局东营经济技术开发区分局对袁某博进行询问。袁某博陈述其身份证在2018年丢失过，且开卡当日其未去过开卡银行所在地，案涉账号不是其本人办理的。2022年12月3日，东营市公安局东营经济技术开发区分局信访室出具信访事项处理意见书，告知李某业，经侦查发现袁某博名下涉案银行卡不是袁某博本人办理的。

李某业以某银行兰州市分行、某银行 JL 营业所为被告诉至法院，要求二被告共同向其偿还人民币876 900.88元，并支付利息损失（计算至2022年12月15日的利息损失共计为115 707元），以上共计992 607.88元。

【审判】

东营经济技术开发区人民法院经审理认为，某银行 JL 营业所在

2018年7月26日开办袁某博个人账户时,核查了袁某博身份证上的姓名、身份证信息及照片,其银行系统反馈居民身份证号码与姓名一致且照片存在,即为持证人开办了袁某博的个人账户。公安机关出具的证据可以认定持袁某博身份证开立账户的人并非袁某博本人。某银行JL营业所未提交证据证实持证开户人与身份证上的袁某博极为相似,以至于通常无法辨别。因此,某银行JL营业所在办理袁某博银行卡开户业务时,虽然进行了形式上的审查,但现有证据不足以证实其对持证人是否为袁某博本人进行了认真比对,故可以认定某银行JL营业所未尽到谨慎的审查义务,导致他人冒用袁某博的名义开立了个人账户,客观上为李某业的资金被骗提供了便利条件。某银行JL营业所存在一定的过错,且该过错与李某业的损失之间存在一定因果关系,应承担相应的侵权赔偿责任。李某业作为具有完全民事行为能力的人,其案涉资金遭受损失,直接原因系其轻信网络投资平台,将自有资金汇入平台指定的袁某博账户导致,某银行JL营业所未尽到谨慎审查义务的过错程度明显低于李某业对自身资金损失存在的过错,故法院酌定由某银行JL营业所承担李某业30%的资金损失。另外,依法设立并领取营业执照的某银行JL营业所可作为民事诉讼主体,以自己的名义参加民事诉讼。某银行兰州市分行与某银行JL营业所虽存在合作关系,但无隶属关系,故李某业要求某银行兰州市分行承担赔偿责任,无事实和法律依据。东营经济技术开发区人民法院于2023年3月24日作出(2023)鲁0591民初262号民事判决:一、被告某银行JL营业所于本判决生效之日起十日内赔偿原告李某业损失263 070.26元;二、驳回原告李某业的其他诉讼请求。宣判后,被告某银行JL营业所提起上诉。东营市中级人民法院于2023年7月21日作出判决:驳回上诉,维持原判。一审判决已生效。

【评析】

随着经济社会的快速发展,人们的理财投资和支付方式等都发生了巨大变化,通过银行卡进行网络支付成为常态。然而,由于很多人对妥善保管个人证件、依法理财的安全意识缺位,可能不经意间成为电信网络诈骗行为的帮凶或被他人诈骗。网络诈骗的重要支付载体是银行卡,银行作为专业金融机构在开立个人账户时负有审慎核查义务,同时对依法使用银行卡具有监管责任。《个人存款账户实名制规定》《人民币银行结算账户管理办法实施细则》《银行卡业务管理办法》等均对开立、使用个人账户有明确规定。金融机构在开立个人账户时,除对申请人所提供身份证件的真实性、合法性进行审查之外,还应当对持证开户人与身份证信息所显示的是否为同一人进行审查核对。如果发现疑点,则应采取必要措施确保审核的准确性,如进行进一步询问、要求提供其他辅助证明其身份的证据等,以防范商业风险和社会风险,维护交易安全。

案例解析

夫妻一方对外提供连带保证而另一方仅在保证人配偶处签字情形下的责任认定

——某银行诉某公司、杨某、蔡某金融借款合同纠纷案

◇ 刘君东

刘君东，东营市东营经济技术开发区人民法院立案庭二级法官。

【要点提示】

在金融借款合同纠纷中，对于保证人配偶在自然人担保信息表中签字的情形，应从该信息表的内容出发审查认定保证人配偶应否对借款承担连带清偿责任。保证人配偶一方若仅作为保证人配偶身份在信息表末尾"保证人配偶"处签字捺印，也没有证据证实保证人配偶的签字是自愿提供连带保证的意思表示，则不应对借款承担连带清偿责任。

【案情】

2021年11月21日，某银行（甲方）与杨某（乙方）签订自然人担保信息表一份，约定：杨某为某公司的借款提供连带责任保证，保证担保的范围包括主债权本金、利息、违约金、赔偿金、债务人应向债权人支付的其他款项以及实现债权与担保权利发生的费用，保证期间为债务人履行债务期限届满之日起两年。杨某的配偶蔡某在该自然人担保信息表的乙方配偶处签字捺印，内容为已知悉并同意杨某为借款人某公司在银行申请1 400万元循环贷款提供担保，并对借款人因本次借款而产生的债务承担全额不可撤销连带保证责任。

2021年11月23日，某银行与某公司签订《流动资金借款合同》一份，约定：本合同项下借款用途为购买钢材，借款金额为1 400万元，借款期限自2021年11月23日起至2024年11月23日止，实际借款期限以借据为准。同日，杨某（保证人、甲方）与某银行（债权人、乙方）签订《最高额保证合同》，约定：为了确保2021年11月23日某公司与本合同乙方签订的所有业务合同项下乙方利益得到切实保障，甲方愿意向乙方提供最高额连带责任保证。保证期间为自主合同确定的债务履行期限届满之日起三年,乙方依据主合同之约定宣布主债务提前到期的,则保证期间为主债务被宣布提前到期之日起三年。

某银行提交证据表明,截至 2023 年 11 月 20 日,某公司尚拖欠借款本金 1 400 万元、利息及罚息 100 722.22 元、复利 713.75 元。杨某未履行保证责任。原告某银行将某公司、杨某、蔡某作为被告提起诉讼,请求判令:一、依法判令某公司立即归还原告借款本息合计人民币 14 101 435.97 元(计算至 2023 年 11 月 20 日,包括本金 14 000 000.00 元、利息及罚息 100 722.22 元、复利 713.75 元)及自 2023 年 11 月 21 日起至借款实际给付日止的利息、罚息及复利;二、依法判令被告杨某、蔡某对上述诉讼请求承担连带清偿责任;三、本案案件受理费、保全费等诉讼费用由被告承担。

【审判】

东营经济技术开发区人民法院一审判决:一、被告某公司于本判决生效后十日内偿还原告某银行借款本金 1 400 万元、利息及罚息 10 0722.22 元、复利 713.75 元,及自 2023 年 11 月 21 日起至实际给付日止的罚息及复利(罚息以借款本金 14 000 000 元为基数,复利以利息、罚息及复利为基数,均按照年利率 11.1％计算,但利息、罚息和复利的总数额不超过年利率 24％标准);二、被告杨某对上述款项承担连带清偿责任,其承担连带清偿责任后,有权向被告某公司追偿;三、驳回原告某银行的其他诉讼请求。在一审判决作出后各方均未上诉,一审判决已经发生法律效力。

【评析】

本案涉及的主要问题在于,夫妻一方作为针对借款的连带保证人签订自然人担保信息表,其配偶仅在自然人担保信息表"保证人配偶"处签字捺印,在此情况下保证人配偶应否对借款承担连带清偿责任。

对于此类情形,司法实务中存在两种观点。

第一种观点认为,在夫妻关系存续期间,夫妻一方签署自然人担保信息表,配偶在"保证人配偶"处签字捺印,系向金融机构等出借人提供的增信措施,保证人配偶的签字捺印行为系作为配偶方对保证人提供担保行为的知晓和确认,保证人及其配偶有着共同的意思表示,符合夫妻共同债务认定标准中"共债共签"原则,应认定担保债务系夫妻共同债务,配偶应当承担共同偿还责任。具体到本案中,蔡某虽然未与某银行签订保证合同,但其出具的配偶声明中明确表示对借款人某公司因本次借款而

产生的债务承担全额不可撤销连带保证责任,并且其配偶杨某作为涉案借款的保证人对借新还旧的用途是知悉的,由此可以推定蔡某对涉案借款用途是知晓的,故蔡某应当对涉案借款产生的全部债务承担连带清偿责任。

第二种观点认为,配偶一方仅在"保证人配偶"处签字,不应承担清偿责任。配偶方虽然在自然人担保信息表中"保证人配偶"处签字,但没有为债务承担保证责任的明确意思表示,因此不构成案涉债务保证人。根据《中华人民共和国民法典》第1064条的规定,夫妻双方共同签名或者夫妻一方事后追认等共同意思表示所负的债务,以及夫妻一方在婚姻关系存续期间以个人名义为家庭日常生活需要所负的债务,属于夫妻共同债务。夫妻一方在婚姻关系存续期间以个人名义所负的超出家庭日常生活需要的债务,不属于夫妻共同债务;但是,债权人能够证明该债务用于夫妻共同生活、共同生产经营或者基于夫妻双方共同意思表示的除外。根据《中华人民共和国民法典》第498条的规定,对格式条款的理解发生争议的,应当按照通常理解予以解释。对格式条款有两种以上解释的,应当作出不利于提供格式条款一方的解释。格式条款和非格式条款不一致的,应当采用非格式条款。本案中保证人配偶签署的内容存在两种解读含义,在存在两种以上理解时应作出对原告不利的解释。银行作为专业金融机构,如果与蔡某达成连带保证的一致意思表示,就应当将蔡某列为担保人并与其签署正式的保证合同。据此,夫妻一方担保的债务不属于夫妻共同债务,所形成的保证债务与配偶无关,配偶方无须承担共同偿还责任。

笔者倾向于第二种观点。保证人配偶仅在自然人担保信息表"保证人配偶"处签字捺印,不能以此推定保证人配偶方具有保证人身份。保证人配偶的签字捺印行为仅表示其知道、了解甚至确认保证人的保证行为,不能反映其主观上具有为案涉债务提供保证的意思。在金融借款合同纠纷中,金融机构风险防范意识强,在交易中处于优势地位,完全可以也有条件在签订自然人担保信息表时要求配偶方作出为主债务提供保证的意思表示或者事后追加配偶方为保证人,而仅要求配偶方在自然人担保信息表配偶处签字,往往是出于个人征信、交易效率、管理成本等因素的有意选择。在案件事实不清的情况下,认定配偶一方是否承担保证责任时,应秉持审慎、保护善意无过错民事主体利益的原则,通过发挥裁判引导的作用,规范民事主体的交易行为,加强风险防范。因此,认定保证人配偶方具有保证人身份,必须以保证人配偶对案涉债务作出明确提供保证的意思表示为判断标准。若保证人配偶有提供保证的明确意思表示,则应当认定保证人配偶亦具有保证人的身份;反之,如果保证人配偶仅在自然人担保信息表配偶处签名,则仅表示其知道保证行为的存在,或知道自然人担保信息表的内容,或为了将来对夫妻共同财产的顺利执行,据此基于合同的相对性,并不能推定配偶方具有保证人身份,配偶方无须对保证人所担保债务承担清偿责任。再退一步讲,即便存在案件或者签署内容事实不清、有分歧的情况,即对于保证人配偶是否应对案涉债务提供连带保证存在两种以上解释,依据民法典关于格式条款的规定,也应当作出不利于格式条款提供方的解释。具体到本案中,蔡某仅在保证人配偶处签字捺印且无其他证据证明蔡某具有承担连带保证责任的意思表示,故不具有保证人身份,不应承担连带保证责任。

因此,判断夫妻一方对外保证之债是否属于夫妻共同债务应坚持个案判断原则,综合考虑配偶方在自然人担保信息表"保证人配偶"处签字的真实含义、案涉债务是否在夫妻婚姻关系存续期间产生、债权人是否能证明案涉债务用于夫妻共同生活或共同生产经营等要素作出认定。

环境污染犯罪中因果关系的认定标准及裁判规则

——赵某等十一人污染环境案

◇ 李　敏　王　妮

李敏,东营市中级人民法院环资庭庭长、四级高级法官。

王妮,东营市中级人民法院环资庭四级法官助理。

【要点提示】

在污染环境犯罪刑事案件存在多因一果的情况下,因果关系认定应遵循"三步法":第一步是准确把握刑法修订对于生态法益保护位阶提前的立法本意,确立因果关系认定的主基调;第二步是以相当因果关系论为支撑,运用逻辑推理和经验法则,认定被告人污染环境行为与危害后果间是否存在刑法上的因果关系;第三步是在运用逻辑推理和经验法则认定因果关系不能高度确信的情况下,尝试运用"疫学证明法"和"间接反证法"等,以高度盖然性标准进一步夯实认定是否存在因果关系。

【案情】

公诉机关指控:自 2019 年 7 月 5 日以来,被告人赵某、张某军在未通过环境影响评价、未取得排污许可证的情况下,通过租用厂房和设备,借用某公司的资质和对公账户,从上海某化学品公司购入乙醇母液,通过加温蒸馏的方式,非法生产乙醇并对外销售获利,同时产生废液。2021 年初,被告人赵某又从上海某化学品公司购进甲醇母液,掺入乙醇母液蒸馏产生的废液中。被告人赵某安排被告人张某军对废液进行非法处置;被告人杨某根据被告人张某军的安排,为逃避环保部门监督检查,晚上组织生产,并安排工人给运输废液的车辆装车、过磅;被告人周某根据被告人张某军的安排与下游人员联系并实施倾倒行为。2021 年 3 月,被告人张某军、周某联系被告人宋某超,并通过宋某超联系被告人尚某春、尚某伟,确定河口区倾倒地点。2021 年 4 月 3 日晚,被告人张某军雇佣孟某某、李某某驾驶鲁 RL1123 危险品运输车拉运废液 30.71 吨,在被告人杨某安排工人装车、过磅后,前往东营 JX 化工厂院内水泥池实施倾倒,在倾倒过程中孟某某、李某某中毒死亡。2021年4月4日,被告人赵某指使被告人杨某将CH工贸存储罐内的废液转移至旁边的地下埋罐里,并用水稀释存储罐里的剩余废液。

经鉴定倾倒的乙醇母液、甲醇母液均为危险物质,亦为有毒物质,应作为固体废物管理,由有资质的企业进行处置。罐车废液具有石油溶剂毒性的危险特性;水泥池废液样品定量检测结果表明其具有反应性和浸出毒性的危险特性;CH工贸院内地下埋罐液体样品污染物有机成分复杂,具有石油溶剂毒性的危险特性。经鉴定,孟某某、李某某符合硫化氢中毒死亡特征。2021年4月4日,东营市生态环境局河口分局指令中海油检测人员到现场快速监测,当日6:10第一次监测硫化氢含量:卸车口22.8毫克/立方米,罐侧方41毫克/立方米;7:40第二次监测硫化氢含量:卸车口16.7毫克/立方米,水泥池上方为95.76毫克/立方米。硫化氢环境空气质量标准值为0.01毫克/立方米。

被告人赵某及其辩护人辩解,赵某与张某军是合伙关系,张某军负责联系处理废液;废液由正规的污水处理厂处理,与污水处理厂签有合同,还提供了运输车辆;废液中的成分不足以致两名倾倒者死亡,其不应对死亡结果承担责任。其他多名被告人均提出两倾倒者的死亡与倾倒的废液无关,其不应对死亡的后果承担刑事责任等。

多名被告的辩护人发表辩护意见,均认为针对倾倒废液导致两名被害人死亡的问题,被告人不应承担责任。第一,孟某某、李某某的死亡原因经法医鉴定系硫化氢中毒,而侦查机关提取的除水泥池外另外几个取样点废液中硫化氢的含量均低于国家标准限值,不会造成人员死亡。第二,CH工贸已经生产近一年,未发生硫化氢中毒事件。第三,JX化工厂院内水泥池中原有的液体来源及成分不清,倾倒废液后即产生大量硫化氢,并造成大面积环境污染,距现场3公里处能检测到硫化氢成分。

法院经审理查明:被告人赵某、张某军在未通过环境影响评价、未取得排污许可证的情况下,通过租用青州市某工贸有限公司的厂房和设备,借用山东某环保科技有限公司的资质和对公账户,从上海某化学品有限公司购入乙醇母液,通过加温蒸馏的方式,非法生产乙醇并对外销售获利,同时产生废液。2021年以来,被告人赵某又从上海某化学品有限公司购进甲醇母液,掺入乙醇母液蒸馏产生的废液中。被告人赵某安排被告人张某军对废液进行非法处置;被告人杨某根据被告人张某军的安排,为逃避环保部门监督检查,晚上组织生产并安排工人给运输废液的车辆装

车、过磅;被告人周某根据被告人张某军的安排与下游人员联系并实施倾倒行为。在倾倒废液的过程中,致使两名倾倒人员因硫化氢中毒死亡,赵某指使被告人杨某将存储罐内的废液转移至旁边的地下埋罐里,并用水稀释存储罐里剩余废液。各被告人从2019年7月开始,持续在青州、河口、东营区等不同行政区域范围内多次倾倒废液污染环境。经山东省环境保护科学研究设计院司法鉴定中心鉴定,上海某化学品有限公司生产的乙醇母液、甲醇母液均为危险物质,亦为有毒物质,应作为固体废物管理,由有资质的企业进行处置。

【审判】

山东省东营市河口区人民法院于2022年8月18日作出(2021)鲁0503刑初300号刑事判决:以污染环境罪判处被告人赵某有期徒刑六年,并处罚金人民币三十万元;对其余被告人分别判处有期徒刑一年六个月至四年六个月不等,判处罚金一万元到二十万元不等。

宣判后,原审被告人何某某不服,提出上诉。二审查明原审被告人范某某在本案一审判决宣告以前还有同种漏罪没有判决。东营市中级人民法院于2022年10月21日作出(2022)鲁05刑终146号裁定,驳回上诉,维持赵某、何某某等十人的定罪、量刑及扣押财产处理项;将原审被告人范某某犯污染环境罪案,发回东营市河口区人民法院重新审判。

【评析】

环境犯罪因果关系的认定是审判实践中的重要问题,刑法上的因果关系是指危害行为与具体的危害结果之间的一种引起与被引起的关系,两个及以上相互独立的行为,单独不能导致结果的发生,但合并在一起造成危害结果,这种情况下单独的行为对最终的结果起到决定性作用,应当认为单独的行为都是结果的原因。本案是一起发生在黄河三角洲范围内跨行政区域污染环境犯罪案件,倾倒危险物质涉及范围广,持续时间长,损害后果严重。案涉被告人赵某等在无处理资质的情况下将未处理废液跨区域倾倒至淄博市、东营市等地,造成严重环境污染。各被告人在明知自己没有收集、储存、利用、处置危险废物资质和能力的情况下,为谋取经济利益,向废弃化工厂、沟渠池塘、油田注水管线等处排放、灌注污染物,并逃避监管,在其中一次倾倒过程中造成了两名倾倒人员当场死亡的重大后果。各被告人及辩护人均认为,污染环境行为与死亡结果间不具有刑法上的因果关系。该案办理的重点在于认定污染环境行为与死亡结果是否存在因果关系及被告人对死亡结果应否承担刑事责任。本案法院生效裁判从以下三个方面确立了因果关系存在的认定规则：

一、从生态法益保护位阶提前的立法本意把握污染环境罪的入罪标准

对于生态环境犯罪的保护法益，刑法理论界存在纯粹人类中心的法益论与纯粹生态学的法益论和折中的生态学人类中心的法益论之争[①]。包括张明楷教授在内的我国刑法专家多采取生态学人类中心的法益论，认为刑法打击的环境犯罪所保护的法益是以人的生命财产法益为中心，同时也保护环境法益。随着工业现代化的不断推进，人们对环境保护的重要性有了更深的认知，环境法益的保护位阶总体也呈现出上升或者提前的趋势。环境法益保护位阶提前在我国刑法对污染环境罪罪名的修改中得以充分体现，从 1997 年刑法第 338 条重大环境污染事故罪，到 2011 年刑法修正案（八）污染环境罪，再到 2021 年刑法修正案（十一）的表述，可以很明显地看出污染环境罪入罪门槛降低的趋势，只要严重污染环境的均可构成该罪，不再以造成严重后果为入罪前提。这显示出刑事立法考虑到对环境法益的保护位阶提前，对环境法益不再延续原来的间接保护，而是兼顾人身或者财产法益下的共同保护、直接保护。

在这种理念指引之下，随着污染环境罪的入罪门槛降低，对入罪标准的把握也应适应法律修改的本意从严掌握，而因果关系的认定成为关系该罪是否成立及刑事责任承担的关键一环。案件办理的过程中，在传统污染型环境犯罪因果关系的证明上，通用刑事案件的证明标准"证据确实、充分""内心确信""排除合理怀疑"是否可以有所松动，将证明标准适度降低，如采纳国外流行"疫学证明法""间接反证法"等高度盖然性标准即可认定因果关系存在，在环境污染类刑事案件审判实际中可逐步进行探索和推进。

二、运用逻辑推理和经验法则认定因果关系存在

我国学界和实务界目前认定因果关系采纳的主流理论是相当因果关系说。该学说是日本通说，着重强调并不是所有伦理上的因果关系都可以作为刑法上的因果关系，只有那些在"社会经验法则"上具有相当性的因果关系才是刑法上的因果关系，注重通常认知的一般性、相当性。"相当"是指行为"通常会发生结果"，行为合法（或符合客观规律必然）地造

① 张明楷.污染环境罪的概念与法益[J].民主与法制,2022(4):57-58.

成结果①。相当因果关系说重视逻辑推理和经验法则,注重引起和被引起关系的通常性、一般性、规律性,为因果关系的具体判断规则构建了相应标准。

结合本案来看,经东营市公安局河口分局刑事科学技术室鉴定,从死者孟某某的心血、肝脏及李某某的心血中均检出硫化氢、甲硫醇、甲硫醚成分,死者李某某的肝脏检出硫化氢、甲硫醚成分,未检出甲硫醇成分,从孟某某和李某某的肺中均未检出三种成分,可以确定孟某某、李某某符合硫化氢中毒死亡特征;罐车废液样品定量检测结果中检测出石油溶剂、硫化氢、氰化氢成分,其中硫化氢、氰化氢均在标准限值内;水泥池废液样品定量检测结果中检测出石油溶剂、丙酮、硫化氢、苯酚,其中硫化氢含量、苯酚指标均超过标准限值。

多名被告人的辩护人以下列理由否认因果关系存在:受害人死于硫化氢中毒;倾倒的罐车废液样品定量检测结果中虽然检测出石油溶剂、硫化氢、氰化氢成分,但其中硫化氢、氰化氢均在标准限值内;水泥池废液样品检测有超过相应标准限值的硫化氢,但没有氰化氢;多名被告人之前多次实施了装车、运输、倾倒行为,均未采取防护措施,未发生过致人死亡的危险。因此可以看出,倾倒废液样品中的有害成分含量在标准限值内,无法形成认定因果关系存在的闭合链条,倾倒废液并不必然导致被害人硫化氢中毒死亡的危害结果,多名被告人不应对两名受害人的死亡承担责任。

本案中,要认定倾倒行为与死亡结果之间具有因果关系,则需证实死者死亡原因与倾倒的危险废物有直接关联。审判人员从以下三个方面结合逻辑推理和经验法则认定因果关系存在:

一是硫化氢的理化属性。日常情况认知:硫化氢是一种无机化合物,标准状态下是一种易燃酸性气体,有剧毒,能溶于水、醇类、石油溶剂和原油中,易存在于地势低的地方,如地坑地穴,溶于水后水溶液易挥发。2021年4月4日,东营市生态环境局河口分局指令中海油检测人员到现场快速监测。当日6:10第一次监测,硫化氢含量:卸车口22.8毫克/立方米,罐侧方41毫克/立方米;7:40第二次监测,硫化氢含量:卸车口16.7毫克/立方米,水泥池上方为95.76毫克/立方米。硫化氢环境空气质量标准值为0.01毫克/立方米。间隔这么短的时间内,监测值差距较大,说明硫化氢水溶液具有易挥发的自身不稳定特质。

二是案发现场事实认定。在违法倾倒废液前,该处并不存在现实危

① 张开骏.刑法中相当因果关系说的判断方法[N].人民法院报,2019-05-30(6).

险,附近村民到院内晾晒粮食时未发生危险,也未发现异常情况。案发现场只有在倾倒点(化工厂内水泥池旁)的孟某某、李某某吸入较高浓度硫化氢导致死亡,在化工厂门口附近等候的尚某伟并没有受到如此大的危害,由此可见硫化氢的集中产生点就是倾倒点。同时案件查明,被倾倒的废液温度很高,危险废物的活性就很强,很不稳定。

三是经验法则对可能产生物理和化学反应的认定。综合案件的种种事实情况,可以确定正是孟某某等人实施了违法倾倒行为才导致了硫化氢的产生和挥发。在倾倒过程中,无论是新的废液和原有废弃液体生成硫化氢,还是废液倾倒激发了原先池子里的硫化氢,最终确实是因倾倒废液导致的硫化氢大量超标挥发,产生了致人死亡的后果。

三、 在运用逻辑推理和经验法则不能认定是否存在因果关系的情况下,尝试运用高度盖然性标准认定因果关系存在

审判实践中,多因一果的认定较为复杂,尤其涉及污染环境类案件,损害后果有的不会立即显现,随着时间推移,多种因素交叉交织导致的最终危害后果才会逐渐出现。在前述靠相当因果关系不能确定因果关系存在的前提下,可以采用高度盖然性的标准验证因果关系存在。国外流行的"疫学证明法"和"间接反证法"实际上都是运用高度盖然性标准推定因果关系存在的证明方法。关于"疫学证明法",日本学者大塚仁认为:"疫学上所采用的因果认识方法,某因子与疾病之间的关系……根据统计的大量观察,认为其间具有高度的盖然性时,就可以肯定存在因果关系[1]。""间接反证法"也是一种推定因果关系存在的方法,基本原理是指由不负有肯定事实存在证明责任的一方当事人反证事实不存在进而摆脱己方责任承担的一种证明方法。该方法在我国民事诉讼方面的法律法规及相关司法解释和证明责任的分配上已有所涉及,关于举证责任倒置的有关内容印证了间接反证法,该部分在民事证据规则上已有明确规定。我们认为环境资源审判刑事司法中在符合立法本意的幅度和范围内参照民事上的有关高度盖然性标准进行因果关系存在认定也未尝不可,只要违法事实导致的损害后果具有高度盖然性,就能确定污染环境犯罪中的因果关系存在。本案中,受害人符合硫化氢中毒死亡特征;罐车废液样品定量检测结果中有石油溶剂、硫化氢、氰化氢等危险物质;水泥池废液样品定量检测结果中也有石油溶剂、丙酮、硫化氢、苯酚等危险物质,因此根据上述高度盖然性的标准,无论是采纳"疫学证明法",还是"间接反证法"均能

[1] 大塚仁.犯罪论的基本问题[M].冯军,译.北京:中国政法大学出版社,1993:104.

轻易得出倾倒危险废物的行为与两人死亡存在因果关系的结论,"高度盖然性"标准的运用能够从深层次上夯实或验证因果关系已然存在。

本案对于非法倾倒危险废物行为与两人死亡之间刑法因果关系的认定,确立了污染环境类刑事审判中因果关系认定"三步法"的认定模式,对类似案件裁判具有较强的参考指引作用。

交强险无责赔付应以被保险人行为与损害后果之间存在因果关系为前提

◇ 王飞虎

王飞虎，东营市东营经济技术开发区人民法院综合审判庭二级法官。

【要点提示】

在机动车交通事故责任纠纷案件中，交强险无责赔付应以被保险人的行为与交通事故受害者的损害后果之间存在因果关系为前提。若被保险人的行为与损害后果无因果关系，则该无责被保险人无须承担侵权责任，相应地，其保险公司也无须承担交强险的无责赔付责任。

【案情】

2020 年 12 月 4 日 7 时许，原告王某某在驾驶电动两轮车沿东营市东三路由北向南行驶至府前大街路口南侧时，与从李某卫驾驶的鲁 EJ××××号车辆上下车步行的李某豪（李某卫之子，未成年人）相撞，王某某被撞倒后，又顺势撞至肖某某所有的、正常停放在路边的鲁 E2××××号车辆后轮，导致原告受伤。交警部门出具的道路交通事故认定书认定，王某某承担本次事故的同等责任，李某卫、李某豪共同承担事故的同等责任，肖某某不承担责任。

事故发生后，王某某在胜利油田中心医院住院治疗 11 天，支出医疗费 27 045.52 元。被告李某卫垫付医药费 4 600 元。

经原告申请，法院依法委托东营垦利区人民医院法医司法鉴定所进行鉴定。该所出具司法鉴定意见书，评定王某某因交通事故致左尺骨茎突骨折伴桡骨远端骨折，为人体损伤致残程度十级伤残，营养期限为 60日，护理期限为 60 日。原告支出鉴定费 1 600 元。

经被告保险公司申请，法院依法委托山东越轩机动车鉴定评估有限公司进行鉴定。该公司出具机动车鉴定评估报告，认定王某某驾驶的电动两轮车属于机动车范畴。

王某某主张被告李某卫、李某豪、肖某某共同赔偿其损失 178 149.22

元,并要求鲁 EJ×××× 号车辆投保的中国人民财产保险股份有限公司东营市分公司在交强险、商业险范围内承担责任。被告中国人民财产保险股份有限公司东营市分公司抗辩称,王某某跌倒后撞至肖某某的鲁E2×××× 号车辆后轮上导致受伤,肖某某应在鲁 E2×××× 号车辆交强险无责限额内对原告损失优先承担赔偿责任。

【审判】

公民的生命权、财产权受法律保护。涉案交通事故经交警部门认定,王某某承担事故的同等责任,李某卫、李某豪共同承担事故的同等责任,肖某某不承担责任。该事故认定系交警部门按照法定程序作出,各方当事人均未提供有效证据足以推翻事故认定书的认定内容,故本院予以采信。

关于肖某某应否承担责任的问题。被告肖某某在道路交通事故认定书中并未被认定承担事故责任。本案系机动车交通事故责任纠纷,属于侵权纠纷范畴。根据交通事故认定书,无法证实肖某某的行为与原告损失之间存在因果关系。因此,原告主张肖某某承担责任,以及被告中国人民财产保险股份有限公司东营市分公司抗辩称肖某某应在鲁 E2×××× 号车辆交强险无责限额内对原告损失优先承担赔偿责任,均缺乏事实依据和法律依据,本院不予支持。

对于涉案交通事故造成的原告损失,应首先由被告中国人民财产保险股份有限公司东营市分公司在交强险限额内予以赔付。超出交强险限额部分损失的 50% 由被告中国人民财产保险股份有限公司东营市分公司在商业三者险限额内承担赔偿责任。若仍有不足部分,则由李某卫承担50% 的赔偿责任。

一审法院判决如下:一、被告中国人民财产保险股份有限公司东营市分公司应于本判决生效之日起十日内赔偿原告王某某 117 390.04 元。二、被告中国人民财产保险股份有限公司东营市分公司应于本判决生效之日起十日内返还被告李某卫垫付款 3 784 元。三、驳回原告王某某的其他诉讼请求。

判决作出后各方均未上诉,现判决已生效。

【评析】

本案涉及在被保险车辆与损害后果之间无因果关系的情况下,交强险无责限额应否赔付的问题。

1.道路交通事故认定书系交警部门处理交通事故以及人民法院认定

交通事故侵权责任的重要证据。交通事故认定书是交警部门依照交通法规对交通事故进行定性、定量评判时所形成的文书材料,而交通事故损害民事赔偿是道路交通事故赔偿责任主体对交通事故所承担的一种民事法律责任,交通事故认定书的事故责任划分与民事侵权责任并不等同。请求无事故责任当事人承担侵权责任应当满足该当事人的行为与损害后果之间存在因果关系的要件。本案中,道路交通事故认定书记载本起事故系王某某驾驶电动两轮车撞至下车步行的李某豪,后王某某顺势被撞至肖某某所有的、正常停放在路边的车辆上受伤。王某某的受伤虽然与肖某某的车辆停放在时间、空间上具有同一性,但肖某某的车辆系正常停放,并未违反交通规则,本身并无不法性,不存在法律上的关联性,故肖某某在本起交通事故中与受害者王某某的损害后果之间不存在因果关系,无须承担其损害后果的侵权赔偿责任。

案例解析

2. 保险公司对第三人的强制保险责任虽系一种法定责任,但并不意味着承保无事故责任投保人车辆交强险的保险人在所有交通事故中都要承担无责赔付责任。根据《中华人民共和国保险法》第 65 条,《中华人民共和国道路交通安全法》第 76 条,《机动车交通事故责任强制保险条例》第 3 条等规定,保险人承担法定的赔偿责任也必须具备机动车"造成""致使"损害后果这种引起与被引起的因果关系。机动车交通事故责任纠纷本质上系侵权纠纷,因果关系是侵权责任中最基本的构成要件。因果关系不仅归属于侵权行为法最基本的构成要件,而且几乎构成了其他所有赔偿责任构成要件的基础。因此,交强险无责限额赔付也应以被保险人行为与损害后果之间存在因果关系为前提条件。

3. 立法来源于实践,在几乎所有国家的法律中,因果关系都是法律责任最基本的构成要件。没有因果关系而让人承担法律责任,有悖于法理和伦理,是不可想象的。实践中,无责赔付限额较少,特别是财产损失仅为 100 元,人道主义的补偿意义大于实际赔付的效果,因此更应严格从因果关系的角度讲究法律效果。

综上,肖某某在本案交通事故中不承担责任,且无法律上的因果关系,因此不应在交强险无责限额内承担赔偿责任。

黄河司法

抵押预告登记失效的认定

◇ 张 艳

张艳,东营市广饶县人民法院立案庭三级法官助理。

【要点提示】

在银行按揭贷款购房交易中,若开发商提供阶段性保证责任,则当抵押预告登记权利人请求对抵押物优先受偿时,法院应重点审查两个要件:一是建筑物所有权是否已完成首次登记,二是抵押预告登记是否已失效。在判断抵押预告登记失效的九十日起算点时,应以购房人办理不动产权属登记之日为基准。

【案情】

2009年7月20日,贷款人某商业银行与借款人宗某、保证人某房地产公司签订《个人一手房住房贷款合同》,约定宗某向某商业银行贷款47万元,用于购买某房地产公司开发的广饶县某小区楼房一套,贷款期限240个月,还款方式为按月付息,等额本息,若借款人未按期归还贷款本息,贷款人有权宣布合同项下的贷款本息全部提前到期。案涉贷款的担保方式为抵押加开发商阶段性担保。保证人某房地产公司提供阶段性连带责任,自借款人办妥合同项下贷款所购房屋抵押登记手续并且贷款人收到他项权证之日起,保证人不再承担保证责任,但对于在该日之前已到期的合同项下债务,保证人仍应承担保证责任。

2009年7月15日,某商业银行作为抵押预告登记权利人、宗某作为抵押预告登记义务人对案涉楼房办理了抵押预告登记。2009年7月13日,某房地产公司对案涉楼房办理了建筑物所有权首次登记,登记于该公司名下。2017年9月18日,宗某为案涉楼房办理了房屋产权登记,所有权人为宗某。后因宗某未按约还款,某商业银行提起诉讼,请求判决宗某偿还剩余借款本息,对案涉抵押楼房享有优先受偿权,某房地产公司对上述债务承担连带保证责任。

【审判】

法院经审理认为,当事人应当全面履行合同义务。某商业银行与宗某、某房地产公司签订的《个人一手房住房贷款合同》系各方当事人真实意思表示,且不违反法律、行政法规等强制性规定,合法有效,各方均应按约履行。宗某未按约还款,系违约行为,应承担返还借款及逾期还款的民事责任,故对某商业银行要求宗某偿还借款本金 192 092 元及利息、罚息的诉讼请求予以支持。根据《最高人民法院关于适用〈中华人民共和国民法典〉有关担保制度的解释》(以下简称《民法典担保解释》)第 52 条的规定,涉诉抵押房产虽已经某房地产公司办理所有权首次登记,但宗某于 2017 年 9 月 18 日已取得所有权登记证明,已超过自能够办理不动产登记之日起九十日的申请期间,相关各方并未按规定办理抵押权登记手续,抵押预告登记已经失效。故对某房地产公司免除其阶段性担保责任的抗辩意见及对某商业银行对涉案抵押物优先受偿的诉请不予支持。判决:一、被告宗某于本判决生效后十日内偿还原告某商业银行借款本金 192 092 元、截至 2023 年 8 月 17 日的利息 2 000.60 元、罚息 130 元及自 2023 年 8 月 18 日起至实际给付之日止的罚息、复利(罚息以即时剩余借款本金为基数,按年利率 4.762 5%计算;复利以应付未付利息为基数,按年利率 4.762 5%计算);二、被告某房地产公司对上述借款本息承担连带清偿责任,被告某房地产公司在承担保证责任后有权向被告宗某追偿;三、驳回原告某商业银行的其他诉讼请求。

案例解析

【评析】

一、不动产抵押预告登记的效力问题

在银行按揭贷款购房交易中,为保障将来实现物权,购房者和银行会向登记机构申请抵押预告登记。该抵押预告登记与抵押权登记不同,它并非现实的抵押权,而是将来发生物权变动的请求权,其设立初衷在于限制开发商及购房者随意处分权利,关于银行作为抵押预告登记权利人主张优先受偿权能否得到支持的问题,在 2021 年之前并无明确规定。但根据《民法典担保解释》第 52 条第 1 款,当事人办理抵押预告登记后,若抵押预告登记权利人请求就抵押财产优先受偿,经审查存在以下情形导致不具备办理抵押登记条件的,人民法院不予支持:尚未办理建筑物所有权首次登记;抵押预告登记的财产与办理建筑物所有权首次登记时的财产不一致;抵押预告登记已经失效。反之,若已办理建筑物所有权首次登记,且不存在抵押预告登记失效等情形,人民法院应予支持,并认定抵押权自抵押预告登记之日起设立。这表明《民法典担保解释》生效后,明确了在

满足特定条件下,抵押预告登记的抵押权可推定设立。

二、不动产抵押预告登记是否失效的问题

我国民法典第 221 条规定,当事人签订买卖房屋的协议或者其他不动产物权的协议,为保障将来实现物权,按照约定可以向登记机构申请抵押预告登记。抵押预告登记后,未经抵押预告登记权利人同意,处分该不动产的,不发生物权效力。抵押预告登记后,债权消灭或者自能够进行不动产登记之日起九十日内未申请登记的,抵押预告登记失效。依据该条规定,导致预告登记失效的情形有两种:第一种是债权消灭,第二种是自能够进行不动产登记之日起九十日内未申请登记。债权消灭的情形有清偿、提存、抵销、免除等,这些认定存在分歧的可能性小。对第二种情形中的"能够进行不动产登记之日起"有两种不同观点:一种观点认为,以建筑物所有权首次登记之日起九十日内抵押权人未申请抵押登记来认定抵押预告登记失效;另一种观点认为,以抵押房屋办理不动产登记之日起九十日内抵押权人未申请抵押登记来认定抵押预告登记失效。笔者认同后一种观点。因为申请抵押登记的前提是须办理房屋产权登记,而办理房屋产权登记的前提是须办理建筑物所有权首次登记。如果以建筑物所有权首次登记之日为"能够进行不动产登记之日",并以首次登记之日起九十日内抵押权人未申请抵押登记来认定抵押预告登记失效,是不符合前述抵押登记办理逻辑的。在认定抵押预告登记是否失效时,应以购房人办理房屋权属登记之日作为起算点。如果购房人怠于办理权属登记,该行为属于不正当阻止抵押预告登记的有效性,即使超过九十日,也应视为条件未成就,即不存在抵押预告登记失效情形。况且因购房人的怠于办证行为认定抵押预告登记失效,抵押权进而不能推定设立,则明显有违公平原则。

三、抵押预告登记权利人优先受偿的条件

根据《民法典担保解释》第 52 条的规定,在楼房按揭贷款买卖关系中,要使办理了抵押预告登记的抵押发生抵押权设立的后果,抵押预告登记的建筑物须已办理了所有权首次登记,这是抵押预告登记权利人优先受偿权行使的必要条件。在满足上述条件之后,抵押权自抵押预告登记之日起设立,抵押预告登记权利人有权就抵押财产优先受偿。

四、某房地产公司是否承担连带保证责任

本案纠纷虽是由民法典施行前签订的合同引起的,但关于抵押预告登记是否具有抵押权正式登记的效力以及抵押权的设立时间问题,在民法典生效之前法律没有明确规定,而《民法典担保解释》对此作出明确规定,根据《最高人民法院关于适用〈中华人民共和国民法典〉时间效力的若干规定》第3条的规定,本案可以适用《民法典担保解释》的相关规定。本案中,某房地产公司提供的是阶段性保证,即房屋抵押权设立之前,该公司向银行提供保证,以保障银行出借资金的安全,抵押权设立后,银行出借资金有了保障,该公司退出保证。如存在建筑物尚未办理所有权首次登记的情形,抵押预告登记权利人当然无权就抵押财产优先受偿,开发商不能免除保证责任。案涉房产虽已经办理了所有权首次登记和房屋产权登记,具备了办理抵押权登记的条件,但从办理房屋权属登记之日起九十日内抵押权人未申请抵押登记,根据前述司法解释规定,该抵押预告登记失效,某房地产公司不能免除其阶段性担保,对涉案债务仍应承担连带保证责任。

名誉权侵权根据承诺确认精神损害抚慰

——以杨某与杜某名誉权纠纷案为例

◇ 刘旭彤　张丝雨

刘旭彤,东营经济技术开发区人民法院综合审判庭法官助理。

张丝雨,东营经济技术开发区人民法院综合审判庭法官助理。

【要点提示】

名誉权纠纷存在两方面特殊性:一是举证难,二是缺乏统一判赔标准。实践中,不能因缺乏判例而僵化理解法条,应根据具体情况进行酌情裁判,以确保人权得到保护和实现公平正义。

【案情】

原告杨某诉称,其与杜某原系情侣关系,后因感情不和分手。2023年5月4日,杨某的父母、亲朋好友均收到一条手机短信,内容包含杨某个人信息、工作单位及个人裸照等,并捏造杨某多次出轨、小产、盗窃,且用词低劣。随后杜某又将杨某的居住地址、手机号码及个人裸照在抖音、快手、微博等网络平台上公开散布,诱导"桃色交易",引起大量关注,导致杨某不断收到大量陌生电话、信息,甚至有陌生男性敲门骚扰,使杨某生活受到严重困扰,精神受到重创,连其家人也一同遭受非议。同日,杨某到派出所报案。2023年5月12日,杜某承认了自己的行为,并在派出所出具了《道歉承诺保证书》,承诺不再以任何方式骚扰、侮辱、诽谤、诋毁杨某及其家人,若有违反,则向杨某赔偿精神损害抚慰金5万元。但杜某走出派出所大门后仍继续实施侵害,毫无收敛之意。杨某遂向法院提起诉讼,请求判令杜某支付精神损害抚慰金5万元。

杜某辩称:一、名誉侵权的损害结果应当是被侵权人的社会评价降低,杨某内心深处自以为名誉感降低,是主观对自己的价值评价,未出现名誉受损之事实,不应成为名誉权保护的对象。二、我国民法典规定侵害人身权益只有造成"严重精神损害的",被侵权人才有权请求精神损害赔偿,杨某尚未达到严重精神损害标准。

【审判】

山东省东营经济技术开发区人民法院经审理认为:杜某在网络及现

实生活中发布杨某家庭住址、身份信息、隐私照片等个人信息,必然会影响到杨某的正常生活,对其造成骚扰。根据《最高人民法院关于确定民事侵权精神损害赔偿责任若干问题的解释》第 10 条的规定,精神损害抚慰金的数额按照侵权人的过错程度,侵害的手段、场合、行为方式等具体情节,侵权行为所造成的后果,侵权人的获利情况,侵权人承担责任的经济能力,受诉法院所在地平均生活水平等予以认定。在杨某报案后,杜某向其出具《道歉承诺保证书》,承诺不再以任何方式侮辱、诽谤、诋毁杨某及其家人,不再作出任何骚扰杨某生活工作的行为,若有违反行为或网络平台上出现任何类似信息,自愿向杨某赔偿精神损害抚慰金 5 万元。第二天就又将杨某的家庭住址、联系电话及隐私照片等发给第三人,企图通过他人在网络或现实中对杨某的隐私信息进行传播。杜某出具的《道歉承诺保证书》具有法律效力,杜某的上述行为违背其在保证书中的承诺,应承担相应后果。原告杨某主张杜某支付精神抚慰金 5 万元有事实和法律依据,本院予以支持。

山东省东营经济技术开发区人民法院于 2023 年 8 月 29 日作出(2023)鲁 0591 民初 1862 号民事判决书,判决:一、被告杜某于本判决生效之日起十日内支付原告杨某精神损害赔偿金 50 000 元;二、驳回原告杨某的其他诉讼请求。

宣判后,杜某不服一审判决,向山东省东营市中级人民法院提起上诉。二审法院判决驳回上诉,维持原判。

【评析】

名誉是对民事主体的品德、声望、才能、信用等的社会评价。我国民法典将人格权单独成编,规定民事主体享有名誉权。任何组织或者个人不得以侮辱、诽谤等方式侵害他人的名誉权。该规定在规范内容和保护层面具有独特价值,旨在将人格权保护放在至高位置。

名誉权纠纷存在其特殊性:一是举证难。举证核心是侵权行为侵害受害人人身权益并造成严重精神损害。受害人需举证自身权益受到符合社会一般经验和知识水平的损害,这种举证责任较重,同时又因名誉侵权通常是主观感受问题,导致证据难以获取。如果仅以自身感受作为判断名誉受损与否的标准,在审判实践中很难获得支持。二是缺乏统一判赔标准。由于社会评价本身具有抽象性,法院没有规定统一判断标准。《最高人民法院关于确定民事侵权精神损害赔偿责任若干问题的解释》并没

有给出明确的计算方式和赔偿限额,而是授权各地方法院根据实际情况制定具体的赔偿规则。虽有指导原则,但在实际案例中法官会根据具体情况进行裁量,以确保人身权益得到保护和实现公平正义。根据《山东省高级人民法院关于审理人身损害赔偿案件若干问题的意见》第85条,具体赔偿标准如下:① 侵害人是自然人的,一般性精神损害赔偿标准为1 000～3 000 元;严重精神损害赔偿标准为3 000～5 000 元。② 侵害人是法人或其他社会组织的,一般按照公民赔偿标准的5～10 倍予以赔偿。即自然人一般性精神损害赔偿标准为1 000～3 000 元,是否造成严重后果,应当充分结合案件的事实来判断。本案中,《道歉承诺保证书》为双方基于真实意思表示达成的协议,不违反法律法规的强制性规定,具有法律效力,侵害人应按照承诺内容承担相应后果。法官并未因缺乏判例就僵化理解法条,而是认可承诺书效力及承诺书中所约定的赔偿金额,遵从了当事人之间的真实意思表示,最大限度保护了原告的合法利益。

此外,网络空间不是法外之地,像本案中被告这种利用抖音、快手、微博等平台恶意传播侵害他人人身权益言论的行为并非个例。随着网络侵权问题的日趋严重,因名誉权引发的侵权案件也相应增多。这类案件具体情况比较复杂,要求法官在法律的框架内充分发挥自由裁量权和主观能动性进行裁判。

"明知"被害人是不满十四周岁幼女的认定
——李某甲强奸、猥亵儿童案解析

◇ 王 华

【要点提示】

强奸犯罪中"明知"被害人是不满十四周岁幼女的认定,需根据在案证据对被告人的客观行为进行细致审查,进而合理推断出其主观上的明知状态。

对犯罪构成要件中主观认知的否认,不应被视为如实供述自己的罪行,因此不能认定为自首或坦白。

王华,东营市东营经济技术开发区人民法院综合审判庭一级法官。

【案情】

被告人李某甲与被害人李某乙(女,时年十二周岁)住在同一小区的同一单元楼,是楼上楼下的邻居。2022年暑假期间,被告人李某甲与被害人李某乙在共同居住的小区网球场相识,并相互添加了微信好友。此后,李某甲通过微信、QQ等与李某乙保持联系。2022年12月25日、2023年1月14日,被告人李某甲先后两次以金钱为诱饵,引诱被害人李某乙拍摄自己的裸体隐私视频,并通过QQ发送给他观看。2023年2—3月期间,李某甲在明知李某乙不满十四周岁的情况下,以金钱、财物等引诱李某乙与其在东营经济技术开发区某小区×号楼楼顶楼梯间先后发生性关系三次、在东营经济技术开发区某民宿房间内先后发生性关系二次。

【审判】

东营经济技术开发区人民法院认为,被告人李某甲为满足其性刺激,以金钱为诱饵,引诱不满十四周岁的未成年人李某乙拍摄暴露身体隐私部位的视频,并通过网络社交软件向其传送,供自己观看,其行为构成猥亵儿童罪。被告人李某甲以金钱、财物等为诱饵,引诱未满十四周岁的幼女李某乙多次与其发生性关系,其行为构成强奸罪。李某甲一人犯数罪,应数罪并罚。被告人李某甲奸淫不满十四周岁的幼女,应依法从重处罚。

一审法院综合考虑被告人犯罪的事实、性质、情节及对社会的危害程度，依照《中华人民共和国刑法》第236条第1款、第2款，第237条第3款，第69条之规定，判决被告人李某甲犯强奸罪，判处有期徒刑六年六个月；犯猥亵儿童罪，判处有期徒刑一年六个月。数罪并罚，决定执行有期徒刑七年六个月。

【评析】

一、奸淫不满十四周岁的幼女不以"暴力、胁迫或者其他手段"为构成要件

性侵犯罪是典型的违反被害人意志的犯罪。然而，当被害人为儿童时，则无须再考虑其是否同意，因为只要性侵行为存在，性侵犯罪即告成立。即便在特定场合下，儿童主动要求发生性行为，亦不影响性侵犯罪的认定。这体现了法律对认知能力有缺陷公民的特殊保护。倘若允许儿童享有完全不受限制的性自由，则可能会导致强者利用弱者的自由对弱者实施残酷的侵害。我国刑法第236第1款规定，以暴力、胁迫或者其他手段强奸妇女的，处三年以上十年以下有期徒刑；第2款规定，奸淫不满十四周岁的幼女的，以强奸论，从重处罚。从这两款规定可以看出，奸淫不满十四周岁幼女的，不考虑幼女是否自愿的问题，体现了对未成年人权益的保护。

在本案中，被告人李某甲的行为属于典型的熟人作案。他与被害人李某乙住在同一小区的同一单元楼，是楼上楼下的邻居关系。被告人在多次实施奸淫过程中并未采用暴力、胁迫或者其他使被害人不知抗拒、不能抗拒的手段。相反，其通过承诺给被害人购买游戏装备、零花钱、带被害人逛街吃饭、买礼物等方式，循序渐进，以金钱、财物引诱被害人与其长期保持联系，从最初的仅仅通过微信、QQ聊天，到用金钱引诱被害人拍摄并向其发送隐私部位的视频，最后到引诱被害人多次与其发生性关系，严重侵害了未成年人的人身权利，给其身心健康造成难以修复的伤害。

二、对于"明知"的认定

犯罪构成要件中的主观要件是审查案件事实的重要内容之一，也是认定犯罪、追究刑事责任的必要条件。但是主观认知的内隐性特征决定了除非当事人自己承认，很难通过客观证据加以证明。实践中，审判人员往往是依靠在案证据对被告人的客观行为进行审查，进而由客观行为推断出其主观上是明知的。

最高人民法院、最高人民检察院、公安部、司法部《关于办理性侵害未成年人刑事案件的意见》第17条第1款规定,知道或者应当知道对方是不满十四周岁的幼女,而实施奸淫等性侵害行为的,应当认定行为人"明知"对方是幼女。第3款规定,对已满十二周岁不满十四周岁的被害人,从其身体发育状况、言谈举止、衣着特征、生活作息规律等观察可能是幼女,而实施奸淫等性侵害行为的,应当认定行为人"明知"对方是幼女。上述规定从严格保护未成年人权益的角度出发,直接规定了如何从客观行为推断行为人主观明知对方是幼女。实践中大量性侵犯罪的犯罪嫌疑人或被告人意图通过辩解其不知对方是幼女而与其发生性关系逃避法律制裁。本案中被告人李某甲即提出了这样的辩解。

本案中,被害人李某乙、证人李某丙(被害人同学)均称曾告诉李某甲二人是某中学初中二年级同学,且2022年李某乙过生日时也告诉李某甲是过十二岁的生日;李某甲在公安机关供称其知道初中二年级的学生应该是十三岁,但抱着侥幸心理和李某乙发生了性关系;其当庭供称2023年初知道李某乙上初中二年级。综合上述证据,李某甲作为一个心智健全、具有完全行为能力的成年人,对于正在上初中二年级的李某乙是不满十四周岁幼女的事实是明知的。李某甲明知被害人不满十四周岁,仍与其发生性关系,其行为构成强奸罪。

三、 对犯罪构成要件中主观认知的否认不应认定为如实供述自己的罪行

辩护人认为被告人李某甲具有自首情节。根据法律规定,自首的认定需同时满足自动投案和如实供述自己的罪行两个条件。对于如实供述自己罪行的认定,应理解为如实供述自己的主要犯罪事实,而犯罪事实即构成犯罪要件的事实。本案中,被告人到案后虽然在公安机关如实供述了其强奸罪的犯罪事实,但当庭不认可公诉机关关于其明知被害人不满十四周岁的指控,未如实供述对被害人年龄的认知,是对奸淫幼女犯罪构成要件中主观要件的否认,亦即对定罪有重要影响的关键事实的否认,该事实的成立与否直接影响本案中对被告人强奸罪的认定。因此,被告人否认自己明知被害人不满十四周岁,而在案证据能够证实其明知被害人不满十四周岁,被告人不符合如实供述自己罪行的规定,依法不构成自首,也不构成坦白。

王建彩,东营经济技术
开发区人民法院综合审判庭
一级法官。

二手车消费欺诈的认定

◇ 王建彩

【要点提示】

二手车销售公司并非专业的汽车检测机构,如果其已经对车辆维保情况进行查询并如实告知顾客,就已尽到足够注意义务,不存在故意隐瞒的情况,不构成欺诈。

【案情】

2019年10月29日12时20分左右,顾某驾驶苏F37××8号小型轿车行驶至临河中心路交叉路口时,与祝某某驾驶的苏FT9××2号小型普通客车发生碰撞,致顾某、祝某某受伤,顾某于次日死亡,车辆及财产受损。2020年9月11日,案外人周某玉(甲方、卖方)与某公司(乙方、买方)签订车辆购买协议,约定车型奥迪Q5,车牌号码苏F8D××1,乙方一次性给甲方付清车辆款,成交价240 300元等内容。2020年9月24日,某公司(卖方、甲方)向吕某某(买方、乙方)提供原厂维修历史,但仅有保养等项目,无事故维修记录。2020年9月30日,某公司与吕某某签订车辆销售协议一份,该协议约定:甲方将车辆转让给乙方,并保证此车无任何重大事故、无水淹、无火烧等,乙方一次性给甲方付清车辆款250 000元。2020年9月30日,吕某某向某公司支付250 000元,某公司为吕某某出具发票,并办理了车辆过户登记手续。

2022年4月17日,吕某某欲到烟台奥迪4S店出售该车辆,被该店拒绝并告知该车辆系重大事故车辆。

吕某某向本院提出诉讼请求:一、请求依法撤销与某公司签订的车辆销售协议;二、请求判令某公司返还吕某某购车款250 000元,并赔偿其销售价格3倍的损失750 000元,共计1 000 000;三、本案诉讼费由某公司承担。事实与理由:2020年9月30日,吕某某与某公司订立车辆销售协议,约定吕某某自某公司处购买奥迪Q5车辆一辆,某公司保证该车辆无任何重大事故、无水淹、无火烧等情形。为此吕某某支付250 000元购车款给某公司。后经查询，该车辆于 2019 年 10 月发生过交通事故，与某公司出卖该车辆时所述严重不符，被告的行为构成欺诈。

某公司辩称：一、某公司仅仅是普通的二手车销售公司，并非专业的汽车检测机构，对于涉案车辆隐蔽性瑕疵，不可能发现，不存在故意隐瞒的事实。二、某公司从上手周某玉处购买涉案车辆的价格是 240 300 元，同年销售给吕某某的价格是 250 000 元，两者差价是 9 700 元，去除成本费用，利润仅仅 4 360 元左右，没有恶意欺骗客户牟取暴利。三、某公司在销售该车给吕某某前，已经事先向吕某某出示过涉案车辆维保记录信息，该信息显示车辆没有任何事故维修记录，某公司销售该车时已经尽到了注意义务。四、故意欺诈的构成要件是：① 明知货物产品存在重大质量瑕疵；② 故意隐瞒瑕疵不予告知；③ 以次充好牟取暴利。综上所述，某公司不存在销售欺诈行为，吕某某诉求应当依法予以驳回。

【审判】

东营经济技术开发区人民法院经审理认为，现有证据不能证实某公司在交易过程中存在欺诈的故意，某公司应当如实告知对方车辆的实际状况，这种如实告知义务建立在其对车辆实际状况已经掌握的基础之上。二手车买卖不同于新车，关于销售者对信息披露到什么程度才算未隐瞒真相，法律无明确规定。现行法律对二手车没有相应的质量标准及指导规范。对于掌握的车辆事故信息，某公司若故意隐瞒或告知虚假情况，则构成欺诈。对其不掌握的车辆事故信息，未能告知，不构成欺诈，但构成违约，应承担违约责任。因此，本院认为该案不构成欺诈。该案经调解，达成如下协议：一、解除吕某某与某公司于 2020 年 9 月 30 日签订的车辆销售协议；二、吕某某将涉案奥迪 Q5 车辆（车架号 L××××）以及相关车辆手续于 2023 年 4 月 10 日前返还给某公司，自即日起，涉案车辆发生的相关违章、事故，均与吕某某无关；三、某公司于 2023 年 4 月 14 日前返还吕某某购车款 25 万元，支付补偿款 10 万元，共计 35 万元，该款项直接转账至吕某某的银行卡上；四、在涉案车辆的过户需要吕某某配合时，吕某某需要积极配合办理过户手续；五、自本调解协议签订之日起，吕某某与某公司双方再无任何纠纷，任何一方不得再向另一方主张权利；六、案件受理费 13 900 元，减半收取 6 950 元，由吕某某负担。

该案调解后，双方均自动履行了协议内容。

【评析】

消费欺诈案件的认定一直是处理此类案件的一大难点。本案的争议核心在于：某公司的行为是否符合《中华人民共和国消费者权益保护法》第55条第1款中界定的欺诈行为标准，并据此判断该公司是否应向吕某某支付相当于车价3倍的赔偿金。对此问题，存在以下两种截然不同的意见：

一种意见主张，吕某某购买汽车的行为属于生活消费范畴，因此应适用《中华人民共和国消费者权益保护法》的相关规定。某公司作为卖方，未依照该法规定全面向吕某某提供二手车的相关信息。鉴于吕某某已按约定支付了全部购车款项，某公司有义务交付符合合同约定的车辆。作为二手车销售商，某公司应将那些对消费者决策和公平交易具有重大影响的商品信息，如实、全面地告知消费者。这包括但不限于车辆的使用历史、修理记录、事故情况及检验结果等，但某公司未按二手车交易规则进行全面告知和查验。鉴于汽车作为复杂商品，涉及大量专业知识，经营者和消费者之间存在显著的信息不对称性。在判断需主动告知消费者的信息范围时，应考虑到消费者在交易中的弱势地位，给予其特殊保护。然而，某公司在交付涉案车辆时，未详细核查车辆的事故情况，也未将对消费者决策和公平交易至关重要的商品信息全面、真实地告知吕某某。《中华人民共和国消费者权益保护法》第23条规定，只有在消费者购买商品或者接受服务前明知其存在瑕疵，且该瑕疵不违反法律强制性规定时，才可以免除经营者的瑕疵担保责任。在消费欺诈情形下，除非经营者有证据证明消费者明知其提供的商品或服务不符合合同约定仍自愿购买，否则不能以消费者未尽审查注意义务为由抗辩不构成欺诈，不承担3倍赔偿责任，因此应认定某公司存在欺诈，应给予3倍赔偿。

另一种意见认为，某公司仅仅是普通的二手车销售公司，并非专业的汽车检测机构，未发现车辆隐蔽性瑕疵不属于故意隐瞒的情况，不构成欺诈。

笔者同意第二种意见，即某公司不构成欺诈，不应承担3倍赔偿责任。具体理由如下：

根据民法典第128条的规定，消费者作为民事主体，其民事权利受民事一般法律和民事特别法律的保护，故《中华人民共和国消费者权益保护法》第55条规定的经营者提供商品时的欺诈行为，依据相关民事法律规定认定。《最高人民法院关于贯彻执行〈中华人民共和国民法通则〉若干问题的意见(试行)》第68条规定,一方当事人故意告知对方虚假情况,或者故意隐瞒真实情况,诱使对方当事人作出错误意思表示的,可以认定为欺诈行为。根据上述规定,无论是故意告知虚假情况还是隐瞒真实情况,欺诈行为均应以行为人主观上的故意为构成要件。

　　本案中,根据双方当事人提交的证据和庭审中的陈述,可以认定涉案车辆在交付给吕某某时已经发生交通事故,同时双方签订的车辆销售协议中保证此车无重大事故、无水淹、无火烧。按照民事诉讼证据规则,吕某某主张某公司构成欺诈,还应当举证证实涉案车辆买卖过程中某公司知晓车辆发生过事故并且故意隐瞒这一事实或者告知虚假事实。根据《最高人民法院关于适用〈中华人民共和国民事诉讼法〉的解释》第109条的规定,当事人对欺诈、胁迫、恶意串通事实的证明,人民法院确信该待证事实存在的可能性能够排除合理怀疑的,应当认定该事实存在。按照该规定,欺诈事实的证明标准需要达到排除合理怀疑的证明程序。现在证据不足以达到证实某公司在交易过程中存在欺诈故意的程度:① 吕某某申请法院调取的保险机构存有的事故认定书等证据材料,能够证实涉案车辆发生过事故,但不能证实某公司在涉案车辆买卖过程中已知晓车辆发生过事故。② 某公司提供的证据可以证实在与吕某某交易前通过全国奥迪查询系统查询了涉案车辆维保记录信息,该信息显示车辆没有任何事故维修记录,只有保养记录。某公司未通过第三方、公司专业检验人员及线上相关 APP(应用程序)等对涉案车辆进行检测,不能排除其存在工作的失误和重大过失,但不能据此推定其主观上存在欺诈故意。③ 某公司提供的与上手的合同、转款记录等证据可以证实其购买价格为 240 300元,不存在谋取高额利润的客观事实。④ 某公司作为二手车和奥迪车销售公司,应当如实告知对方车辆的实际状况,这种如实告知义务建立在其对车辆实际状况已经掌握的基础之上。某公司在出售给吕某某时,并不知道车辆发生过重大事故,因此不构成欺诈。

被害人认识错误与恐惧心理竞合案件的定性分析

◇ 马扩锦

马扩锦,东营市广饶县人民法院执行第二团队五级法官助理。

【要点提示】

当行为人的某一行为导致被害人同时产生认识错误和恐惧心理时,我们需要深入分析该行为的性质。具体而言,要判断这是单纯的欺骗行为或者恐吓行为,还是两者兼而有之。在此过程中,应遵循主客观相一致的原则,对案件进行准确的定性。

【案情】

2022年5月,被告人杨某与被害人苏某(女性)在网络平台上相识。同年11月,杨某精心编造了一个谎言,声称有人掌握了苏某与他人发生不正当性关系的视频,并以此为要挟,向苏某索要45 000元。杨某威胁说,如果苏某不支付这笔钱,他就将这段不雅视频在网络上公开传播。不过,他也"好心"地表示,自己可以帮忙处理此事。苏某对此深信不疑,于2022年11月28日通过微信向杨某转账42 000元人民币。之后,杨某为了进一步巩固自己的谎言,伪造了一份保证书,声称事情已经得到妥善处理,并谎称自己为苏某额外垫支了3 000元。

2022年12月中旬,杨某再次编织谎言,声称那位持有苏某不雅视频的人又索要100 000元钱,并谎称他已经用刷爆信用卡的方式垫付了这笔钱。苏某心急如焚,信以为真,并郑重承诺日后定会将这笔钱如数奉还给杨某。

2022年12月21日,苏某因为没钱还给杨某而报案。在警方立案后,杨某分2次向苏某退还了共计45 000元。

【审判】

法院认为,被告人杨某以非法占有为目的,以虚构事实、隐瞒真相的手段骗取他人钱财,数额巨大,其行为已构成诈骗罪,公诉机关指控的罪名成立。杨某经公安机关电话传唤后主动投案,如实供述自己的犯罪事实,系自首,可以减轻处罚;其自愿认罪认罚,可以从宽处理;已退还被害人的赃款,可以酌情从轻处罚。被告人杨某已经着手实行犯罪,由于其意志以外的原因,103 000元的诈骗金额未得逞,是犯罪未遂,可以比照既遂犯减轻处罚。综上,被告人杨某犯诈骗罪,判处有期徒刑二年,缓刑三年,并处罚金人民币一万元。

案例解析

【评析】

本案的争议焦点是:被害人认识错误与恐惧心理竞合,应该定性为敲诈勒索罪还是诈骗罪。

第一种观点认为,被害人是害怕不雅视频被传到网络上,基于恐惧心理,被迫交付了财物,应定性为敲诈勒索罪;第二种观点认为,被告人只是实施了欺骗行为,就使被害人陷入认识错误从而自愿处分财产,应定性为诈骗罪。

笔者同意第二种观点,即应定性为诈骗罪,具体理由如下:

1.敲诈勒索罪的最主要特点是行为人使用威胁和要挟的方法勒索财物。威胁和要挟是指通过对被害人及其亲属精神上的强制,让其在心理上恐惧,产生压力。本案中,被害人苏某确实产生了一定的心理恐惧,但被告人杨某并没有对其实施威胁或要挟的行为,而是采用了虚构的方式,编造了他人持有被害人不雅视频,其可以帮忙处理的事实。

2.敲诈勒索罪和诈骗罪区分的关键之处在于被害人到底是基于何种心理交出财物。本案中,苏某并非受到恐吓而被迫处分财产,其对被告人杨某并无恐惧心理。相反,还是基于对杨某的信任,相信他能"摆平"事情而自愿处分财产。

综上,本案被告人杨某在客观上只是实施了一个虚构事实的欺骗行为,并未采取威胁或要挟的手段。被害人苏某在主观上虽然出现认识错误与恐惧心理的竞合,但其主要系因认识错误而自愿交出财物,而非基于对被告人苏某的恐惧心理而被迫处分财物,故本案应定性为诈骗罪。

自行收购苏铁的行为认定
——被告人李某某犯危害国家重点保护植物罪一案

◇ 许　琦　高德亮

许琦,东营市广饶县人民法院刑事审判团队一级法官。

高德亮,东营市广饶县人民法院民事第四团队(环资团队)一级法官。

【要点提示】

国家对重点保护植物秉持加强保护、积极培育与合理利用并重的原则。构成危害国家重点保护植物罪的客观要件为违反森林法相关规定,对国家重点保护植物造成危害的行为。具体而言,非法采伐、毁坏国家重点保护植物,或者非法收购、运输、加工、出售这些植物,无论行为人是以营利、搭建建筑物、采集标本还是科学研究为目的,只要主观上存在故意并实施上述任一行为,即构成此罪。

【案情】

2019 年 7 月—2021 年 9 月,被告人李某某频繁利用微信及闲鱼等网络平台,以 100～220 元不等的价格非法购买国家重点保护植物苏铁,并通过其闲鱼账号公然发布苏铁出售信息。2022 年 9 月 7 日,李某某的一位微信好友商定以 2 200 元购买两株苏铁,并先行通过微信转账支付了 200 元定金。然而,这笔交易因公安机关的及时介入而被迫中止。随后,公安机关在李某某的居所内搜查出共计 19 株苏铁植物。经鉴定,这些苏铁均为国家一级重点保护植物,其中包括 2 株锈毛苏铁和 17 株石山苏铁。公诉机关认为,被告人李某某违反国家规定,非法收购国家一级重点保护的野生植物,其行为已严重触犯《中华人民共和国刑法》第 344 条的相关规定,应当以危害国家重点保护植物罪依法追究其刑事责任。此外,公诉机关还依法提起刑事附带民事公益诉讼,要求被告人李某某承担生态资源修复费用及鉴定评估费用。

【审判】

广饶县人民法院于 2023 年 6 月 20 日作出(2023)鲁 0523 刑初 213 号刑事判决书,判决被告人李某某犯危害国家重点保护植物罪,判处有期徒刑六个月,缓刑一年,并处罚金人民币五千元。宣判后,李某某未提出上诉,判决已发生法律效力。附带民事部分,经一审法院主持调解,被告人李某某与公益诉讼起诉人达成调解协议,由李某某赔偿生态资源修复费用、鉴定评估费共计人民币 16 750 元。扣押的苏铁 19 株已送回其原生长地(广西壮族自治区崇左市扶绥县)进行移栽管护。

案例解析

【评析】

森林是陆地生态系统的主体和重要资源,是人类生存发展的重要生态屏障。保护森林资源是人民法院以司法能动造福社会、助力人与自然和谐共生的职责所在。苏铁作为国家一级保护野生植物,广泛分布于广西、云南、四川、贵州等省、自治区,其耐寒性差、生长缓慢,寿命长达 200 年以上,是十分珍贵的森林资源。在经济困难时期,当地农民普遍挖掘苏铁树兜制成淀粉食用以度过饥荒,故苏铁亦有"神仙米"的美称。犯罪嫌疑人一旦实施非法采伐、毁坏或者收购、运输、加工、出售国家重点保护植物的行为,无论其危害数量多少,均构成危害国家重点保护植物罪。广饶法院在审理本案的过程中,坚持可持续发展原则,实行保护优先、自然恢复的方针,在惩罚犯罪的同时,对被告人李某某进行思想教育,督促其赔偿了生态资源修复费用,并依法将 19 株苏铁送回其原生长地(广西壮族自治区崇左市扶绥县)进行移栽管护,此后广饶法院还将联系原生长地移栽管护部门对生态环境修复效果进行评估,形成生物多样性保护"破坏—判罚—修复—监督"的完整闭环。习近平总书记高度重视森林资源保护,指出"森林是水库、钱库、粮库,现在应该再加上一个'碳库'"并要求"把我国森林资源培育好、保护好、发展好"。广饶县人民法院认真贯彻习近平法治思想和习近平生态文明思想,把握新时代环资审判工作的发展目标,积极践行"绿水青山就是金山银山"的生态文明理念,完善司法保护体系,构建生态环境法治屏障,积极保护森林资源和生物多样性,以司法裁判引导社会公众增强生态保护意识,努力构建损害严惩、责任追究和充分修复的现代环境治理司法保障体系,为全面推进美丽中国建设提供有力司法服务和保障。

合同签订后不得任意解除及违约方的合同解除权

——某科技有限公司诉某仓储有限公司房屋租赁合同案

◇ 鲍　蕾

鲍蕾,东营经济技术开发区人民法院综合审判庭一级法官。

【要点提示】

这是一起通过依法审查合同一方行使单方解除权是否成立,平等保护投资者与本地企业合法权益,在维护合同稳定性的同时,提供协商解除合同、化解纠纷的路径以防止损失扩大,为诚实守信企业营造良好营商环境的典型案例。

【案情】

原告某科技有限公司(承租方、乙方)与被告某仓储有限公司(出租方、甲方)签订《租赁合同》一份,约定甲方出租给乙方院落一座(包括办公楼、宿舍楼、车间、仓库各一栋及院内土地),餐厅所在的三层楼甲乙方可共用但管理权归属甲方;租赁期限为5年,自2022年6月15日起至2027年6月15日止;该出租标的前两年每年租金总额为525 000元。2022年6月15日,某科技有限公司向某仓储有限公司支付租金300 000元。某仓储有限公司出具付款说明,载明剩余225 000元尾款于2个月内结清。除餐厅钥匙以外的租赁标的物均已交付某科技有限公司。

某科技有限公司诉称:某仓储有限公司严重违约。首先,某仓储有限公司迟迟不向其交付租赁物中的餐厅楼;其次,某仓储有限公司向某科技有限公司已交付的租赁物均因年久失修,损毁严重,已无法达到正常使用条件,特别是车间、仓库等,均严重损毁,漏雨严重,无法满足某科技有限公司生产经营的需要,致使合同目的无法实现,《租赁合同》已经达到法定解除条件,且某仓储有限公司应承担违约责任。请求法院判令:某仓储有限公司返还某科技有限公司已付租金300 000元及其利息。

某仓储有限公司辩称:某科技有限公司起诉内容与事实不符。一、某仓储有限公司提供的租赁标的均能够正常使用,不存在某科技有限公司所描述的严重损毁、漏雨等情况;二、合同约定涉案地块内餐厅建筑为双方共用,且由某仓储有限公司管理,双方签订合同后,某科技有限公司未按照合同约定足额支付款项,在此前提下,某仓储有限公司已将涉案地块大门钥匙交付,除存放有甲方物品的餐厅外,其他建筑均没有上锁,故某科技有限公司可使用除餐厅外的全部租赁标的,某仓储有限公司是否交付餐厅钥匙不影响其他建筑的使用,某科技有限公司以某仓储有限公司未交付餐厅钥匙导致租赁目的不能完成的主张与事实不符。三、涉案土地、建筑物租赁属于较大投资,某科技有限公司在签订租赁合同前已实地考察涉案土地、建筑物,并未提出意见,且与某仓储有限公司签订了租赁合同,某科技有限公司主张不能使用的厂房、仓库及其他建筑均无内部设施,对于是否存在损毁、能否正常使用,肉眼即可辨别,某科技有限公司与某仓储有限公司签订合同应当视为对租赁标的的认可。四、某科技有限公司租赁标的用于开办新能源产业公司,后因行政许可未办理成功,不能开办上述公司,才主张租赁物存在瑕疵。

【审判】

东营经济技术开发区人民法院经审理认为:原告某科技有限公司与被告某仓储有限公司签订的《租赁合同》,系双方真实意思表示,不违反法律法规的强制性规定,合法有效,双方均应按照合同约定履行各自的义务。关于合同应否解除的问题。根据双方提交的证据和当庭陈述,不足以认定原、被告在诉讼前协商一致解除租赁合同,也不足以认定被告存在根本违约行为,原告具有单方合同解除权。但在第一次庭审中,被告同意解除合同,并返还至解除合同之日剩余的租金,故涉案合同于 2022 年 11 月 1 日解除,被告应返还原告租金 97 192 元,对原告主张的超出部分不予支持。

关于原告主张的违约责任,原告认为被告未交付餐厅钥匙,租赁物年久失修,损毁严重,没有灯具和门窗,存在漏雨情况,无法满足原告生产经营的需要。被告认为,涉案标的物为不动产,原告在签订合同前已经现场查看,并在此前提下接受了钥匙,即为对标的物的接收,餐厅钥匙未交付系因原告未交清租金;本租赁合同涉及标的物面积较大,标的物的现状肉眼即可分辨,不存在需要运行或使用才能确认性能的因素,前两年租金的优惠即为支持对标的物进行装饰、维修的费用,原告明知该房屋长期闲置且对房屋进行查看后签订合同的行为即为对标的物现状的认可。对此,

法院认为,首先,关于餐厅,双方约定为共用,管理权归被告。在原告尚未按约定付清租金前,由被告保管餐厅钥匙,并不违反合同约定。其次,原告在租赁涉案标的物前,已对整体情况进行查看,在综合标的物现状与自身后续经营需求的基础上,与被告商定租金价格;双方于 6 月 14 日签订合同,原告于 8 月 5 日提交本案网上立案申请,在此较短时间内,标的物发生巨大改变的可能性不大,且从双方提交的照片、视频中可见,标的物处于常年闲置状态,原告所称没有灯具、门窗,漏雨等问题在其现场查看、签署合同时就已存在,原告当时认可标的物的状态并完成交付,现又以此为由主张被告违约,有违诚信原则。综上,原告主张被告违约,证据不足,依法不予支持。

据此,东营经济技术开发区人民法院依照《中华人民共和国民法典》第 509 条、第 562 条、第 566 条第 1 款,《中华人民共和国民事诉讼法》第 67 条第 1 款规定,判决:被告某仓储有限公司向原告某科技有限公司返还租金 97 192 元;驳回原告某科技有限公司的其他诉讼请求。宣判后,某仓储有限公司提出上诉。山东省东营市中级人民法院二审判决驳回上诉,维持原判。

【评析】

房屋租赁合同属于继续性双务合同,合同义务的履行有赖于双方当事人之间的信任。本着诚实信用原则全面履约,同时需要双方有较高程度的配合,不宜强制履行。对于合同的解除,若约定或法定的解除条件成就,则其中一方可以行使单方解除权。在无约定情况下,审查其中一方是否具有合同解除权,要结合合同订立前现场查看租赁物情况、商谈租金情况、交付履行情况,以及合同订立与悔约的间隔时间、租赁物变化情况等,进行综合分析认定。未达到法定解除情形,承租人单方解除房屋租赁合同的属违约解除,处于违约状态下的当事人不享有基于催告对方仍不履行而产生的合同解除权。但一概不允许违约方解除合同,不利于打破合同僵局。可以结合《中华人民共和国民法典》第 580 条的规定,通过协商解除,或者从审查合同双方僵持状态的持续情况、违约程度、解除合同的必要性等方面,来认定是否支持违约方的解除权,并由违约方承担违约责任,维护诚实信用原则,为双方当事人提供更多的交易机会,实现合同双方的利益平衡。

原告持有欠条主张货款是否必然胜诉

——民事案件中证明标准的认定及举证责任的流转

◇ 吴小艳

【要点提示】

在证明待证事实的过程中,举证责任会在双方当事人之间转移,即提出主张的一方当事人对其主张存在的事实负有举证责任。当其所举证据达到高度可能性地确定待证事实存在的标准时,如对方当事人反驳,则举证责任转移至对方当事人。由对方当事人举证以使该待证事实处于真伪不明状态;如对方当事人举证无法达到该标准,或者其仅仅否定而不提供证据,则应当认定待证事实存在。

吴小艳,东营市广饶县人民法院民二团队三级法官。

【案情】

2014 年 11 月 1 日,山东乐悠悠花生油科技有限公司(甲方,以下简称乐悠悠花生油)与徐州多味福商贸有限公司(乙方,以下简称多味福商贸)签订《乐悠悠食用油代理销售合同》,其中约定,市级总代理,首次发货甲方给予铺货 20 万元,铺货款在本合同结束 7 日内以现汇形式汇至甲方指定账户;协议期限为 2014 年 11 月 1 日至 2015 年 10 月 31 日;甲方根据终端情况决定是否配备专职促销员,甲方只支付促销员底薪;甲方批复后发生的终端进场条码费、堆头费、陈列费等由乙方垫付,进场条码费核销时必须提供商场的发票、附加费用批复单的复印件、所进商超进货签收单及其复印件;特价核销,乙方必须提供商场盖章的销售数据并附加费用批复的复印件,甲方在收到乙方商场相应票据和资料后,在以后的货款中按有效票据在次月进行费用核销,否则甲方不予核销。

2014 年 11 月 18 日,多味福商贸向乐悠悠花生油出具欠条 1 份,内容载明"欠条 兹欠山东乐悠悠花生油科技有限公司货款贰拾万贰仟伍佰伍拾陆圆整(202 556),如因此产生纠纷可至该公司所在地法院解决。闫某虎 2014 年 11 月 18 日"。多味福商贸在欠条落款处加盖公司公章。

案外人蔡某连曾系乐悠悠花生油在江苏地区的区域经理,对接销售

工作,负责产品的售中和售后工作。2017年5月25日,在案外人蔡某连与多味福商贸工作人员闫某虎的通话录音中,闫某虎与蔡某连一再确认双方是否清账,蔡某连明确表示把前期欠款全部清掉,并提出去公司把押金条要回来。庭审中,案外人蔡某连确认双方通话过程中提及的押金条指的就是涉诉欠条,并主张双方提到的"清账"指的是,当时蔡某连已将多味福商贸的费用核销材料提交给乐悠悠花生油,要通过退货、核销费用等方式抵扣货款。

另查明,2018年7月10日,山东省东营市中级人民法院裁定受理乐悠悠花生油破产清算申请。2022年3月19日,乐悠悠花生油管理人通过淘宝网阿里司法拍卖,将包含本案在内的应收账款转让给了朱某兴,并于2022年4月6日在全国企业破产重整案件信息网进行了债权转让暨催收通知公告。朱某兴提交了多味福商贸于2019年3月7日出具的说明一份,内容为多味福商贸说明其与乐悠悠花生油之间的货款已经结算完毕,不存在欠款情况。

【审判】

本院认为,朱某兴提交的证据能够证实其自乐悠悠花生油受让了对多味福商贸的债权。《中华人民共和国民法典》第548条规定,债务人接到债权转让通知后,债务人对让与人的抗辩可以向受让人主张。故多味福商贸有权向朱某兴主张对乐悠悠花生油的抗辩。多味福商贸抗辩称,已与乐悠悠花生油完成核销清账,不欠任何款项。对此本院认为,首先,蔡某连在庭审中提交的乐悠悠QQ销售群里的聊天记录和群文件等材料、蔡某连与闫某虎微信聊天记录和通话录音,以及出庭作证的证人证言等能够相互印证,证实蔡某连曾系乐悠悠花生油的销售人员,负责与多味福商贸对接售中、售后事宜;其次,在蔡某连与闫某虎的通话录音中,蔡某连明确提出多味福商贸与乐悠悠花生油完成清账并承诺去公司取回欠条,多味福商贸有合理理由相信已完成清账,而且该情况与朱某兴提交的多味福商贸出具的说明基本相符。综合上述情形,本院对多味福商贸的抗辩主张予以采信,对朱某兴的诉讼请求不予支持。

朱某兴主张,即便存在核销情况,应当按照代理销售合同的约定由乐悠悠花生油审批后才能完成核销,案外人蔡某连对此无权代理。对此本院认为,从形式上看,涉诉代理销售合同系乐悠悠花生油的格式合同;从内容上看,多味福商贸无法决定乐悠悠花生油的审批进度,蔡某连认可已将核销材料提报至公司财务;另结合乐悠悠花生油当时及后期的实际经营情况,有较大可能存在核销手续未正常进行的情况,在此情形下,若由多味福商贸承担未依约完成核销的不利后果,则有悖公平原则,故本院对朱某兴该主张不予采信。

一审法院经审理后判决:驳回原告朱某兴的诉讼请求。

后朱某兴提起上诉,二审法院经审理后判决:驳回上诉,维持原判。

【评析】

民事诉讼法司法解释第 90 条规定:"当事人对自己提出的诉讼请求所依据的事实或者反驳对方诉讼请求所依据的事实,应当提供证据加以证明,但法律另有规定的除外。在作出判决前,当事人未能提供证据或者证据不足以证明其事实主张的,由负有举证证明责任的当事人承担不利的后果。"第 108 条规定:"对负有举证责任的当事人提供的证据,人民法院经审查并结合相关事实,确信待证事实的存在具有高度可能性的,应当认定该事实存在。对一方当事人为反驳负有举证证明责任的当事人所主张事实而提供的证据,人民法院经审查并结合相关事实,认为待证事实真伪不明的,应当认定该事实不存在。"

在具体案件的审理中,举证责任在当事人之间的转移取决于人民法院对负有证明责任的一方当事人所提供证据证明力的综合评价结果。法院如果在对一方当事人所提供证据进行审查判断后,认为其证明力具有明显优势并初步达到了相应的证明标准,就可以不再要求该方当事人继续提供证据,而转由另一方当事人提供相反证据。因此,具体案件中举证责任转移的前提条件是负有证明责任一方当事人提供的现有证据已经达到相应的证明标准。

山东省东营市东营区人民法院
民事判决书

（2023）鲁 0502 民初 791 号

拟稿人：胡星红，东营市东营区人民法院执行第二团队负责人。

原告：张某甲。

原告：徐某某。

原告共同委托诉讼代理人：宋某某。

原告共同委托诉讼代理人：张某乙。

被告：姜某某。

被告：中国某财产保险股份有限公司东营中心支公司。

代表人：孔某某，总经理。

委托诉讼代理人：成某某。

被告：孙某某。

被告：某保险有限公司上街支公司。

代表人：王某，总经理。

委托诉讼代理人：吴某某。

原告张某甲、徐某某与被告孙某某、姜某某、某保险有限公司上街支公司（以下简称某保险上街支公司）、中国某财产保险股份有限公司东营中心支公司（以下简称某财险东营中心支公司）机动车交通事故责任纠纷一案，本院于 2023 年 2 月 20 日立案后，依法适用简易程序，公开开庭进行了审理。原告张某甲、徐某某的共同委托诉讼代理人宋某某、张某乙与被告姜某某、某保险上街支公司委托诉讼代理人吴某某、某财险东营中心支公司委托诉讼代理人成某某到庭参加诉讼。被告孙某某经传票传唤无正当理由未到庭参加诉讼。本案现已审理终结。

原告张某甲、徐某某向本院提出诉讼请求：一、请求判令各被告共同支付原告因李某某涉案交通事故所造成的死亡赔偿金 941 320 元、丧葬费 49 047 元、医疗费 510 311.93 元、护理费 34 539.6 元、误工费 35 202.8

元、住院伙食补助费 9 200 元、交通费 9 200 元、营养费 27 300 元、生活辅助器具费 1 026 元、精神损害抚慰金 50 000 元等共计 1 667 147.33 元。被告某保险上街支公司、某财险东营中心支公司在保险范围内优先赔付；二、本案的诉讼费用由被告承担。

被告姜某某辩称，事故属实，同意保险公司的意见，请求法院依法处理。

被告某财险东营中心支公司辩称：一、对本案交通事故的发生无异议，但不认可交通事故导致受害人死亡的主张。二、涉案的鲁EF××××号车在某财险东营中心支公司处投保交强险、第三者责任保险限额 200 万元，保险期间为 2021 年 6 月 21 日零时起至 2022 年 6 月 22 日二十四时止。三、涉案交通事故系三方事故，在第一次事故中，孙某某与受害人分别承担事故同等责任，在第二次事故中，姜某某负事故主要责任，孙某某负事故次要责任。由于前后两次事故，孙某某均负事故责任，同时，受害人自身也对事故负有责任，因此，某财险东营中心支公司认为某保险上街支公司承保的豫 D××××X 号车辆方应在两次事故中承担主要责任，某财险东营中心支公司承保车辆方与受害人共同承担两次事故的次要责任。交强险及三者险的具体责任比例应由某保险上街支公司承担 70% 的赔偿责任，由某财险东营中心支公司承担 15% 的赔偿责任，受害人自身承担 15% 的责任。某财险东营中心支公司在事故发生后已垫付 18 000 元，另外，需要核实事故车辆的驾驶员驾驶证、行驶证，确定无拒赔免赔的事由。五、某财险东营中心支公司仅承担因交通事故造成的直接损失。本次交通事故的发生仅仅导致受害人受伤并没有造成李某某直接死亡的法律后果，李某某的死亡系自杀所致，与交通事故之间没有必然的法律上的因果关系。即便有间接的因果关系，也不符合保险法的近因原则，故某财险东营中心支公司对于与受害人李某某与死亡有关的赔偿均不认可，具体包括死亡赔偿金、丧葬费、精神损害赔偿金、诉讼费、鉴定费。

被告孙某某未做答辩。

被告某保险上街支公司辩称，一、涉案的豫 D××××X 号车辆在某保险上街支公司投保交强险和商业三者险 100 万元，事故发生在保险期间内，在依法查明涉案交通事故属实、责任划分无误，肇事车辆豫 D××××X 行驶证以及驾驶员孙某某驾驶证有效并正常年检，事故发生时准驾车型相符，且不存在酒驾、逃逸等法定和约定免赔事由的前提下，某保险上街支公司同意在保险责任限额内按事故责任比例承担本案交通

事故给原告造成的合理合法损失的赔偿责任。二、涉案交通事故为两次连续发生的交通事故,在第一次事故中孙某某承担同等责任,李某某承担同等责任,在第二次事故中姜某某承担主要责任,孙某某承担次要责任,李某某无责任。按照各方在事故中所负事故责任,某保险上街支公司对超出交强险限额部分的合理合法损失应承担不超过40%的赔偿责任,李某某应自担不低于20%的损失责任。三、根据死亡医学推断书记录的死亡原因和某保险上街支公司工作人员的询问,李某某的死亡并非由本案交通事故造成,故对原告主张的死亡赔偿金、丧葬费和精神损害抚慰金不予认可。某保险上街支公司已在交强险范围内垫付受害人18 000元。四、原告主张的医疗费应扣除医疗支出超出基本医疗保险范围的部分;因李某某已超过女性退休年龄且原告未提交其收入减少的证据,故对误工费不予认可;住院期间的护理费以实际支付金额为准,院外护理期间参照出院医嘱"全休三个月"应不超过90日;营养期计算过长,应以180日为宜,且应按50元/天计算;交通费应提交实际花费的票据,否则应按照住院期间每日20元酌定。赔偿总额应扣除李某某自担责任的比例。五、保险公司不承担本案的诉讼费用。

本院经审理认定事实如下:

2022年2月16日6时28分许,孙某某驾驶豫D××××X号小型普通客车沿淄博路由西向东行驶至西四路路口处向北左转弯时,与沿淄博路由西向东行驶至此处的李某某驾驶的自行车相撞,致李某某受伤及两车损坏,造成第一次道路交通事故。2022年2月16日6时36分,姜某某驾驶鲁EF××××号小型轿车沿西四路由南向北行驶至淄博路路口处,与躺在此处的李某某相撞,致李某某受伤,造成第二次道路交通事故。

东营市公安局交通警察支队直属二大队作出的道路交通事故认定书认定,第一次道路交通事故中,孙某某驾驶机动车未按操作规范安全文明驾驶的违法行为是事故发生的原因之一,李某某驾驶非机动车逆向行驶的违法行为是事故发生的另一原因,在第一次道路交通事故中,孙某某、李某某承担此次事故的同等责任;第二次道路交通事故中,姜某某驾驶机动车未按操作规范安全文明驾驶的违法行为是事故发生原因之一,孙某某驾驶机动车后未保护现场的违法行为是事故发生的另一原因,对于第二次交通事故的发生由姜某某承担事故的主要责任,孙某某承担事故的次要责任,李某某无责任。

孙某某为其所有的豫 D×××××X 号车在某保险上街支公司投保交强险和商业三者险 100 万元,姜某某为其所有的鲁 EF×××× 号车在某财险东营中心支公司投保交强险和商业三者险 200 万元,事故发生在保险期间内。

李某某因交通事故导致右侧股骨颈骨折、双侧多发肋骨骨折、多发性骨盆骨折、左侧耻骨骨折、双侧坐骨骨折、胫腓骨下端骨折、左侧锁骨骨折、双侧腰 2 横突骨折等伤情,在胜利油田某医院住院治疗 92 天,行肋骨骨折切开复位内固定术、全髋关节置换术(右),2022 年 5 月 19 日出院,支出急诊医疗费 3 170.84 元、住院医疗费 502 109.94 元。医嘱患者出院后全休三个月、加强营养支持。李某某出院后多次复查支出医疗费 5 003.45 元,李某某还曾多次前往胜利油田某医院神经内科就诊,主诉车祸后失眠、焦虑,支出诊疗费及药品费 27.7 元。李某某出生于 1970 年 3 月 7 日,于 2022 年 11 月 16 日服用安眠药自杀死亡,死亡时年满 52 周岁。徐某某系李某某之母,张某甲系李某某之子。

张某甲对于李某某在重症监护病房期间 40 天的护理费未予主张,但主张住院期间由东营某家政有限公司护工侯某艳陪护 40 天,护理费 280 元 / 日,提交护理合同、支付记录、发票等证明拟支出护理费 11 200 元,其中支付记录显示的转账记录为 8 700 元,主张院外由亲属一人护理 181 天。张某甲提交益生堂药业出具的发票一份,证明购买轮椅支出 1 026 元。

姜某某垫付李某某医疗费 20 000 元,某财险东营中心支公司、某保险上街支公司均在交强险限额内垫付李某某医疗费 18 000 元。

本院认为,本案的争议焦点为:一、关于李某某自杀死亡与涉案交通事故是否具有关联性和关联强度的问题;二、孙某某、姜某某的赔偿责任的认定;三、有争议的赔偿项目及金额的认定。

针对争议焦点一,引起损害后果的原因可分为直接原因和间接原因,李某某因涉案交通事故导致身体多处骨折,但并不必然导致其死亡的损害后果,故涉案交通事故不是导致李某某自杀死亡的直接原因。涉案交通事故是否构成李某某死亡的间接原因,应当结合李某某生前的精神状态、涉案交通事故对李某某生前状态的影响综合进行判断。涉案交通事故发生前,李某某身体健康、精神状态正常,具有劳动能力,因本起交通事故造成李某某身体受伤严重,遭受伤痛的折磨,其在出车祸之后经常失眠、情绪焦虑,最终自杀死亡,涉案交通事故对造成李某某的精神状态不佳有一

定的影响作用,但李某某自身不能排解精神压力采取自杀的方式结束生命是造成其死亡的主要因素,涉案交通事故与李某某死亡后果之间仅存在间接的因果关系,原因力较弱。综合考虑上述因素,本院认为涉案交通事故对李某某死亡结果的原因力以20%为宜。

针对争议焦点二,涉案交通事故中,先后发生的二次碰撞导致李某某受伤的损害后果,交警部门出具了一份事故认定书,针对先后两次事故中当事人的违法行为作出了相应的责任认定,二次碰撞与造成李某某受伤的损害后果之间存在竞合因果关系,本院分析各方的责任及造成损害的原因力比例大小,孙某某在第一次碰撞事故发生后未及时保护现场及救助伤者,对第二次事故的发生亦有过错,过错较大,姜某某、李某某的过错相对较小,确定由孙某某承担45%的赔偿责任比例,由姜某某承担35%的赔偿责任比例。

针对争议焦点三,一、关于张某甲、徐某某主张的李某某因交通事故受伤而产生的各项损失:1.医疗费:有病历、诊断证明及医疗费发票予以证实,认定医疗费510 311.93元;2.住院伙食补助费:按李某某住院天数92天、100元/天认定住院伙食补助费9 200元;3.营养费:医嘱患者加强营养,根据李某某的伤情并结合《人身损害误工期、护理费、营养期评定规范》(GA/T 1193—2014)的规定,确定营养期180天,予以认定营养费9 000元;4.误工费:经核实李某某事故发生前在胜兴路大嘴水饺店工作,具有劳动能力,在无证据证明其收入状况及误工期限时,对于误工费本院根据其伤情并结合医嘱《人身损害误工期、护理费、营养期评定规范》(GA/T 1193—2014)的规定,认定误工期272天(自受伤之日至其死亡前一日),以2021年山东省城镇居民人均可支配收入47 066元/年的标准计算为35 073元;5.护理费:原告主张的护理期共计273天,本院参照《人身损害误工期、护理费、营养期评定规范》(GA/T 1193—2014)的规定确定护理期150天,原告主张住院期间由护工护理40天并提交相应的证据,对护工护理费予以认定11 200元,院外亲属一人的护理期为58天,以2021年山东省城镇居民人均可支配收入47 066元/年的标准计算为7 479元,护理费合计18 679元;6.交通费:根据实际需要酌定2 000元;7.辅助器具费:有购买轮椅的发票以证明支出1 026元,符合李某某伤情之需,予以认定。上述各项合计585 289.93元。二、关于张某甲、徐某某主张的李某某自杀死亡而产生的各项损失:1.死亡赔偿金:李某某死亡时年满52周岁,其死亡赔偿金以2021年山东省城镇居民人均可支配收入

47 066 元/年的标准计算 20 年为 941 320 元；2. 丧葬费：按 2021 年山东省在岗职工平均工资 98 094 元计算 6 个月为 49 047 元；3. 精神损害抚慰金：根据侵权人的过错程度、侵权方式、侵权情节并考虑本案受害人的自杀死亡与交通事故的关联程度等因素，酌定支持精神损害抚慰金 5 000 元。

综上所述，机动车交通事故造成人身伤亡、财产损失的，属于机动车一方责任的，应由承保交强险的保险公司在交强险限额范围内予以赔偿，不足部分由承保商业三者险的保险公司在保险限额内予以赔偿，仍有不足的，由侵权人予以赔偿。关于经本院认定的李某某因交通事故受伤而产生的各项损失 585 289.93 元，由孙某某、姜某某驾驶车辆的保险人某保险上街支公司、某财险东营中心支公司分别在交强险限额内赔偿 46 389 元，超出交强险的部分在商业三者险限额内分别按责任比例由某保险上街支公司赔偿 221 630.37 元、某财险东营中心支公司赔偿 172 379.18 元；关于经本院认定的李某某自杀死亡而产生的死亡赔偿金 941 320 元、丧葬费 49 047 元，按照原因力比例 20% 计算后的损失为 198 073.4 元，该金额与精神损害抚慰金 5 000 元由某保险上街支公司、某财险东营中心支公司在交强险限额内分别赔偿 101 536.7 元。某保险上街支公司、某财险东营中心支公司垫付款 18 000 元分别予以扣除后，仍需分别赔偿 351 556.07 元、302 304.88 元。姜某某垫付款 20 000 元扣除其需负担的诉讼费用后自保险赔偿款中予以返还。依照《中华人民共和国道路交通安全法》第七十六条，《中华人民共和国民法典》第一千一百六十五条、第一千一百七十二条、第一千一百七十三条、第一千一百七十九条、第一千一百八十一条、第一千二百零八条、第一千二百一十三条，《最高人民法院关于审理人身损害赔偿案件适用法律若干问题的解释》第六条、第七条、第八条、第九条、第十条、第十一条、第十三条、第十四条、第十五条，《中华人民共和国民事诉讼法》第六十七条、第一百四十七条的规定，判决如下：

一、被告某保险有限公司上街支公司于本判决生效之日起十日内赔偿原告张某甲、徐某某损失 351 556.07 元；

二、被告中国某财产保险股份有限公司东营中心支公司于本判决生效之日起十日内赔偿原告张某甲、徐某某损失 302 304.88 元；

三、驳回原告张某甲、徐某某其他诉讼请求。

如果未按本判决指定的期间履行给付金钱义务，应当依照《中华人民共和国民事诉讼法》第二百五十三条规定，加倍支付迟延履行期间的债务利息。

　　案件受理费 19 804 元,减半收取 9 902 元,由原告负担 6 018 元,由被告孙某某负担 2 330 元,由被告姜某某负担 1 554 元。

　　支付方式:某保险有限公司上街支公司支付 351 556.07 元、中国某财产保险股份有限公司东营中心支公司 283 858.88 元、孙某某支付 2 330 元至张某甲中国银行东营胜建大厦支行账户,中国某财产保险股份有限公司东营中心支公司支付 18 446 元至姜某某招商银行账户。

　　如不服本判决,可以在判决书送达之日起十五日内,向本院递交上诉状,并按对方当事人的人数提出副本,上诉于山东省东营市中级人民法院;也可以在判决书送达之日起十五日内,向山东省东营市中级人民法院在线提交上诉状。

　　本判决生效后,负有履行义务的当事人应当及时足额履行生效法律文书确定的义务,逾期未履行的,应自觉主动前往一审法院申报经常居住地及财产情况,并不得有转移、隐匿、毁坏财产及高消费等妨碍或者逃避执行的行为。本条款即为执行通知暨财产报告条款,违反本条款规定的,本案执行立案后,执行法院可按照法律文本载明的送达地址送达相关文书,并可依法对相关当事人采取列为失信名单、限制消费、罚款、拘留等强制措施,构成犯罪的,依法追究刑事责任。

　　　　　　　　　　　　　　　　　　审 判 员　胡星红

　　　　　　　　　　　　　　　　　　二○二三年四月十一日

　　　　　　　　　　　　　　　　　　书 记 员　丁延佳

山东省东营经济技术开发区人民法院
民事判决书

（2023）鲁 0591 民初 456 号

拟稿人董俊俊，东营市东营经济技术开发区人民法院综合审判庭三级法官。

原告：丁某。

被告：戴某。

被告：山东某公司。

被告：东营某局。

　　原告丁某诉被告戴某、山东某公司、东营某局劳务合同纠纷一案，本院于 2023 年 2 月 10 日受理后，依法适用普通程序公开开庭审理。原告丁某及委托诉讼代理人曲某，被告山东某公司委托诉讼代理人吴某，被告东营某局委托诉讼代理人陈某东到庭参加诉讼，被告戴某经本院合法传唤无正当理由未到庭参加诉讼，本院依法缺席审理。现已审理终结。

　　丁某向本院提出诉讼请求：1. 判令被告支付原告劳务费 68 000 元及利息 7 896 元，共计 75 896 元，以及自起诉之日起至实际履行之日止的利息（以 68 000 元为基数，按同期全国银行间同业拆借中心公布的贷款市场报价利率计付）；2. 本案诉讼费用由被告承担。庭审中，原告明确第一项诉讼请求中关于利息的诉讼请求为自 2019 年 12 月 15 日起至 2022 年 12 月 11 日的利息 7 896 元，及自 2022 年 12 月 12 日起至实际履行之日止的利息（以 68 000 元为基数，按同期全国银行间同业拆借中心公布的贷款市场报价利率计付）。事实和理由：2019 年 4 月 5 日被告东营某局某办公室（现更名为东营市某发展中心）与被告山东某公司签订改造工程第二标段施工合同，合同签订后，山东某公司将涉案工程交由戴某施工，戴某雇佣原告负责现场技术，拖欠劳务费 68 000 元未支付。原告多次找被告讨要未果，为维护原告合法权益，特诉至法院，望判如所请。

　　山东某公司辩称，一、丁某主张被告山东某公司欠付其劳务费 68 000 元及利息 7 896 元无任何事实及法律依据，应判决驳回原告的诉

讼请求。2019年4月5日,东营市某发展中心与山东某公司签订改造工程第二标段施工合同,约定由山东某公司承包"西城范围内雨水管道、排水沟、泵井、雨水检查井、雨水口、雨水管道出水、管线疏通清淤及疏通明渠"等工程。其后被告山东某公司又将该工程中的部分劳务工程交由案外人夏某(夏某实际代表东营市某管理有限公司)实际施工。该合同签订后,被告山东某公司严格按照合同约定履行己方义务,根据该合同条款第12.4条工程进度款支付条款之约定,被告东营某局作为业主方按照该项目工程实际完工的工程量按比例拨付款项给被告山东某公司,被告山东某公司在实际收到相应款项后同比例支付至劳务第三方。因被告东营某局作为发包方怠于履行己方付款义务,山东省东营市东营区人民法院作出的(2022)鲁0502民初5450号民事判决书,东营市某管理有限公司向被告东营某局提起债权人代位权纠纷诉讼,要求被告东营某局履行代位清偿义务,将其应当支付给山东某公司的工程款项直接支付给实际施工人东营市某管理有限公司(即夏某)。从该法律关系来看,不存在被告山东某公司实际拖欠第三方实际施工人工程款或者劳务款的事实,第三方实际施工人在债权到期后可以提起债权人代位权诉讼直接向业主方被告东营某局主张权利。

二、原告提交的起诉状事实和理由部分载明的内容与事实不符。原告声称"案涉合同签订后,山东某公司将部分工程分包给夏某,夏某转包给戴某,戴某雇佣原告负责现场技术,拖欠劳务费68 000元未支付",该事实陈述与山东某公司代理人所了解的实际情况不相符。如上所述,根据(2020)鲁0502民初3939号民事判决书第四页载明的内容,被告山东某公司仍然认为其仅是将部分劳务交由东营市某管理有限公司(即夏某),而所谓的"夏某又转包给戴某,戴某又雇用原告为技术员",这些情况是否真实存在,代理人经与被告山东某公司沟通,被告山东某公司并不完全清楚知悉,因夏某属于案涉工程中介于被告山东某公司和被告戴某中间的实际施工人,基于法律关系的相对性,其如何将工程转包给戴某,有无签订合同,本着实事求是审慎调查的原则,均应当由案外人夏某具体阐述说明。因此原告应当列夏某为被告以便于法院查明事实。而且,即便证实了戴某该人的身份信息,被告山东某公司与戴某亦不存在任何直接的合同关系,被告山东某公司更没有以各种形式授权戴某能够对外代表山东某公司就实际劳务施工工人完工的工程量或者劳务量进行签字确认、认可的权利。需要说明的是,基于(2022)鲁0502民初5450号民事判决书,可以证实,山东某公司根据东营某局按比例实际拨付的款项已经拨付给了第三方夏某,而有争议的款项也在(2022)鲁0502民初5450号案件中,东营某公司也提起了债权债务诉讼来主张相应的权利。至于夏某与戴某之间的转包或者分包关系,以及戴某又是否实际招用了包括丁某在内的施工人为案涉项目提供劳务,均不应由被告山东某公司来举证说明。

需要进一步说明的是,基于同一案涉项目工程的关联诉讼中,结合东营市东营区人民法院作出(2022)鲁0502民初5450号民事判决载明的内容,该判决认定如下事实:2019年4月5日,东营某发展中心与被告山东某公司签订《改造工程第二标段施工合同》,约定由山东某公司承包"西城范围内雨水管道、排水沟、泵井、雨水检查井、雨水口、雨水管道出水、管线疏通清淤及疏通明渠"等工程。上述合同签订后,山东某公司自行施工了部分工程,将部分劳务工程分包给夏某,夏某转包给戴某,戴某自行施工了部分工程,又将案涉工程分给马某艳,马某艳组织了人员进行实际施工,该部分系案件查明的事实,即案件存在多层转包或者分包。马某艳与戴某签订了改造工程施工承包协议,戴某与马某艳存在合同相对关系。其后马某艳作为实际施工人,基于该项目,以拖欠劳务工程款为由起诉了本案被告东营某局、被告山东某公司、被告戴某、被告夏某,即被告主体与本案的被告主体存在重合部分,本案所谓的丁某起诉,即使丁某本人真实存在,也应当是同样作为实际施工人的身份,其又将被告东营某局、被告山东某公司、被告戴某列为被告进行了起诉。在(2022)鲁0502民初5450号判决书中本院认为部分,法院认定被告山东某公司已经付清了劳务第三方的工程费用,且马某艳作为实际劳务施工人,在主张欠付的劳务工程款项时,应当以不突破合同相对性为基本原则,也即符合山东省高级人民法院民一庭《关于审理建设工程施工合同纠纷案件若干问题的解答》第8条规定,在多层转包或者分包情况下,实际施工人原则上仅可以要求与其有直接合同关系的转包人或者分包人对工程欠款承担付款责任。既然被告山东某公司并未与实际施工人马某艳签订过任何合同,马某艳就不应向山东某公司主张欠付的工程劳务款项,而是应当向具有合同相对性的前手戴某主张权利。该判决也最终判决被告戴某支付马某艳工程款,被告东营某局作为工程业主承担付款责任(实际施工人基于债权人代位请求权可以直接向业主主张权利),被告山东某公司不承担付款责任。通过该份已经生效的(2020)鲁0502民初3939关联案件的判决裁判要点,可知在层层转包或者分包的工程类案件中,即使存在所谓的实际施工人

主张欠付劳务工程款项的情形,其在主张权利时也不应该突破合同相对性。因此,根据《最高人民法院统一法律适用工作实施办法》规定,基于相同的案件事实且原告起诉的被告主体相同,本着同东营地区同类型案件作出相同裁判结果的原则,无论是在3939号案件中,还是在本案中,针对原告主张的欠付劳务费用68 000元及利息,均不应由被告山东某公司承担,而是应当由被告戴某来承担。

东营某局辩称,一、东营某局不是本案适格的被告,应驳回原告对东营某局的起诉。原告与东营某局之间无任何合同关系,东营某局也不欠付原告的劳务费。原告所主张要求东营某局承担责任,系根据《最高人民法院关于审理建设工程施工合同纠纷案件适用法律问题的解释(一)》(法释〔2020〕25号)第四十三条关于"实际施工人以转包人、违法分包人为被告起诉的,人民法院应当依法受理。实际施工人以发包人为被告主张权利的,人民法院应当追加转包人或者违法分包人为本案第三人,在查明发包人欠付转包人或者违法分包人建设工程价款的数额后,判决发包人在欠付工程价款范围内对实际施工人承担责任"的规定,但本案中,原告自身不应被认定为实际施工人,且本案系劳务合同纠纷,原告与东营某局之间不存在合同关系,且东营某局并未直接向原告支付劳务费用,故其主张要求东营某局承担责任的请求,无事实法律依据,东营某局不是适格的被告。请求依法驳回原告对东营某局的起诉。

二、原告依据第四十三条的相关规定无权向东营某局主张权利。依据合同相对性原则上,当事人应当依据各自的法律关系,请求各自的债务人承担责任。本条规定为保护农民工等建筑工人的利益,突破合同相对性原则,允许实际施工人请求发包人在欠付工程款范围内承担责任,其适用应当从严把握。该条规定只规范转包和违法分包两种关系,未规定借用资质的实际施工人以及多层转包和违法分包关系中的实际施工人有权请求发包人在欠付工程款范围内承担责任。因此,可以依据该条规定突破合同相对性原则请求发包人在欠付工程款范围内承担责任的实际施工人不包括借用资质及多层转包和违法分包关系中的实际施工人。本案中,山东某公司将部分工程分包给夏某,夏某将工程转包给戴某,戴某自行施工了部分工程,另将案涉工程分包给马某艳。原告属于多层转包中的实际施工人戴某的雇用人员,不是实际施工人,无权依据该条规定突破合同相对性原则请求东营某局承担责任。

综上,本案案由为劳务合同纠纷,原告所主张的款项为劳务费用,不应扩大解释适用建设工程施工合同的相关法律及司法解释且答辩人已将案涉劳务费向被告山东某公司全部付清,故原告对东营某局的该项诉请无事实及法律依据,应依法驳回。

戴某未做答辩,亦未进行举证。

当事人围绕诉讼请求依法提交证据,根据当事人陈述和经审查确认的证据,本院认定事实如下:

案外人东营某管理有限公司诉东营某局、山东某公司债权人代位权纠纷一案,东营区人民法院作出(2022)鲁0502民初5450号民事判决书。该判决认定事实部分载明:2019年1月30日,东营某局编制了中心城积水点改造工程招标方案,主要对中心城46处积水点进行改造,资金来源为市财政拨款。2019年3月6日东营市政府对积水点改造工程概算予以批复,工程概算投资13 700万元。东营某管理办公室就积水点改造工程第二标段进行公开招标,山东某公司中标。2019年4月4日,山东某建设集团有限公司作为招标代理机构、东营市某招标投标管理办公室作为招标管理机构发出招标中标通知书,中标价格为60 642 692.15元,开工日期2019年4月5日,竣工日期2019年7月19日,中标范围为西城范围内雨水管道、排水沟、泵井、雨水检查井、雨水口、雨水管道出水,管线疏通清淤及疏浚明渠,具体内容详见工程量清单。2019年4月5日,东营市某发展中心与山东某公司签订积水点改造工程第二标段施工合同,约定由山东某公司承包"西城范围内雨水管道、排水沟、泵井、雨水检查井、雨水口、雨水管道出水,管线疏通清淤及疏浚明渠"等工程,工程承包范围为"施工总承包"。2019年4月25日,山东某公司(甲方)与东营某管理有限公司(乙方)签订积水点改造工程施工第二标段工程合作施工协议书。在合同实际履行中,山东某公司将其中部分工程交由戴某等人施工,东营某管理有限公司实际施工某路等部分工程。2022年6月22日,山东某工程管理咨询有限公司出具积水点改造工程第二标段造价咨询报告,评定案涉工程审定值为59 185 613元。东营某局已实际向山东某公司拨付工程款37 550 554.27元。截至目前,东营某局尚欠山东某公司工程款21 635 058.73元。该案件判决:一、东营某局于本判决生效之日起十日内代位支付东营某管理有限公司工程款20 440 579元及自2019年8月1日至2022年11月1日的利息2 823 355元,以上合计23 263 934元;二、东营某局于本判决生效之日起十日内支付东营某管理有限公司自2022年11月2日起至实际付清日止的利息(以20 440 579元为基数,按

全国银行间同业拆借中心公布的一年期贷款市场报价利率3.65%计算）；三、驳回东营某管理有限公司的其他诉讼请求。后东营某局不服提起上诉，东营市中级人民法院作出（2023）鲁05民终701号民事判决，二审查明的事实与一审查明的事实一致，判决驳回上诉，维持原判。

2019年12月14日，戴某出具《授权书》，载明"积水点改造工程第二标段山东某公司东营项目部管理人员举某东、张某龙、丁某、孙某吉、薛某、张某军组织该项目的某路段现场施工管理、生产安全、内页等相关工作。"该授权书人员工资明细表显示丁某负责现场技术，136天，每天500元，共计68 000元。

以上事实由原告提交的授权书，被告山东某公司提交的（2022）鲁0502民初5450号民事判决书、（2023）鲁05民终701号民事判决书，被告东营某局提交的施工合同复印件，以及当事人陈述为证。

本院认为，现有证据能够证实东营某局为积水点改造工程第二标段项目的发包人，山东某公司为上述项目的总承包人。山东某公司将其中部分工程交由戴某等人施工，丁某为戴某提供劳务。

戴某在《授权书》中已认可其欠付丁某68 000元，但并未约定付款期限及逾期付款的利息标准，故戴某应支付丁某劳务费68 000元及自起诉之日（即2023年2月10日）起至实际给付之日止，按全国银行间同业拆借中心公布的贷款市场报价利率计算的逾期付款利息。

关于被告山东某公司、东营某局是否应承担付款责任的问题。《保障农民工工资支付条例》第二十九条第一、二款规定："建设单位应当按照合同约定及时拨付工程款，并将人工费用及时足额拨付至农民工工资专用账户，加强对施工总承包单位按时足额支付农民工工资的监督。因建设单位未按照合同约定及时拨付工程款导致农民工工资拖欠的，建设单位应当以未结清的工程款为限先行垫付被拖欠的农民工工资。"第三十条规定："分包单位对所招用农民工的实名制管理和工资支付负直接责任。施工总承包单位对分包单位劳动用工和工资发放等情况进行监督。分包单位拖欠农民工工资的，由施工总承包单位先行清偿，再依法进行追偿。工程建设项目转包、拖欠农民工工资的，由施工总承包单位先行清偿，再依法进行追偿。"本案中，山东某公司作为涉案工程的施工总承包方，在戴某欠付劳务费的情况下，其对于欠付款项负有先行清偿义务。东营某局作为涉案工程的发包方，其尚欠山东某公司工程款21 635 058.73元，且在另案中判决东营某局代位支付东营某管理有限公司工程款20 440 579元，执行该生效判决后仍存在欠付工程款,且高于本案诉讼请求,根据上述法律规定,其应在未结清的工程款限度内承担先行垫付责任。

戴某经本院依法传唤未到庭参加诉讼,视为放弃相应的诉讼权利,应承担相应不利法律后果。

综上,依照《保障农民工工资支付条例》第二十九条、第三十条、《中华人民共和国民事诉讼法》第六十七条、第一百四十七条之规定,判决如下:

一、被告戴某、山东某公司、东营某局于本判决生效之日起十日内支付原告丁某劳务费 68 000 元及自 2023 年 2 月 10 日起至实际给付之日止的利息(以 68 000 元为基数,按全国银行间同业拆借中心公布的贷款市场报价利率计算);

二、驳回原告丁某的其他诉讼请求。

如果未按本判决指定的期间履行给付金钱义务,应当依照《中华人民共和国民事诉讼法》第二百六十条之规定,加倍支付迟延履行期间的债务利息。

案件受理费 1 697 元,由原告丁某负担 177 元,由被告戴某、山东某公司、东营某局负担 1 520 元;由被告负担的案件受理费于本判决生效之日起七日内向本院交纳。

如不服本判决,可在判决书送达之日起十五日内,向本院递交上诉状,并按对方当事人或代表人的人数提出副本,上诉于山东省东营市中级人民法院;也可以在判决书送达之日起十五日内,向山东省东营市中级人民法院在线提交上诉状。

审　判　长　董俊俊
人民陪审员　杨翠娥
人民陪审员　高吉罡

二〇二三年六月三十日

书　记　员　苏懂文

山东省东营经济技术开发区人民法院
民事判决书

（2022）鲁 0591 民初 2307 号

拟稿人鲍蕾，东营市东营经济技术开发区人民法院综合审判庭一级法官。

原告：韩某某。
委托诉讼代理人：巴某某。
被告：董某甲。
委托诉讼代理人：宋某某、初某某。
被告：某置业公司。
委托诉讼代理人：初某某。
被告：董某乙。
被告：张某甲。
被告：某燃气公司。
以上两被告共同委托诉讼代理人：王某甲，某燃气公司员工。
第三人：张某乙。

原告韩某某与被告董某甲、某置业公司、张某甲、董某乙、某燃气公司、第三人张某乙追偿权纠纷一案，本院受理后，依法适用普通程序，公开开庭进行了审理。在七次庭审及质证过程中，原告韩某某及其委托诉讼代理人巴某某，被告董某甲及其委托诉讼代理人宋某某、初某某，被告某置业公司法定代表人董某甲及其委托诉讼代理人初某某，被告董某乙，被告张某甲、某燃气公司的共同委托诉讼代理人王某甲，第三人张某乙先后到庭参加诉讼。本案现已审理终结。

韩某某向本院提出诉讼请求：1.判令董某甲、某置业公司向其支付代偿款 4 442 500 元及利息损失 2 128 311.46 元（自 2018 年 7 月 17 日起暂计至 2022 年 6 月 28 日，按年利率 15％计算），并请求支付利息损失至实际付清之日止，以上暂总计 6 570 811.46 元；2.判令张某甲、董某乙、某燃气公司对上述款项承担还款责任；3.判令韩某某对某置业公司提供的担保物（12 间房屋）的拍卖、变卖或折价所得价款优先受偿;4.本案案件受理费、保全费等诉讼费用由董某甲、某置业公司、张某甲、董某乙、某燃气公司承担。事实和理由:2015 年,董某甲、某置业公司向张某乙借款 250 万元,由韩某某、张某甲(系董某甲之妻)、董某乙(系董某甲之子)、某燃气公司为其承担连带责任保证。同时,某置业公司、董某甲、张某甲、董某乙以12 间房屋对韩某某的担保提供反担保。后因董某甲无力清偿到期债务,韩某某承担连带责任共支付代偿款 4 442 500 元。

董某甲辩称,韩某某的诉讼请求无事实及法律依据,应予驳回。具体理由如下:一、董某甲未与张某乙在 2015 年签订借款合同,更不存在提供担保事宜。1.董某甲没有在 2015 年签署编号为 ×× 的借款合同,借贷合同是实践合同,合同成立是以实际出借为标准,担保合同是依附于借贷合同而存在的从合同,主合同不成立,保证合同也无效。2.该借款合同年利率为 42%,严重违反了民间借贷利率最高不得超过 24% 的法律规定。3.该借款合同中借款金额为 250 万元,但张某乙只向董某甲银行卡上分两次汇入合计 200 万元,并且张某乙先让董某甲汇入张某乙本人银行卡中 175 000 元作为砍头息,因此实际出借金额为 1 825 000 元。二、韩某某是 2017 年 12 月 8 日在该借款合同中担保人董某乙名下签名,并不是独立担保人。事实上,张某乙在 2017 年 12 月 8 日没有向董某甲出借款项,所谓的借贷款无任何支持依据。三、韩某某所提供的《以物抵债协议书》是编造伪造的。1.编号为 ×× 的借款合同还没有形成借款往来,不可能产生以物抵债协议书。假设即使形成了借款,也要以现实存在的物品作为抵债物,而当时该楼房尚未建成。2.韩某某是 2017 年 12 月 8 日才在董某乙担保下签字,不可能在 2015 年 9 月 8 日就抵债给韩某某,不符合逻辑与现实。即使有此抵债之说,也应是抵给债权人张某乙,与韩某某无任何关系。3.《以物抵债协议书》中标注的某广场 × 号楼 ×× 楼 × 楼的面积 1 288.79 平方,是 2020 年 8 月 10 日的预测面积数,而在 2015 年 9 月 8 日未进行实际预测绘的情况下,不存在面积详细数字,因此该协议是伪造的。4.2015 年 9 月 8 日债务还未形成,韩某某也不是担保人,此时的以物抵债协议书中“共折价人民币 6 443 950 元”的数字没有依据。四、韩某某追偿代偿款 4 442 500 元及损失利息 2 128 311.46 元没有依据。1.借张某乙款已在 2018 年 7 月 17 日还清本息。2.韩某某所代偿的2018 年 7 月 17 日 150 万元、2018 年 12 月 18 日 60 万元,共计 210 万元已在 2019 年 7 月 10 日前分二笔,由某置业公司在 2019 年 1 月 28 日打

给韩某某之妻 20 万元(韩某某提供信息),在 2019 年 7 月 10 日某置业公司归还韩某某 300 万元(汇入韩某某个人账户),显然已经超额偿还给韩某某。在韩某某代偿之后,2018 年 12 月 29 日董某乙又汇给张某乙 70 万元,对张某乙也已超额还款。3. 韩某某所说代偿利息及利息损失无任何依据。4. 即使本案担保权能够行使,也是向债务人追偿,而不得向其他保证人追偿。综上所述,韩某某的诉讼请求依法不能成立,应驳回其诉讼请求。

某置业公司辩称,一、韩某某自 2019 年 12 月到 2022 年 1 月在某企业管理有限公司担任管理人员,与某置业公司为合作关系联合办公,韩某某利用高管身份,蓄谋伪造证据,提起了本案之诉,因此某置业公司不同意韩某某的诉讼请求,应驳回其诉讼请求。韩某某提交的证据一证明了 2017 年 12 月 8 日董某甲与张某乙签订了 250 万元的借款合同,某置业公司在借款合同上盖章为借款合同提供担保,董某甲书写了借款收据,欲借款 250 万元。但是,没有发生借款事实,因此,借款合同及依据借款合同产生的担保约定没有发生效力。2017 年 12 月 8 日,某置业公司在借款合同上盖章承诺提供担保之时,合同上没有董某乙和韩某某的签字。二、董某甲与张某乙在 2015 年发生过借款事实,某置业公司、韩某某均未提供担保,因此,韩某某无权向某置业公司主张权利。三、2015 年董某甲与张某乙之间的借款数额是 1 825 000 元,该借款本息在 2018 年已经全部偿还完毕。四、韩某某提交的《以物抵债协议书》属伪造或借用其他合同拼造形成。2015 年 9 月 8 日董某甲与张某乙之间仅仅发生了 1 825 000 元的借款,借款刚发生,不可能产生《以物抵债协议书》,且数额超出借款数额。即使有此抵债也应抵给债权人张某乙,而非韩某某。《以物抵债协议书》中所标注的房屋面积 1 288.79 平方米是 2020 年 8 月 10 日的预测面积数,2015 年 9 月 8 日工程还没有封顶,没有具体的房屋面积。《以物抵债协议书》中"共折价人民币 6 443 950 元"没有依据,因 2015 年 9 月 8 日债务还未形成,韩某某在 2015 年 9 月 8 日也不是担保人,2015 年 9 月 8 日的借款既没有借款合同也没有担保协议。

董某乙辩称,其是 2017 年 12 月 8 日在借款合同上签字为借款提供担保,当时合同上没有韩某某的签字,也没有发生借款事实,因此,借款合同及依据借款合同产生的担保约定没有发生效力。其他同某置业公司答辩意见,应驳回韩某某的诉讼请求。

张某甲、某燃气公司辩称,其不同意韩某某的诉讼请求,应驳回韩某某的诉讼请求。其他意见同董某乙、某置业公司的答辩意见。

张某乙述称,其同意韩某某的诉讼请求,韩某某所述符合事实。

当事人围绕诉讼请求依法提交了证据,本院组织当事人进行了质证,根据证据采信、庭审查明及当事人陈述,本院认定以下事实:

合同编号为××的《借款合同》载明,出借人为张某乙,借款人为董某甲,担保人为某燃气公司、某置业公司、董某乙、张某甲,韩某某在董某乙签字下方署名。董某乙的签名、借款人及某置业公司担保人处的第二个董某甲的签名处注明日期为 2017 年 12 月 8 日。该合同中借款期限存在修改,由"借款期限 60 天,自 2015 年 9 月 8 日起,2015 年 11 月 7 日止"修改为"借款期限 90 天,自 2017 年 12 月 8 日起,2018 年 3 月 7 日止",董某甲在修改处捺印。借款金额为 250 万元,某置业公司在借款小写金额处盖章。合同约定:借款月利率为 3.5%,按月计息,逾期部分在原利率的基础上加倍收取;借款人保证按照本合同的约定按时偿还借款,如逾期还款,自愿向出借人每日按借款金额千分之三十交纳违约金;还款方式为按本合同约定的还款时间以现金或银行转账(网银)方式一次性还款;借款人逾期还款时,出借人有权处置借款人及担保人的财产用于抵顶债权,所处置的财产价值按评估价值的 60% 抵消债权,不足部分出借人有权继续追偿,直至全部还清为止。担保人已详知本合同约定之事项,充分了解本合同的全部借款,自愿为本合同借款人向出借人提供担保;本合同项下的保证方式为连带责任担保;保证范围为本合同项下的借款本息、逾期违约金、损害赔偿金、出借人实现债权的律师费、诉讼费等索款的一切费用;担保期限自借款合同约定还款期限届满之日起两年。借款借据为本合同的组成部分,与本合同具有同等法律效力。

借款人向张某乙出具《借款收据》一份,该收据中,借款期限、还款日期、落款日期存在修改,由"借款期限为 60 天"修改为"借款期限为 90天",由"还款日期为 2015 年 9 月 8 日"修改为"还款日期为 2015 年 11 月 8 日"后修改为"还款日期为 2017 年 12 月 8 日",落款日期由"2015 年 9 月 8 日"修改为"2017 年 12 月 8 日"。该收据载明:"董某甲(借款人)今收到张某乙(出借人)人民币 250 万元。……逾期归还,借款人自愿向出借人每日按借款金额的 3% 支付逾期违约金,出借人因追讨借款及违约金而发生的差旅费、诉讼费和律师费由借款人、担保人承担,担保人担保期限为还款日期届满之日起两年。因借款人所指定收款账户而产生的一切责任全部由我(公司)承担。"借款人处,由董某甲签字捺印,某置业公司

盖章。第二个董某甲的签名处注明日期为2017年12月8日。

2015年9月8日，董某甲向张某乙交付董某甲、某置业公司等的机动车登记证书及房产证，作为2015年借款的担保。在韩某某向张某乙代还款后，张某乙将上述证件交给韩某某，后韩某某交还给董某甲。

借款出借及资金来源情况为：

1. 2015年9月8日，董某甲向张某乙转款175 000元，备注为还款；韩某某向张某乙转款325 000元，备注为借款；同日，张某乙向董某甲转款50万元，备注为借款。

2. 2015年9月9日，韩某某向张某乙转款80万元、70万元，备注为借款；同日，张某乙向董某甲转款80万元、70万元，备注为借款。

3. 2015年9月8日，某置业公司向张某乙出具《证明》。某置业公司称内容为空。该证明载明：因业务需要，我（公司）于2015年9月8日向张某乙借到的短期临时借款转入韩某某的账户。由此引发的所有问题由我（公司）承担全部责任。并载明韩某某的收款户名、开户行、银行账号。2015年9月9日，韩某某向张某乙转款50万元，备注为借款；同日，张某乙向韩某某转款50万元。

还款情况为：2015年9月8日，董某甲向张某乙转款175 000元，备注为还款（与上述借款出借及资金来源中第一笔为同一笔）。2015年11月10日董某甲向张某乙转款87 500元，备注为利息款；2015年12月30日董某甲向张某乙转款9万元；2016年1月8日董某甲向张某乙转款6万元，备注为货款；2016年2月6日董某甲向张某乙转款15万元，备注为利息款；2016年3月29日董某甲向张某乙转款10万元，备注为还款；2016年4月11日董某甲向张某乙转款10万元，备注为利息款；2016年5月18日董某甲向张某乙转款10万元，备注为利息款；2016年6月12日董某甲向张某乙转款10万元，备注为货款。2016年7月11日董某乙向张某乙转款10万元，备注为还款；2016年8月11日董某乙向张某乙转款10万元。2016年9月22日董某甲向张某乙转款10万元，2016年10月25日董某乙向张某乙转款5万元，2016年11月7日董某乙向张某乙转款5万元，2016年12月15日董某乙向张某乙转款10万元，2018年12月29日董某乙向张某乙转款70万元。各被告均认可上述共计2 162 500元，系董某甲向张某乙的还款。

另，2019年7月10日某置业公司向韩某某转账300万元，备注为归还借款。2019年1月28日李某某向韩某某提供的张某丙账户中转账20

万元,附言代某置业公司还款。

2018年7月17日,韩某某向张某乙转款100万元、40万元、10万元,张某乙向王某乙转款100万元、50万元,王某乙向韩某某转款100万元、499 800元。2018年12月18日韩某某向张某乙转款60万元,2019年8月8日韩某某向张某乙转款100万元、20万元;张某乙于收款当日,将上述款项共计180万元转款给韩某某。2020年4月21日,韩某某向张某乙转款100万元、10万元;张某乙向王某乙转款110万元,王某乙向韩某某转款80万元、300 200元。2020年8月30日,张某乙向韩某某出具收到条,载明:"今收到某置业公司(董某甲)借款担保人韩某某交来某集团生产的某某酒伍拾箱,用于抵顶某置业公司(董某甲)欠款42 500元,特立此证,作为还款依据。"

2022年6月5日,张某乙向韩某某出具结清证明,载明:"兹证明,我与借款人董某甲、某置业公司的借款(借款合同编号:××)时间共计55个月零10天,经友好协商,借款利息按每月3%通算,借款计息时间截止到2020年4月20日(利息=本金250万元×55个月×3%=412 500元,本息合计6 625 000元)。已于2020年8月30日结清。其中借款本息共计660.5万元,董某甲、某置业公司偿还2 162 500元,保证人韩某某偿还4 442 500元,剩余2万元自愿放弃。"

2017年11月26日,董某甲向韩某某出具《欠据》一份,载明:"今欠韩某某还张某借款利息款共计800 000元。"庭审中,董某甲认可该欠据中的"张某"即为张某乙,韩某某认可该款项当时尚未代偿。2017年12月8日,董某甲向张某乙出具《欠据》一份,载明:"今欠张某乙利息(6个月)共计600 000元",该欠据原件由董某甲收回。

《以物抵债协议书》载明:借款合同编号为××项下的债务人(以下简称甲方)自愿以其财产抵偿所欠韩某某(债权人、以下简称乙方)债务。抵债财产为×广场×号楼×楼,1 288.79平方米,房产编号:×01~×12共12间。上述财产共折价6 443 950元,扣除其中10%的折价款作为日后变现费用后,其余90%的折价款作为抵债金额用于抵偿乙方债权。甲方最迟必须在2020年12月30日前将抵债财产及相关产权证书交付乙方,本协议签订后相关抵债财产的所有权归乙方所有。该协议自双方签字或盖章之日起生效,协议中手写部分是本协议的重要条款,与打印部分有同样的法律效力。落款处,甲方签字有董某甲、张某甲、董某乙,某置业公司在"董某甲"上加盖印章,乙方签字有韩某某,落款时

间为 2015 年 9 月 8 日。庭审中，韩某某称该协议书签订时，抵债财产、抵债金额横线处为空白，后期由韩某某添加。

2020 年 8 月，某测绘有限公司出具《某置业公司预测绘成果报告》对某置业公司委测的坐落于 ×× 区 ×× 路 × 号 ×× 广场项目房产进行面积预测绘，该报告载明的上述 12 间房产总面积为 1 288.79 平方米。2021 年 8 月 9 日，董某丙向韩某某移交上述 12 间房间的钥匙。上述房产未办理抵押登记手续，均登记在某置业公司名下。其中，×03～×07 室被东营区法院查封。韩某某称，其出租了 ×02、×03、×08、×09、×10 室，×05、×06、×07 作为仓库使用。

2022 年 4 月 19 日，董某乙给韩某某打电话，说："我爸跟我说张某乙那个，你当时替这边还的是几月几号，你能给我个时间吗？我让他们给算一下多少钱。"韩某某说："奥，我列列，我一下子也找不出来。"董某乙说："行，那你找找吧，好嘞。"2022 年 4 月 25 日，在韩某某与董某甲的微信聊天中，董某甲回复："我看一下，但我也没有详细算，应该是根据你发过来给张某乙的流水计算的，按照咱兄弟俩定的年利率 15% 计算的息，有不对的地方你再核对一下，核对完后咱俩再商议！"韩某某回复："咱俩没有定具体年利率多少，只说在法律允许的范围之内分段计算。你先看看董某乙列的那个表再说吧！"

诉讼中，董某甲、某置业公司申请对《借款合同》第 4 页出借人"张某乙"、借款人"董某甲"与担保人"董某乙""张某甲""韩某某"的签名是否系同一时间形成进行鉴定，对《以物抵债协议书》第 1 页手写部分与第 2 页手写部分的形成时间进行鉴定对比。经本院委托，某某大学司法鉴定中心出具《鉴定工作及收费联系函》，对检验方法（须对检材和样本均进行微损取样，字迹笔画约 1～2 cm）及鉴定费用进行告知。因韩某某不同意采用该有损检验方法进行鉴定，该鉴定中心于 2022 年 12 月 8 日出具《终止鉴定告知书》，对本案作终止鉴定处理。经本院依法委托，某某司法鉴定所出具工作联系函，要求明确检验对象和比对次数等。董某甲、某置业公司均未对鉴定事项进行明确。2023 年 3 月 1 日，某某司法鉴定所出具《退案函》，认为本案委托鉴定事项不明确，无法进行实质性的鉴定工作，对本案作退案处理。2023 年 3 月 13 日庭审中，某燃气公司提交鉴定申请，除上述董某甲、某置业公司已申请的鉴定事项外，增加了对形成方式（形成方式是指是由直接手写还是由涂改复制等其他手段形成的）的鉴定申请。

另查明，(2022)鲁 0591 民初 2312 号韩某某诉某置业公司中介合同纠纷一案,本院于 2022 年 7 月 11 日受理,2023 年 4 月 10 日裁定准许韩某某撤回起诉。董某甲与张某甲系夫妻关系,董某乙系董某甲之子。2015—2017 年,董某甲在某置业公司的出资比例为 78%,张某甲、董某甲在某燃气公司的出资比例为 76%。

本院认为,本案借款及代偿事实发生于《中华人民共和国民法典》施行之前,根据《最高人民法院关于适用〈中华人民共和国民法典〉时间效力的若干规定》第一条第二款规定,本案适用当时的法律、司法解释的规定,但是法律、司法解释另有规定的除外。

本案的争议焦点为:一、《借款合同》的效力;二、借款本金数额、借期的认定、是否约定利率及被告还款数额;三、韩某某是否为借款人代偿款项,若存在,借款人应偿还的代偿数额是多少、利率按多少计算;四、韩某某是否享有追偿权;五、某置业公司应否与董某甲承担共同还款责任;六、张某甲、董某乙、某燃气公司应否承担还款责任;七、韩某某是否就房产享有优先受偿权;八、原鉴定是否继续,新增鉴定事项是否准许。

关于争议焦点一。《借款合同》中内容修改处有董某甲的捺印、某置业公司的盖章,从某燃气公司、张某甲、董某乙抗辩的其是在 2017 年签署该合同的这一意见来看,其知晓合同中借期更改的事实,且各合同签署方均认可其在该合同上的签章,故该合同系各方当事人的真实意思表示,对各方当事人均具有法律效力,并产生约束力。

关于争议焦点二。1. 借款本金数额。双方对 2015 年 9 月 8 日还款的 175 000 元、2015 年 9 月 9 日转账支付的 50 万元是否为涉案借款本金存在争议。对此,本院分析认为:(1)2015 年 9 月 8 日当日,董某甲先向张某乙还款 175 000 元后,张某乙向董某甲支付借款 50 万元,该 175 000 元实为预先支付的该借款利息,故应在借款本金中予以扣减。(2)关于 2015 年 9 月 9 日张某乙向韩某某转款 50 万元是否为履行涉案借款出借义务的问题。本院认为,首先,张某乙依据某置业公司向其出具的《证明》将涉案借款中的 50 万元支付至某置业公司指定的韩某某账户,属于已按约定履行了该款项出借义务。其次,董某甲、某置业公司均认可向张某乙出具了《证明》,其虽对转入账户不认可,但未申请鉴定。且从还款数额来看,2015 年 9 月 8 日支付两个月的砍头息 175 000 元,2015 年 11 月 10 日支付利息 87 500 元,均是按照本金 250 万元,月利率 3.5% 计付的利息。因此,借款人对该 50 万元已出借完成是认可的,并基于此按照合同约定的利率计付利息。综上,涉案借款本金应为 2 325 000 元。

2. 借期的认定。《借款合同》中，对借款期限存在修改，由"借款期限60天，自2015年9月8日起，2015年11月7日止"修改为"借款期限90天，自2017年12月8日起，2018年3月7日止"，而出借时间仅存在于2015年。对此，张某乙述称系因怕超过诉讼时效，在向借款人催要款项时，由董某甲进行的修改。因此，该借期的修改并非产生新的借款，而是对催要款项事实的确认，故涉案借款期限仍为2015年9月8日至2015年11月7日。

3. 关于借款利率及逾期利率。《最高人民法院关于审理民间借贷案件适用法律若干问题的规定（2021年施行）》第三十一条第二款规定："2020年8月20日之后新受理的一审民间借贷案件，借贷合同成立于2020年8月20日之前，当事人请求适用当时的司法解释计算自合同成立到2020年8月19日的利息部分的，人民法院应予支持；对于自2020年8月20日到借款返还之日的利息部分，适用起诉时本规定的利率保护标准计算。"涉案借款合同成立于2015年9月8日，现原告主张适用当时的司法解释，符合法律规定。《最高人民法院关于审理民间借贷案件适用法律若干问题的规定（2015年9月1日施行）》第二十六条规定："借贷双方约定的利率未超过年利率24%，出借人请求借款人按照约定的利率支付利息的，人民法院应予支持。借贷双方约定的利率超过年利率36%，超过部分的利息约定无效。借款人请求出借人返还已支付的超过年利率36%部分的利息的，人民法院应予支持。"第二十九条第一款规定："借贷双方对逾期利率有约定的，从其约定，但以不超过年利率24%为限。"涉案借款约定月利率为3.5%，超过年利率36%，根据上述规定，对借款人已支付的借款期限内的利息超过年利率36%的部分应当予以扣减；关于逾期利率，合同约定逾期利率在原利率基础上加倍收取，根据上述规定，应按年利率24%计算。

4. 关于被告还款数额，各方当事人对以下两笔存在争议：一是2019年1月28日李某某向韩某某提供的张某丙银行卡转账20万元（附言代某置业公司还款）。二是2019年7月10日，某置业公司向韩某某转账300万元（备注为归还借款）。对此，本院分析认为，该两笔共计320万元款项不应认定为涉案还款。理由如下：

（1）韩某某与董某乙的通话录音中，就转到张某丙账户的20万元款项，韩某某说："当时我想着好像是你爸爸说不要编我的名字，以工资的名义吧，是不是列的工资啊？"董某乙说："对，好像是直接列的工资。"可见,对于该款项支付的具体原因及性质,韩某某与董某甲间是有过协商的,董某乙亦是知晓的,但并非还款。

（2）第一,某置业公司提交的银行转账电子回单,与韩某某提交的借条及收到条,均载明系 300 万元借款事宜,内容上高度吻合。第二,在某置业公司支付该 300 万元款项时,韩某某向张某乙代偿的款项总计 210 万元,该支付数额远高于代偿款数额,且从此前的还款习惯来看,均是按月支付给张某乙 10 万元左右,故某置业公司主张该 300 万元系归还涉案代偿款及借款,与代偿数额及还款习惯不符。第三,在本案审理过程中,起初某置业公司等被告均不认可韩某某代偿的事实及担保人的身份,在董某甲等被告举证认可的其所偿还的多笔款项中也没有该两笔还款,在后期的庭审中,某置业公司又举证该两笔受董某甲委托向韩某某偿还涉案代偿款的证据,且该两笔款项的数额超出董某甲之前举证梳理的十余笔还款数额之和,前后陈述矛盾,且如此大额的单笔还款在此前从未提及,不符合举证逻辑。综上,该两笔款项不认定为涉案还款。

关于争议焦点三,代偿的问题。庭审中,张某乙认可韩某某代偿的事实,这与韩某某向张某乙的打款、张某乙出具的收到条及结清证明,能够相互佐证。此外,在董某甲 2017 年 11 月出具的欠据中载明了其认可欠韩某某还张某乙借款利息款的数额,在董某乙与韩某某的通话录音中董某乙向韩某某询问韩某某代董某甲这边向张某乙还款的具体时间等,结合此后董某甲与韩某某的聊天记录中对还款流水的核对,能够证明韩某某代董某甲向张某乙偿还了款项,且董某甲对此是知晓并认可的。关于代偿数额,应在按照法律规定和合同约定,被告实际欠付张某乙的借款本息数额的基础上,对超出欠付数额的代偿金额予以扣减。经核算,在韩某某 2018 年 7 月 17 日代偿 150 万元、2018 年 12 月 18 日代偿 60 万元前,涉案借款尚未清偿完毕,在被告 2018 年 12 月 29 日还款 70 万元后,涉案借款超额清偿。因此,韩某某代偿款数额为 210 万元。对于韩某某于借款清偿之后在 2019 年、2020 年继续向张某乙支付的款项,超出了涉案借款清偿范围,韩某某主张该部分款项亦应由借款人、担保人支付,本院不予支持。

关于代偿款的利率,在韩某某与董某甲的微信聊天记录中,就代偿款的利率问题,董某甲说:"按照咱俩定的年利率 15% 计算的息,有不对的地方你再核对一下,核对完后咱俩再商议!"韩某某回复:"咱俩没有定具体年利率多少,只说在法律允许的范围之内分段计算。"由此可见,双方对于

利率未达成一致意见,现韩某某主张按年利率15%计算,本院不予支持,应自代偿之日起按同期贷款利率或LPR计算。经核算,截至2022年6月28日代偿款利息为331 020.41元,自2022年6月29日起至实际清偿之日止的代偿款利息,应以210万元为基数,按全国银行间同业拆借中心公布的一年期贷款市场报价利率计算。

关于争议焦点四,韩某某是否享有追偿权的问题。首先,《借款合同》中,韩某某签字处整体属于担保人签章范围,韩某某亦自认其该签字行为系对涉案借款承担连带保证责任。其次,董某乙在与韩某某的通话录音中认可韩某某向张某乙代偿的事实,各被告对于某置业公司提交的拟证明系向韩某某偿还的代偿款项的证据均予以认可,且出借人张某乙对于韩某某系担保人及代偿事实亦予以认可。因此,韩某某系涉案借款的担保人,且其代借款人向张某乙代偿了涉案部分借款,韩某某享有向借款人和其他担保人的追偿权。关于被告抗辩的韩某某系涉案借款实际出资人而不享有追偿权的意见,本院认为,涉案借款资金虽来源于韩某某,但借款人及保证人均系与张某乙达成的借款合意,并签订的借款合同,涉案借款是按照各方约定由张某乙打款给借款人,还款也是打入张某乙账户,且庭审中,被告认可其一直认为出借人为张某乙,直至在本案诉讼中才得知实际出资人为韩某某。因此,借贷合意是建立在张某乙与借款人之间,法律后果应当归于张某乙与借款人、保证人,张某乙享有涉案借款出借人的权利义务,韩某某在代偿后,依法享有向借款人和其他担保人的追偿权。

关于争议焦点五。1.关于董某甲应否承担还款责任。庭审中,董某甲认可其在该合同上的签章,但就签署时间存在争议。对此,韩某某及张某乙均述称系董某甲于2015年9月8日签署,因董某甲未足额还款,经多次催要后,担心超出诉讼时效,董某甲就在2017年12月8日改了日期并签名。董某甲在第一次庭审中称,其未与张某乙在2015年签订书面借款合同,该合同系2017年12月8日签署的;但在其2023年3月14日提交的书面辩论意见中,认可编号为××的《借款合同》是其本人与张某乙在2015年9月8日所签;此外,庭审中董某甲认可借款收据系由其在2015年9月8日出具并在2017年12月8日修改的。结合借款收据、2015年9月8日、9日张某乙的打款及董某甲的还款时间,能够认定涉案《借款合同》最初是董某甲在2015年9月8日签订的,在2017年12月8日董某甲又更改了借期,并再次签字捺印。董某甲系涉案借款的借款人,因韩某某履行保证责任代董某甲向出借人清偿210万元,现韩某某主张董某甲支付代偿款210万元及相应利息,符合法律规定,本院予以支持。

2.关于某置业公司应否承担共同还款责任。本院认为,第一,某置业公司虽在《借款合同》中系在担保人处盖章,但其向出借人出具了指定打款账户的证明及借款收据,涉案款项实际亦支付至指定账户及某置业公司法定代表人账户中,借款支付情况与证明及借款收据载明情况一致。第二,某置业公司在借款收据中在借款人、借款金额、还款日期修改处盖章,在其出具的证明中认可其借到的张某乙借款,这与某置业公司法定代表人董某甲庭审中认可的涉案借款系用于某置业公司建设项目能够相吻合,能够证实某置业公司实际使用了涉案借款。根据《最高人民法院关于审理民间借贷案件适用法律若干问题的规定(2021年施行)》第二十二条第二款规定:"法人的法定代表人或者非法人组织的负责人以个人名义与出借人订立民间借贷合同,所借款项用于单位生产经营,出借人请求单位与个人共同承担责任的,人民法院应予支持。"因此,某置业公司作为借款的实际使用人,应承担共同还款责任。

关于争议焦点六,张某甲、董某乙、某燃气公司应否承担还款责任。第一,张某甲、董某乙、某燃气公司均在《借款合同》担保人处签章,根据合同约定,其对涉案借款承担连带责任担保。第二,在董某乙与韩某某的通话录音中,董某乙说:"我爸跟我说张某乙那个,你当时替这边还的是几月几号,你能给我个时间吗,我让他们给算一下多少钱。"庭审中,当事人认可,张某乙与被告间除涉案债务外不存在其他债权债务。由此可见,董某乙对于其签署的借款合同所涉款项尚未清偿是知晓的。张某乙述称:"因为合同到期后很长时间没还清,我怕过了诉讼时效,就和韩某某一起去找董某甲,董某甲不同意重新签订合同,他说改一下时间就行了,董某甲就改了借款期限等,并又签了字,摁了手印。他儿子董某乙也说不用重新签字了,就在他名字后面加了个日期。还款日期改成了2018年3月7日。"结合还款情况及合同、收据修改情况,张某乙所述合同签订及后期修改情况能够形成高度盖然性。第三,张某甲与董某甲系夫妻关系,董某乙系董某甲之子,从出资占比来看,董某甲在某置业公司的出资比例为78%,张某甲、董某甲在某燃气公司的出资比例为76%,其系某燃气公司的实际控制人。基于上述紧密关系,张某甲、董某乙、某燃气公司对于2015年董某甲向张某乙借款及尚未清偿的事实应当是知晓的,并对于因此导致合同内容中借期由2015年修改至2017年是清楚的。第四,关于被告抗辩的某燃气公司提供担保并未经股东会决议,不承担担保责任

的意见。本案中,某燃气公司系为公司股东提供担保,属于应当经股东会或者股东大会决议的情形。张某乙未举证证明某燃气公司提供担保经过了决议,未在签订合同前对决议进行审查,故某燃气公司的该担保行为无效。但鉴于张某乙和某置业公司违反法律禁止性规定签订合同保证条款,对该担保无效均具有过错,且某燃气公司的实际控制人张某甲、董某甲均知晓实际借款情况,根据《最高人民法院关于适用〈中华人民共和国担保法〉若干问题的解释》第七条关于"主合同有效而担保合同无效,债权人无过错的,担保人与债务人对主合同债权人的经济损失,承担连带赔偿责任;债权人、担保人有过错的,担保人承担民事责任的部分,不应超过债务人不能清偿部分的二分之一。"的规定,对担保无效所造成的损失,即借款人不能清偿债务部分,某燃气公司应在 1/2 范围内承担赔偿责任。现韩某某仅主张某燃气公司在 1/4 范围内承担清偿责任,本院予以支持。综上,张某甲、董某乙、某燃气公司对董某甲、某置业公司不能偿还债务均应在 1/4 范围内承担清偿责任。

关于争议焦点七,韩某某是否就房产享有优先受偿权的问题。《中华人民共和国担保法》第四十一条规定,以建筑物抵押的,应当办理抵押物登记,抵押合同自登记之日起生效。本案中,韩某某所主张的享有优先受偿权的房产,并未办理抵押登记手续,抵押权并未有效设立,因此其主张对 12 间房产的拍卖、变卖或折价所得价款优先受偿,无法律依据,本院不予支持。

关于争议焦点八,原鉴定是否继续,新增鉴定事项是否准许的问题。对于原鉴定,在第一次委托后,因检材持有方不同意采用有损检验方法而退卷。第二次委托后,因申请鉴定方不予明确鉴定事项,要求由原鉴定机构继续鉴定而退卷。对于检验方法,依据不同检材及鉴定事项,不同机构可能采取不同的检验方法,检材持有方因不同意采用有损检验方法,具有正当理由。在本院依法选定另一家鉴定机构后,申请方拒不对鉴定事项进行明确,应承担对其不利的后果。原鉴定不应再继续。

关于某燃气公司提交的鉴定申请,其鉴定事项与董某甲、某置业公司已申请的鉴定事项基本一致,增加了对形成方式(形成方式是指是由直接手写还是由涂改复制等其他手段形成的)的鉴定申请。某燃气公司在本院庭审中就鉴定事宜进行询问时,明确表示没有鉴定事项,却又拖延提出鉴定,且鉴定事项与其他被告所申请鉴定事项基本一致,具有拖延诉讼的可能。对于一致的鉴定事项,已经本院前期委托进行过,且对于《以物抵债协议书》第 1 页手写部分与第 2 页手写部分的形成时间问题,庭审中韩某某认可部分内容非同一时间形成,不再具有鉴定的必要性。对于其新增的形成方式的鉴定事项,庭审中,对于《借款合同》落款处的签章,董某甲、董某乙均认可是其本人签名捺印,董某甲认可某置业公司的章由其加盖,并认可其妻子张某甲也是张某甲本人签名捺印,某燃气公司认可公章和私章的真实性,韩某某、张某乙亦认可其本人签名捺印;对于《以物抵债协议书》落款处的签章,董某甲认可其个人及某置业公司印章的真实性,并认可其妻子张某甲也是张某甲本人签名捺印,董某乙认可是其本人签名,韩某某亦认可其本人签名捺印。因此,该新增的有关签章形成方式的问题,已在此前庭审中经各方当事人予以确认,不具有鉴定的必要性。综上,对某燃气公司提出的鉴定申请,本院不予准许。

此外,诉讼中,董某甲以韩某某、张某乙为被告提出反诉请求:1. 判决借款合同无效;2. 判决韩某某退还 320 万元及利息;3. 判决张某乙退还 16.25 万元及利息;4. 判决张某乙、韩某某之间相互承担连带还款责任;5. 反诉费用由张某乙、韩某某连带承担。对此,本院认为,首先,当事人地位不同。本案原告为韩某某,被告为董某甲、某置业公司、张某甲、董某乙、某燃气公司,第三人为张某乙,反诉中,原告为董某甲,被告为韩某某、张某乙。其次,法律关系不同。本案为追偿权纠纷,与反诉属于不同法律关系。再次,反诉第一项借款合同的效力,在本案处理中有所涉及,无须另行提起反诉。本案在审理过程中已给予董某甲充足的答辩期,在经过庭审及质证共计六次后,董某甲在 2023 年 4 月 13 日庭审即将开始前提交反诉状,明显拖延了诉讼进程,影响对方正当权利行使。综上,为避免诉讼拖延,对董某甲在本案中提出的反诉请求不予受理,其可另行主张权利。

关于董某甲等被告以涉嫌犯罪为由要求移送公安机关的意见。本院认为,本案系因借款引发的纠纷,经审理查明 2015 年借款确已实际出借,借款人、保证人亦履行了部分还款义务,属于民事案件审理范围。被告主张本案涉嫌刑事犯罪,但均表示未向公安机关报案,本案适用民事程序审理并无不当,若被告掌握有涉案犯罪的线索,应当及时向公安机关报案。

综上所述,张某乙按约定履行了借款出借义务,因借款人未按时足额还款付息,韩某某代借款人清偿了 210 万元,现韩某某主张董某甲、某置业公司支付代偿款 210 万元及相应利息,符合合同约定和法律规定,本院予以支持,对韩某某主张的超出借款清偿范围的代偿数额部分,本院不予

支持。张某甲、董某乙、某燃气公司对董某甲、某置业公司的上述给付义务中不能偿还部分均在1/4范围内承担清偿责任。对于韩某某主张的其对担保物享有优先受偿权的诉讼请求，于法无据，本院不予支持。

依照《最高人民法院关于适用〈中华人民共和国民法典〉时间效力的若干规定》第一条第二款、《中华人民共和国合同法》第六十条、第一百零七条、《中华人民共和国担保法》第十二条、第三十一条、第四十一条、《最高人民法院关于审理民间借贷案件适用法律若干问题的规定（2021年施行）》第二十二条第二款、第三十一条第二款、《最高人民法院关于审理民间借贷案件适用法律若干问题的规定（2015年9月1日施行）》第二十六条、第二十九条第一款、《最高人民法院关于适用〈中华人民共和国担保法〉若干问题的解释》第七条、第二十条第二款、《中华人民共和国民事诉讼法》第六十七条第一款规定，判决如下：

被告董某甲、某置业公司于本判决生效之日起十日内向原告韩某某支付代偿款2 100 000元、截至2022年6月28日的利息331020.41元，及自2022年6月29日起至实际清偿之日止的利息（以2 100 000元为基数，按全国银行间同业拆借中心公布的一年期贷款市场报价利率计算）；

被告张某甲、董某乙、某燃气公司对被告董某甲、某置业公司的上述给付义务中不能偿还部分均在1/4范围内承担清偿责任；

驳回原告韩某某的其他诉讼请求。

如果未按本判决指定的期间履行给付金钱义务，应当依照《中华人民共和国民事诉讼法》第二百六十条规定，加倍支付迟延履行期间的债务利息。

案件受理费57 796元，保全费5 000元，由原告韩某某负担案件受理费36 413元、保全费3 000元，被告董某甲、某置业公司、张某甲、董某乙、某燃气公司负担案件受理费21 383元、保全费2 000元，被告应负担的诉讼费于本判决生效之日起七日内向本院交纳。

如不服本判决，可在判决书送达之日起十五日内，向本院递交上诉状，并按对方当事人或代表人的人数提出副本，上诉于山东省东营市中级人民法院；也可以在判决书送达之日起十五日内，向山东省东营市中级人民法院在线提交上诉状。

本判决生效后，负有履行义务的当事人应及时足额履行生效法律文书确定的义务。逾期未履行的，应自觉主动前往一审法院申报经常居住地及财产情况，并不得有转移、隐匿、毁损财产及高消费等妨害或逃避执行的行为。本条款即为执行通知暨财产报告条款,违反本条款规定的,本案执行立案后,执行法院可按照法律文书载明的送达地址送达相关法律文书,并可依法对相关当事人采取列为失信名单、限制消费、罚款、拘留等强制措施,构成犯罪的,依法追究刑事责任。

裁判文书

审　判　长　刘君东

审　判　员　鲍　蕾

人民陪审员　张永春

二〇二三年六月三十日

书　记　员　于晓凝

勿忘历史　心怀感恩

——观看电影《长津湖》有感

◇ 丁义秀

丁义秀，东营市利津县人民法院团支部书记。

"希望下一代，能够生长在一个没有硝烟的年代。"电影《长津湖》将"抗美援朝，保家卫国"诠释得酣畅淋漓。这是一支令人震撼的军队，这是一段值得我们去铭记的历史，这是一群值得我们传颂的英烈。哪有什么岁月静好，只不过是有人在替我们负重前行，作为党员干部的我们时时刻刻都应心怀感恩之情，坚守、坚持、坚信爱国的情感。

坚守英烈们"捐躯赴国难，视死忽如归"的"爱国之心"。爱国是实现中华民族伟大复兴中国梦的动力、实现人生价值的力量源泉。这个世界并不和平，只是我们生活在和平的国度。这是作为一名中国人最值得自豪、最感到荣耀的折射和注解，也是中国人在面对危机和困难时的底气、骨气和傲气所在。《长津湖》所焕发的精神伟力和底蕴价值，正是中国人民志愿军心怀伟大使命、不负伟大人民、捍卫伟大祖国的爱国精神。在极寒天气下，志愿军战士服从命令、听从指挥，时刻端着钢枪坚守在阵地上。是什么让他们能够拥有钢铁般的意志？因为他们心中装着最挚爱的祖国，践行着对党、对人民、对国家的忠诚，无论遇到什么样的困难，心中想着的只有国家利益。

坚持英烈们"黄沙百战穿金甲，不破楼兰终不还"的"爱国之责"。爱国是公民必须拥有的道德情操，是中华民族最重要的传统，也是社会主义核心价值观的重要组成部分。爱国是各族人民重要的精神支柱。影片中有这样一个镜头：敌军飞机扔下一颗帮助飞机投弹定位的标识弹，不断向外吐出浓浓的红烟。这时炮排排长"雷公"冒着粉身碎骨的危险，双手抱起滚烫的标识弹放到吉普车上，径直朝着敌方阵地奔去……在生命的最后时刻，他念念不忘的仍是祖国，仍是"愿得此身长报国"的责任感。爱国从来不是空洞的口号，更不是一时的冲动，而是一种实实在在的行动。每一名党员领导干部都要铭记"天下兴亡，匹夫有责"，凝聚力量、实干担当，自觉肩负起新时代赋予的历史使命,在新时代的长征路上接续奋斗、踔厉奋发。

坚信英烈们"位卑未敢忘忧国,事定犹须待阖棺"的"爱国之情"。爱国是中华民族继往开来的精神支柱,是维护祖国统一和民族团结的纽带。在影片中,野小子伍万里带着对哥哥的崇拜和当兵的梦想,加入了志愿军,在经历了多次战斗的磨炼和生死的考验之后,渐渐成长为一名合格的战士。在发生蜕变的同时,他也深刻认识到,自己当兵不仅是为了证明自己,更是为了保卫美丽的祖国。还有伍千里、余从戎、杨根思等一大批青年志愿军战士,他们都处于大好年华,却在战场上流血牺牲,因为他们深知,当祖国遭受到凌辱,哪怕献上自己的生命,也要拼搏到底。孙中山先生曾说,做人最大的事情"就是要知道怎么样爱国"。作为党和国家事业的"接班人",党员领导干部更要把爱国之情、强国之志转化为舍我其谁的报国之行,不负前人的牺牲与期盼,谱写新时代的爱国奉献之歌。

英烈们的爱国之心、之责、之情跨越时空、历久弥新,需要我们永续传承、世代发扬。在新时代背景下,砥砺我们的奋斗意志,传承发扬"三十功名尘与土,八千里路云和月"的爱国主义精神。

浅论跳出历史周期率的"两个答案"

◇ 高　敦

高敦，东营市东营区人民法院工会副主席。

习近平总书记在党的二十大报告中指出："经过不懈努力，党找到了自我革命这一跳出治乱兴衰历史周期率的第二个答案，自我净化、自我完善、自我革新、自我提高能力显著增强……"在二十届中央纪委三次全会上，习近平总书记强调深入推进党的自我革命，坚决打赢反腐败斗争攻坚战持久战。毛主席当年给出"让人民来监督政府"的第一个答案，现在我们找到了第二个答案，那就是不断推进党的自我革命。可见我们党对反腐倡廉的决心和信心。笔者就治乱兴衰的"民主监督"与"自我革命"这"两个答案"谈点粗浅认识，以期更好地学习理解党的二十大精神。

一、"民主监督"答案的提出

历史周期率第一个答案的提出是在 1945 年，黄炎培先生访问延安，亲身感受到与重庆截然不同的清新气象，心中却存有历史周期率的疑虑。他说道，一人、一家、一团体、一政党一地方，乃至一国……大凡初时聚精会神，没有一事不用心，没有一人不卖力，力求以万死中求得一生，因而无不显得生气勃勃，气象一新，既而环境渐渐好转了，精神也就渐渐放下了。有的因为历时长久，自然地惰性发作，由少数演变为多数，到风气养成，虽有大力，无法扭转，且无法补救……一部历史，"政息宦成"的也有，"人亡政息"的也有，"求荣取辱"的也有。总之没有能跳出周期率的。听了黄炎培历史周期率的肺腑之言，毛主席坦然回答说："我们已找到了新路，我们能跳出这周期率。这条新路就是民主。只有让人民来监督政府，政府才不敢松懈。只有人人起来负责，才不会人亡政息。"这番对话体现着两位领导人心存国家前途命运、心系人民利益、思虑着民族发展的开阔胸怀，因而被史学界称为党史国史的"延安窑洞对话"。80 年过去了，"延安窑洞对话"传递的忧国忧民思想犹在耳畔回响，我们党正是沿着民主监督的路子朝前走。无论在战争年代、社会主义建设和改革开放时期，我们党与各民主党派始终是同心同德,同向同行,从接受党外人士李鼎铭先生的"精兵简政"到新中国"开国大典"时的广泛征询民主党派意见,再到改革开放的政治协商、参政议政,凡此种种,是世界上任何国家党派都难以做到的。和谐的党派关系也是绝无仅有的,堪称楷模,充分说明中国特有的政党制度是有着深厚的历史根源和共同基础的。民主监督始终发挥着巨大作用,促进党组织围绕着建设中国特色社会主义正确道路向前进。

二、"自我革命"答案的提出

新的历史时期,以习近平同志为核心的党中央深入探索治国理政的新途径,坚持反腐倡廉,找到了跳出历史周期率的第二个答案,即"自我革命"。"自我革命"是新形势下解决党的先进性的关键。权力是最大的腐蚀剂,党长期执政必然面临被腐蚀的风险。解决此问题的根本方法是党自我革命,自我净化。只有把自我监督的有效制度确立起来,构建起具有中国特色的监督体系,才能巩固党的执政地位,从而走出治乱兴衰的历史周期率。在中华苏维埃共和国时期开展的以肃清贪污浪费、官僚主义为主要内容的廉政运动中,谢步升贪污腐败案是"自我革命"的第一案,为我党有力打击犯罪、密切联系群众发挥了重要作用;延安时期"黄克功案"表现了共产党员要执行比普通群众更严格的纪律;新中国成立后的刘青山、张子善没有抵得住资产阶级"糖衣炮弹"的攻击,从腐朽生活方式踏入犯罪道路,最终被处以死刑,表明了我党严惩腐败的坚决态度;党的十八大以后,反腐倡廉"打虎拍蝇",办理了大批贪污贿赂案件,体现了党"自我革命"的决心和刮骨疗伤的信心。

我国实行全面依法治国,正在建立健全监督体系,坚持斩断"围猎"和甘于"被围猎"的利益链。① 要形成决策科学、执行坚决、监督有力的权力运行机制,确保党的路线方针政策和各项决策部署贯彻落实,确保党和人民赋予的权力始终用来为人民谋幸福。② 要健全反腐败领导体制和工作机制,强化对作为"关键少数"领导干部的监督,实现所有党员、干部和行使公权力的公职人员监督全覆盖、以案促改、健全制度,扎牢不能腐的笼子。③ 要有利于统筹推进党性教育、法治教育和道德教育,让人从思想源头上消除贪腐之念,增强不想腐的自觉。④ 要加强思想道德和党纪国法的教育,巩固和发展反腐败斗争压倒性胜利。习近平指出,着力推进政治监督具体化、精准化、常态化,着力整治形式主义、官僚主义突出问题,坚决清除党员、干部队伍中的害群之马,从严从实加强对党员、干部的

管理监督,推动全面从严治党向纵深发展,推动党的二十大决策部署不折不扣贯彻落实,有力引领保障新征程开局起步。

三、"民主监督"与"自我革命"相得益彰

"民主监督"重在接受人民群众、各民主党派和无党派人士的监督,而"自我革命"重在我们党的自动监督,也可以说"民主监督"是外因,而"自我革命"是内因,内因与外因结合共同发挥作用,使党的风清气正有保障,党内政治生态不断形成和发展,确保党永远不变质、不变色、不变味。"民主监督"和"自我革命"相互促进,共同发挥着作用。人民监督政府,政府才不会懈怠。"民主监督"和"自我革命"是跳出历史周期率的一体两翼,必须整体领会,一体落实,做到内外协同,双轮驱动。敢于自我革命才能真正接受人民监督,而接受人民监督,才能更好地消除前进路上的障碍。我们党没有特殊利益,没有特殊党员,正因为始终代表最广大人民的根本利益,才能始终坚持彻底自我革命。

1. "民主监督"和"自我革命"具有一致性。"两个答案"是内在统一的,虽所处时代不同,但本质相同,目标一致。"两个答案"都源于我们党的初心使命,在为谁执政、为谁用权、为谁谋利的根本问题上完全一致,这是因为我们党自诞生之日起就始终代表中国最广大人民群众的根本利益。牢记江山就是人民,人民就是江山。坚持初心使命,推进自我革命,为人民执政,靠人民执政,发展为了人民、发展依靠人民、发展成果由人民共享。

2. "延安窑洞对话"是最好的鞭策和警示。"民主监督"是我们党跳出历史周期率的宝贵财富,在新的征程上必须牢记这一财富,增强忧患意识,始终居安思危。"自我革命"是在新形势下对党员干部提出的更高要求。笔者曾瞻仰过"延安窑洞对话"的发生地——杨家岭窑洞,感受到了革命圣地延安的民主氛围,似乎听到毛主席与朱德、周恩来、刘少奇、任弼时等老一辈革命家谈论政治、研究军事,与民主党派成员畅谈建国大业;看到毛主席在昏暗的油灯下写着鸿篇巨著,给人以深思和力量,给中国人民带来了光明的指引,彰显我们党有"团结一切可以团结的力量"的博大胸怀。广泛凝聚共识,广聚天下英才,努力寻求最大公约数,画出最大同心圆。将光荣传统发扬光大,为统一战线事业作出更大贡献。

3. "自我革命"在新时代具有重大战略意义。它既承续革命先辈的探索精神,又凝结着百年大党坚持自我革命的宝贵经验。以伟大自我革命

引领伟大社会革命的战略思想,创造性破解了马克思主义政党在长期执政条件下如何永葆先进性和纯洁性的时代课题,极大丰富了马克思主义执政党建设理论体系。建党一百多年来,正是始终秉持"民主监督"与"自我革新"的治党智慧,我们党才能不断革除积弊、永葆生机,避免"政怠宦成、人亡政息"的历史周期率,带领全国人民谱写中华民族伟大复兴的壮丽篇章。在新时代全面从严治党的实践探索中,我们深化了对"自我革命"的规律性认识,形成了包括"为何要革命""何以能革命""如何推进革命"在内的系统性理论成果,构建起完整的实践框架。必须坚持解放思想、实事求是、守正创新,持续深化对自我革命规律的研究,把党的自我革命举措规划得更加严密,落实到底。

4. "两个答案"的提出具有深远启示意义。制约我们党跳出历史周期率的根本原因在于自身建设,关键要锻造敢于斗争、善于斗争的坚强领导核心,而人民群众的拥护支持则是执政根基。新时代深化"两个答案"的实践要求我们:坚持不敢腐、不能腐、不想腐一体推进,强化系统治理、标本兼治,既要精准施策破解存量问题,又要构建长效机制防范增量风险,推动反腐败斗争向纵深发展。

5. 加强新时代廉洁文化建设刻不容缓。要赓续党的光荣传统,将廉洁自律内化为党员的价值追求,使以权谋私、贪污腐败成为不可触碰的耻辱红线。特别要注重家庭教育和家风建设,督促领导干部严管亲属子女。通过典型引领、文化浸润,营造崇廉尚洁的社会风尚。纪检监察机关作为推进自我革命的中坚力量,必须恪守"绝对忠诚、绝对可靠、绝对纯洁"的政治要求,勇担特殊使命。

总之,党要统筹运用"民主监督"与"自我革命"两大法宝,以雷霆之势惩治腐败,从巩固执政地位、保障长治久安的战略高度,深刻把握反腐败斗争的紧迫性和法治化反腐的重要性。党员干部必须筑牢思想防线,加强对主观世界的改造,牢固树立正确的世界观、人生观、价值观;加强党性修养,做到持之为明镜,内化为修养,升华为信条,要耐得住寂寞,守得住清贫;加强对法律法规的学习,强化纪律意识、规矩意识、红线意识、底线意识;加强自律,提高自我修养,使反腐入脑入心,不断提升自身拒腐防变能力,为实现第二个百年奋斗目标和中华民族伟大复兴的中国梦不懈奋斗。

三里庄的红色记忆

◇ 李鹏辉

李鹏辉,东营市东营区人民法院法警大队司法警察。

从小,我就常听老爷爷、老奶奶讲述三里庄的故事。那里有血流成河的苇子沟,有舍身炸敌堡的侯登山,还有很多无名的革命烈士。这些故事在我幼小的心灵中留下了深深的烙印。正是这种三里庄战斗精神——革命先烈们不怕牺牲勇于献身的精神,让我从小就树立了参军报国的志向。

在十几年的军旅生涯里,我走过了祖国的大江南北,对祖国和人民产生了更深厚的感情。部队转业后,我选择了回到这片养育我的土地。我深爱着这片土地,愿意为其付出所有的努力。

自2016年三里庄红色教育基地建成以后,我几乎每个周末和节假日都去那里,为大家讲述三里庄战斗的历史。这里有我的家,有我无尽的回忆和情感。我接待了近十万人次的参观群众,他们来自祖国的四面八方,有的是慕名而来,有的是追寻历史的足迹。

三里庄是革命先烈们用生命捍卫过的土地。80多年前,无数的英雄在这片土地上洒下热血,其中73名英雄牺牲后甚至连名字都没有留下。他们为了理想、为了国家、为了人民,义无反顾地投身于战斗中。他们的遗骨与这片土地融为一体,成为永恒的丰碑。

侯登山英雄的故事令人动容。他舍身炸敌堡的壮举,展现了八路军面对强敌时所展现的坚定信念与无畏勇气。他的牺牲不仅是对战斗胜利的渴望,更是对理想、对正义的坚守与追求。

由于建设需要,三里庄红色教育基地已经被拆除,但那些历史、那些故事、那些英雄的名字和精神永远不会消失。我会继续走到学校、社区、广场、公园,用我的讲述让更多的人了解三里庄的故事,让那些英雄的事迹和精神得以传承下去。

这片土地见证了八路军战士的英勇与牺牲,也见证了无数人的奋斗与辉煌。它不仅是我成长的地方,更是我永远的心灵归宿。我会用所有的力量去守护这片土地的记忆和历史,让三里庄的故事永远流传下去。

红色
感悟

对于每一个生活在这片土地上的人来说，三里庄不仅仅是一个地名，更是一种精神的象征，一种信仰的寄托。我希望每一个听到三里庄故事的人，都能从中汲取力量，都能明白：为了理想、为了信仰、为了国家、为了人民，我们都可以像那些英雄一样勇敢、坚定。

今后，无论走到哪里，我都会铭记这片土地给我的一切。我会将三里庄的故事带到生活的每一个角落，让它成为我前行的动力和信念的源泉。同时，我也希望更多的人能够加入我讲述历史的队伍中来，让那些英雄的事迹和精神得以传承和发扬光大。

在未来的日子里，我会带着对三里庄的深厚情感和对英雄的崇高敬意，继续前行。这片土地和这里的人民将永远是我心中的灯塔和归宿。我会用自己的努力和奋斗来回报这片土地对我的养育之恩。三里庄革命烈士永垂不朽！

沂蒙革命老区震撼两日游有感

◇ 张瑞芸

张瑞芸，东营市东营区人民法院审判保障中心职员。

在一个万里无云的周末，我和朋友来到了沂蒙革命老区。本以为只是一次普通游玩，没想到给了我深深的震撼，让我对"初心"有了更深的认识。

"初心"是"沂蒙母亲"王焕于大娘手里的粮食，是"沂蒙大姐"李桂芳肩上的门板。在那个日寇疯狂扫荡的年代里，王焕于大娘用心安排和照料八路军将士的孩子，让烈士的孩子吃奶，让自己的孙子吃粗粮，宁可饿死自己的孙子，也不能断了烈士的根。为保证战士们顺利完成任务，李桂芳组织沂蒙山区32名妇女在冰冷的河里用肩膀扛着门板架起了火线桥……沂蒙红嫂纪念馆中还有很多她们的故事。她们是千千万万沂蒙妇女的代表，她们用柔弱的身躯筑起了人民革命的铜墙铁壁，她们用血和泪、爱和恨，弹奏出撼人心魄的时代最强音。

据统计，从抗日战争到解放战争，沂蒙妇女共做军鞋315万双，做军衣122万件，碾米碾面11 716万斤，动员参军38万人，救护兵员6万人，掩护革命同志9.4万人。有3.1万名沂蒙战士献出生命，这就意味着3万多母亲失去了挚爱的儿女。但是，正是因为我们的沂蒙红嫂，正是因为我们的人民群众，正是因为这种沂蒙精神，让我党用小米加步枪赶跑了日本侵略者、打败了拥有美式装备的整编第七十四师。沂蒙山区的英雄故事只是一个缩影，却印证着一个不变的真理，那就是全心全意为人民服务是我党的根本宗旨。我党从成立之初到如今，始终坚持着人民群众路线，始终把人民的利益放在首位，始终不忘初心。

"初心"是孟良崮上插着的红旗，是粟裕将军和无数革命烈士的墓碑。"孟良崮上鬼神号，七十四师无地逃。信号飞飞星乱眼，照明处处火如潮。刀丛扑去争山顶，血雨飘来湿战袍。喜看贼师精锐尽，我军个个是英豪。"我耳边回响着陈毅将军的诗句，遥望着陈毅将军的纪念碑，庄重和敬佩之情油然而生。孟良崮战役纪念馆中陈列着的一张张照片展现了无数母送

子、妻送郎、妹妹送哥上战场的场景，沂蒙六姐妹主动挑起拥军的扁担，为部队当向导、送军粮、运物资的场景……这一幕幕仿佛就发生在昨天，在我的脑海中久久挥之不去。陈毅将军曾说："我就是躺在了棺材里也忘不了沂蒙山人。他们用小米供养了革命，用小车把革命推过了长江。"

看到孟良崮这片土地上的故事，我对党的初心和使命有了更深的理解。为了中国更好的未来、人民更好的生活，军民一心，将人民革命坚持到底、斗争到底。这种团结一致、勇敢坚定，始终代表人民利益的精神不正是我党一贯坚持的初心吗？青山无语，丰碑永存。昔日金戈铁马的战场已成为我们红色教育的大讲堂，我们永远怀念在战争中英勇牺牲的革命先烈，他们不朽的功勋将永远镌刻在共和国的史册上。

习近平总书记强调："为中国人民谋幸福，为中华民族谋复兴，是中国共产党人的初心和使命，是激励一代代中国共产党人前赴后继、英勇奋斗的根本动力。"作为一名法院工作者，我要向革命烈士致敬，向沂蒙红嫂们学习，要继承前辈勇于奉献、顽强奋斗的优良传统，紧跟党走，坚守初心，做好本职工作，牢记自身使命，为司法事业奋斗终身。

阅读《长征》有感

◇ 徐秀红

徐秀红，东营市河口区人民法院民事审判庭庭长。

近期，我阅读了红色经典巨著《长征》。书中以50多万字的篇幅，描述了长征中诸多艰苦卓绝的细节，使我的心灵受到了极大的震撼。

在两年的时间里，各路红军以非凡的智慧和大无畏的英雄气概，四渡赤水、巧渡金沙江、飞夺泸定桥、爬雪山、过草地，一次次突破敌人的围追堵截，战胜无数的艰难险阻，纵横十余省，长驱二万五千里，终于胜利到达陕北。长征途中，中国共产党带领红军在极端恶劣的条件下，展现了极强的毅力、非凡的智慧和团结合作精神。这是中国革命史上具有重要意义的一段历史，也是中国军事史上的一次壮举，为中国革命的胜利奠定了坚实的基础。

长征彰显了中国共产党的坚韧不拔和不畏艰险的精神。长征是在敌人的围追堵截下进行的，整个过程充满了种种艰辛和挑战。然而，党带领广大红军战士始终不屈不挠，坚持不懈地与敌人做斗争，最终才取得了胜利。这种坚韧不拔的精神值得后人学习和借鉴，无论面对何种困难和挑战，我们都要坚持不懈、百折不挠地奋斗下去。

长征展现了中国共产党艰苦奋斗和人民至上的理念。在长征途中，红军领导人时刻把人民群众的利益放在首位，以人民为中心，密切联系群众，积极争取民心。正是这种人民至上的理念，才使得红军在长征途中能够得到广泛的支持，最终战胜了敌人。今天，我们也应该牢记人民至上的原则，时刻将人民的利益放在心中，以人民的满意为最高追求，从而赢得人民的信任和支持。

长征展现了中国共产党的团结合作和集体领导的优势。在长征途中，红军各个部队紧密团结，相互支持，形成了一个紧密的集体。尤其是在领导层，毛泽东等领导人以集体领导的方式指挥作战，充分发挥了每个领导人的特长，形成了一支高效率的领导团队。这种团结合作和集体领导的优势不仅在长征中发挥了重要作用，在今天的建设中也是我国取得各项成就的重要保障。

　　长征为我们提供了宝贵的历史经验和启示。长征时期，中国共产党和红军克服了重重困难，取得了胜利，这充分说明只要我们坚持正确的道路，坚持党的领导，就一定能够战胜一切困难和挑战。我们应该从长征中汲取力量，不断总结工作经验，完善自身知识结构，提高政治素养，书写司法为民新篇章。

　　长征是中国革命史上的一座丰碑，是中国共产党光荣历史的重要组成部分，将永载史册。长征时期，党领导红军用血肉之躯书写了一曲曲英雄史诗，为中国革命的胜利立下了不朽的功勋。我们应该铭记长征历史，传承革命精神，继续前行，为实现中华民族伟大复兴而不懈奋斗。

参观新泰市毛泽东文献博物馆有感

◇ 祁　萌

祁萌，东营市河口区人民法院刑事审判庭三级法官。

在伟大的中国共产党建党 102 周年纪念日前夕，我怀着崇敬和激动的心情来到了新泰市毛泽东文献博物馆。这座博物馆是为了纪念伟大领袖毛泽东而建立的，它见证了中国革命的历史和毛泽东思想的传承。

来到博物馆，首先映入眼帘的是一尊毛泽东雕像。他身姿挺拔，目光坚定，仿佛在注视着祖国的每一寸土地。在那一刻，我感受到了他的伟大和崇高，心中不禁涌起一股敬仰之情。

随着参观的深入，我看到了许多珍贵的历史文物和照片。这些展品生动地展示了毛泽东的生平和他对中国革命的巨大贡献。从他早年的求学经历到领导中国人民取得革命胜利，每一个阶段都让我对他的智慧和勇气有了更深刻的认识。

在参观过程中，我对毛泽东的领导才能和智慧深感钦佩。他在革命战争中展现出了卓越的战略眼光和果断的决策能力，带领中国人民走过了艰苦的岁月，取得了民族独立和人民解放的伟大胜利。他的思想理论，如马克思主义中国化、群众路线、独立自主等，对中国的发展产生了深远的影响。

同时，我也被毛泽东的人格魅力打动。他始终坚持人民至上的理念，关心百姓的疾苦，为了实现人民的幸福和国家的繁荣而不懈努力。他艰苦朴素、勤奋工作的精神给我留下了深刻的印象。他的事迹让我明白，一个伟大的领袖不仅要有卓越的才智，更要有高尚的品德和为人民谋幸福的坚定信念。在当今社会，我们依然可以从他的理念中汲取智慧和力量，为实现中华民族伟大复兴而努力奋斗。

红色，是一种鲜艳而热烈的颜色，它象征着革命、勇气和希望。在我心中，红色更是一种精神，一种代表着坚定信念、无私奉献和奋斗不息的精神。通过对红色历史和红色文化的学习与探索，我深深地领悟到了这种精神的伟大力量。

红色历史是我们国家的宝贵财富,它记录了中国共产党领导人民进行革命斗争的光辉历程。在那个动荡的年代,无数革命先烈为了实现国家独立和人民解放,不惜抛头颅、洒热血,用自己的生命谱写了一曲曲壮丽的赞歌。他们的事迹让我感到无比敬佩和感动,也让我明白了今天的幸福生活来之不易。

红色文化代表着一种革命精神,它鼓舞着人们勇往直前,不畏艰难险阻。这种精神在中国革命和建设的过程中发挥了重要作用,它激励着一代又一代的中国人为之奋斗。红色文化中的经典作品,如《红岩》《青春之歌》等,都展现了革命先辈们的坚定信念和高尚品质,给我们前行的力量。

红色精神更激励着我不断追求进步和成长。它让我明白,在面对困难和挑战时,要坚定信念,勇往直前;在面对诱惑和利益时,要坚守初心,不为所动。红色精神教会我要有责任感和使命感,要为实现国家繁荣富强、人民幸福安康而努力奋斗。

同时,红色感悟也让我更加珍惜当下的生活。我们生活在一个和平、稳定、繁荣的国家里,这是无数革命先烈用生命换来的。我们应该感恩生活中的一切,努力学习和工作,为社会作出自己的贡献。同时,我们也要传承红色基因,将红色精神传递给更多的人,让这种精神在新时代焕发出新的光彩。

走出博物馆,我心中充满了感慨和使命感。我深知,我们这一代人肩负着继往开来的责任,应当继承和发扬毛泽东的精神,努力学习,不断提高自己的素质,为祖国的繁荣富强贡献自己的力量。同时,我们也要铭记历史,珍惜来之不易的和平环境与发展机遇,努力创造更加美好的明天。

这次参观新泰市毛泽东文献博物馆的经历将成为我人生中的宝贵财富。让我们共同探访红色足迹,汲取前行的力量,让红色精神永远在我们心中闪耀。

传承红色基因 感悟法治力量

——观看电影《马锡五断案》有感

◇ 袁佳宁

袁佳宁，东营市利津县人民法院审管办法官助理。

电影《马锡五断案》主要讲述马锡五法官在审理"封捧儿申诉抢亲案"和"三兄弟杀人案"时，坚持群众路线，深入群众，重证据不轻信口供，发现定案依据诸多疑点，顶住压力多方调查，最终找到关键作案工具，将犯罪嫌疑人抓捕归案的过程。该影片生动诠释了"马锡五审判方式"的精髓。

马锡五同志作为一名共产党员，对党和人民的司法事业坚定忠诚，是新中国人民司法事业杰出的推动者、实践者、开拓者。马锡五忠实贯彻落实党的群众路线，开创了"马锡五审判方式"。马锡五审判方式是人民司法红色基因的重要组成部分。我们要忠实贯彻落实党的群众路线，坚持以习近平新时代中国特色社会主义思想为指导，贯彻落实党中央决策部署，坚持中国特色社会主义法治理念，传承发扬"马锡五审判方式"等革命时期优秀法律文化、法治思想，传承红色基因，培育政治气节和政治风骨。

人民群众是社会物质财富和精神财富的创造者，是社会变革的决定力量。我们要坚持以人民为中心的发展思想，重视群众力量，向群众学习、向群众靠近，传承中国人骨子里的温良品性，心怀赤子之心，全心全意为人民服务。对"良法善治"的渴望会促使我们努力做到俯仰天地时无愧于心。我们要让法律守护中国人民骨子里的温良，将"暴戾"绳之以法，让"正义"维系人间。在我们这样一个法治和德治并重的国家里，人们往往会以英雄、榜样为标杆，以他们一举一动去判断是非曲直。正因如此，我们更要让道德成为人民群众生活的主线，让法律成为人民群众生活的底线。群众朴素的价值观需要在法律案件中体现与实践，法院的裁判结果也不会背离"朴素的公平正义"。

一个和谐的社会是我们每一代共产党员的坚守与奋斗目标。当代法院干警要坚持用"忠诚为民"的新时代法院文化培根铸魂，躬身践行入党誓词中"对党忠诚"的庄严承诺,强化忠诚意识,引领正确方向,始终不忘初心;要践行"司法为民"优良传统,把群众路线作为审判工作的"生命线",坚持将群众满意作为执法办案的第一标准,坚定"把屁股端端地坐在老百姓的这一面"的为民立场,紧盯人民群众的操心事、烦心事、揪心事,积极回应、竭力满足新时代群众多元化的司法需求,努力让人民群众在每一个司法案件中感受到公平正义。

红色感悟

一代青春　一代担当

—— 电影《中国青年：我和我的青春》观后感

◇ 张　倩

张倩，东营市东营经济技术开发区人民法院执行局法官助理。

　　青春，是一个人生命中宝贵的时期，也是每个人逐梦路上最宝贵的拼搏时光。青年，是国家的中流砥柱，撑起国家的强盛与繁荣，是民族未来的坚实基石。"青年兴则国家兴，青年强则国家强。"有人曾言，一个对国家缺乏热爱、对民族缺乏尊重的群体是没有希望的。爱国主义就像滚烫的血液，不仅流淌在中华民族的悠久历史中，更在每一个中国青年心中激荡，生生不息。回望历史长河，无数英雄豪杰在青年时代便已锋芒毕露。每一代人的青春都承载着独特的使命与担当，共同谱写着奋斗的壮丽诗篇。《中国青年：我和我的青春》这部影片，通过《旗帜》《看见》《寻找》三个紧密相连的篇章，以"青春"为主旋律，生动展现了不同时代背景下，热血青年们的奋斗历程与感人故事，令人心潮澎湃，感慨万千。

　　困难的时代总会涌现出无数青年楷模，他们义无反顾地带领人民英勇奋斗。电影《中国青年：我和我的青春》就讲述了不同年代的热血青年的故事。第一个故事《旗帜》讲述一群热血青年开垦北大荒的经历。故事以画家许麦创作的一系列北大荒版画为开篇，将我们带入了那段激情燃烧的岁月。在皑皑白雪覆盖的荒原上，一位接运珍贵种子的队长正面临着前所未有的危机——遭到了狼群的围攻。当垦荒队的志愿者们发现只有马儿孤单地返回时，他们的心瞬间被紧张与担忧所填满。许牧之、王小双、郭志军三人，毫不犹豫地踏上了寻找队长的征途。历经千辛万苦，终于找到了身受重伤的队长。在紧急将队长送往医院救治后，他们却再次遭遇狼群。在这生死存亡的关头，许牧之展现出了超乎常人的勇气与担当。他毅然决定孤身一人引开狼群，以保护那些承载着春天希望的种子和王小双等伙伴的安全。他的身影在风雪中渐行渐远，成为一道永恒的风景线。而王小双，这位即将离开北大荒、踏上求学之路的弱女子，在群狼的威胁下，却展现出了令人敬佩的坚韧与顽强。她拿起那把早已被冰雪冻住的猎枪，千钧一发之际子弹破冰而出，射向凶猛的狼群，为垦荒队赢得了宝贵的生存机会。经历了这场生死较量后，王小双强忍着内心的恐惧与疲惫，毅然发动了拖拉机。车尾那面鲜艳的红旗在茫茫雪原的映衬下，犹如一团燃烧的火焰，格外耀眼。

许牧之为了理想、为了国家，可以在危难关头牺牲自己的生命，而他的伙伴也没有让他失望，留在了那片蛮荒而充满希望的黑土地上，继续书写拓荒的奋斗乐章。经过一代代青年志愿者历经70余年的接力奋斗，北大荒终于成了"北大仓"。这不仅是对中国青年无畏苦难、勇于斗争、甘于牺牲与奉献精神的生动诠释，更是那份激荡人心的伟大革命精神在新时代青年身上熠熠生辉、薪火相传的壮丽展现。

如果《旗帜》的核心是"种子"，那么第二个故事《看见》的核心则为"播种"。在宁夏那片辽阔而苍凉的黄土高原上，希望的种子被悄然播撒；在那些孩子干涸的心田深处，梦想的种子正静待生根发芽。自2003年起，一群群青年志愿者如星辰般点缀在宁夏等西部贫困地区的天空，用知识的光芒照亮希望之路。与此同时，京城音乐人许小东正经历着追梦路上的风雨飘摇。一次偶然的挫败后，他惊闻远在甘肃的妹妹许蕊因病住院的消息，几经波折终得探望。原来，许蕊瞒着家人成了一名支教的志愿者。无奈之下，许小东接过妹妹的接力棒，踏上了前往云舍村的支教之旅。初至云舍，面对那简陋至极的校舍——几个年级的孩子挤在一间教室里，许小东心中满是困惑与无奈。然而，在与孩子们的深入交流中，他逐渐意识到，这片土地上教育的光芒被农耕的厚重所掩盖。但许小东没有退缩，他以自己的坚韧与智慧，一点一滴地改变着村民的观念，用知识的力量撬动了命运的杠杆，让教育的种子在云舍村生根发芽。在那高高的山顶上，许小东问孩子们的理想是什么，可天真的女孩反问："什么是理想？"他弄来了简陋的乐器，由所有的孩子组成了小乐队。他带领孩子们走出黄土高原一起去看外面的世界，将理想的种子播撒进孩子们的心中，也让希望开始生根发芽。其实，许小东本可以在中途回去继续经营自己的乐队，但是使命感告诉他应该继续留下来。最终在他的努力下，很多学生改变了自己的命运。这个故事告诉我们青春不仅要有诗和远方，更要有奋斗和使命。一代人有一代人的使命，一代人有一代人的担当，青春与奋斗永远紧密相连，使命与责任让我们走向更宽广的未来。

一代又一代中国青年成长起来，前辈帮助后辈完成蜕变。第三个故事《寻找》的核心则是理想的种子终于冲破冻土茁壮成长，开花结果。山

民谢冠春的儿子已大学毕业,他想找到长期资助的好心人林先生当面致谢。费尽一番周折,虽然未能见到资助人,但是得到了意外的收获。据圆梦公益组织的游静介绍,出身贫寒的她也是一名被资助人。圆梦正是由这些曾经的受益者组成的。他(她)们也和"林先生"一样,成了新的资助人,回馈社会,开始了爱的接力。这种感恩与互帮互助的精神向我们生动地描绘了一个个受到别人帮助的中国青年在年长立足后,帮助其他人渡过难关的形象。中华民族能够生生不息,也正是靠着这种感恩和互助的精神。

"长风破浪会有时,直挂云帆济沧海",从"保护"到"坚守"再到"传承",每个青年都在自己的岗位上以真才实学服务人民,以创新创造贡献国家。有的青年代表国家走向国际,展示大国担当;有的青年在平凡岗位上,用辛勤和汗水实现价值……这些都是中国青年的模样。

生于这个波澜壮阔的伟大时代,青年既沐浴着前所未有的机遇之光,也面临着时代赋予的严峻挑战。然而,无论时代如何变迁,"永久奋斗"的信念始终如一,犹如璀璨星辰,照亮我们前行的道路。在这个关键时刻,习近平总书记提出的"勤学、修德、明辨、笃实、爱国、励志、求真、力行"十六字箴言犹如灯塔般指引着我们,成为我们心中不灭的火焰。它提醒我们,要与人民同呼吸、共命运,一起奋斗、一起前进。我们要将跟党走的理想追求融入血脉,用一生的时间去践行,让奋斗成为青春的底色,铸就坚不可摧的意志。在练就过硬本领的同时,战胜一切困难和挑战,用实际行动诠释"永久奋斗"的真谛。

少年负壮气 奋烈自有时

◇ 郭明伟

郭明伟，东营市中级人民法院执三庭法官。

好的电影能通过故事引起大众的共鸣，从而传递价值观，引发观众的思考。春节假期里我看了电影《第二十条》。这部电影引发了我的思考，让我对以下三个问题有了更深刻的认识。

一、感受公平正义的主体是人民群众

电影中"人民群众"的意见和检察院的"主流意见"似乎不一致。作为电影观众，我们拥有上帝视角，与电影中的人民群众一样保持着最普遍、最朴素的价值观。习近平总书记对司法工作提出的总要求是"努力让人民群众在每一个司法案件中感受到公平正义"。以前我关注的点是"公平正义"，现在关注更多的是"人民群众"。霍敏院长在讲话中说，司法审判工作说到底是一项"守心"的工作，要牢记感受公平正义的主体是人民群众，努力办好暖民心的"小案"、顺民意的"实事"。我们作为法院工作人员，不但应时刻以法律规定作为行为准则，而且要清醒地认识到，感受公平正义的主体是"人民群众"，只有时刻与人民群众最普遍、最朴素的价值观站在一起，我们的审判才有基础、有力量。

案件中的"人民群众"是当事人，甚至是通过网络看到判决书的"准当事人"。虽然法律的背后一定是社会公德和法理，但对于从人情到法理、法律，再到具体案子的逻辑过程，"人民群众"不一定熟悉，这就会让我们法律人偶尔显得不"接地气"。我认为即使判决书写得逻辑再缜密、法律依据再充分，如果不能让当事人理解和信服，也不是满分的判决书，不能实现"服判息诉"的效果。三个效果的统一不是空话，法律效果只是最低标准，"服判息诉"的社会效果是应有之义，与党的方针政策保持一致的"政治效果"才是我们的追求。

二、保持脚踏实地、求真务实、接地气的工作作风

《第二十条》这部电影能够获得广泛关注，雷佳音扮演的主人公韩明

这个角色的"生活化"功不可没。观众觉得韩明就在我们身边,其中一条故事的主线(韩明的儿子出手制止校园霸凌)就显著地突出了这个人物的"生活化""大众化"特点,非常容易被观众接受。生活中我们往往有这样的感受:一旦某个负面新闻与公职人员挂上钩,新闻热度就会迅速攀升。有些文艺作品为了博取网络流量和关注度常夸大其词、断章取义,甚至歪曲事实。本部电影对韩明形象的塑造与此形成了鲜明对比,片中的韩明拥有脚踏实地、求真务实、"接地气"的工作作风。如果我们是案件当事人,我们是想遇到一个夸夸其谈、高高在上的法官,还是一个求真务实、接地气的法官?我想答案应该很明确。

电影中有一句被大家引用过很多遍的台词:"我们办的不是案子,而是别人的人生。"刑事案件的公诉人可以这么说,民事法官和执行法官也可以这么说,"我们一辈子都在法院工作,但当事人可能一辈子就进一次法院",我们给当事人留下的印象可能就是他对法院一辈子的印象。我们应当始终牢记法官前面的"人民"二字。

三、年轻人要敢于作为、敢于担当

电影中的韩明是"借调工作",当他的意见与大家不一致时,他完全可以与大家保持一致,什么都不做。导演故意为主人公敢于担当、敢于作为设置了家庭、工作的重重阻力。他为什么要坚持有作为?我认为是由于他内心有正义感和使命感!

公平正义是普通老百姓内心深处最朴素、最真挚的情感期待,法律的权威来自我们司法部门对公平正义的坚定维护。我们年轻人有责任和义务去作为、去担当,在埋头学习业务知识、谦虚地向身边人学习审判执行经验的同时,善于思考,勤于问自己"还有没有更好的处理思路"。电影里有这么一句话:"从来如此,就是对的吗?"我也遇到过类似的问题,在一个小标的额案件的执行过程中,被执行人在收到文书后不但拒不申报个人财产,而且多次拒接电话。于是我打算拘留被执行人。有的同事劝阻说:"立案才不到一个月的时间,现在就拘留,早了点吧?以前从来没有过。"这就让我想到这句话:"从来如此,就是对的吗?"拒不申报财产、拒接法院电话、拒不配合法院工作,难道不应该被拘留吗?在这种小标的额的执行案件中,被执行人严重缺失诚信,法官若果断采取拘留措施,执行效果不是更好吗?也许采取拘留措施会惹恼被执行人,但我们不是更应该倾向于"保护债权人利益"这个价值取向吗?年轻人就是应该敢作为、敢担当!

我们干工作是出于内心的"正义感"和"使命感",契合的是人民群众最普遍、最朴素的法律观和正义观。我们要以脚踏实地的工作作风彰显司法温度,以"如我在诉"的情怀去捍卫公平正义。少年负壮气、奋烈自有时,只要我们"干实事、干真事、真干事",最终会发现,不是我们成就了工作,而是工作成就了我们!

书香法院

画好正义之圈　坚守职业伦理

——读《圆圈正义》有感

◇ 刘子铭

刘子铭，东营市中级人民法院审监庭法官助理。

　　在东营市法院案例分享会上，我有幸聆听了多位法官分享的经典案例，其中一位法官在介绍她办理的房地产公司逾期交房、逾期办证引发的批量案件时的发言让我深受触动。她说："从当事人角度看，诉讼绝不仅仅是为了一纸胜诉判决，我们立足权利实现的长远目标分析，寻求双赢方案，有助于实现实质正义。"这番关于正义的发言让我想起了罗翔老师的《圆圈正义》一书。对于书名中圆圈的解释，罗翔老师是这么说的："正义就像一个圆圈，它没有起点也没有终点，它只是向前滚动，不断改变着它的形状和大小。如果把'圆'看成一种关于正义的隐喻，那么每一个画'圈'的决定都是一种与正义有关的追求。"罗翔老师对正义的阐述使我在不断思考正义到底是什么，正义价值在职业伦理规范中的作用是什么，我们青年干警应如何画好心中的"正义之圆"呢？作为一名选调生，我已结束挂职锻炼，回到中院，完成了从"村支部书记助理"到"法官助理"的转变。通过这段时间的切身实践和亲身体会，我认为，画好心中的正义之圆需要做到三点，分别是知敬畏、守良知和融情理。

　　要对正义之圆心存敬畏。罗翔老师在书中说道："在现实中，我们无论用什么仪器都无法画出一个真正完美的圆，但是'圆'这个概念本身是客观存在的。"如果把理想中完美的"圆"比作正义的应然状态，那么现实中所有的不那么完美的"圆"就可以看成正义的实然状态。应然正义和实然正义是法律永恒的主题。就像在希腊悲剧《安提戈涅》中，虽然克瑞翁忠于自己的王位职责，但是他忘了比王位职责规则更高的是永恒不变的正义准则。"我们能画出的圆圈，总是不够圆。但没有人，会因此想取消圆圈。"应然正义一如客观存在的"圆"，它是法律人永远的追求。既然正义如完美的圆一般是客观存在的，我们青年干警就应当在工作中对正义之圆葆有敬畏之心，时刻自警自省，俯下身子，将当事人的"所思、所忧、所急、所想"扛在肩上，放在心里，真正做到"群众无小事，枝叶总关情"。

要恪守职业良知，校正正义之圆。如果说正义是一个圆圈，那么良知如同圆圈内的一条弹性线，它没有明确的界限划分，却无时无刻不在悄然影响着我们的举止与决策，引领我们向善而行。在学校的时候我曾经参加过"榜样法大"的颁奖典礼，罗翔老师在致辞中说道："法律要追求公平和正义，而良知是公平和正义的尺度。一个卓越的法大人，并不取决于你的知识、财富、官职，而取决于你是否坚守了司法良知的底线。"

案例分享会上的各位法官也无不是在办案过程中既做到了循法理、释法义，也做到了守良知、护良俗，让人民群众感受到了司法的人文关怀和法治的正义力量。全国模范法官邹碧华同志曾经说过："法律职业极其需要人文关怀精神。具有人文关怀精神的法律方法才会拥有灵魂。"职业良知是一杆标尺，我们青年干警在工作中要经常用这杆尺子量一量自己，保持对自我的审视，对良知的坚守，敢于校准自己的思想和行动，谨慎面对工作中的每一个法律问题，这样才能勾画出一个尽可能圆的正义之圆。

要做到法理情的统一，画好人民群众心中的正义之圆。在《圆圈正义·〈枪支批复〉的情理法》一章中，罗翔老师以天津赵某案为例，为最高人民法院、最高人民检察院联合发布的对以压缩气体为动力的枪支、气枪铅弹刑事案件定罪量刑问题作出规定而点赞。书中说道："法律的价值观本身来源于民众朴素的道德期待，它的权威写在历史、文化、传统和习俗中，写在活生生的社会生活之中。"我挂职锻炼期间在与村民的闲谈交流中，深刻体会到了这句话的内涵，因为普通群众对于法律案件的认识，通常并不是基于法律分析，而是凭借社会良知和正义感进行判断的。我发现法官有时会遇到一些复杂案件，要想圆满地化解纠纷，除了需要严格执行法律规定，还需要介入一些政策性、道德性因素的考量，结合民众的朴素正义观和道德认知，尽可能地追求公平正义的"圆"。这种解释法律、解决纠纷的过程集中体现了法官的业务能力和职业伦理。这当然不是抛开法律规则的适用而求助于司法伦理，反而应当是回归立法的本意，以最大可能实现公平正义。

职业伦理书正义，奋斗青春谱华章。作为青年干警，我们有义务维护公平正义，恪守职业伦理，在追求公正、法治的道路上，在司法工作中的每一天向着那个完美的"圆"前进。这就要求我们在工作过程中努力让人民群众在每一个司法案件中感受到公平正义，把"高质效办好每一个案件"作为审判办案的基本价值追求。当我们用行动坚守司法初心，汲取奋进力量，以"如我在诉、情同此心"的理念传递温情时，就离正义更近了一步。

把牢底线 把小事做好

——读《活着》有感

◇ 商 青

商青，东营市中级人民法院办公室副主任。

　　我曾上网搜索适合财务人"充电"的书单，看到有网友把书单大体分成了四个阶段：第一阶段是《会计学基础与会计实务》，第二阶段是《一生气你就输了》《熄灭你的怒火》，第三阶段是《颈椎、腰椎病康复指南》《强迫症的自我恢复》，第四阶段是《活着》。倚仗着头发变白、脸上爬斑、工作时间不短，自诩老财务的我就直奔第四阶段，重新读了《活着》。果然，一本好书犹如一把开启智慧的钥匙，能够越读越新，可以不断唤起新的想法，品出更多的滋味，也正因为如此，才有了我今天想谈的第一个话题"把牢底线"。

　　作为一名从事财务工作的法院干警，对《活着》中的"做人不能忘记四条，话不要说错，床不要睡错，门槛不要踏错，口袋不要摸错"感触颇深。这最后一句口袋不要摸错，恰巧点中了财务人员职业操守的要害，公家的一分钱也姓公，这钱怎样花，该不该花，花的效果如何，都要搞清楚、弄明白，不能有半点含糊，更何况日常工作中常常面对的是数以亿计的资金。不过对财务人而言，这些巨款仅仅是一串串数字和指标、一条条固化的记录和一张张密密麻麻的报表。但是每当自己静下心来思考时，它又不再是单纯的数字和指标，而是一份沉甸甸的责任，是一道不可触碰的红线，更是一道不可逾越的底线。这底线是职业操守的底线，也是自我保护的底线，时刻警醒着我，慎独、慎微、慎言、慎行。为了这道底线，记不清有多少次，因案款或退费资料不全而向当事人苦口婆心地解释；也记不清有多少次，因报销材料与政策相悖而不被理解、遭到埋怨。有同事调侃我："花单位的钱好像花你家的一样，管得可真宽！"我笑而不语，心里却明白，这宽与窄的界限，其实就是财务人的底线。

　　从另外一个层面思考，这底线又是工作标准的底线，是对严苛工作质量的坚守。这底线与法官恪守的公平公正不谋而合：法官在还原案情的原貌，不偏不倚地对待双方当事人，把事实与真相写在一纸判决里；财务人处理业务也是在追索经济业务活动的原有轨迹，做到真实、客观、完整，把一条条业务刻画在账簿里。我觉得在这里，底线又可以称为初心和本心，是一颗秉持职业伦理的初心，一颗朴实无华的本心。

书香法院

我一直喜欢《人民日报》中的一句话："把眼前的小事做好，把行动交给现在，把结果交给时间，当你拼尽全力，自然会收获想要的结果。"财务人没有法官的威严、睿智，没有法警的勇猛、果敢，整日面对的是一件件小事，包括单据的审核、费用的报销、案款的发放、诉讼费的退还、流程的梳理、成本的分析、绩效的管控和报表的填写。但我始终坚信，这一件件小事的完成，是法院高效运转中不可或缺的一环，也是对自己职业伦理最有力的践行。

还记得在我院与软件公司合作开发司法行政管理平台时，没有可借鉴的路子和参考的版本，财务室几个人凑在一起谋划思路、搭建架构，从一个个菜单、一项项功能、一条条流程开始设计，脚本写了一张又一张，流程图画了一幅又一幅，思路、理念给工程师解释、传导了一遍又一遍，不断试错、不停修改，最终把硬骨头一点点啃了下来。为确保系统顺利上线运行，前期的测试至关重要，我们把已经报销完成的近六个月的业务搬到系统上重新流转。在常人看来这是一件不起眼的小事，但其中的工作量很少有人能了解。例如，一条简单的差旅费报销单据，从出差申请到领导审批、派车、还车，再到报销单据填制、审核、审批，整个流程下来涉及 10 多个节点，需要来回切换 10 多个干警的账号分别进行操作。而一个月的单据量少则几百条，多则上千条，全测试一遍就需要来回切换上万次。这六个月数据的工作量远超想象。当我们把这几千条业务测试完成之后，终于迎来了软件的高效运转，小到一桶水的申请、一份文书的邮寄、一支笔的领用、一次设备的维修，大到办公用品仓库的管理、政府采购流程的发起、全院预算资金的管控，都实现了动动鼠标就能轻松办理。

通过这件事，我常常自我陶醉地与《士兵突击》里的许三多相比较，都是小小的"草根"，笨拙的头脑，但热衷于拼尽全力把每一件小事做好。这一件件小事让我们在全国法院财务工作先进集体的基础上不断向前突破，让我们在规范化建设上有了质的提升。

尽管我们的岗位没有冲锋在前，我们的职能并非主责主业，但我们可以把眼前的一件件琐事做好，把行动交给现在，把结果交给时间，保持积极向上的态度，珍惜当下、坚守底线，用我们的努力和智慧去创造属于我们的精彩。

恪守职业底线 追逐心中梦想

◇ 商卫卫

商卫卫,东营市中级人民法院民一庭法官助理。

《底线》作为首部由最高人民法院全程指导、全景展现中国司法改革成果的现实主义法治题材电视剧,以当代人民法官为创作原型,通过三代法官师徒传承的视角,讲述了法院人在司法实践中坚守初心、传承优良传统、践行司法为民的动人故事。

作为一名扎根基层法院十八载的法律人,我经历了从书记员到助理审判员的职业成长,也体会过司法改革中角色转换的阵痛。剧中每个案件都如现实的写照:从身披法袍时法槌落下的千钧重担,到退居辅助岗位时默默耕耘的坚守,那些披星戴月的加班夜、唇枪舌剑的调解现场,恰似岁月长河中泛起的粼粼波光。剧中的师徒因改革分流至不同岗位,但守护公正的初心始终如磐,清正廉洁的操守从未动摇。

法官职业伦理是司法公正的基石,它既是对法律条文的恪守,更是对人性温度的丈量。剧中"法律不能审判法律之外的事情,但能减少悲剧发生"的台词,恰是司法引领社会风尚的生动注脚。最高人民法院近年来聚焦"小案子,大道理"的法治宣传,正是在回应"扶不扶、救不救"的社会关切。该剧既改编了"于欢案""江歌案"等重大案件,也精心选取职场性骚扰、奶茶加盟纠纷等民生小案,揭示每个裁判都在重塑社会价值坐标。法官职业伦理不仅是对法律条文的严格遵守,更是对人性、道德和社会责任的深刻洞察。这就需要我们扎根人民、读书学习、完善自我,具有主持正义、舍我其谁的担当,拥有胸怀天下、悲天悯人的情怀,拥有刨根问底、孜孜不倦的坚持,在追求公正与正义的道路上勇往直前。

廉洁是司法工作者不可逾越的红线。剧中方远法官为归还贿款走街串巷的场景,正是新时代法官恪守职业底线的缩影。作为青年干警,我们要锻造"凡事讲政治"的能力,时刻不忘初心,把坚定理想信念作为立身立业的头等大事,把"从政治上看"与"从法治上办"有机统一起来,保持高度的政治责任感和政治敏锐性;要锻造"干事知敬畏"的品质,时刻坚守底线,始终保持敬畏之心,做到慎初、慎交、慎独,加强自身修养,追求积极向上健康的生活情趣,自觉净化朋友圈,纯洁社交圈;要锻造"谋事守规矩"的作风,时刻遵纪守法,善于用智慧跳出人情干扰,坚决杜绝人情案、关系案、金钱案。

尽责,是法院人的担当。《底线》中的齐大爷让人印象深刻,他因房子的事情,对法院提出无理要求,每周四雷打不动地去法院找法官方远,甚至在法院门口拉横幅。方远没有简单地敷衍齐大爷,每次见面都会顺着齐大爷的心意做工作,耐心听齐大爷的心里话,跟他聊家常,打开他的心结。数年下来,方远见证了齐大爷一家拆迁、分房、娶媳妇、生孙子的变化。正因为有了方远的耐心倾听和疏导,才会有齐大爷给方远剥红鸡蛋的感人场景。这不单单是报喜的红鸡蛋,更代表了群众对法官工作的认可。我们要牢固树立"小案事不小,小案不小办"的理念,秉承"如我在诉"的为民情怀,全力办好每一件民生小案;要心怀"国之大者",将个人法官梦与人民群众公平正义期待相结合,将个人"小我"融入法院事业"大我",坚定法治信仰,坚守为民初心,扛牢使命担当。

法官之路虽然孤寂,但其中的无穷魅力让广大法律工作者志于攀登跋涉且乐此不疲。证据何去何从?公平如何体现?正义如何伸张?情、理、法如何交融?真、善、美如何弘扬?这一切都需要法官透过冰冷的法律条文、枯燥的证据规则,运用严谨的逻辑推理、丰沛的经验法则,用心去感知、体悟、判断和确认,赋予它们鲜活的生命而止于至善——庄严、神圣、崇高、尊荣,惩恶扬善,定分止争。自我价值在这里实现,人生价值在这里闪光。司法工作中所蕴含的无穷魅力,何事可及?

最后,我想用剧中张伟民副院长对方远说的一句话作为结尾:既然我们生活的这个世界无法完美,那法官必须存在。这世上只要还有不公,就总得有人来断个是非,判个公道,这才是法官真正的意义。

奉献铸就忠诚　拼搏谋求发展

——读《南渡北归》有感

◇ 周雅慧

周雅慧，东营市中级人民法院组织人事处科员。

　　汹涌澎湃的历史进程从哪里开始，力挽狂澜的时代先锋就从哪里出场。《南渡北归》这本书以抗日战争为宏大背景，勾勒出中国知识分子从华北向西南大后方辗转迁徙，最终重返故土的艰难历程。这部史诗级作品汇聚了 20 世纪文化和科学领域群星璀璨的大师，如蔡元培、胡适、梁思成、钱钟书等，谱写了一曲中华民族知识分子在艰难困苦中与国家民族同呼吸、共命运的英雄赞歌。每个大师都自带耀眼光芒，在那烽火连天、颠沛流离的艰苦岁月里，责任与担当从未缺失；对文化和科学的研究热情，从未有片刻的松懈。他们始终抱守初心，坚守自己的品格操守，始终执着于对知识和精神的追求，致力于中华文化传承，永远值得后人崇敬和怀念。

　　历史的激流中，总有人以磐石之姿锚定时代。西南联大师生在防空警报与课堂授课交织的特殊时期，创造了中国教育史上的奇迹：陈寅恪先生拒赴敌占区任教，闻一多先生以《最后一次演讲》践行铮铮铁骨，钱穆先生抱定"中国人写中国最后一本史书"的悲怆完成《国史大纲》……他们让我明白了，无论在什么环境下，我们都应该坚守自己的信念和理想。在和平年代，谈起信念和理想，人们会觉得很宏大，但转化在工作中，其实是很具体的。作为组织人事干部，旗帜鲜明讲政治是我们坚守的第一理念。我们要时刻牢记自己的身份和岗位职责，找准工作定位，切实把政治引领理念贯彻到工作当中。坚守组织人事工作的初心，坚决做到党要求什么，组织人事工作就跟进什么。坚持胸怀天下，作为新时代组织人事干部，要心怀"国之大者"，始终在大局下思考和行动，做到站位高、格局大、心胸广。在选人用人、干部晋升及考核等工作上坚持原则，恪守公道正派，从事业发展的需要选干部、聚人才，努力打造忠诚干净担当的法院干部队伍，凝聚起全院团结奋进的强大精神力量。

　　求知与探索。书中曾描写过这样的场景，日军对昆明开展了大规模

的轰炸,西南联大的师生不得不一边开展教学工作,一边警惕空袭。只要听到空袭警报响起来,大家就立刻往附近的防空洞或野外跑,"跑警报"成了联大师生的日常。在这样艰难的条件下,他们依然坚持研究和教学,深刻展现了知识分子对知识的热爱和追求。在烽火连天中仅存了8年的西南联大,毕业学生不到4 000人,却有2位诺贝尔奖得主、8位"两弹一星"元勋,170多位院士,以及上百位人文大师。这种在防空洞旁授课、在警报声中治学的精神,正转化为新时代组织人事工作的创新动能。我所从事的干部人事工作政策性强,涉及人员管理的方方面面,又和每名职工的利益息息相关,这就要求我们必须做到底数清、政策明。近几年,司法责任制改革、机构编制改革、职务职级并行等人事新制度对我们提出了较高的要求,我们也在不断学习中完成了一个个改革任务。在以后的工作中我们也将继续怀着更加强烈的紧迫感学好用好人事政策,更加熟悉人事管理业务和工作流程,进一步拓宽思维广度和视野宽度,增强发现问题、分析问题和解决问题的能力。

责任和担当。书中的广大知识分子在历史变革中积极参与抗日救亡,为国家和民族的未来贡献力量。这让我明白,每个人都应该肩负起自己的责任,为社会的发展和进步作出贡献。体现在具体工作上,就要勇于担当,兢兢业业,精益求精。作为组织人事干部,我们也一直朝着这个方向在努力。我们的工作呈现出来的结果看起来很简单,但实际背后需要付出大量的精力。在人事信息系统上,每位干警的维护信息有近百条,例如,人员招录工作有职位上报、报名审核、面试资格审查、政审考察、组织体检5个流程;不同序列人员晋升的时间、范围和审批程序各不相同。所有这些工作要求我们必须思路清晰、规范有序、严谨仔细,不能出一点纰漏。我们经常盯着电脑一遍遍核对信息,一坐就是一天。"这些信息咱们再仔细校核一下。""晋升的材料一定不能出错。""咱们今天晚点走,再把考察的材料从头到尾捋一遍。""你读着,我再检查一遍。"这些是我们办公室里时常出现的对话。有时候我们也调侃自己:看我们年纪轻轻的,一个个都快神经质了。这就是我们的工作真实写照。

虽然我们不直接从事司法审判工作,但我们一直在为司法事业贡献自己的力量;虽然我们不能身披法袍坐在法庭上,但我们一直奔走在打造过硬法院队伍的道路上。

新时代对人民法院工作提出了新的更高要求,作为法院的组织人事

干部,我们将以奉献的精神、拼搏的态度,立足本职岗位,进一步用发展的眼光、发展的理念、发展的思路解决队伍建设中的问题,探索更加规范化的管理制度,进一步改进工作方式方法,不断提高工作质效,为每名干警的职业发展保驾护航,为新时代东营法院的发展贡献青春力量!

坚持证据裁判原则　努力实现"三个统一"

——电影《第二十条》观后感

◇ 薛文超

　　《第二十条》是一部发人深省的电影佳作,它以法律与人性的深刻碰撞为主题,堪称一堂高质量的法治公开课。影片通过三个典型案例,层层剖开情与法的尖锐冲突:为救治聋哑女儿的父亲无奈之下向地方恶势力借高利贷,因无力偿,在不忍妻子遭放贷人凌辱时失手杀人;一位公交车司机为保护女乘客免遭流氓猥亵,出手将其打伤,被定性为罪犯而入狱;一名中学生为制止校园霸凌行为挺身而出,却面临被学校开除的处分。三个案例引人深思:作为司法人员,作为公平正义守护者的我们,到底要给社会怎样的价值引导? 我们的法律能否支持我们作出正确的选择? 我们是否敢于坚持正确的选择? 本文结合电影中的三句话,谈一下我对上述问题的认识。

薛文超,东营市中级人民法院刑事审判庭法官助理。

一、"关键性证据可以决定案件的定性"

　　刑事审判承担着生杀予夺之责,事关国家安全和社会稳定,事关人民群众切身利益(包括名誉、财产、自由乃至生命),容不得半点马虎和懈怠。《第二十条》中关于王永强是否为正当防卫的关键性证据为"砍刀"。"砍刀"的存在与否关系到案件的定性,直接决定当事人的命运。《第二十条》在提醒我们,刑事法官必须坚持严格的证据裁判思维,坚持"以事实为依据,以法律为准绳"的诉讼法基本原则,才能查明事实,准确定罪量刑,作出公平、公正的司法判决。坚持证据裁判思维,要客观全面审查证据,确保取得的证据充分、准确、合法。

　　要将证据作为认定事实的基础。证据是支持事实成立的基础,只有将证据所体现的信息结合起来,才能构成案件事实的整体。认定案件事实只有以证据而不是以猜测和情理为依据,认定过程才具有可验证性。一是要排除没有证据支持的事实。"不轻信口供""孤证不能定案"成为

现代刑事证据规则区别于古代神明裁判和口供决狱的重要标志,也是理性断案的最好印证。实践中,人的认识水平有限,客观事实必须经过庭审质证,才能转化为法律事实,否则不具有法律效力。二是要划分不同证明标准。司法证明根据所要证明的对象不同,可分为严格证明和自由证明。重大的证明对象,需采用严格证明标准,遵循证明过程严格、证明规则严格、证明标准严格的要求,适用严格的证据排除规则,最终达到内心确信的程度。

二、"法律是什么?是天理、是国法、是人情"

手持利刃,心怀悲悯,这或许是对刑事工作最好的注脚。《第二十条》里雷佳音扮演的检察官韩明在听证会上话音甫落,电影院观众席上就爆发出如潮水般的掌声。这从侧面验证了一句话:在司法结论回应和实现公众的朴素正义感时,法律自然就会被铭记。

俗语中老百姓的"心中有杆秤",也就是电影中说的"什么是法律?是天理、是国法、是人情。我不相信没有天理的国法,我也不相信没有人情的天理"。人情和天理本身是案件事实的组成部分,也是判断犯罪构成的要件事实及量刑情节需要考虑的因素,还是刑法评价的对象。我们在办理案件认定事实、适用法律时,应全面考量,特别要考虑常理、常识、常情等经验法则。循天理、遵法律、顺人情,三者的内在逻辑一脉相承。办案人只有树立这样的价值观,才能实现办案"三个效果"的有机统一。

有的案件之所以会偏离老百姓心中这杆"秤",往往就是因为办案人忘了自己也是老百姓的一员,直接适用具体的法律规则寻找结论。长期缺乏指引,容易忽视情理判断,只用既有规则、特定程序和职业技巧解决案件,就容易出现机械办案、就案办案,陷入"法律虚无主义",从而出现影片中"法律没错,那谁有错?"的灵魂追问。

《第二十条》还提醒我们,法律人更重要的价值就是通过解释与适用法律的技艺,回应和实现大多数公民的正义感,让司法结论与公民内心铭刻的法律同频共振,从而指引社会的价值取向。用司法办案引领社会公正,体现社会主义核心价值观,这是办案更大的价值。

司法人员应铭记这句话:"法律的权威来自哪里?来自老百姓最朴素的情感期待。"

三、"都说打官司难,老百姓为什么还要打？要的就是公平正义！"

习近平总书记指出,要加快建设公正高效权威的社会主义司法制度,努力让人民群众在每一个司法案件中感受到公平正义。公平正义不仅要实现,而且要让人民群众可感知、能评价、广认同。一般而言,人民群众对公平正义的感受主要有四个方面:一是裁判结果公正;二是诉讼程序公正;三是诉讼服务便民;四是裁判得到执行。这就要求人民法官坚持以人民为中心的司法理念,认真践行新时代"枫桥经验",牢固树立"抓前端、治未病"理念,坚持能动司法,把诉源治理融入民事、刑事、行政审判各领域,贯穿立审执破各环节,形成矛盾源头预防化解、诉前多元解纷、诉中实质化解、诉后助推社会治理的诉源治理工作新格局,让人民群众实实在在地感受到公平正义。

青年干警要怎么做？一是要时刻秉持爱岗敬业的工作态度。既然选择了这项工作,就要"干一行、爱一行",享受完成每一项工作带给我们的乐趣。二是要坚守公正、廉洁底线。坚守法律信仰,依法公正地把每一件案件都办成经得起历史检验、社会评价和法律衡量的铁案。三是要树立正确的理想信念。加强政治理论学习,着眼于马克思主义理论的运用,着眼于对实际问题的理论思考,着眼于新的实践和新的发展,在政治理论学习中淬炼初心,筑牢信仰。四是要加强专业知识学习。准确把握法律精神,正确适用法律进行裁判,不断提高司法公信力。五是要加强做群众工作能力。在与当事人交流过程中,应该以理服人,努力将当事人的思想、情绪引导到依法合理解决纠纷的轨道上来,使他们理性客观地审视自己的诉求,减少诉讼的盲目性,合理预测裁判结果,最终妥善化解矛盾纠纷。

让我们厚植家国情怀、涵养为民初心,以奋斗姿态进取不息,不负时代,不负韶华,力争为法治东营、平安东营建设贡献新的更大力量。

漫谈书意人生　坚守职业伦理
品味修身十诀

◇ 袁永林

袁永林,东营市中级人民法院民四庭法官助理。

人生如书,书如人生。可以说,是读书学习改变了我们的命运,也是读书学习才让我们一次次站在了新的人生起点上。记得刚进入法院的时候,我总结了"三最"目标:最快乐莫过于读书学习,最幸福莫过于有点活干,最踏实莫过于守得本分。靡不有初,鲜克有终。正是从那时开始,我秉持着勤读书的习惯,一直到今天。在日常读的书中,除了法律书外,我尤其热衷国学,所以我想结合对中国传统文化的理解,谈一谈青年一代如何坚守职业伦理、谱写青春华章。

第一,要做到孝。"求忠臣必于孝子之门。"孝,是为人之本。试问一个对自己的父母都不孝顺的人,谈何事业心?父母在,人生尚有出处,父母殁,人生便只剩归途。人在青年,应及时行孝,切莫留下"树欲静而风不止,子欲养而亲不待"的人生遗憾。

第二,要做到友。一个好汉三个帮。工作不是单打独斗,需要一个群体志同道合,同心协力。做到友,就是要与人为善,与人为伴。同时,君子之交淡如水,应谨慎交友,讲究益者三友:友直、友谅、友多闻。

第三,要做到勤。"一勤天下无难事。"做到勤,就是要勤劳、勤苦、勤政。立足本职,勤勤恳恳工作,兢兢业业干事,既是我们的本分,也是对一个共产党员最起码的要求。勤勤恳恳忠于职守,要求我们多一些实干、少一些浮华,多一些建议、少一些埋怨,多一些努力、少一些懈怠。

第四,要做到俭。俭是勤俭的俭。但俭具有单独含义,一是节省、节制、收敛,所谓过犹不及;二是不逾度,不越矩,做到廉洁、俭朴。

第五,要做到敬。敬人者,人恒敬之。人与人之间的爱敬关系总是互相的。天下事未有不成于敬慎而败于疏忽的。做到敬,就要保持对外在的敬畏,敬天地、敬大人、敬圣人之言。所谓"天欲其亡,必令其狂",我们应该慎独慎微。

第六，要做到和。我们经常讲家和万事兴、万事和为贵。司法是一项追求和谐、弥合社会裂痕的事业。尚和就是要心气平和、处事和气、以和为贵。体会了和，才能更好地促进调解，实现无讼。

书香法院

第七，要做到恕。恕是如人之心。我们强调"如我在诉"，做到恕，就是要推己及人，学会换位思考、宽容大度，己欲立而立人，己欲达而达人。恕还是一种共情，只有理解当事人的情感，才能更好地开展审判工作。

第八，要做到谦。谦来源于周易谦卦，谦卦六爻皆吉。谦虚使人进步。司法具有谦抑性。做到谦，就是要谦虚、谦卑、谦逊，做谦谦君子。始终不欲盈，不求满，但求缺。

第九，要做到巽。巽来源于周易巽卦。巽就是顺，象征风吹石洞，无孔不入。人生在世，不称意者十有八九。青年人应该经历风雨，接受历练。做到巽，就是要心胸开阔，过往不恋，未来不迎，当下不负。

第十，要做到恒。水滴石穿是大毅力。人贵有恒。走好法院人生路，需要大毅力。只有始终保持着对法律的信仰，对法官职业的追求，持之以恒，才能成为"胜，不妄喜，败，不惶馁，胸有激雷而面如平湖者"。罗马不是一日建成的，做到有恒，人人有恒，事业必成。

以上十个方面概括起来就是十字诀——孝友勤俭敬，和恕谦巽恒。如何修身，事关职业伦理，也事关个人一生。以上就是我对坚守职业伦理、走好法院人生路所做的一番思索。最后，以一首小诗作结：

孝友勤俭敬，和恕谦巽恒。觉知人间事，处处需躬行。

知是行之始，行是知之成。诚意修身处，职业自分明。

心向往之　行亦可至

——不断追求公平与正义之圆

◇　秦　帅

秦帅,东营市中级人民法院民二庭法官助理。

提到罗翔老师,参加过法考的人或许都对他有一些了解。作为知名法学教授,他因独特而幽默风趣的授课风格,被学生亲切地称为"法学界的郭德纲"。他的随笔集《圆圈正义》一书收录了49篇很有深度的文章,以特有的坦诚、自省与锋芒,既剖析法律、正义、道德等抽象概念与现实困境的张力,又解析诸多社会热点案件,更穿插求学经历与人生哲思的真诚分享。

书中令我感触最深的是罗翔老师关于"圆圈正义"的阐释:若将"圆"视为正义的隐喻,那么每一次司法裁决都是对理想正义的趋近实践。画好每个司法之圆是法律人的职业伦理,即便现实中的圆总存有缺憾,但人类从未停止对圆的追寻。"圆圈"理念时刻警醒我:办理每一起案件、面对每一位当事人,都须秉持初心、恪守敬畏,以专业精神勾勒公平正义的轮廓。唯有心向往之,方能行将必至。

2023年11月,我结束了两年的驻村帮扶工作,来到东营中院民二庭担任法官助理。此前虽已通过法考并在法院行政岗位工作数年,但如何胜任法官助理角色、如何绘就公平正义之圆,仍是亟待破解的难题。此后数月法官助理的历练,既是思想淬炼与能力跃升的过程,也让我找到了答案——对公平正义的追寻需践行"知、思、行"的统一。

一、要知道自己的需求与不足

罗翔老师在《致法学新人的第一封信:关于读书》一章中强调:"读书不可囿于功利,当追寻非功利的精神价值。"这启示我:法官助理当以学习筑牢信仰之基。2024年1月,我有幸与全国300余名法官共聚国家法官学院,参加"民法典合同编及新公司法专题研修班",为期一周的学习既填补了知识盲区,也让我清晰地看到与优秀同仁的差距。正如书中所言:"我们在求知的过程中，必须对知识的无限性保持足够的谦卑……应该博观约取，厚积薄发。广泛涉猎、广泛阅读……"作为一名法官助理，要"干什么学什么，缺什么补什么"，多读法律业务书籍，多学习业务知识，立足岗位，打好基础。要做起而行之的行动者，不做坐而论道的清谈客。

二、要想当事人之所想

《圆圈正义》这本书中令我印象最深的不是法学大家的名言，也不是对法律问题深入的探讨，而是《下跪》这章中的一个故事：罗翔老师年轻时帮助了一位进北京办事的老人，仅仅因为给老人带路这个简单的举动，老人就激动地要下跪感谢。每每读到此处，我感受到的是底层群众的无奈和无助。记得在几年前的一次巡察中，我曾碰到过和罗翔老师一样情形。当我接过一对年老夫妇手中的申诉材料时，他们想下跪向我表示感谢。罗翔老师在书中说道："这个社会的美好有我们的一份，但其丑陋也有我们的一份……这个世界并不美好，真正美好的是我们用无伪的爱心去温暖人们心中那仇恨的坚冰……法律永远要谦卑地倾听民众的道德诉求……"有时我也在想，作为一名法治的参与者，怎样才能成为一名合格的法律人、一名合格的法官助理，就是要在办理案件时设身处地地为当事人着想，对每一位当事人多一点将心比心、多一点设身处地、多一点真心实意，真正秉持"如我在诉"的理念，俯下身子、踏踏实实地为群众办几件实事。正如张军院长所说："我们要把群众的难事当成家事来办！服务人民群众光用力不够，更要用心、用情。"

三、要学以致用、知行合一

在《做一个勇敢的法律人》一章中，罗翔老师认为："知道和做到之间存在一个天然的鸿沟。"想跨过这条鸿沟，就要"做一个勇敢的人……不悲伤、不犹豫、不彷徨"。何为勇敢，怎样才能不悲伤、不犹豫、不彷徨？作为法官助理就要勇于追求自己心中的公平和正义，勇于面对自己的每一个疑难案件，勇于发出自己真实的声音。对于榜样，书中认为："榜样是可以复制的……真正的榜样不在这台上，它在我们的内心，也就是我们与生俱来的道德良知。良知才是最好的榜样。法律要追求公平和正义，而良知也是公平和正义的尺度。"其实榜样就在我的身边。前不久一名当事人给一名法官送上了一面写有"正义的守护者，人民的好法官"的锦旗，并激动地说："法官办的不仅仅是一起案件，更是我的人生。"这位法官就是

我们最好的榜样,他心怀良知,追求公平和正义,用心用情推动案结事了人和,让当事人在案件中感受到司法的质量与温度。书的最后,罗翔老师告诫我们"有四种德行为文明人所认可,分别是谨慎、节制、公正、坚毅。每一个具体的个案,都比你考试中所面临的案件复杂千倍,错综复杂的司法环境让每一次对法治初心的坚守都成为挑战。"作为一个法院的老干警、新法官助理,在工作中我要坚持公正、廉洁、为民的正确价值取向,心怀对司法工作的敬畏之心。我们要在拿到新案件时,多梳理一下该案件的法律关系、争议焦点;在庭审时,多倾听一下当事人的想法和陈述;在庭后,多思考一下双方的诉求和事实。总之,要让自己在每一个案件中做到审慎和公正,得到成长和收获。

"追风赶月莫停留,平芜尽处是春山。"从田间地头到庄严法庭,从驻村干部到法官助理,这种角色转换使我深刻感受到了理论与实践的碰撞,也不断考验着我的政治信仰、法律功底和业务能力。未来的路还很长,在工作中我会时刻谨记司法为民的情怀,不断画好公平与正义的职业伦理圆圈,也画好自己事业和生活的圆圈。

初心系藏蓝　整装再出发

——读《我在法院当法警》有感

◇ 段欣欣

在法院里,有这样一群人:他们虽不审理案件,却用铁肩担起道义;他们虽没有身穿法袍,却将人民牢记心间。虽然判决书上没有他们的名字,但是他们却和法院每个案件的审理息息相关;虽然审判台上没有他们的声音,但他们却是维护法庭秩序的重要力量。他们有一个共同的名字——人民法院司法警察。本文要推荐的书籍是《我在法院当法警》。这本书不仅详细描述了法警的日常工作,还深刻反映了法警的个人成长、职业追求和对社会责任的深刻理解。

段欣欣,东营市中级人民法院法警支队司法警察。

《我在法院当法警》一书通过讲述 23 名司法警察的真实故事,展现从刑事审判警务保障到配合强制执行、从安全检查到涉诉信访工作的方方面面。这些故事不仅包括司法警察在实战中的勇敢和牺牲,还展现了他们在日常工作中对人民的服务和关怀。有的司法警察不顾危险跳进冰冷河水中救人,有的司法警察在万吨巨轮上攀爬送达判决书,有的司法警察在实战训练中充当"情显员"。这些故事生动反映了新时代司法警察的精神面貌,深刻诠释了全心全意为人民服务的根本宗旨,是司法警察践行初心使命、履责尽职的缩影。

他们是法院服务人民群众的第一扇"窗"。微笑服务就是他们最好的"代言",一声问候,一个举止,无不透露着对工作的热爱和人民群众的深情。司法警察在执勤时会遇到很多情绪激动的当事人,首先需要不厌其烦地倾听他们的诉说,不停安慰直至其情绪逐渐平静下来,然后积极联系办案法官,引导当事人用正确的方法和路径解决问题。

他们是法院机关安全保障的第一道"门"。对来访的当事人,要对其人身及携带的物品进行安全检查。他们借助手持安检仪或徒手能快速安检出来访者身上携带的违禁物品;用"X射线机"能准确识别、正确判断携带物品中的违禁物品,将"安全隐患"有效地拒之门外。他们能准确捕捉

来访当事人的不良情绪,并进行准确判断、合理引导,最终有效化解。

他们是保障刑事审判工作的"安全卫士"。在刑事审判中,他们不仅履行押解、看管、值庭等职责,还要保护法官、诉讼参与人、旁听群众的人身安全,防止当事人家属哄闹法庭和其他不遵守法庭规则的行为,也防止被告人自杀、自伤、自残。在一次刑事庭审宣判结束后,被告人想要通过撞墙的方式自伤、自残,押解法警迅速反应并及时制止,防止了安全事故的发生,受到最高人民法院的通报表彰。这件事我虽然没有亲身经历,但是听到老警员讲述已心生敬佩。

他们是维护信访执行秩序的"生力军"。信访窗口是法院矛盾最激烈的地方,个别当事人因为案件审理达不到自己的要求会缠访、闹访,甚至会采取在法院门前拉横幅等过激的方式表达诉求,这时那一抹藏蓝色的身影就会迅速出现。有了他们的出现,法官就有了向表达不合理诉求当事人说"不"的底气,一些无理取闹的当事人也大都没了脾气,很多情绪激动的当事人也收敛了过激行为。

人民法院司法警察不仅要有专业的法律知识和过硬的安检技能,还要有强烈的责任意识和奉献精神,这种精神是司法警察工作的基石,需要融入生活和工作的各个方面。他们在维护法庭秩序、保障审判活动顺利进行的同时,还需要面对各种诱惑和考验。他们通过自己的努力和奉献,为法院机关安全稳定和审判活动有序进行提供了坚实的保障。这份工作的成就感来自领导和同事的认可,以及当事人的一句感谢和一个温暖的微笑。

作为新时代的人民法院司法警察,他们怀揣梦想、守护正义,满腔热忱、踔厉奋发,时刻践行习近平总书记"对党忠诚、服务人民、执法公正、纪律严明"的总要求,努力培养"有绝对忠诚的信念、执法为民的情怀、崇文尚武的素养、甘当绿叶的胸襟、敢打硬仗的血性"职业精神,确保队伍绝对忠诚、绝对纯洁、绝对可靠。他们通过努力拼搏、积极进取,用青春和热血书写无悔的人生。

法院法警这份工作经历对他们的个人成长有着深远的影响。警营生活塑造了他们的顽强意志,在面对挑战和困难时,他们学会了勇于面对、一往无前。押解、值庭、看管、安全检查等分工合作培养了他们团结协作的精神;准军事化的管理体制,服从命令、令行禁止、听从指挥,一声令下立即出动,培养了他们雷厉风行的工作作风;早出晚归地押解、一丝不苟地安检、耐心十足地接访等工作,培养了他们迎难而上、勇于担当的精神。

他们深知自己肩负着维护社会公平正义的重任,能通过自己的工作,为法院的安全和审判活动的顺利进行作出贡献。这种贡献虽然看似平凡,但对于社会稳定和公正具有重要意义。

"心中有信仰,脚下有力量",支撑着人民法院司法警察一路前行的,是对法治的信仰和内心深处对藏蓝的责任与担当。头顶警徽,身穿藏蓝,初心所至,不负韶华。他们以时不我待、只争朝夕的姿态,不断完善自我、磨砺自我,在法治的轨道上奋勇前进;他们用青春和热血的激情,不断坚守理想,坚定信念,在忠诚的信仰中砥砺前行。新时代的人民法院司法警察满怀着对法治的信仰,正以一往无前的姿态和舍我其谁的豪迈书写着人民法院平安奋进的新篇章。

书香法院

通过阅读这本书,我对法院法警的工作有了更深的了解和尊重,同时也激励自己在工作岗位上更加努力和奉献,只要怀着一颗充满热情、正直善良的心,只要抱着脚踏实地、为民服务的态度,不断地见贤思齐、提升自我、追求卓越,平凡的工作也可以做得很精彩。青春有很多颜色,我很庆幸,我的青春中融入了那一抹藏蓝。

《木腿正义》读书笔记

◇ 隋昱君

隋昱君,东营市广饶县人民法院研究室法官助理。

《木腿正义》书名源于16世纪公案小说《假马丹行传》。前者以案例概括而著名,实质内容是讨论法治环境下法律与文学的关系。作者冯象先生以其深厚的文学造诣与学贯中西的法律知识,游刃于法律、文学、宗教、哲学之间,在东西方法律文化的对比中,引发读者对中国法治化进程的思考。本文选取书中的三篇文章,谈谈我在阅读中受到的启发。

篇一:《木腿正义》

所谓"木腿正义"的"木腿"指的是主人公真马丹,"正义"则是指该案所揭示的法律中程序正义与实体正义之间的矛盾。该篇文章从一个16世纪的冒名顶替案入手:一个男人冒充白特兰的丈夫马丹获得财产与身份,真马丹的叔叔彼埃尔因为遗产将假马丹告上法庭。假马丹在庭上十分沉着,将彼埃尔的证人一一驳斥。正当法庭因证据不足准备开释被告、追究彼埃尔诬陷罪之时,一个木腿人闯进了法院。经过隔离提审、当庭对证、亲友指认,真相终于大白,假马丹被处以绞刑。

冯象在书中说道,正义固然挂着木腿,却像古罗马诗人贺拉斯所说,"蟊贼再快,逃不脱跛足的惩罚"。法律的职责在于确保正义的落实。大法官高拉的判决其实是实体正义对程序正义的妥协,通过这一妥协,理智规则的胜利获得了信念仪式的认可。诚然,读者站在上帝视角,知道客观真相,故而可以评价高拉的判决是理智规则的胜利。若是故事的发展是木腿人输给了假马丹,则理智规则难得胜利。

程序正义是为了实现实体正义,程序正义与实体正义有着内在的一致性。但程序正义相对于实体正义又有独立性,有自己的评判标准,它的实现不依赖于实体正义。所以,尽管程序正义的目的是实现实体正义,但是它也可能会与实体正义发生价值冲突。司法正义若没有程序或者单纯依靠程序都是不可能实现的,在尊重程序的同时,也需要理智把舵,兼顾实体正义。正如西方古谚语所言："法律不是嘲笑的对象。"法律只能被遵守。人们要信仰法律，要相信程序规则与实体法规则能实现实体正义，而程序正义与实体正义能带来司法正义。

篇二:《秋菊的困惑与织女星文明》

该篇的故事源于张艺谋导演的电影《秋菊打官司》。秋菊的丈夫王庆来与村长发生争执,被村长踢中要害。秋菊怀着身孕去找村长说理,村长却不肯认错。在秋菊到乡政府告状以后,村长答应赔偿秋菊家的经济损失,却在给钱时把钱扔在地上。受辱的秋菊没有捡钱,而是踏上了漫漫告状之路,讨要她的"说法"。秋菊先后到县公安局、市公安局报案,向基层人民法院起诉,又向市中级人民法院上诉。秋菊难产,村长和村民连夜踏雪冒寒把秋菊送到医院,救了秋菊母子的命。秋菊与家人对村长感激万分,官司也不再提。可当秋菊家等着村长来给孩子庆贺满月时,传来市中院的判决,村长最终被处以15天行政拘留。望着远处警车扬起的烟尘,秋菊感到深深的茫然与失落。

秋菊其实是一些基层老百姓的缩影,他们不懂法律,不知司法程序,但是相信法律、相信政府,觉得受了"委屈"就可以讨到说法。苏力教授认为,因为法治的理想总是趋向于扮演"大写的真理",主张普适的公民权利,为的是让秋菊们相信,在理想化的法律面前,非但有平等的身份,而且有公正的"说法"。秋菊经历了千辛万苦,却无法得到想要的说法;在不想追究村长责任时,法律却发挥了作用,带走了村长。作者冯象据此发问:正式法律作为国家意识形态的机器,在实际运作过程中跟民间法有什么关系? 秋菊要讨的说法对我们现代化法治有什么意义?

该篇提到了苏力教授在《法治及其本土资源》一书中的观点:任何法律制度和司法实践的根本目的都不应当是确立一种威权化的思想,而是要解决实际问题,调整社会关系,使人们比较协调,达到一种制度上的正义。那么,法律在调整乡村群体的社会关系时,是否要有独特的制度设定? 在我看来,大可不必。不懂法并不等于不能遵从于法,假如没有法律存在,那么一些个案的处理可能更加顺遂于心;但也必然会导致多数纠纷处理无门,失去公平正义。假如法律制度一味迁就乡土社会中村民的朴素逻辑,则会导致社会秩序失范,个体自由过度膨胀必将侵蚀集体自由。

马克斯·韦伯在《社会科学方法论》中说道:"是否应当有法,以及人们是否应当建立这种社会规范——这些问题是法学回答不了的。它只能

声称：如果人们希望有这种结果，根据我们的法律思想规范，这种规范是达到这一目的的合适手段。"

篇三：《我是呆账我怕谁》

该篇以批判"中国新世纪惩治腐败对策研究"课题引入，讨论我国一些法条变成具文的本质原因，即腐败呆账在立法层面的产出不仅带来种种社会成本，而且对法律人的职业自律构成挑战，形成法律人与私力救济从业者的市场竞争。

从某些方面来看，法律的实质是统治阶级的工具。正如《秋菊打官司》电影中在市里开小旅馆的老头所说："秋菊对市公安局的行政复议不服，提起诉讼，肯定能赢。因为行政诉讼法刚颁布不久，总得找一个民告官的案子把这个法普及了，这肯定是上边的意思。要是秋菊输了，以后谁还相信法？"这部电影拍摄目的之一也是宣传新颁布的行政诉讼法，提高公民的法律意识。法律是奠基于一定经济基础的上层建筑，存在于什么性质的社会，就有什么样的法律。故而，极少数人的腐败使一部分法律在实施中走样变形，形成所谓的"无法可依"，模糊了呆账的真实面目。

在公力救济无法满足当事人得到司法救济的目的时，私家侦探等私力救济职业的存在才有其合理性。以该篇中提到的呆账为鉴，在不断完善中国特色社会主义法律体系的今天，我们应该思考，对于每件案子、每个纠纷，那原本隐藏在结果背后的规则是谁定的，谁做的解释，为谁的利益，而又在伤害着谁。如此才能更好地直面社会冲突，维护社会正义。